Münster / Münster

Erde, Arbeit, Leidenschaft

Pia Münster
Kim Münster

Erde, Arbeit, Leidenschaft

Landwirtschaft hautnah

HANSER

MIX
Papier aus verantwortungsvollen Quellen
FSC® C083411

Print-ISBN: 978-3-446-48382-8
E-Book-ISBN: 978-3-446-48461-0
E-Pub-ISBN: 978-3-446-48589-1

Die allgemein verwendeten Personenbezeichnungen gelten gleichermaßen für alle Geschlechter.

Bibliografische Information der Deutschen Nationalbibliothek:
Die Deutsche Nationalbibliothek verzeichnet diese Publikation in der Deutschen Nationalbibliografie; detaillierte bibliografische Daten sind im Internet unter http://dnb.d-nb.de abrufbar.

Vilshofener Straße 10 | 81679 München | info@hanser.de
www.hanser-fachbuch.de
Lektorat: Lisa Hoffmann-Bäuml
Herstellung: Carolin Benedix
Covergestaltung: Max Kostopoulos
Titelmotiv: © shutterstock.com/Tanja Tatic, shutterstock.com/Golden Shrimp
Satz: Eberl & Koesel Studio, Kempten
Druck: CPI Books GmbH, Leck
Printed in Germany

Inhalt

Vorwort

Kaum ein gesellschaftlicher Bereich ist derzeit so aufgeladen mit Deutungen, Forderungen und Emotionen wie die Landwirtschaft. Zwischen Tierwohl, Klimaschutz, Ernährungssicherung und Marktzwängen wird über sie diskutiert, entschieden – und häufig geurteilt.

Dieses Buch tut das Gegenteil. Es hört zu. Es schaut genau hin. Es fragt nicht nach Systemdeutung, sondern nach gelebter Wirklichkeit. Und es begegnet den Menschen, die in, mit und für die Landwirtschaft leben, mit klarem Blick und ehrlichem Interesse.

Was entsteht, ist keine Idealisierung, keine Anklage und keine Heldengeschichte. Sondern ein Schaufenster in das Mosaik der heutigen Landwirtschaft in Deutschland – geprägt von körperlicher Arbeit jenseits des 9–5-Rhythmus, von existenzieller Verantwortung, generationsübergreifendem Denken, Anpassungsdruck, täglicher Improvisation, einem tiefen Verständnis für natürliche und betriebliche Kreisläufe – und von Leidenschaft.

Die Autorinnen – Pia und Kim Münster – bringen dafür unterschiedliche Perspektiven mit: wissenschaftlich, kulturell, erzählerisch. Sie vermitteln keine These, sondern einen Zugang. Sie konfrontieren nicht, sondern kontextualisieren.

Sie tun dies in Zeiten des Wandels, in denen zahlreiche Erwartungen an die Mittel zum Leben – unsere Lebensmittel – gestellt werden. Dabei überlagern sich vielfältige Anforderungen: Der Wunsch nach mehr Tierwohl steht neben der Notwendigkeit wirtschaftlicher Tragfähigkeit. Klimaziele müssen mit baulichen und betrieblichen Gegebenheiten vereinbar sein. Naturschutzmaßnahmen geraten mitunter in Spannung zu produktionstechnischen Erfordernissen.

Diese Zielkonflikte verlaufen nicht entlang einfacher Linien. Sie durchziehen den Alltag der Höfe, wirken in Entscheidungen hinein und machen das scheinbar Selbstverständliche zur täglichen Abwägung: Was lässt sich leisten? Was lässt sich verantworten? Was lässt sich vertreten – gegenüber Familie, Gesellschaft und Natur?

Als Wissenschaftlerin mit langjähriger Erfahrung in der Agrar- und Ernährungswirtschaft und als Leiterin eines Forschungs-Praxisverbundes zur Nachhaltigkeitstransformation in Niedersachsen beschäftige ich mich seit vielen Jahren mit den strukturellen und sozioökonomischen Veränderungen im Agrar- und Ernährungssystem. Die vielzitierte Transformation meint dabei keinen schnellen Wandel durch Innovationen, sondern einen tiefgreifenden, mehrdimensionalen Umbruch: ökologisch notwendig, sozial und kulturell herausfordernd, ökonomisch riskant – und politisch umkämpft.

Auch die gesellschaftliche Wahrnehmung hat sich verändert: Landwirtschaft wird heute stärker als Teil komplexer ökologischer, sozialer und wirtschaftlicher Zusammenhänge verstanden. Fragen nach Planungssicherheit, Klimaresilienz oder Wettbewerbsfähigkeit dürfen nicht mehr isoliert betrachtet werden – sie betreffen die gesamte Wertschöpfungskette, vom Acker bis auf den Teller.

Gleichzeitig ist klar: Für diese Herausforderungen gibt es keine einfachen Antworten. Das System Landwirtschaft der Zukunft wird sich entlang der gesamten Kette – *from farm to fork* – weiterentwickeln müssen: mit mehr Transparenz, technologischem Fortschritt, aktuellem Wissen und dem Mut, neue Wege zu gehen.

Dafür braucht es jedoch den Rückhalt einer Gesellschaft, die die besonderen Produktionszyklen und betrieblichen Pfadabhängigkeiten anerkennt. Sie muss der Landwirtschaft weniger starres Ordnungsrecht, dafür mehr Gestaltungsraum bieten – damit Betriebe innerhalb klarer Leitplanken eigene, tragfähige Lösungen entwickeln können. Und sie muss bereit sein, Komplexität auszuhalten, Verantwortung mitzutragen und im Alltag – nicht zuletzt im Supermarkt – Entscheidungen zu treffen, die die heimische Landwirtschaft stärken.

Dieses Buch macht die Herausforderungen greifbar – nicht abstrakt, sondern eingebettet in Biografien, Familiengeschichten und regionale Kontexte. Es zeigt, wie Landwirtinnen und Landwirte tagtäglich zwischen Ideal und Machbarkeit, Zumutung und Innovation, Herkunft und Zukunft, Überzeugung und Kompromiss navigieren. Nicht im Modell, sondern in der Realität.

Den Autorinnen gelingt mit großer Sensibilität und beeindruckender Nähe ein Buch, das sich nicht in Positionierungen verliert, sondern Brücken schlägt zu realen betrieblichen Situationen – und damit Verständigung ermöglicht. Genau das brauchen wir in diesem Transformationsprozess: keine vereinfachenden Pauschalantworten, sondern einen differenzierten und zugleich wohlwollenden Blick – für die Menschen in der Landwirtschaft.

Dieses Buch leistet einen wichtigen Beitrag dazu. Und dafür gebührt Pia und Kim Münster große Anerkennung.

Dr. Barbara Grabkowsky

Verbund Transformationsforschung agrar Niedersachsen (trafo:agrar)

Ein echter Blick hinter die Kulissen

Der Begriff „Landwirtschaft“ setzt sich aus zwei Wörtern zusammen. Einerseits haben wir das Wort „Land“, welches mit Natur verbunden wird und den Teil der Erdoberfläche, welcher nicht mit Wasser bedeckt ist, beschreibt. Anderseits haben wir das Wort „Wirtschaft“, was mit menschlicher Kultur in Verbindung steht und sich auf Strukturen und Maßnahmen bezieht, die zur Produktion und zum Verbrauch wirtschaftlicher Güter dienen. Diese Verbindung zeigt die Interaktion zwischen Menschen und Natur und lässt auf den kulturellen Einfluss schließen, aber auch auf die Nutzung und Veränderung der Natur als Grundlage des Lebens. In Kombination beschreibt der Begriff „Landwirtschaft“ das planmäßige Betreiben von Ackerbau und Tierhaltung zum Erzeugen von pflanzlichen und tierischen Erzeugnissen.

Die heutige Landwirtschaft ist hochspezialisiert, technisiert und global vernetzt. In modernen Betrieben kommen GPS-gesteuerte Traktoren, Drohnen, Sensoren und computergesteuerte Fütterungsanlagen zum Einsatz. Die Tierhaltung findet meist in spezialisierten Betrieben statt, zum Beispiel in Schweinemastanlagen oder Legehennenställen mit sehr vielen Tieren. Auch der Obst- und Gemüseanbau hat sich spezialisiert und nutzt größere Maschinen sowie globale Lieferketten.

Landwirtschaft hat wenig mit verklärter Hofromantik zu tun, sondern mit vielen Unsicherheiten und Umbrüchen. Wie sieht die moderne Landwirtschaft konkret aus? Was bedeutet es, heute auf und mit dem Land zu leben und zu arbeiten? Denn am Ende des Tages sind es nicht nur die Produkte, die wir konsumieren; es sind die Geschichten dahinter – Geschichten von harter Arbeit, Leidenschaft und dem unaufhörlichen Anpassen an Auflagen und von politischen und ökologischen Veränderungen.

Wer kann solche Geschichten besser erzählen als die direkt Betroffenen? In diesem Buch kommen Landwirte und Landwirtinnen direkt und unverblümt zu Wort. Sie erzählen, was sie bewegt, von ihren Hoffnungen und Träumen sowie von den Veränderungen, die unsere Landwirtschaft heute prägen.

Mit diesem Buch möchten wir einen authentischen Einblick in das wahre Landleben geben – abseits von romantischer Bauernhofidylle oder idealisierten Vorstellungen. Das Buch richtet sich an alle, die wie wir wissen möchten, woher unser regionales Essen kommt und welche Geschichten es erzählt – an diejenigen, die sich für Ernährung interessieren und mehr über die Menschen erfahren wollen, die unsere Nahrung erzeugen.

Die Landwirtschaft ist deutlich vielfältiger, als sie in diesem Buch dargestellt wird. Das Feld ist dafür im wahrsten Sinne des Wortes zu groß und zu vielschichtig. Auch die Menschen sind sehr unterschiedlich. Die Aussagen der einzelnen Protagonistinnen und Protagonisten spiegeln Meinungen und Erfahrungen wider, die sich von denen anderer Landwirte und Landwirtinnen unterscheiden können.

Allerdings gibt es verbindende Elemente, Muster und Themen, die in den kommenden Kapiteln aufgegriffen und am Ende gemeinsam reflektiert werden. Sie laden dazu ein, die Landwirtschaft neu zu entdecken, denn sie ist ein Spiegel unserer Zeit, ein Raum für die Zukunft und ein Ausdruck menschlicher Kultur.

Insgesamt haben wir zwölf Betriebe besucht und die Menschen, die dort unsere Lebensmittel produzieren, näher kennengelernt. Sie haben uns einen tiefen Einblick gewährt: in ihr Leben, ihre Sorgen und Freuden, die ein landwirtschaftlicher Betrieb mit sich bringt. Ob es sich um Lisa, die einen Fischbetrieb betreibt, Carsten, der sich mit seinem Sohn Justus auf Tomaten spezialisiert hat, oder den Kartoffelbauer Sebastian handelt, sie alle bringen uns die Landwirtschaft näher und zeigen, wer hinter unseren Lebensmitteln steckt, wie sie produziert werden, was dabei wichtig ist und was es bedeutet, wenn sich beispielsweise die Rote Spinne unkontrolliert ausbreitet, die Energiepreise weiter steigen oder die Niederschläge weiter zurückgehen.

Schauen Sie mit uns hinter die Kulissen und vielleicht entwickeln Sie wie wir einen neuen, bewussteren Blick auf das, was täglich auf unseren Tellern liegt.

Pia und Kim Münster

Was Landwirtschaft früher bedeutete – ein kurzer Einblick in die Historie

Zwei Ereignisse in der Vergangenheit haben die Landwirtschaft revolutioniert und bis heute geprägt. Erstens die Bauernbefreiung im Jahr 1807 in Preußen, welche die bäuerliche Leibeigenschaft aufhob. Dadurch konnten Bäuerinnen und Bauern frei über ihr Leben entscheiden, sich uneingeschränkt bewegen, eigenes Land erwerben und darauf wirtschaften. Zweitens die Erfindung des Mineraldüngers durch Erkenntnisse von Justus von Liebig (1803 – 1873). Ab diesem Zeitpunkt konnten Böden gezielt mit Nährstoffen versorgt werden. Dadurch stiegen die Erträge erheblich und die Ernährung einer wachsenden Bevölkerung wurde möglich.

Die Geschichte der Landwirtschaft ist die Geschichte unserer Zivilisation. Seit die Menschen sesshaft wurden, bildet die Landwirtschaft das Fundament für unsere Ernährung, unsere Kultur und unsere Gesellschaftsstruktur. Doch wie haben sich die Lebens- und Arbeitsbedingungen der Menschen in landwirtschaftlichen Betrieben im Laufe der Zeit verändert? Schauen wir uns kurz an, wie es in der Landwirtschaft vor hundert oder fünfzig Jahren ausgesehen hat.

Vor 100 Jahren (um 1925): Der Hof als Zentrum des Lebens

Die Landwirtschaft war über Jahrhunderte nicht nur ein Beruf, sondern ein Lebensrhythmus, an dem alle teilhatten: Männer, Frauen und Kinder. Vor 100 Jahren war der Bauernhof ein Ort harter körperlicher Arbeit und klarer Rollenverteilung.

Im Jahr 1925 lebte die Mehrheit der Menschen auf dem Land. Der Hof bildete das Zentrum ihres gesamten Lebens. Hier wurde bis ins hohe Alter gearbeitet, gewohnt und gelebt. Typischerweise umfasste er ein Bauernhaus, Stallungen für Tiere, eine Scheune für Heu und Maschinen sowie Felder und Wiesen zur Bewirtschaftung. Die Arbeit wurde meist von der Familie sowie von Knechten und Mägden erledigt. Pferde waren zu dieser Zeit noch übliche Zugtiere, obwohl auf den Höfen bereits die ersten Traktoren zu sehen waren. Die Familie hatte eine große Bedeutung für das Überleben. Jeder hatte eine wichtige Aufgabe, die er im funktionierenden System des Hoflebens ausübte.

Der Mann war in den Augen der Gesellschaft der „Bauer", also derjenige, der den Betrieb führte. Er stand früh auf, spannte Pferde oder Ochsen an, pflügte, säte und erntete. Auch der Stall gehörte zu seinem Alltag. Es wurde gemolken, gefüttert und gemistet. Oft hatte er einen oder zwei Knechte, die ihn unterstützten. Politisch und wirtschaftlich galt er als „der Herr auf dem Hof", auch wenn die Realität oft anders aussah.

Die Frau war neben der Hausarbeit für den Gemüsegarten, die Hühner und die Schweine sowie häufig auch für das Melken verantwortlich. Sie kochte nicht nur für die Familie, sondern auch für Knechte, Mägde und Helfer. Dazu kamen Waschen, Buttern, Spinnen, Einwecken und Nähen – alles von Hand. So hielten viele Frauen den Hof am Laufen, während der Mann auf dem Feld oder auf dem Markt war. Ihre Arbeit wurde selten öffentlich gewürdigt, war aber absolut unverzichtbar.

Die Kinder wuchsen von klein auf in diesen Rhythmus hinein. Bereits im Alter von fünf oder sechs Jahren halfen sie mit, beispielsweise beim Hüten der Gänse, beim Sammeln von Eiern oder beim Auskehren des Stalls. Mit zehn arbeiteten sie oft wie Erwachsene. Der Schulbesuch war nur möglich, wenn keine Ernte anstand. Viele gingen nur im Winter regelmäßig in die Schule. Nicht wenige mussten bereits mit 14 Jahren den elterlichen Hof übernehmen, wenn der Vater im Krieg gefallen oder durch einen Unfall ums Leben gekommen war.

Die Arbeit war allgegenwärtig. Urlaub gab es nicht. Freizeit war die Ausnahme. Und dennoch gab es auch Zeit für Gemeinsamkeit. Wenn im Herbst die Scheune voller Heu lag oder im Winter am Kachelofen gesponnen wurde, dann war das Leben auf dem Hof auch von Geschichten, Liedern und Zusammenhalt geprägt.

Vor 50 Jahren (um 1975): Zwischen Tradition und Moderne

Auch vor 50 Jahren, im Jahr 1975, befand sich das bäuerliche Leben bereits im Wandel, es war aber noch stark von traditionellen Strukturen geprägt.

Die Landwirtschaft steckte in einem Umbruch. Traktoren hatten die Pferde verdrängt und die ersten Melkmaschinen ersetzten die Handarbeit. Viele kleine Höfe standen vor der Entscheidung, ob sie aufgeben, erweitern oder sich spezialisieren sollten.

Der Mann war meist Traktorfahrer, Landwirt, Mechaniker und Buchhalter in einer Person. Morgens musste er die Tiere im Stall versorgen, dann ging es raus aufs Feld und abends wartete der Papierkram auf ihn. Die Arbeitszeit war lang und die Verantwortung wuchs. Viele Männer sahen sich rund um die Uhr als Unternehmer.

Die Frau war weiterhin für die Organisation von Haus und Hof zuständig. Doch sie kämpfte oft an zwei Fronten: Einerseits wurde sie beim Melken, beim Sortieren der Eier und beim Kochen für die Familie gebraucht. Andererseits galt all das nicht als „richtige Arbeit". Viele Frauen arbeiteten zusätzlich halbtags auswärts, beispielsweise im Büro, in der Schule oder im Verkauf, um Geld für den Hof zu verdienen.

Auf dem Papier hatten es die Kinder besser als ihre Großeltern. Durch die Schulpflicht wurden sie von der körperlichen Arbeit auf den Höfen entlastet und erhielten bessere Bildungschancen. Für das Arbeitskonzept der Höfe hieß das allerdings, dass Arbeitskräfte fehlten. Viele Kinder besuchten weiterführende Schulen. Dennoch konnten die Höfe nicht auf die Hilfe der Kinder, der „kostenlosen Helfer", verzichten. In den Sommerferien hieß es weiterhin: Erdbeeren pflücken, Heu wenden, Unkraut jäten. Während die Mädchen oft im Haushalt halfen oder beim Einkochen, fuhren die Jungen schon früh Traktor oder versorgten die Tiere.

Teil 1: Landwirte & Landwirtinnen kümmern sich um Tiere

1 Zweimal am Tag Karussell fahren

Kuhbetrieb in Bayern

An einem klaren, kalten Morgen erinnern wir uns daran, wie wir als Kinder vom Nachbarn frische Milch in braunen Flaschen direkt vom Hof bekamen. Damals schmeckte sie uns besonders gut, da sie relativ dickflüssig war und einen intensiven Geschmack hatte. Heute haben wir uns an die fettreduzierte Milch oder Hafermilch gewöhnt, sodass uns der Geschmack fremd geworden ist. Dennoch verbindet uns beide eine große Liebe zur Milch, ein Getränk, das für uns immer etwas Vertrautes und Warmes bedeutete.

Die Sonne schiebt sich langsam hinter den Bäumen hervor, während der Himmel in einem strahlenden Blau erstrahlt. Trotz des klaren Wetters ist es draußen kalt. Wir sind bereits über zwei Stunden durch die ländliche Gegend gefahren, um zu einem Ort zu gelangen, wo wir bereits erwartet werden: ein Milchkuhbetrieb in Bayern.

Während wir an einer kleinen Kirche vorbeifahren, wird uns bewusst, wie winzig dieses Dorf ist. Es wirkt fast wie eine Hofgemeinschaft, die inmitten von Wiesen und Feldern liegt. Vor uns taucht eine gepflegte Hofeinfahrt auf. Auf den ersten Blick könnte man meinen, dass hier nur ein Wohnhaus steht, denn von Kühen ist nichts zu sehen. Wir parken vor dem Haus, steigen aus und frösteln. Wolken bilden sich vor unseren Mündern.

Wir sind bei Barbara und ihrer Familie angekommen. Sie begrüßt uns herzlich. Im gleichen Moment teilt sie uns mit, dass sie noch kurz etwas erledigen muss.

> *„Der Besamer ist da, ich muss mit in den Stall. Geht schon mal ins Wohnzimmer, da ist es schön warm. Wir haben einen Holzofen."*

Sie verschwindet eilig um die Ecke. Wir stehen vor dem Haus und blicken uns an. Die Tür ist offen, und wir betreten das warme, fremde Wohnzimmer. Ein Kontrast zur Kälte draußen. Die offene Küche und das Wohnzimmer sind liebevoll eingerichtet. Holzarbeiten zieren jede Ecke und im geräumigen Wohnzimmer steht ein Ofen.

Wir hören Schritte auf der Treppe. Franziska (Franzi) kommt herunter – eine junge blonde Frau mit einem strahlenden Lächeln. Sie ist die Tochter von Barbara und seit einigen Wochen neue Angestellte im Familienbetrieb. Mit ihren 18 Jahren hat sie bereits eine Hauswirtschaftslehre abgeschlossen und bringt viel Erfahrung mit, denn schon als Kind hat sie auf dem Hof mitgeholfen. Jetzt wird sie für die täglichen Arbeiten auf dem Betrieb bezahlt. Ist dies ein Schritt in die Verantwortung und die Vorbereitung der Generationsübergabe?

Nach einigen Minuten stößt Barbara zu uns und bietet uns selbst gemachten Käse mit Brot sowie selbst gemachten Eierlikör an. Nach einem Schluck Eierlikör und einer Tasse Kaffee machen wir uns gemeinsam auf den Weg, um den Hof zu erkunden.

Plötzlich kommt ein Trecker rasant um die Ecke gefahren. Es ist Florian, der 15-jährige Sohn von Barbara. Er winkt fröhlich und strahlt vor Energie. Seine Begeisterung für die Arbeit auf dem Hof ist offensichtlich. Ohne ein Wort zu sagen, prescht er mit seinem Trecker und ein paar Ballen Stroh auf der Gabel weiter.

Barbara beschäftigt sich früh mit der Hofweitergabe

Barbara ist in den Betrieb ihres Mannes eingestiegen. Der Hof besteht seit vier Generationen und Barbara und ihr Mann leben zusammen mit dem pflegebedürftigen Schwiegervater und ihren beiden Kindern Florian (15), der gerade eine Ausbildung zum Metzger begonnen hat, und Franzi (18), die nach einer Hauswirtschaftslehre frisch im Familienbetrieb angestellt ist.

Diese Konstellation eröffnet Barbara neue Möglichkeiten. Nach sechs Jahren täglichen Melkens hat sie kürzlich zum ersten Mal für zwei Tage frei gemacht – ein kleiner Luxus in ihrem arbeitsreichen Leben.

Der Hof befindet sich in einer kleinen Ortschaft in Bayern mit vier direkten Nachbarn sowie Kirche, Kindergarten und Feuerwehrhaus. Um ihren Lebensunterhalt zu verdienen, bewirtschaftet die Familie einen Milchviehbetrieb mit ca. 145 Kühen. Dazu kommt noch die Nachzucht. Das sind Kühe, die später Milch geben und gemolken werden. Der Betrieb behält nur die weiblichen Tiere. Die männlichen Kälber werden mit sechs Wochen verkauft. Zusätzlich wird eine Biogasanlage betrieben, die erneuerbaren Strom erzeugt. Die produzierte Wärme wird vor allem für den örtlichen Kindergarten im Dorf mit ca. 100 Kindern verwendet.

Während wir durch die Stallungen gehen und die Kühe beobachten, erzählt Barbara von den Herausforderungen und Freuden ihres Milchkuhbetriebs.

Barbara und ihre Tochter Franziska erzählen uns, dass auf dem Betrieb auch Hasen, Hühner, Meerschweinchen, Katzen und Pferde gehalten werden. Begeistert erzählt Barbara weiter:

> *„Dadurch kommen die Kinder aus dem Kindergarten gern rüber und machen ein Picknick neben den Kühen auf der Wiese. Irgendwie auch ein kleiner Beitrag zur Öffentlichkeitsarbeit. So bekommen die Kinder nicht nur mit, wie Bäume im Winter die Blätter verlieren, sondern können auch Tiere auf unserem Betrieb erleben."*

„Wir haben Kindergartenkinder, die haben Angst vor Bäumen im Wald oder trauen sich nicht, ein Kätzchen zu streicheln."

Wie sehen den beiden an, dass gerade dieses Thema sie beschäftigt:

> *„Wir haben Kindergartenkinder, die haben Angst vor Bäumen im Wald oder trauen sich nicht, ein Kätzchen zu streicheln. Und wir leben hier auf dem Land. Ja, dann denke ich, wenn das jetzt bei uns so krass ist, wie soll es dann erst in der Stadt sein? Beim letzten Mal waren Kinder bei einer Geburt dabei. Das kann auch mal schief gehen. Aber das gehört leider auch dazu. Ist in der Natur nicht anders. Aber dann überlege ich mir schon, ob wir Kindern eine Geburt von einem Kälbchen zeigen können."*

„Wie bist du eigentlich an den Betrieb gekommen?"

Barbara erklärt es uns:

> *„Den Betrieb gab es schon von meinem Mann. Der hat den Betrieb von seinen Eltern übernommen. Milchvieh gab es eigentlich schon immer. Mein Mann hat damals einen Laufstall gebaut. Zusammen haben wir dann 2004 eine Biogasanlage gebaut. Mein Vater ist Elektriker und hat dabei geholfen. Der alte Stall war dann einfach im Sommer zu heiß und es gab zu wenig Platz. Die Leistung wurde höher und war den Tieren zudem nicht mehr gerecht. Auch für die Jungtiere hatten wir keinen Platz. Dann haben wir einen Nachzuchtstall gebaut. Irgendwann mussten wir uns entscheiden, entweder*

wir bauen alles um, oder wir hören auf. Dann haben wir alles in Eigeninitiative mit Kredit neu errichtet, ohne Subventionen. Heute ist ein Laufstall gefordert, daher sind wir froh, dass wir damals diesen Schritt gegangen sind.“

Die meisten Milchkühe in Deutschland leben in Boxenlaufställen mit separaten Bereichen zum Fressen, Liegen und Bewegen. Wie bei vielen anderen Betrieben auch, hat Barbaras Laufstall betonierte Laufflächen, die mithilfe eines Schiebers regelmäßig gereinigt werden. Wir erfahren, dass Barbaras Betrieb zur Haltungsstufe 3 gehört:

„Bei uns haben die Tiere mehr Platz als bei Haltungsstufe 2 und einen ganzjährig nutzbaren Laufhof. Auch hat jede Gruppe eine Kratzbürste.“

Seit Sommer 2024 gibt es für Milchkühe insgesamt fünf Haltungsstufen. Stufe 5 „Bio" stellt eine Erweiterung der bisherigen im Lebensmitteleinzelhandel eingeführten vierstufigen Haltungsformkennzeichnung für tierische Erzeugnisse dar.

Haltungsstufe 1: Stall
(Stallhaltung; möglichst Laufstallhaltung oder Kombinationshaltung)

Haltungsstufe 2: Stall + Platz
(Laufstallhaltung oder Kombinationshaltung mit Weidegang (min. 120 Tage à 2 h) bzw. mit Laufhof oder Bewegungsbucht mit min. 4,5 m^2/Tier. Die Bewegungsfläche muss aus mindestens 16 m^2 zusammenhängender Fläche bestehen)

Haltungsstufe 3: Frischluftstall
(Laufstallhaltung mit ganzjährigem nutzbarem Laufhof (min. 3 m^2/Tier im Laufhof) oder Offenfrontstall oder Laufstallhaltung mit Weidegang (min. 120 Tage à 6 h))

Haltungsstufe 4: Auslauf/Weide
(Laufstallhaltung mit ganzjährigem nutzbarem Laufhof (min. 3 m^2/Tier im Laufhof) und Weidegang (min. 120 Tage à 6 h))

Haltungsstufe 5: Bio
(Laufstallhaltung und Weidegang (Auslauf), wann immer es die Bedingungen zulassen)

Ob Kühe auf der Weide sind und wie lange sie sich dort aufhalten, hängt von verschiedenen regionalen Faktoren ab. Dazu zählen die Betriebsgröße und die Betriebsstruktur. Barbara ist mit ihrer derzeitigen Haltungsform zufrieden und erklärt:

„Kühe mit Weide zu halten, ist enorm aufwendig. Dafür haben wir einfach keine Zeit. Mein Onkel hat zum Beispiel Tiere mit Weidehaltung, das ist viel Arbeit. Die Tiere stehen auch bei schlechtem Wetter draußen und gerade Kälber sind bei schlechtem Wetter sehr empfindlich.“

Die früher übliche Anbindehaltung ist selten geworden und findet sich heute vorwiegend in Süddeutschland. Laufställe sind tiergerechter, da sie den Tieren mehr Bewegungsfreiheit bieten und Sozialkontakte ermöglichen. Die ganzjährige Anbindehaltung soll in Deutschland verboten werden. Kleinere Betriebe sollen jedoch eine „Kombihaltung“ praktizieren dürfen. Das heißt, dass die Tiere im Stall angebunden sind, aber in der Weidesaison sowie mindestens zweimal wöchentlich außerhalb der Weidesaison Auslauf haben müssen.

„Hohe Milchleistung allein kann nicht durch Weidefutter erzielt werden, da dieses nicht genügend Energie liefert. Deshalb bekommen die Kühe meistens zusätzliche Nährstoffe im Stall."

Es ist 7 Uhr morgens, Barbara und Franzi haben bereits alle Kühe gemolken.

Jeden Tag stehen Barbara und Franzi um 5 Uhr morgens auf und begeben sich direkt in den Stall, um dort die Kühe in den Vorwartebereich zum Melken zu treiben. Danach werden die Boxen sauber gemacht und die Kühe durch das Melkkarussell geleitet. Meistens gibt es dann gegen 10 Uhr Frühstück. Währenddessen bestellt Barbaras Mann die Felder. Dies erfolgt morgens und abends. Dazwischen wird erledigt, was ansteht. Mögliche Aufgaben sind Kälber füttern, Geburten kontrollieren, Futter vorbereiten oder Liegeboxen einstreuen. Weizenstroh wird zum Einstreuen verwendet und Gerstenstroh wird gefüttert.

Die Arbeit ist in der Familie klar aufgeteilt. Barbara:

„Ackerbaulich, das macht ja alles mein Mann. Also, da habe ich jetzt gar nichts zu tun. Ich bin eigentlich hauptsächlich für Stall und Verpflegung da."

„Früher wurde, wie wir wissen, mit der Hand gemolken. Wie funktionieren bei euch die Maschinen zum Melken?"

Barbara überlegt und erzählt:

„Wir haben auf unserem Betrieb ein Karussell zum Melken. Solche Karusselle gibt es bei uns in Bayern nicht so oft. Die meisten Familienbetriebe haben hier 40 oder 50 Kühe. Bei uns stehen die Kühe erst einmal im Auslauf draußen im Hof, wo wir sie zusammengetrieben haben. Dann geht die Kuh freiwillig sofort in das Karussell rein. Sie steht dann da und wartet. Wenn du gestillt hast, weißt du wie gut es tut, Milch abzugeben. Danach geht sie wieder rüber in den Stall. Entweder legt sie sich nieder und schläft noch ein bisschen oder sie wartet auf das frische Futter."

Am besten schauen wir uns das Ganze einmal selbst an – schließlich sind wir ja dafür hier. Wir sind abends direkt dabei, wenn alle Kühe das zweite Mal an diesem Tag gemolken werden und betreten das Karussell für Kühe. Dabei handelt es sich um eine kreisförmige, automatisierte Melkanlage, die es ermöglicht, mehrere Kühe gleichzeitig zu melken, ohne dass die Landwirtin jede einzelne Kuh manuell führen muss.

Das Melkkarussell besteht aus einer drehbaren Plattform, auf der die Tiere in einer Reihe stehen. Die Kühe betreten das System durch einen Eingang. Hier öffnet sich das automatische Gatter erst, wenn ein Melkplatz frei ist, damit es nicht zu Gedränge kommt. Die Kühe betreten die Anlage selbstständig, da sie es so „gelernt" haben und ihre Euter spannen, wenn es Zeit ist, Milch zu geben. Über den Melkständen befinden sich automatische Anschlüsse für die Melkmaschinen, die Barbara an den Eutern der Kühe anbringt.

Währenddessen übernimmt das computergesteuerte System das Melken. Der Computer hält ebenso genau fest, wie viel Milch durchs System fließt.

Dieses moderne Karussell hat sich für Barbara in ca. 15 Jahren amortisiert. Eine große Investition.

Barbara melkt nicht mehr mit der Hand wie früher, aber es ist trotzdem immer noch eine körperlich anstrengende Arbeit. Die Euter der Kühe müssen gesäubert, die Melkstutzen angebracht und der Boden regelmäßig gereinigt werden. Seit längerem hat Barbara aufgrund ihrer Arbeit Schulterprobleme. Sie braucht regelmäßig Massagen, damit die Schulter nicht schmerzt.

Barbara ist sich sicher: In Zukunft wird nichts mehr manuell gemacht, sondern es wird noch stärker technisiert und digitalisiert. Wie das bei Barbara auf dem Hof aussehen könnte, weiß sie allerdings nicht.

Uns ist aufgefallen, dass in Barbaras Stall vor allem braune Kühe stehen und nicht, wie es bei uns in Nordrhein-Westfalen oft der Fall ist, schwarz-weiße Rinder. Wir möchten dazu mehr wissen: **„Gibt es eigentlich je nach Region Unterschiede?“** Barbara antwortet prompt:

> *„Typisch sind Holstein-Rinder, die schwarz-weiß sind und vor allem im Norden gehalten werden. Diese Rasse gibt eigentlich nur Milch und wurde wie bei Windhunden nur dafür gezüchtet. Dann gibt es Fleckvieh. Die sind braun-weiß gescheckt und stellen eine Zweinutzungsrasse dar. Das heißt, sie geben Milch und Fleisch. Eine weitere Rasse ist das Braunvieh. Das sind ganz edle Tiere, die aber wenig Fleisch und Milch geben. Ihre Milch enthält jedoch viel Eiweiß, was gut für die Herstellung von Käse ist. Diese Rasse wird zum Beispiel in Bergregionen gehalten, wo leckerer Käse hergestellt wird. Es werden also immer für die jeweiligen Gegebenheiten verschiedene Rassen gezüchtet. Hier auf unserem Betrieb haben wir drei verschiedene Farben.“*

„Meine Fleckvieh-Stierkälber sind was wert. Ich kriege einen guten Erlös. Ich freue mich genauso über ein Stierkalb. “

Verschiedene Farben bedeutet, dass sich Barbara und ihr Mann für unterschiedliche Rassen entschieden haben. Bei ihnen steht viel Fleckvieh, Braunvieh und wenige Holstein-Rinder. Und dies aus bestimmtem Grund:

> *„Fürs Fleckvieh haben wir uns entschieden, weil sie Fleisch und Milch geben.“*

Holstein-Rinder haben den Vorteil, dass sie viel Milch geben, aber einen Nachteil:

> *„Da haben die männlichen Kälber keinen Wert mehr. Es rentiert sich schon fast nicht, jemanden zu holen, wenn sie mal krank sind, weil sie eigentlich nichts wert sind, weil du keinen Erlös hast. Eine Freundin im Saarland zieht die Kälber zum Beispiel selber auf und vermarktet sie dann selbst. Dann ist es noch besser. Meine Fleckvieh-Stierkälber sind was wert. Ich kriege einen guten Erlös. Ich freue mich genauso über ein Stierkalb.“*

Wie bei unserer Ankunft, haben wir mitbekommen, dass sich die Familie mit vielen Produkten vom Hof aus selbst versorgt, zum Beispiel mit Milch, Käse und Eiern.

„Wie sieht es mit Fleisch aus?"

Barbara gibt uns Auskunft:

„Ich habe das extra beantragt, dass ich daheim am Hof schlachten darf. Dann kommt es zu meinem kleinen Metzger, wo das Fleisch drei Wochen abhängt. Erst dann wird es zerteilt und aufgeteilt. Das ist ein ganz anderes Fleisch. Das geht in der Pfanne nicht zusammen, da geht nicht viel Wasser raus. Die Schlachtung und das Abhängen ist das A und O. In Deutschland wird ein Tier meistens bloß noch eine Woche abgehängt, weil es dann weiter muss."

Wir wollen wissen, wie die Arbeit mit den Kälbern aussieht. Barbara erklärt es uns:

„Sie sind vier bis fünf Wochen bei uns. Dann werden sie an den Stiermäster verkauft. Mit eineinhalb Jahren werden sie geschlachtet. Die Preise gehen ja hoch und runter. Momentan haben Fleisch und Milch gute Preise, weil einfach nichts da ist und ja so viele Betriebe aufhören."

Kälber werden bereits in einem frühen Stadium enthornt. So können Verletzungen sowohl bei den Tieren als auch bei den Menschen vermieden werden. Wie sieht so etwas aus? Barbara beschreibt, wie es bei ihnen gemacht wird:

„Die Kälber werden sediert und dann schlafen sie. Dann tue ich bloß mit dem Brennstab die Blutzufuhr abtrennen und gebe ein Schmerzmittel. Ich mache es meistens mittags. Dann sind sie abends wieder fit zum Trinken. Ich mache das immer in den ersten zwei Wochen."

Es wurde bereits versucht, die Hörner genetisch wegzuzüchten. Barbara wendet allerdings ein:

„Ja, das gibt es schon, aber die sind halt für die Leistung nicht so gut."

Wir fragen weiter nach: **„Wie viele Tiere werden bei euch gemolken?"**

„Wir haben insgesamt 145 Kühe, aber davon sind ca. 20 immer im Urlaub. Die stehen quasi trocken und geben keine Milch. Jede Kuh muss erst ein Kalb bekommen, damit sie Milch gibt. Und davor hat sie sozusagen sechs Wochen Mutterschutz, in der Zeit wird sie gar nicht gemolken. Momentan melken wir also 125 Kühe und 20 Kühe sind im Urlaub. Wenn die Kuh frisch gekalbt hat, ist sie bei uns erstmal eine Woche im Wochenbett, wie Franzi es nennt, im Kreissaal. Dann gibt die Kuh viel Milch und läuft wieder in der Herde mit. Nach sechs Wochen wird sie wieder besamt. Im Laufe der Monate geht die Milchproduktion wieder runter. Vor dem nächsten Kalben wird sie wieder trockengestellt und geht in den Urlaub. So ist der Zyklus."

Ok, aber dann werden die Kühe über die Zeit immer mehr, denken wir. **„Dann habt ihr nach einer Weile mehr Kühe als ihr braucht. Werden die weiblichen Kühe dann auch verkauft?"** Barbara und Franzi nicken gleichzeitig:

„Die gehen entweder in die Zucht oder zum Metzger. Für schwarz-weiße Bullenkälber bekommen wir zum Beispiel nur 100 Euro. Das ist traurig, weil man sich das eigentlich nicht leisten kann, sich um sie zu kümmern. Wenn ich für ein Kalb mit sechs Wochen 500 Euro bekomme, schaue ich natürlich, dass es gesund bleibt und kümmere mich mehr als beim schwarz bunten. Wenn der Tierarzt einmal kommt, hast du schon draufgezahlt. Die Besamung kostet ja auch was.

Du bekommst für ein männliches Kalb zu wenig, das ist das Problem. Wenn wir ein Kälbchen haben, das super ausschaut, gehen wir zur Versteigerung und verkaufen es dort. Die gehen dann zu anderen Betrieben.

Aber die Betriebe werden hier immer weniger. Oft gibt es keinen Hofnachfolger. Das liegt auch am wenigen Milchgeld und den ganzen Auflagen."

Das hören wir nicht zum ersten Mal. **„Welche Auflagen gibt es denn für einen Milchviehbetrieb?"**

„Zum Beispiel gibt es jetzt Rote Gebiete, wo man immer weniger wirtschaften und düngen kann. Dadurch hören auch viele auf. Letztens mussten wir wieder zwei Stunden lang Formulare ausfüllen. Die Dokumentation wird immer mehr. Es gibt verschiedene Kontrollen und Nachweise für die Molkereien oder Ähnliches."

Als Rote Gebiete werden landwirtschaftliche Flächen bezeichnet, die aufgrund einer erhöhten Nitratbelastung im Grundwasser von der Düngeverordnung besonders reguliert werden. Sie werden anhand von Messstellen und Daten zur Nitratkonzentration im Grundwasser ausgewiesen und unterliegen strengeren Auflagen bei der Düngung.

Wir sind neugierig: **„Was passiert eigentlich mit einer schwarz-weißen Kuh, die hauptsächlich Milch gibt und an der nicht viel Fleisch dran ist, wenn sie in Rente geht?"**

Barbara antwortet:

„Die geht zum Schlachten, aber du bekommst bloß die Hälfte des Ertrags. Daher muss sie eigentlich schon mehr Milch geben, damit es für den Betrieb rentabel wird. Denn das Fleisch ist dann eigentlich nichts mehr wert."

„Worauf achtet ihr bei der Herstellung von Milch?"

„So wie ich essen möchte, möchte ich auch erzeugen.

Durch das Futter können wir viel beeinflussen. Ein Futterberater hilft uns dabei. Wir haben Gras- und Mais-Silage. Das schönste Futter nehmen wir aus der Mitte für die Kühe und der Rest geht in die Biogasanlage. Das ergänzt sich super und bildet einen schönen Kreislauf. Kühe, die frisch gekalbt haben, bekommen zum Beispiel ein anderes Futter als Kühe, die bereits länger vom Kalb weg sind und weniger Milch geben. Das ist wie bei einem Hochleistungssportler. Kurz vor dem Training oder Wettkampf muss er sich mit mehr Eiweiß ernähren, als wenn er im Urlaub wäre.

Wir können alles in der Milch messen: Fett, Eiweiß, Zellen und Harnstoffgehalte. Die Ergebnisse bekommen wir von den Molkereien. So können wir gegebenenfalls das Futter anpassen."

„Was hat sich in den letzten Jahren in der Landwirtschaft geändert?“

Franziska:

„In meiner Klasse gibt es nicht mehr viele Jugendliche, die einen eigenen Betrieb haben. Nur eine Freundin von mir aus der Umgebung kommt von einem Betrieb. Aber hier in der Gegend gibt es schon noch viele kleinere Betriebe.“

„Man steckt so viel Herzblut rein, aber die Wertschätzung ist irgendwie nicht mehr da.“

Barbara:

„Man steckt so viel Herzblut rein, aber die Wertschätzung ist irgendwie nicht mehr da.

Eine Genossenschaft hat unsere Molkerei aufgekauft. Bei einer Versammlung habe ich einmal den Chef kennengelernt und ihn gefragt, ob er sich meinen Betrieb einmal anschauen mag. Dann hat er gesagt: Von der Materie hat er eh keine Ahnung. Dann denke ich: Aber der verarbeitet deine Milch und verkauft sie wieder.

In den Molkereien wird teilweise nur noch Milchpulver hergestellt und es gibt überhaupt keinen Bezug mehr zum Produkt. Das ist schade. Auf einer Weihnachtsfeier hat eine Molkerei ihren Milcherzeugern sogar vegane Joghurts zum Probieren geschenkt. Da denkt man, dass passt gar nicht mehr.

Eine weitere Änderung ist auch die ganze Dokumentation. Bevor du anfängst zu arbeiten, musst du erstmal rechnen und schreiben. Ältere Personen tun sich damit natürlich noch schwerer als wir.

Wir müssen berechnen, wie es mit dem Güllen passt, und jedes Jahr müssen wir Bodenproben nehmen und abgleichen. Aber auch das Wetter muss passen. Auf dem Papier steht nicht, ob es regnet. Du arbeitest mit und in der Natur, und das ist immer anders als auf dem Papier. Aber wir müssen immer mehr mit dem Papier arbeiten.

Das wird in den letzten Jahren immer mehr. Hier gibt es noch viele Familienbetriebe. Da arbeiten alle Familienmitglieder mit, damit es überhaupt funktioniert, weil man sich die Arbeitskräfte einfach nicht leisten kann.“

„Hier gibt es noch viele Familienbetriebe. Da arbeiten alle Familienmitglieder mit, damit es überhaupt funktioniert, weil man sich die Arbeitskräfte einfach nicht leisten kann.“

Trotz dieser Herausforderungen hat Tochter Franzi bereits den Wunsch geäußert, den Hof in Zukunft zu übernehmen. Auch Florian zeigt Interesse daran. Auch er hilft nach seiner Metzgerausbildung hier auf dem Hof mit. Laut Barbara ist dies einerseits eine privilegierte Situation, denn nicht jedes Kind ist bereit oder willens, den elterlichen Hof zu übernehmen. Doch sie weiß auch, dass sie mit ihrem Mann irgendwann entscheiden müssen, wer den Hof übernehmen soll. Barbara überlegt:

„Das ist ein schwieriges Thema, weil beide die Leidenschaft dafür haben. Wir sind noch zu jung, um jetzt schon zu übergeben. Und wir wissen ja noch gar nicht, wie das weitergeht. Wie läuft das mit Biogas weiter oder wie geht das in zehn Jahren, wie schaut da der Betrieb aus? Ich würde es beiden gönnen, aber wir können uns noch nicht entscheiden, wer es sein soll. Es sollte nicht so sein, dass wir sagen: Du kriegst jetzt den Hof, weil wir dich lieber haben oder so. Du möchtest einfach nur, dass der Hof weitergeführt wird."

„Es sollte nicht so sein, dass wir sagen: Du kriegst jetzt den Hof, weil wir dich lieber haben oder so. Du möchtest einfach nur, dass der Hof weitergeführt wird. "

Die Frage der Nachfolge in Familienbetrieben ist komplex und vielschichtig. Sie umfasst nicht nur wirtschaftliche Überlegungen, sondern auch emotionale Aspekte wie Traditionen und Werte. Für Barbara bedeutet dies eine ständige Auseinandersetzung mit ihrer Rolle im Betrieb sowie mit den Wünschen ihrer Kinder.

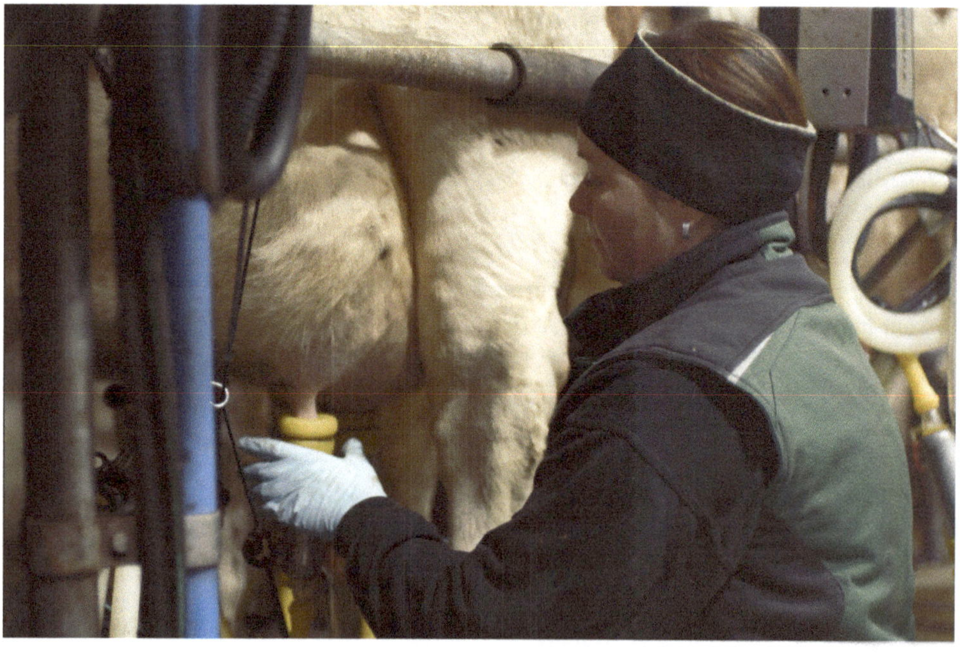

Bis dahin bleibt noch etwas Zeit, denn Barbara plant, ihre Arbeit noch eine ganze Weile fortzusetzen. In dieser Zeit wird sie weiterhin dafür sorgen müssen, dass ihr Betrieb sowohl wirtschaftlich tragfähig bleibt als auch den familiären Zusammenhalt fördert.

Franzi steht mit ihren jungen 18 Jahren am Beginn ihres beruflichen Werdegangs und hat sich aktuell bewusst für eine Zukunft in der Landwirtschaft entschieden. Ihre Aussagen geben einen realistischen Einblick in ein Leben zwischen Verantwortung, Familienbetrieb und systemischen Herausforderungen.

Für sie war die Entscheidung für die Landwirtschaft kein spontaner Impuls, sondern das Ergebnis einer längeren Auseinandersetzung mit ihren Interessen und dem Umfeld, in dem sie aufgewachsen ist:

> *„Hauswirtschaft war für mich schon ein wichtiger Teil, glaube ich, und da hat man viel dazugelernt. Das kann ich auch in Zukunft gut brauchen. Aber das Landwirtschaftliche ist halt doch noch mal was für die Leidenschaft."*

Sie verweist auf die alltägliche Realität: frühes Aufstehen, körperliche Arbeit und langfristige Verantwortung. *„Wenn man um fünf Uhr in der Früh aufsteht und dann auch Freude an der Arbeit hat"*, dann sei das ein Zeichen dafür, dass es der richtige Beruf sei.

Dennoch macht sie deutlich, dass es keine einfache Berufswahl ist. Franzi benennt die Einschränkungen, die das Leben auf einem Betrieb mit sich bringen, beispielsweise bei Freizeit, Schulveranstaltungen oder familiären Verpflichtungen:

> *„Aber die Vorstellung ist wahrscheinlich schon, dass man in der Branche bleibt."*

Barbara ergänzt:

> *„Es ist natürlich schon schön, wenn die Kinder das auch mit Leidenschaft machen oder nicht sagen, boah, wir fahren nie in Urlaub oder wir sind nie irgendwo fortgekommen und das war immer ganz schlimm. Oder du bist beim Silieren tagelang, du warst nicht beim Elternabend oder bei der Aufführung dabei gewesen, weil du einfach nicht Zeit gehabt hast. Oder sie müssen morgens alleine aufstehen."*

„Oder du bist beim Silieren tagelang, du warst nicht beim Elternabend oder bei der Aufführung dabei gewesen, weil du einfach nicht Zeit gehabt hast."

Beim Silieren von Gras wird frisches Grünfutter haltbar gemacht, sodass es über einen längeren Zeitraum gelagert und später verfüttert werden kann.

Franzi sieht es positiv:

> *„Ich glaube, für das spätere Leben ist es schon von Vorteil, wenn man früh lernt, selbstständiger zu werden. Dass man mehr Verantwortung übernehmen musste. Ich sehe schon, dass das auch mein Beruf ist und dass ich schon meine Verpflichtungen habe, aber das Positive mit den Tieren gibt schon viel zurück."*

Barbara überlegt:

> *„Wir haben gesagt, sie sollen beide etwas anderes lernen als Landwirtschaft, damit sie auch etwas anderes sehen. Dann haben wir gemeint, sie sollte mal einen Tag noch*

irgendwo anders arbeiten gehen. Aber bis jetzt können wir es eigentlich gar nicht brauchen, weil so viel Arbeit da ist. Die Tage sind lang genug, weil sie steht stets mit uns um fünf Uhr auf. Und sie ist bis um acht Uhr beim Silieren, manchmal bis um zwölf Uhr in der Nacht.

Mein Sohn macht ja jetzt eine Metzgerausbildung, er muss um vier anfangen und ist mittags fertig. Danach hilft er auf dem Hof.“

„Wie seht ihr die Zukunft für euren Betrieb?“

Barbara:

„Es wird schwieriger. Vor allem, weil alle Kosten, zum Beispiel für Diesel und Plastikfolien für Silos, mehr geworden sind, der Milchpreis gefühlt seit 20 Jahren gleichbleibt. Die Milch- und Fleischpreise sind einfach zu niedrig, um die anderen Kosten zu decken.

Du musst eigentlich immer mehr machen, um das alles wieder rauszubekommen und zu verdienen. Aber das geht nicht mehr weiter. Wir sind an einer Grenze. Ansonsten müssten wir zwei bis drei Mitarbeiter einstellen. Und das geht nicht.

Den Milchpreis macht die Molkerei. Wir haben ein leicht verderbliches Lebensmittel, daher ist es schwierig, schnell die Molkereien zu wechseln.“

Wir wollen wissen, ob sie in Zukunft eventuell Dinge ändern wollen und wie sie die Perspektive für ihre Kinder sieht. Barbara antwortet direkt:

„Wir haben uns entschlossen, dass wir eher in Richtung Direktvermarktung gehen, weil ich glaube, dass wir mit der Größe oder mit den großen Betrieben nicht mehr mithalten können. Oder gegenüber dem Ausland, das wird einfach ein Problem für Deutschland.

In den letzten Jahren hieß es immer, du musst dich spezialisieren. Entweder Bullenmast oder Milchvieh oder so was. Und das, glaube ich, ist vorbei. Der Zug ist für Deutschland abgefahren. Eigentlich möchtest du, dass es für deine Kinder so weitergeht oder dass sie so weitermachen können. Aber momentan weißt du halt gar nicht, in welche Richtung.“

„Der Zug ist für Deutschland abgefahren. Eigentlich möchtest du, dass es für deine Kinder so weitergeht oder dass sie so weitermachen können. Aber momentan weißt du halt gar nicht, in welche Richtung.“

„Wie erlebt ihr die Wahrnehmung der Landwirtschaft in der Gesellschaft?“

Franzi:

„Ich sehe das in meiner Klasse. Obwohl die auf dem Land leben, haben die überhaupt keinen Bezug mehr zur Landwirtschaft. Ich nutze Medien, um zu schauen, wie andere Betriebe es machen. Das ist schon interessant zu sehen.“

Barbara:

„Manchmal muss ich schon Social-Media-Fasten machen. Was manche Leute da posten. Ansonsten bekommen wir in meinem direkten Umfeld, zum Beispiel im Kindergarten, eigentlich nur positive Rückmeldungen.

Die Menschen haben nicht mehr den Bezug zur Landwirtschaft. Früher hatten Oma oder Opa einen Hof, da hat man das alles gesehen. Das hat heute keiner mehr und das ist ein großes Problem.

Aber irgendwas bei Facebook zu posten, traue ich mich nicht. Ich habe keine Zeit, das lange zu argumentieren. Auch habe ich nicht die psychische Kraft dafür. Ich mache alles für meine Tiere. Und wenn mich da jemand angreift, das würde mir, glaube ich, das Herz brechen. Was ich in meinem WhatsApp-Status mache, Bilder vom Betrieb posten. Das können nur Leute sehen, die ich kenne und mich nicht angreifen.

Wir machen auch regelmäßig Hofführungen. Das ist immer viel Arbeit, da alles sauber sein muss und vorbereitet werden muss. Aber wenn alle da sind, gefällt es uns immer wieder richtig gut."

Auch wirtschaftliche Zusammenhänge thematisiert Franzi. Sie kritisiert gängige Außenwahrnehmungen:

„Dann denkt man so naiv: Ihr habt nur Kühe, produziert nur Milch. Das ist ja selten so."

Sie erklärt, dass viele Betriebe mehrere Einkommensquellen kombinieren – etwa Futteranbau, Tierverkäufe oder die Nutzung von Wirtschaftsdünger.

Politische und ökologische Themen wie der Nitratgehalt im Grundwasser werden ebenfalls angesprochen. Barbara verweist auf strukturelle Probleme bei der Datenerhebung:

> *„Da gibt es Ungereimtheiten, aber dadurch musste die Politik reagieren. Die Umsetzung ist ein bisschen fragwürdig."*

Damit äußert sie Kritik an, aus ihrer Sicht, mangelnder Praxisnähe politischer Maßnahmen. Wir lassen uns von Barbara die Situation genauer erklären:

> *„Bei uns haben sie die landwirtschaftlichen Flächen in Rote Gebiete eingeteilt. Wir dürfen nicht mehr düngen, was die Pflanzen brauchen, sondern müssen weniger düngen. Das heißt, du kannst nur noch Futterweizen erzeugen, aber keinen Backweizen, aus dem du Brot machen kannst."*

„Wir dürfen nicht mehr düngen, was die Pflanzen brauchen, sondern müssen weniger düngen. Das heißt, du kannst nur noch Futterweizen erzeugen, aber keinen Backweizen, aus dem du Brot machen kannst."

Wir wollen wissen, ob sie auch direkt davon betroffen sind. Barbara nickt:

> *„Ja, total, mit der ganzen Fläche. Und das hat die Regierung einfach entschieden, dass es so sein soll. Das ist, als würde man einem Kalb sagen, es braucht jetzt fünf Liter Milch pro Mahlzeit, aber dann darf ich ihm aber bloß nur vier geben. Das kann ja nicht so wachsen. Dann kriege ich meinen Weizen nur noch für weniger Geld weg, weil er sich nicht mehr zum Brotmahlen eignet.*
>
> *Wenn du weniger düngst, kann das Korn vom Eiweißgehalt und dem Klebergehalt her die Anforderungen für die Brotproduktion nicht erfüllen. Für Brot braucht man sehr hochqualitatives Getreide, das natürlich auch mehr Nährstoffe braucht.*
>
> *Uns wird so viel aufgebrummt, was wir einhalten müssen. Mindestlohn und sonst was. Im Ausland ist das egal und die bringen dann trotzdem das Gleiche rein. Das wird reingefahren und neben unserer Ware verkauft. Natürlich greift der Verbraucher auf das Billigere zurück, das ist ja ganz klar, weil jeder einfach auf seinen Geldbeutel schauen muss, wie er über die Runden kommt.*
>
> *Wir haben die ganzen Auflagen und können nicht zu dem Preis produzieren, wie die anderen."*

Wir wissen, dass eine solche Auflage nicht willkürlich beschlossen wurde: Es geht um Nitratmessungen im Boden. Barbara und Franzi haben allerdings eine andere Perspektive darauf. Barbara erzählt uns ihre Sicht der Dinge:

> *„Da geht es angeblich um die Grundwasserkörper. Der nächste Grundwasserkörper bei uns ist aber 20 Kilometer weg, da, wo die Messstelle des Wassers war. Anscheinend*

wurde da zu viel Nitrat gemessen und das wurde jetzt mit uns einfach eingeteilt. Deswegen gab es die Bauernproteste.

Das Ganze wirft halt immer weniger ab. Du musst jetzt eigentlich immer noch mehr Fläche bewirtschaften, um deinen Gewinn zu halten. Kein Landwirt möchte den Boden kaputtmachen, weil wir leben ja davon.

Es wird propagiert, dass wir die Umwelt verschmutzen, die Tiere ermorden und was weiß ich alles. Wir leben ja davon, wir leben mit der Umwelt. Wenn wir den Wald nicht pflegen, dann können wir auch kein Holz mehr rausschneiden."

Barbaras und Franzis Aussagen zeichnen kein idealisiertes Bild der Landwirtschaft, sondern geben eine nüchterne Einschätzung wieder. Sie sind sich der Belastungen bewusst und benennen die Widersprüche, mit denen landwirtschaftliche Betriebe heute konfrontiert sind – ökonomische, soziale und politische. Ihr Blick bleibt dabei klar: Die Arbeit ist mit Aufwand verbunden, aber sie haben sich bewusst dafür entschieden.

Wir haben beinahe einen ganzen Tag mit Barbara und Franzi verbracht und spüren unsere müden Körper vom vielen Laufen und der Kälte. Barbara bietet uns an, noch eine Weile in ihrem Haus zu bleiben, damit wir uns aufwärmen können:

„Ich muss bloß noch irgendwann heute die Boxen waschen, weil ich sonst keine frei habe, wenn ein neues Kalb kommt. Aber sonst könnt ihr euch bei mir auch noch reinsetzen. Ihr könnt weiter unseren Käse probieren und einen Tee trinken."

Wir realisieren, dass es hier keinen Feierabend gibt. Als wir heute Morgen noch im Bett lagen, waren die beiden bereits auf den Beinen, und jetzt, wo die Sonne untergegangen ist, ist der Arbeitstag für Barbara noch nicht vorbei.

Wir bleiben noch kurz. Heute haben wir nicht nur etwas über die Landwirtschaft und Tierhaltung gelernt, sondern auch über das Leben in dieser kleinen Gemeinschaft. Wir verabschieden uns von der Familie und freuen uns wie lange nicht mehr auf unser Bett.

Wissensblock Kühe

Milch ist eines der bekanntesten und am häufigsten konsumierten Grundnahrungsmittel in Deutschland. Sie stammt überwiegend von Kühen und liefert viele wertvolle Nährstoffe wie Eiweiß, Kalzium, Jod sowie verschiedene Vitamine (1). Im Jahr 2024 wurden 46,2 kg Konsummilch pro Kopf verbraucht (2).

Um Milch produzieren zu können, muss eine Kuh ein Kalb zur Welt gebracht haben. Erst mit der Geburt des Kalbs beginnt die Milchproduktion (Laktation), die etwa 305 Tage andauert. Nach einer sogenannten Trockenstehzeit von rund 60 Tagen beginnt der neue Zyklus. Hochleistungskühe geben heute durchschnittlich 30 Liter Milch am Tag (3). Bei einer Melkdauer von zehn Monaten sind das pro Laktation 9170 Liter Milch.

Menschen begannen bereits vor ca. 10 000 Jahren, Rinder für Fleisch und Arbeit zu zähmen bzw. zu domestizieren (4). Erst ca. 5000 Jahre später konnten Menschen durch eine auftretende Milchzuckerverträglichkeit auch die Rindermilch verzehren (5). Die evolutionäre Laktosetoleranz entwickelte sich vor allem bei Bevölkerungen in Nord- und Mitteleuropa und wird auf eine genetische Mutation zurückgeführt, die die Produktion der Laktase (Enzym zur Spaltung der Laktose) auch im Erwachsenenalter aufrechterhält.

Joghurt (durch Milchsäure verdickte Milch) wurde später durch Zufall im Lammfellsack am Körper von „Thrakern" (Balkaninsel) und im Milchkrug von türkischen Nomaden (Kaukasus) entdeckt (6,7). Heute ist Joghurt in Deutschland ein beliebtes Milchprodukt und wird von mehr als die Hälfte der Bürger*innen regelmäßig verzehrt (8). Durchschnittlich wurden im Jahr 2020 ca. 15 kg Joghurt pro Kopf gegessen (9).

Auch Käse aus Kuhmilch ist ein beliebtes Produkt. Im Jahr 2024 wurden 25,4 kg Käse pro Person verbraucht (2). Dazu gehören Hart-, Schnitt- und Weichkäse, Pasta Filata und Schmelzkäse. Besonders beliebt sind in Deutschland Gouda, Emmentaler und Mozzarella. Aus dem Ausland werden Spezialitäten wie Camembert aus Frankreich, Parmesan aus Italien und Gruyère aus der Schweiz importiert.

Im Jahr 2024 wurden ca. 106 % der benötigten Milcherzeugnisse in Deutschland hergestellt (10). Das bedeutet, dass deutsche Milchbauern und Milchbäuerinnen mehr Frischmilch erzeugen, als im Inland verbraucht wird. Die Überschüsse werden exportiert, meistens in die Niederlande, nach Italien und China. Gleichzeitig steigt der Import von Milchprodukten wie Butter, Spezialkäse oder laktosefreien Produkten. Deutschland ist also nicht nur Exportland, sondern auch ein bedeutender Weiterverarbeiter im europäischen Milchmarkt (11).

Dabei geht der Bestand von Milchkühen in den letzten Jahren kontinuierlich zurück. Im Jahr 2022 gab es ca. 3,8 Millionen Milchkühe, die von 53 700 Milchviehhalter*innen gehalten wurden (12). Im Jahr 2025 gab es 3,6 Millionen Milchkühe und 49 452 Milchviehhalter*innen (12). Dieser Rückgang ist vor allem auf strukturelle Veränderungen in der Landwirtschaft zurückzuführen. Kleine Betriebe geben vermehrt auf, während große Milchviehbetriebe wachsen und spezialisierter wirtschaften.

Die Haltung von Milchkühen in Deutschland erfolgt überwiegend in Laufställen, etwa 90 % aller Tiere befinden sich in offenen Laufställen, wo sie sich frei bewegen können (13). Ungefähr 10 % der Kühe werden in Anbindehaltung gehalten, insbesondere in kleinen Betrieben in Süddeutschland (13). Die ganzjährige Anbindehaltung von Milchkühen soll im Rahmen einer Novelle des Tierschutzgesetzes für größere Betriebe ab 2028 verboten werden, ist aber noch in der Diskussion (14). Die Kombihaltung könnte für kleinere Betriebe weiterhin zulässig sein. Bis zu 50 Rinder über sechs Monate dürfen angebunden gehalten werden, wenn sie in der Weidezeit Zugang zu Weideflächen und ganzjährig mindestens zweimal pro Woche Zugang zu einem Freigelände haben. Biobetriebe, wo neben der Weidehaltung auch strengere Anforderungen an Tierwohl und Fütterung gelten, lieferten im Jahr 2024 lediglich 4,1 % der Gesamtanlieferungsmenge von Kuhmilch in Deutschland (15). Die Anbindehaltung ist für die ökologische Nutztierhaltung nur noch in Ausnahmefällen für Kleinbetriebe zugelassen (16).

(1) – BMLEH (2025): Milch: Gesunde Vielfalt mit hoher Qualität. *https://www.bmleh.de/DE/themen/ernaehrung/gesunde-ernaehrung/milch-zusammenfassung.html#:~:text=Mineralstoffe%20und%20Vitamine:%20Milch%20und,%C3%BCber%20Milch%20(%2Derzeugnisse)%20aufgenommen*, letzter Zugriff am 31. 07. 2025

(2) – BLE (2024): Versorgungsbilanz Milch: Mehr Käse und weniger Butter verbraucht. *https://www.ble.de/SharedDocs/Pressemitteilungen/DE/2025/250410_Versorgungsbilanz_Milch.html*, letzter Zugriff am 18. 07. 2025

(3) – BLE (2025): 30 Liter Milch gibt eine Kuh am Tag. *https://www.landwirtschaft.de/infothek/landwirtschaft-in-zahlen/tier/30-liter-milch-gibt-eine-kuh-am-tag*, letzter Zugriff am 31. 07. 2025

(4) – Ceiridwen et al. (2007): Mitochondrial DNA analysis shows a Near Eastern Neolithic origin for domestic cattle and no indication of domestication of European aurochs. In: Proceedings of the Royal Society B, 274, S. 1377 – 1385

(5) – Stang, M. (2009): Wie die Domestikation die Tierwelt nachhaltig verändert. In: Beschleunigte Evolution, Teil 1, Deutschlandfunk (DLF), Köln. *https://www.deutschlandfunk.de/beschleunigte-evolution-teil-100.html*, letzter Zugriff am 14. 07. 2022

(6) – Strahm, W. et al. (2014): Sauermilchprodukte. Eine Übersicht, 2. Auflage, Agroscope Transfer, 42

(7) – Bylund, G. (2015): Fermentierte Milchprodukte. In: Dairy Processing Handbook, Tetra Pak International S. A.

(8) – Statista (2022): Ranking der beliebtesten Milchprodukte (Konsum mindestens mehrmals pro Monat) in Deutschland in den Jahren 2018 bis 2021. *https://de.statista.com/statistik/daten/studie/171647/umfrage/mehrmals-im-monat-konsumierte-milchprodukte*, letzter Zugriff am 18. 07. 2025

(9) – Milchindustrie-Verband e. V. (2021): Deutschland: Pro-Kopf-Verbrauch von Milchprodukten. *https://milchindustrie.de/wp-content/uploads/2020/04/ProkopfDeutschland_Mopro_2014-2020x_Homepage.pdf*, letzter Zugriff am 18. 07. 2025

(10) – Statista (2025): Selbstversorgungsgrad bei Frischmilcherzeugnissen in Deutschland in den Jahren 2010 bis 2024. *https://de.statista.com/statistik/daten/studie/76644/umfrage/selbstversorgungsgrad-bei-frischmilcherzeugnissen-in-deutschland*, letzter Zugriff am 18. 07. 2025

(11) – MIV (2025): Exporte der deutschen Milchwirtschaft nach Zielregionen in 2024 (Euro). *https://milchindustrie.de/marktdaten/aussenhandel/#:~:text=Exporte%20der%20deutschen%20Milchwirtschaft%20nach,asiatischen%20oder%20auch%20afrikanischen%20Kontinents*, letzter Zugriff am 31. 07. 2025

(12) – Statista (2025): Milchkuhbestand in Deutschland in den Jahren 1950 bis 2025. *https://de.statista.com/statistik/daten/studie/153058/umfrage/milchkuhbestand-in-deutschland-seit-2000*, letzter Zugriff am 18. 07. 2025

(13) – Thünen-Institut (2024): Steckbriefe zur Tierhaltung in Deutschland: Milchkühe. *https://literatur.thuenen.de/digbib_extern/dn069119.pdf*, letzter Zugriff am 31. 07. 2025

(14) – BLE (2025): Anbindehaltung von Rindern: Ein heikles Thema. *https://www.landwirtschaft.de/tier-und-pflanze/tier/rinder/anbindehaltung-von-rindern-ein-heikles-thema*, letzter Zugriff am 31. 07. 2025

(15) – BLE (2025): Milch. *https://www.landwirtschaft.de/einkauf/lebensmittel/tierische-lebensmittel/milch*, letzter Zugriff am 31. 07. 2025

(16) – DLG (2024): Anbindehaltung von Milchkühen in Deutschland – eine Einordnung. *https://www.dlg.org/mediacenter/dlg-merkblaetter/dlg-kompakt-04-2024-anbindehaltung-von-milchkuehen-in-deutschland*, letzter Zugriff am 31. 07. 2025

Scannen Sie den QR-Code mit Ihrer Smartphone-Kamera oder einer QR-App und Sie gelangen direkt zum Filmclip über diesen Betrieb.

2 Nach 23 Jahren drei Tage frei

Ziegenbetrieb in Hessen

Der Regen hat die Landschaft in ein tristes Grau gehüllt. Es ist eine Landschaft voller Übergänge, Höhen und Weiten, Wiesen und Wälder. Der Himmel ist neblig, und in der Luft liegt der Duft von nassem Gras und frischem Holz.

Als wir den Betrieb von Timo und Frank erreichen, entdecken wir Timo schon von weitem. Ein Mann mit einer Kappe und abgetragener Arbeitskleidung, der zusammen mit einem anderen Mann Holz hackt. Wir parken am matschigen Straßenrand und sind gespannt auf unser Treffen mit Timo. Er winkt uns kurz zu, arbeitet dann aber zunächst in Ruhe weiter, bevor er mit einem breiten Lächeln auf uns zukommt.

Timo schlägt vor, uns seinen Betrieb zu zeigen und sofort in den Stall zu gehen. Das spiegelt die hessische Mentalität wider, bodenständig, hilfsbereit und direkt. Der Ziegenstall steht neben dem Wohnhaus.

Wir folgen Timo in ein robustes Holzgebäude. Es ist auf beiden Seiten offen und nur mit einem Netz gegen Wind geschützt. Der Bereich für die Ziegen ist mit frischem Stroh ausgelegt. Die Atmosphäre ist friedlich und wird nur vom sanften Läuten der kleinen Glocken unterbrochen, die einige Ziegen um den Hals tragen. Neugierig stecken die Ziegen ihre Köpfe durch den Zaun und knabbern an unserer Kleidung.

Die Begegnung mit Timo und Frank gewährt uns einen Einblick in die Herausforderungen und Chancen, mit denen bestehende Betriebe heute konfrontiert sind. Gewachsene Strukturen und regionale Gegebenheiten beeinflussen nicht nur betriebliche, sondern auch persönliche Entscheidungen. Wir erkennen schnell, dass Landwirtschaft nicht nur ein Beruf, sondern eine Lebensweise in einer sich ständig wandelnden Welt ist.

Der Alltag eines Ziegenbauern

Timo ist gebürtiger Hesse und besitzt ca. 90 Milchziegen, die regelmäßig gemolken werden. Insgesamt befinden sich mit der Nachzucht (Jungtiere, die noch keine Milch geben) ca. 200 Bunte Deutsche Edelziegen auf dem eigenen Betrieb. Aus der gemolkenen Milch wird Ziegenkäse hergestellt. Dazu gehören zum Beispiel Schnittkäse und Frischkäse mit unterschiedlichen Kräutern. Der selbst hergestellte Käse wird zu 100 %

durch Direktvermarktung verkauft. Um die gesamte Arbeit zu bewältigen, haben Timo und sein Mann Frank noch drei Personen auf Minijobbasis angestellt.

Die Arbeiten auf dem Betrieb sind vielfältig. Neben dem Melken, Füttern und Versorgen der Tiere, wird auch Personal für die Käseherstellung in der Käserei sowie für den Verkauf im Hofladen und auf dem Wochenmarkt benötigt. Wenn die Tiere morgens und abends jeden Tag gemolken werden, übernimmt eine Angestellte jeden Mittwoch und auch mal am Wochenende das Melken. So können Timo und Frank sich auch anderen Aufgaben wie Ackerbewirtschaftung und Heuernte widmen. Der Verkauf auf dem Markt fängt immer früh an, weshalb die Unterstützung beim Melken sehr hilft. Die Aufgaben sind jedoch nicht jeden Tag übers Jahr gleich. Timo erklärt es uns:

„Morgens geht es raus, abends wieder rein. Nachts sind alle Ziegen im Stall, wegen der Beutegreifer. Wir melken eigentlich zweimal am Tag, aber jetzt in der Jahreszeit nur noch einmal am Tag. Das ist anders als bei Kühen, weil alle auf einmal ablammen. Wir haben nur eine Gruppe. Das ist ein bisschen aufwendiger, aber wir haben sechs Wochen Pause.

Die Milch ist anders, weil sie alle altmelkend sind. Da hat man zum Schluss relativ hohe Inhaltsstoffe. Das ist ein bisschen herausfordernd in der Käserei, weil sich die Milch über das Jahr verändert.

Jetzt im Dezember melken wir noch einmal am Tag, ab morgen melken wir nur noch alle zwei Tage, morgens. In zwei Wochen ist es dann rum, weil wir im Januar gar nicht melken. Im Februar geht es dann wieder los.

Zweimal im Jahr wird ausgemistet. Die Bocklämmer vermarkten wir alle selber. Die Fleischvermarktung startet im Juni mit dem Zickensommer. Das ganze Jahr sind wir noch jeden Dienstag und jeden zweiten Samstag auf dem Wochenmarkt."

Wie möchten einen Einblick in den Alltag eines Ziegenbauern bekommen. Wir schauen uns gemeinsam nicht nur den Ziegenstall, sondern auch den Melkstand sowie den Milchtank zur Lagerung der Milch an.

Wir stehen in einer tiefergelegenen Grube und können uns vorstellen, wie die Ziegen zum Melken parallel nebeneinander, mit dem Hinterteil zur Melkgrube stehen.

Timo:

„Ja, der Melkstand ist etwas kleiner als bei den Kühen. Bei uns ist es auch etwas altmodisch, was die Technik angeht. Einige Teile haben wir aus dem Kuhstall vorne ausgebaut und hier eingebaut. Es ist ähnlich wie bei den Kühen, wir haben halt nur zwei Zitzenbecher statt vier."

Timo zeigt auf den Milchtank:

„Der fasst 450 Liter. Den haben wir heute leer gemacht. Dort haben wir vier Tage lang die Milch gesammelt. Länger als vier Tage können wir sie auch nicht lagern. Jetzt hat die Milch sehr viel Fett, fast wie Sahne. Dann hält die Milch länger als im Sommer. Im Sommer müssen wir alle zwei Tage Käse machen.

Im Winter habe ich eine höhere Ausbeute. Ich habe quasi um diese Jahreszeit doppelt so viel Frischkäse wie vorher.

Im Sommer, wenn wir loslegen, haben wir dafür noch einen Milchtank und machen häufiger Käse. Jetzt stehen fast alle trocken und werden nicht mehr so oft gemolken.“

„Wie genau läuft bei euch die Zucht eurer Ziegen ab?“

Timo antwortet:

„Wir haben hier 85 Milchziegen und 40 Nachzuchten. Davon behalten wir jetzt noch 15, der Rest wird zur Zucht verkauft. Der Stall ist eigentlich für 100 Milchziegen ausgelegt.

In Frankreich und Holland wird viel künstliche Besamung gemacht, in Deutschland ist eigentlich der Natursprung üblich. Pünktlich, wenn die Tage kürzer werden. Deswegen sind sie alle auf einmal tragend.

Fünf Monate tragen die Ziegen. Im Februar kommen dann die Zicklein. Manchmal sind es drei, manchmal eins, aber im Schnitt haben wir immer so zwei Zicklein pro Ziege.“

Bei Ziegen und Kühen ist die künstliche Befruchtung eine Methode, um gezielt Nachkommen zu erzeugen, ohne dass ein natürlicher Deckakt nötig ist. Die Abläufe und Techniken unterscheiden sich nur geringfügig zwischen den beiden Tierarten. Der Samen stammt in der Regel von ausgewählten Zuchtbullen oder Zuchtböcken. Deren Genetik sowie ihr äußeres Erscheinungsbild und die Leistungsparameter (z. B. Fruchtbarkeit, Liter Milch pro Laktation) der Nachkommen werden detailliert dokumentiert.

Auf dem Weg zu den Ziegen zeigt Timo auf eine separate Stallbox:

„Das ist der neue Bock.“

Das Tier ist deutlich größer und kräftiger als die weiblichen Ziegen und steckt neugierig den Kopf zu uns heraus. Ein eigener Bock hat den Vorteil, dass eine natürliche Fortpflanzung ohne technische Hilfsmittel möglich ist und er den Zyklus der weiblichen Ziegen anregt.

Wir erfahren, dass Timos Betrieb früher biozertifiziert war. Nach sechzehn Jahren haben Timo und Frank jedoch entschieden, auf die Zertifizierung zu verzichten. Timo erklärt uns, warum:

„Unsere Kunden legen Wert auf regionale und transparente Produkte, da ist Bio eher zweitrangig. Wir wirtschaften zu 80 % weiterhin nach den Bio-Richtlinien. Nur beim Zukauf von Getreide kaufen wir nun konventionell ein, aber dafür direkt beim Bauern oder dem lokalen Futtermittelhändler. Unsere Flächen bewirtschaften wir weiterhin ohne Kunstdünger oder Spritzmittel und in der Käserei produzieren wir weiterhin mit Biokräutern und ohne Zusätze.“

Ein biozertifizierter Betrieb unterliegt bestimmten Auflagen. Der Fokus liegt beispielsweise auf der Fütterung, dem Zugang zur Weide, der Größe der Stall- und Weideflächen oder der Verwendung von Tierarzneimitteln. Das bedeutet auch, dass der Betrieb eine sogenannte Umstellungszeit einhalten muss. Das heißt, dass Ziegen, die nicht aus ökologischer Haltung stammen, mindestens sechs Monate lang nach Öko-Richtlinien gehalten und gefüttert werden müssen. Vorher dürfen die Produkte nicht als Bio-Produkte vermarktet werden. Zudem wird die Haltung von Öko-Ziegen im Rahmen des Bio-Kontrollsystems zertifiziert und kontrolliert.

Timo und Frank halten Ziegen mit Weidegang. **„Was ist der Unterschied von Weideziegen gegenüber Stallziegen?“**

Timo:

> *„Das du nicht so steuern kannst, was die Ziegen für Nährstoffe aufnehmen. Wenn ich mit dem Futtermischwagen füttere, habe ich vorher eine Futteranalyse gemacht und weiß genau, wie viel Zucker und Inhaltsstoffe drin sind. Ich kann das dann ausgleichen mit Mais, Soja oder sonst was. Wenn sie, wie bei uns, auf die Wiese gehen, habe ich das nicht unter Kontrolle. Sie nehmen Würmer auf, haben einen höheren Parasitendruck und sie sind dem Wetter ausgesetzt. Wenn es regnet, fressen sie nichts. Eine Kuh frisst auch, wenn es regnet, aber Ziegen nicht.*
>
> *Auch die Strecke zur Wiese müssen sie laufen bei uns, weil die Wiese nicht am Stall liegt. Das ist Energie, die verbraucht wird, die sonst in Milch umgewandelt werden würde.*
>
> *Wenn sie nur im Stall sind, habe ich weniger Parasitenprobleme und brauche weniger Medikamente. Das ist wieder ein Vorteil. Hat halt alles seine Vor- und Nachteile.*
>
> *Früher hatten wir die Jungziegen auch draußen und die kamen erst im Herbst wieder rein. Aber das ist mir jetzt zu gefährlich, da habe ich keinen Bock drauf, dass sie krank werden oder sie ein Raubtier holt. Da bleiben sie halt im Stall.“*

„Ihr verarbeitet eure Milch selbst. Welche Voraussetzungen sind für die Verarbeitung zum Käse wichtig?“

Timo erklärt es uns:

> *„Wenn ich jetzt an eine Molkerei verkaufe, ist ein Grundpegel an Fett und Eiweiß wichtig. Beim Käsemachen wird das Fett gebunden und dann sind die Inhaltsstoffe wichtig. Da ist nicht die Menge entscheidend, sondern wie viel Fett sie geben. Da waren unsere Ziegen letztes Jahr die zweitbesten in Hessen. Die hatten 32 Kilo Fett pro Tier produziert und die wiegen ja nur 60 oder 65 Kilo. Also haben sie das halbe Körpergewicht an Fett produziert.“*

Timo und Frank haben auf eine Nische gesetzt

Wir sind neugierig: **„Wie bist du an den Betrieb in Hessen gekommen und warum hast du dich für Ziegen entschieden?“**

Timo lächelt:

„Im Jahr 1999 habe ich Frank kennengelernt. Ein Jahr später haben wir zusammen einen Betrieb gekauft und die Fläche des elterlichen Betriebs übernommen. Dort gab es als Nebenerwerbsbetrieb Mutterkühe. Wir wollten einen Vollerwerbsbetrieb, weshalb wir uns überlegt haben, was wir machen."

Timo macht eine nachdenkliche Pause.

„Wir mussten schauen, was finanziell und flächenmäßig umsetzbar ist. Im Heimatdorf von Frank mit 140 Einwohnern gab es bereits acht Betriebe. Davon melken drei Betriebe Kühe mit über 80 Milchkühen. Deshalb war die Fläche begrenzt.

Wir hatten die Überlegung, Käse aus Kuhmilch selbst herzustellen. Da war Franks Vater allerdings dagegen, da wir dafür einen neuen Stall hätten bauen müssen.

Dann hatten wir uns daran erinnert, dass wir beide früher als Kind immer schon Ziegen gehabt haben. Die Entscheidung war dann klar. Im Jahr 2003 haben wir mit den Ziegen angefangen.

Im Prinzip machen wir das Gleiche wie alle anderen auch, statt mit Kühen halt mit Ziegen."

„Ich habe, bis ich 42 Jahre alt war, nebenbei gearbeitet. Manchmal weiß ich gar nicht, wie ich das gemacht habe. Aber da war ich auch noch jünger. Jetzt bin ich seit drei Jahren daheim."

Somit können Timo und Frank bereits auf ein langjähriges Berufsleben mit Ziegen zurückblicken. **„Wie seid ihr denn gestartet? Lief der Betrieb von Anfang so gut?"**

Timo schüttelt entschieden den Kopf:

„Nee, wir haben 2009 eine Käserei gebaut und haben vorher in der Waschküche Käse gemacht. Damals waren wir noch beide berufstätig. Wir mussten Kurse belegen wie zum Beispiel der Sachkundenachweis fürs Veterinäramt, damit wir in der Menge produzieren dürfen.

Nachdem Frank zu Hause geblieben ist, haben wir ein Haus mit Mietwohnungen gebaut. Dadurch sind noch Mieteinnahmen reingekommen.

Ich habe, bis ich 42 Jahre alt war, nebenbei gearbeitet. Manchmal weiß ich gar nicht, wie ich das gemacht habe. Aber da war ich auch noch jünger. Jetzt bin ich seit drei Jahren daheim."

Das ist ein interessanter Start. Wir beide essen sehr gerne Ziegenkäse. Egal, ob als Schnitt-, Weich- oder Hartkäse. Aber war Ziegenkäse immer schon so populär? Wir fragen nach: **„War das zu der damaligen Zeit eigentlich etwas Besonderes, Ziegenkäse herzustellen?"**

Timo stimmt uns zu:

„Vor 20 Jahren waren Ziegen noch eine richtige Nische. Na ja, 2003 war es richtig besonders. Heute ist es, sagen wir mal, salonfähig geworden. Vor allem in Nordhessen gibt es viele Betriebe, die ihre Ziegenmilch sogar nach Holland abgeben."

Wir wissen, dass Ziegenmilch vor allem bei laktoseintoleranten Menschen beliebt ist, da Ziegenmilch von Natur aus keine Laktose beinhaltet. **„Ist die Nachfrage nach Ziegenmilch in den letzten Jahren gestiegen?"**

Timo nickt:

„Der Bedarf ist auf jeden Fall gestiegen. Aber auch die Akzeptanz. Denn Leute aus der Kriegsgeneration trinken keine Ziegenmilch oder essen keinen Ziegenkäse. Dies liegt daran, dass Ziegenmilch einen relativ hohen Eiweißgehalt besitzt. Dadurch nimmt die Ziegenmilch schnell den Geruch und Geschmack aus der Umwelt an.

Früher wurde mit der Hand gemolken, wodurch die Milch typisch nach Ziege schmecken kann. Heute passiert das nicht mehr, da im Melkstand gemolken wird. Wichtig ist einfach eine saubere Arbeitsweise.

Ich denke, dass erst die jüngere Generation Ziegenkäse neu für sich entdeckt hat. Und natürlich haben das auch die Molkereien erkannt, die haben 2004 noch keine Ziegenmilch abgenommen. Jetzt ist es schon auf der Überholspur. Ziegenkäse ist ja doch ein hochwertiges Produkt, eher schon im Feinkostbereich einzustufen.

Es gibt in Baden-Württemberg zwei große Molkereien, die auch richtig in Ziege eingestiegen sind. Die haben jetzt Probleme mit dem Absatz, weil die Leute nicht mehr so hochwertige Lebensmittel einkaufen. Die Menschen sind preissensibel geworden."

Wir sind beeindruckt, dass Timo mit seiner Mannschaft alle Prozesse von Ziegenaufzucht, Melken, Verarbeitung und Verkauf selbst koordiniert und stemmt. **„Habt ihr auch mal daran gedacht, eure Milch an Molkereien zu verkaufen?"**

Timo schüttelt den Kopf:

„Nein, für uns nicht. Denn dann bräuchten wir mehr als 90 Ziegen. Dafür müssten wir ungefähr 400 Ziegen melken. So macht es schon mehr Arbeit, aber dafür habe ich den gesamten Prozess inklusive der Vermarktung in der Hand. Ich kann auf Preissteigerungen direkt reagieren. Wenn ich meine Milch an Molkereien abliefere, kann ich das nicht."

Dafür steht Timo mit seinem Team und den Produkten auf dem Wochenmarkt in Frankfurt.

„In Frankfurt haben wir zwar mit zehn Stunden lange Tage, aber wir verkaufen die meisten unserer Produkte dort. Und den Rest halt im Hofladen."

Freie Tage sind selten

Das hört sich nach sehr viel Arbeit an. Da bleibt kaum Zeit für Erholung, denken wir. Da müssen wir mal nachhaken: **„Habt ihr denn auch mal einen Tag frei?“** Timo antwortet schnell:

> *„Nein, nicht wirklich. Wir sind jetzt seit 23 Jahren zusammen und waren in der Zeit einmal ein Wochenende weg. Das war 2004.“*

Timo lächelt uns unbekümmert an:

> *„Ich vermisse, um ehrlich zu sein, keinen Urlaub. Ich kenne es nicht anders. Auch bevor wir den landwirtschaftlichen Betrieb hatten. Meine Mutter hat 18 Jahre lang meine Oma gepflegt, die im Rollstuhl saß. Da gab es keine Möglichkeit wegzufahren.*
>
> *Mit 19 Jahren war ich mal mit zwölf Freunden in Tunesien. Allerdings haben wir da nur gefeiert, sodass wir uns eigentlich auch die Disco im Nachbarort anmieten hätten können. Vor Ort haben wir uns eh nichts angesehen.*
>
> *Urlaub ist nur getrennt möglich. Das machen wir jetzt seit vier Jahren. Da ist jeder einmal so vier Tage weg. Meistens besuchen wir einfach Freunde.“*

Auch ohne Urlaub erscheint Timo sehr zufrieden und hat ein vertrautes Netzwerk in der Landwirtschaft. Trifft dies auch für die Kundschaft im Hofladen oder auf dem Wochenmarkt zu? Wir fragen nach: **„Habt ihr denn auch viel Kontakt zu eurer Kundschaft?“**

„Urlaub ist nur getrennt möglich. Das machen wir jetzt seit vier Jahren. Da ist jeder einmal so vier Tage weg. Meistens besuchen wir einfach Freunde.“

Timo antwortet bestimmt:

> *„Unsere Kundschaft kennt uns und wir über die Jahre auch die Kundschaft. Wenn zum Beispiel eine Mutter mit Tochter einkauft und die Mutter beim nächsten Mal allein kommt, frage ich, wie es der Tochter geht. So etwas gefällt den Leuten. Das gibt es im Supermarkt nicht unbedingt.“*

Das hört sich wirklich schön an. Insgeheim nehmen wir uns vor, öfter zum Markt zu gehen, da wir beide meistens anonym im Supermarkt einkaufen. **„Gibt es denn auch mal negative Begegnungen auf dem Markt?“**

Timo überlegt kurz:

> *„Eher selten. Vielleicht mal eine Diskussion mit Veganern. Einmal wollte eine Dame wissen, ob mikrobielles Lab oder echtes Lab verwendet wird. Da habe ich ihr erzählt, dass die Ziege, die Milch gibt, auch ein Lamm bringen muss. Da stirbt eh eins. Dann hat sie nicht gekauft und war leicht angesäuert.*
>
> *Allerdings gab es, nachdem wir im Fernsehen als schwules Paar zu sehen waren, ein Posting von einer Frau. Die hat geschrieben, dass der Film ja wirklich toll war. Aber*

dass sie es ganz schlimm findet, dass unsere perverse Lebensweise im öffentlich-rechtlichen Fernsehen gezeigt wird und Kinder das sehen können. Es sei so schade, dass es auch noch politisch gewollt ist und dass Jesus uns liebt und dass wir alle in die Hölle kommen. Und dass Corona die Strafe des Herrn ist und Leute wie wir mit schuld sind, dass die Menschheit bestraft wird und alle mitleiden müssen."

Auch wenn Timo es neutral und ohne Groll erzählt, sind wir schockiert. **„Das sind ja richtige Anfeindungen. Wie kommst du mit solchen verbalen Angriffen denn zurecht?"**

Timo zuckt mit den Schultern.

„Da steh ich drüber. Vor allem, wenn es Personen sind, die ich nicht kenne. Anders ist es, wenn so was aus unserem Ort kommt. Zum Beispiel hat einer aus unserem Ort ein Foto von uns aus der ersten Ausstrahlung im Fernsehen gemacht und in seinem WhatsApp-Status gepostet mit dem Satz: ‚Die schwulen Dreckschweine gehören aufgehängt.' Das ist schon ziemlich belastend, weil der halt zwei Häuser weiter wohnt."

„Meine Oma hat immer gesagt, wenn der Hitler da wäre, der hätte mich abgeholt. Die hat meine Mutter dafür verantwortlich gemacht, dass ich schwul bin."

Wir fragen uns, ob es grundsätzlich in der Landwirtschaft als homosexueller Landwirt schwieriger ist.

Timo:

„Kann sein. Aber das muss einem einfach egal sein. Nach zehn Jahren sind wir durchaus akzeptiert.

Die Gegend ist ja eine katholische Hochburg. Wir haben mit meiner Oma in einem Haushalt gewohnt. Meine Oma hat immer gesagt, wenn der Hitler da wäre, der hätte mich abgeholt. Die hat meine Mutter dafür verantwortlich gemacht, dass ich schwul bin. Danach hat meine Mutter einen Suizidversuch begangen.

Auch der Frauenarzt, der Psychiater, der bei der Katholischen Ärztevereinigung ist, wollte meiner Mutter eine psychiatrische Störung für mich aufschreiben. Damit ich in 14 Therapiesitzungen wieder hetero werde. Zahlt sogar die Kasse. Das ist allerdings seit zwei Jahren verboten, da viele nach der Therapie Suizid begangen haben. Ich bin dann einfach ausgezogen."

Das sind sicherlich einschneidende Erlebnisse. Beeindruckend wie Timo mit seinem Mann sich trotz alledem etwas Eigenes aufgebaut hat.

Timo:

„Das ist auch ein Grund, warum ich bei der Gay-Farm bin. Diese lose Vereinigung trägt dazu bei, dass wir in der Öffentlichkeit ein bisschen mehr akzeptiert werden. Dort gibt es viele Mitglieder, die sich gegenseitig unterstützen.

Vor acht Jahren haben wir jemanden für ein halbes Jahr aufgenommen. Der hat sich daheim geoutet und hatte 24 Stunden Zeit, den Hof zu verlassen. Da Menschen in der Landwirtschaft zu Hause bei den Eltern kein Arbeitslosengeld einzahlen, würde das sofort Hartz IV heißen.“

„Das ist auch ein Grund, warum ich bei der Gay-Farm bin. Diese lose Vereinigung trägt dazu bei, dass wir in der Öffentlichkeit ein bisschen mehr akzeptiert werden.“

Wir sind erschrocken von der Unmenschlichkeit und sehen Timo aber an, dass es ihm heute richtig gut geht. **„Wo siehst du dich denn in fünf Jahren und was wünscht du dir für die Zukunft?“**

Timo überlegt kurz:

„Ich bin sehr zufrieden, wie es jetzt läuft. Daher würde ich mir wünschen, dass es bis 65 oder 70 so weitergeht. Und für die Zukunft wünsche ich mir, dass jemand bei uns einsteigt. Dann hätten wir auch wieder mehr Zeit und könnten auch mal in den Urlaub fahren.

Was die Ziegen betrifft, denke ich, dass es noch Betriebe geben wird, weil Ziegenkäse in Deutschland immer mehr zum Trend wird.

Wo ich mir manchmal etwas Gedanken mache, ist die vegane Geschichte. Wie soll man sich in Zukunft vielleicht vegan ernähren und gar nicht auf tierische Produkte zurückgreifen? Das kann ich schlecht beurteilen.

In sozialen Medien hat man ein bisschen die Auffassung, dass es viele Menschen sind. Aber ich denke, dass es ein kleiner Prozentsatz ist, der ziemlich aggressiv ist und oft Sachen kommentiert.

„Ein besseres Verständnis, wie die Landwirtschaft funktioniert, wäre schön.“

Ein besseres Verständnis, wie die Landwirtschaft funktioniert, wäre schön. Auf dem Markt habe ich zum Beispiel eine Kundin, die etwas anders einkauft. Wo andere beim Geflügel Brust und Keule einkaufen, kauft sie den Rest. Oder auch mal bei Rindfleisch Beinscheiben. Das haben die Deutschen etwas verlernt, dass man vom Tier alles essen muss und nicht nur die tollen Sachen.

Meiner Meinung nach muss man kein krasser Veganer werden. Es reicht ja, wenn jeder seinen Fleischkonsum zur Hälfte einschränken würde. Klar ist, dass ein Tier für mich gestorben ist. Damit muss der Kunde dann auch klarkommen.

Meine Oma hat mal gesagt, wir haben in einer Generation verlernt, uns zu ernähren. Vielleicht hat Corona viele Menschen auch wieder bewusster werden lassen. Die Leute kochen und backen wieder mehr. Auch kenne ich viele junge Menschen, die sich jetzt auf einmal im Schrebergarten in Frankfurt einmieten und diesen als Oase nutzen.“

Nach einem langen, anregenden Gespräch laden uns Timo und Frank zum Mittagessen ein. Am Tisch sitzen auch der Nachbar, der am Morgen mit Timo Holz gehackt hat, sowie eine Frau, die sich als Mitarbeiterin und Freundin vorstellt. Die Atmosphäre ist familiär und herzlich.

„Das haben die Deutschen etwas verlernt, dass man vom Tier alles essen muss und nicht nur die tollen Sachen."

„Wie lange bleibt eine Ziege so bei euch?" Timo erklärt es uns genau:

> *„Die Nutzungsdauer von einer Ziege liegt im Schnitt bei sechs bis acht Jahren. Wenn sie nach zwei Laktationen schon aussortiert werden, sind sie vier Jahre alt. Das heißt, bei sechs Laktationen sind sie acht Jahre alt. Bei acht sind sie schon zehn Jahre alt und wenn sie zwölf Jahre alt sind, werden sie schon zehn Jahre gemolken. Daraus errechnet sich ein Altersdurchschnitt von sechs bis acht Jahren. Unsere Älteste ist zwölf Jahre alt.*
>
> *Wir hatten letztes Jahr welche mit über 1000 Liter Ziegenmilch in 300 Melktagen. Im Schnitt haben wir so 700 bis 800 Liter. Das wären dann 80 Kilo Käse."*

„Wie genau schlachtet ihr die Ziegen?" Frank bringt sich ein:

> *„Die lassen wir beim Metzger schlachten. Wenn es gut läuft, haben wir alle Ziegen zwölf Jahre lang und mutterlos aufgezogen. Das macht einen Unterschied. Da werde ich dann schon dabei sein, wenn die abgemurkst werden. Das Fleisch vermarkten wir selber. Wir vermarkten alles selber, alles."*

Zum Mittagessen gibt es einen deftigen Eintopf. Während des Essens erfahren wir von Timo, dass etwa zehn Ziegen bald Nachwuchs bekommen. Diese Nachricht bringt uns zu einem zentralen Thema in der Landwirtschaft: die Entscheidung darüber, welche Tiere „bleiben" dürfen.

Timo und Frank haben ganz unterschiedliche Ansätze entwickelt. Timo blättert in seinen Aufzeichnungen und analysiert genau, welche Ziege wie viel Milch gegeben hat und welche besonders robust war. Für ihn sind die Zahlen für die Zukunft ihres Betriebs entscheidend. Frank hingegen zieht es vor, durch den Stall zu gehen und das Verhalten der Tiere zu beobachten. Mit einem Lächeln sagt er:

> *„Die Heidi bleibt, die ist die Liebste."*

Doch trotz dieser emotionalen Verbindung müssen die Entscheidungen wohlüberlegt getroffen werden. Im Gespräch müssen sich die beiden einigen und abwägen – eine Herausforderung, mit der viele landwirtschaftliche Familienbetriebe konfrontiert sind.

Timo und Frank treffen zwar viele Entscheidungen gemeinsam, allerdings gibt es eine klare Arbeitsverteilung auf dem Hof. Timo erzählt uns:

> *„Ich mache den ganzen Stall alleine. Frank ist für die Käserei zuständig, hilft aber auch im Stall. Er kümmert sich morgens zuerst um den Reiferaum und die Käsepflege. Und ich kümmere mich ums Füttern und Melken."*

Mitten beim Essen klingelt ein kleiner Wecker, der nah am Tisch platziert wurde. Frank und die Mitarbeiterin springen sofort auf. Es ist Zeit, den Käse zu „schneiden". Wir wollen direkt mitkommen und sehen, wie das genau aussieht und was dazugehört.

Wir betreten die Käserei. Hier ist die Luftfeuchtigkeit sehr hoch. Vor uns steht ein großer Kessel aus Stahl. Bevor wir den Raum betreten, müssen wir uns aus hygienischen Gründen Überzieher über die Schuhe ziehen und die Haare unter eine Haube verstauen.

Der Prozess des Käses

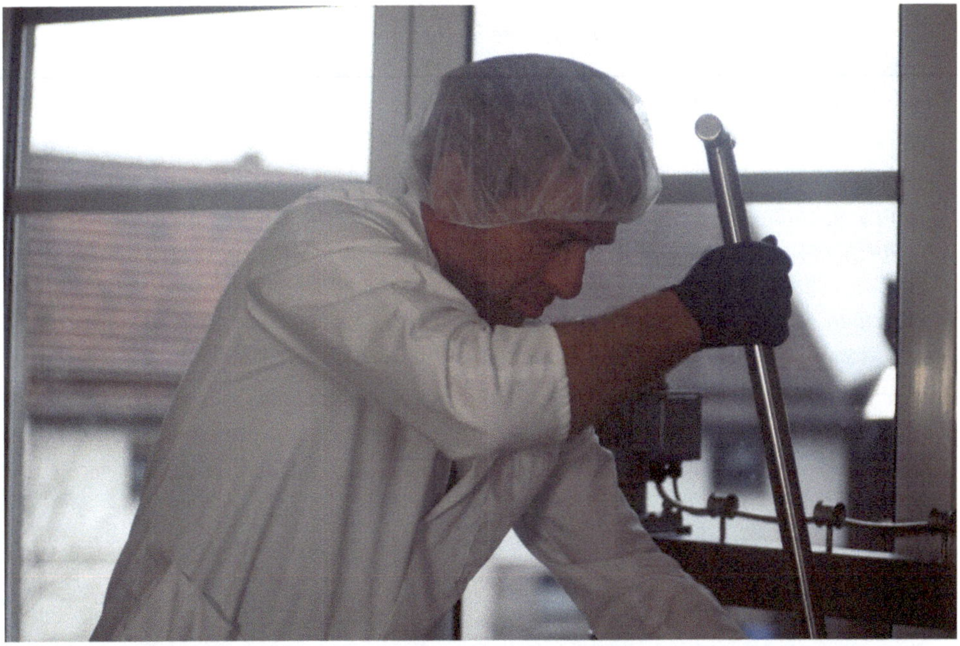

Frank erklärt uns den Ablauf beim Käsemachen:

„Ich habe die Milch jetzt hineingetan, dann haben wir pasteurisiert. Anschließend kommt die Kultur hinein und das Ganze bleibt eineinhalb Stunden stehen. Das nennt man ‚einsäuern'. Dann kommt das Lab rein. Das bleibt 20 Minuten stehen, das nennt man ‚dicklegen'. Dann wird ‚geschnitten'. Dann lässt man das wieder 20 Minuten stehen. Anschließend wird diese Gallerte, diese feste Masse, umgelegt. Wieder eine Viertelstunde stehen lassen.

Dann schneiden wir das fertig auf die Bruchgröße. Je feiner ich schneide, desto mehr Schnittfläche habe ich und desto mehr Molke kommt heraus. Und umso fester wird der Käse. Ein Camembert ist zum Beispiel ein Weichkäse, den man in Walnussgröße schneidet. Den Schnittkäse schneidet man dagegen in etwa kirschkerngroße Stücke. Hartkäse, wie Bergkäse, schneidet man etwa auf Reiskorngröße.

Durch den Zusatz von den Milchsäurebakterien verändert sich der pH-Wert. Der pH-Wert sinkt so weit, dass Molke herauskommt. Wasser hat ja einen pH-Wert von 7 oder 7,5, ich brauche aber einen pH-Wert von 4 bis 5. Dann muss noch einmal nachgerührt und hochgeheizt werden.

Je höher ich heize, desto mehr zieht sich der Bruch zusammen und gibt Molke ab. Je höher ich also heize, desto fester wird der Käse. Heute machen wir Schnittkäse und heizen auf 39,5 Grad.

Auf 40 Grad darf ich nicht gehen, da die Kultur sonst kaputtgeht. Es gibt aber auch Kulturen, bei denen man hochheizen kann, wie beim Bergkäse. Bergkäse wird auf etwa 48 Grad geheizt. Auf der Alm, wo der richtige Alpkäse entsteht, wird sogar auf 52 Grad hochgeheizt.

Wir stellen auch Bergkäse her, dürfen den aber nicht Bergkäse nennen. Bergkäse ist nur Bergkäse, wenn er auf über 600 Meter produziert wird. Würden sie die Milch aus Holland auf den Berg fahren und da oben Käse machen, wäre es ein Bergkäse. Das ist doch eigentlich Quatsch."

Frank grinst uns an und macht sich ans Werk. Da der Kessel so groß ist, muss er sich mit vollem Körpereinsatz ins Zeug legen.

Frank ist sichtlich in seinem Element. **„Wie bist du dazu gekommen, mit der Käserei anzufangen?"**

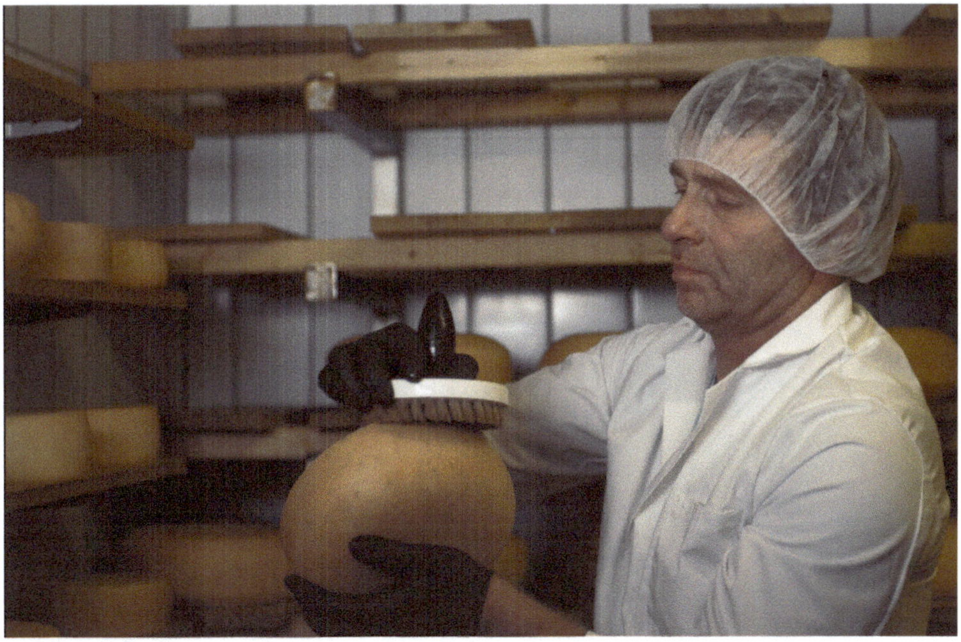

Frank blickt uns mit leuchtenden Augen an:

„Ja, das ist die Faszination. Ich war in einem Milchviehbetrieb, der seinen eigenen Käse hergestellt hat. Das fand ich schon immer hochinteressant. Wenn wir uns getroffen haben, dann hat er immer Käse mitgebracht. Da dachte ich: Toll, das mache ich auch.

Also habe ich den ersten Käse gemacht und habe dafür Kuhmilch bei der Nachbarschaft geholt. Die Milch habe ich dann im Einkocher, im Wasserbad zu Käse verarbeitet. Ich fand ihn damals gut, aber andere fanden ihn grauenvoll.

Wir haben hier mit Ziegen angefangen, aber es gab keine Molkerei, die Ziegenmilch verarbeitete. Da blieb uns gar nichts anderes übrig. Dann haben wir beschlossen, selbst Käse zu machen. Es wäre einfacher, wenn die Milch abgeholt werden würde, aber dafür reichen unsere 85 Ziegen nicht. Da bräuchten wir das Drei- bis Vierfache. Erst dann könnten wir davon leben.

Sieben Ziegen sind quasi eine Kuh. In Holland und Frankreich haben wir Betriebe mit 18 000 Ziegen besichtigt. Die haben dann ein 120er- oder 160er-Milchkarussell.“

„Es wäre einfacher, wenn die Milch abgeholt werden würde, aber dafür reichen unsere 85 Ziegen nicht. Da bräuchten wir das Drei- bis Vierfache. Erst dann könnten wir davon leben.“

Frank lässt durchblicken, dass er und Timo ein eingespieltes Team sind und sie beide ihre Passion gefunden haben:

„Ich bin jetzt seit 25 Jahren mit dem Timo zusammen. Wir kriegen uns nicht in die Wolle. Ich weiß nicht, wie er es sieht. Ich finde es jedenfalls toll. Manchmal sage ich zu Timo: Wollen wir nicht mal was arbeiten? Ich meine, wir schaffen ja schon, aber die Stallarbeit ist für mich keine Arbeit. Käse herstellen ist für mich auch keine Arbeit. Das gehört einfach dazu."

Wissensblock Ziege

Ziegen gehören zu den ältesten domestizierten Nutztieren der Menschheit. Bereits vor 13 000 Jahren begannen Menschen im Vorderen Orient, wilde Ziegen zu zähmen und als Milch und Fleischlieferant zu nutzen (1).

Heute spielt die Ziegenhaltung in Deutschland eine eher untergeordnete Rolle. Bundesweit leben ca. 155 000 Ziegen auf ca. 10 500 landwirtschaftlichen Betrieben (2). Die meisten davon sind Kleinbetriebe mit weniger als 50 Tieren.

Nur wenige Betriebe halten mehr als 500 Ziegen. Dabei ist der Anteil der ökologischen Ziegenhaltung recht hoch. Rund 50 000 Ziegen werden in Öko-Betrieben gehalten, was etwa einem Drittel des gesamten Bestands entspricht (3).

Ziegen werden in Deutschland häufig in Kombination mit anderen Nutztieren gehalten. Insgesamt sind 24 Ziegenrassen offiziell im Bundesverband registriert (2). Die wichtigsten Nutzrichtungen sind Milch, Landschaftspflege und in geringerem Umfang Fleisch und Wolle. Dabei hat die Wollproduktion nur noch im Hobbybereich eine Bedeutung.

Die wichtigste Rasse für die Milchproduktion ist die Bunte Deutsche Edelziege. Diese Ziegen geben zwischen 850 und 1200 Liter Milch pro Jahr. Da Ziegen ca. 250 Tage im Jahr gemolken werden, entspricht das einer täglichen Milchmenge von drei bis vier Litern (4). Das ist deutlich weniger als bei Milchkühen, dafür hat die Ziegenmilch einen höheren Fett- und Eiweißgehalt.

Ziegenmilch wird meist nicht direkt als Trinkmilch verkauft, sondern zu Käse verarbeitet. Deutsche Ziegenkäsesorten umfassen eine große Vielfalt an Geschmacksrichtungen. Das Aroma reicht von mild und cremig bis kräftig-aromatisch. Zu den typischen Sorten zählen Frischkäse, Weichkäse und Hartkäse in verschiedenen Formen. Bekannte Namen sind Altenburger Ziegenkäse, der Ziegen-Gouda und die Ziegenrolle.

Der Pro-Kopf-Verbrauch von Ziegenmilchprodukten in Deutschland liegt bei unter einem Kilogramm pro Jahr und damit weit hinter Kuhmilchprodukten (5). Der Selbstversorgungsgrad mit Ziegenmilch liegt bei lediglich 20 % (6). Das bedeutet, dass der Großteil an Ziegenkäse importiert wird, unter anderem aus Frankreich, den Niederlanden und Griechenland.

(1) – Daly et al. (2021): Herded and hunted goat genomes from the dawn of domestication in the Zagros Mountains. In: Anthropology, 118 (25)

(2) – Bundesinformationszentrum Landwirtschaft (2022): Ziegenhaltung in Deutschland – Ein Überblick. *https://www.nutztierhaltung.de/ziege/oekonomie/ziegenhaltung-in-deutschland*, letzter Zugriff am 18. 07. 2025

(3) – Ökolandbau (2025): Ökologische Haltung von Ziegen. *https://www.oekolandbau.de/bio-in-derpraxis/oekologische-landwirtschaft/oekologische-tierhaltung/oekologische-ziegenhaltung*, letzter Zugriff am 18. 07. 2025

(4) – Bundesinformationszentrum Landwirtschaft (2024): Wie viel Milch geben Schafe und Ziegen? *https://www.landwirtschaft.de/tier-und-pflanze/tier/schafe-und-ziegen/wie-viel-milch-geben-schafeund-ziegen*, letzter Zugriff am 18. 07. 2025

(5) – Statista (2025): Pro-Kopf-Konsum von Ziegenmilch in Deutschland in den Jahren 1950 bis 2023. *https://de.statista.com/statistik/daten/studie/177388/umfrage/pro-kopf-verbrauch-von-ziegen milch-in-deutschland-seit-1935*, letzter Zugriff am 31. 07. 2025

(6) – Proplanta (2018): Ziegenmilch und -käse: Nische mit Zukunft. *https://www.proplanta.de/agrar-nachrichten/tier/ziegenmilch-und-kaese-nische-mit-zukunft_article1532164735.html*, letzter Zugriff am 31. 07. 2025

Scannen Sie den QR-Code mit Ihrer Smartphone-Kamera oder einer QR-App und Sie gelangen direkt zum Filmclip über diesen Betrieb.

3 Mit der Blumenwiese macht man sich mehr Freunde

Schweinebetrieb in Nordrhein-Westfalen

Wir stehen an einer Kreuzung. Auf dem Weg hierher haben wir einige historisch aussehende Fachwerkhäuser erblickt. Jetzt zieht ein Schild mit der Aufschrift „Blumen zum Selberpflücken" unsere Aufmerksamkeit auf sich. Hier haben wir uns mit Hendrik verabredet, der Schweinebauer ist.

Hendrik stammt aus einem kleinen Städtchen in Nordrhein-Westfalen, an der Grenze zwischen Münsterland und Ostwestfalen. Die Region ist für ihre Wurst- und Schinkenproduktion bekannt, deren Ursprünge bis ins 18. Jahrhundert zurückreichen. Als Kind hatten wir mit Sicherheit auch Produkte aus dieser Region auf dem Esstisch. Wir haben oft und gerne Mettbrötchen gegessen. Mett ist rohes Hackfleisch, das traditionell aus Schweinefleisch hergestellt wird. Bei uns wurde es früher mit Zwiebeln und Salz zubereitet. Mittlerweile steht dieses Gericht nicht mehr auf unserem Speiseplan. Dennoch wissen wir, dass die deutsche Küche vor allem durch Produkte aus Schweinefleisch geprägt ist. Heute geht es jedoch nicht um die Wurst oder das Mett, sondern um die Menschen, die Schweine halten.

Es ist ein typischer Frühlingtag. Der Himmel ist blau und die Sonne scheint warm auf unsere Haut. Bunte Tulpen in den Farben Rot, Gelb und Violett schmücken das Feld. In einem Bereich sehen wir, wie die ersten Pfingstrosen aus dem Boden kommen. Ein kleines Häuschen am Rande des Feldes bietet eine Selbstzahlerkasse sowie die Möglichkeit, die Blumen zurechtzuschneiden.

Während wir am Rand des Feldes stehen, halten immer wieder Autos an. Familien, Paare und ältere Menschen steigen aus, um die Blumen neugierig zu betrachten. Es ist schön zu sehen, wie viele Leute hierherkommen, um ihre Blumen auszuwählen und selbst zu pflücken.

Hendrik wartet bereits mit seinem weißen Transporter am Feldrand auf uns. Hier wollte er sich mit uns treffen. Steht auch er an einer Kreuzung seines Lebens? Gemeinsam gehen wir durch das Blumenfeld. Die Herstellung von Schnittblumen ist

Hendriks Projekt, das er uns voller Stolz zeigt. Es ist sein zweites Standbein. Hauptsächlich mästen er und seine Familie Schweine.

Blume, Schwein und Wohnung

Hendrik lebt in einem Dorf mit ca. 2500 Einwohnern und hat seinen Betrieb vor vier Jahren von seinem Vater übernommen. Er bewirtschaftet 75 Hektar Acker und hält 1700 Mastschweine. Schweine haben auch einige Generationen der Familie vor ihm gehalten. In regelmäßigen Abständen kauft Hendrik Ferkel, die zehn Wochen alt sind und ca. 27 kg schwer sind. Diese bleiben so lange auf dem Betrieb bis sie ca. 120 kg schwer sind. Dann sind die Tiere meistens sechs Monate alt und werden an eine Schlachterei verkauft.

Wir fragen uns, warum ein Schweinebauer zusätzlich noch verschiedene Blumenwiesen betreibt. Hendrik erzählt:

> *„Die Tierhaltung mache ich eigentlich gerne. Nur wird es immer schwieriger. Sehr viel Tierwohl-Sachen wurden nachgerüstet. Das mache ich freiwillig. Ich nehme an der Initiative Tierwohl teil.*
>
> *Aber die Anforderungen für diese Initiative werden immer umfangreicher und kostenintensiver. Bisher gab es drei Programmphasen von je drei Jahren. Jedes Mal kamen Neuerungen dazu, die 10 000 Euro gekostet haben, um im Programm aufgenommen zu werden und das Audit zu bestehen. Und das hat immer sehr viel Geld gekostet.*

Klar kriegst du dann auch einen Bonus, aber es ist auch unheimlich viel Maloche. Zudem sinkt die gesellschaftliche Akzeptanz stetig."

Für Hendrik ist es mehr als nur Arbeit, wenn er jeden Tag morgens und abends durch den Stall geht. Er trägt Verantwortung für die Tiere. Seit einigen Jahren geht er einen besonderen Weg und nimmt an der Initiative Tierwohl (ITW) teil.

Die Initiative Tierwohl (ITW) bedeutet, dass die Tiere unter besseren Bedingungen leben als gesetzlich vorgeschrieben. Sie haben mehr Platz und ständig Zugang zu Raufutter wie beispielsweise Stroh, Heu oder Luzerne. Außerdem werden ITW-Ställe regelmäßig von unabhängigen Stellen überprüft. Die Prüfer kommen einmal im Jahr angekündigt und einmal im Jahr unangekündigt vorbei.

Jedes Jahr kommt ein Kontrolleur auf den Hof, um zu sehen, ob Hendrik die Anforderungen erfüllt. Zusätzlich hat Hendrik veränderbare Knabberhölzer als Spielmaterial im Stall angebracht. Sein Betrieb ist in Haltungsstufe 2, „Stall + Platz", eingestuft. Das heißt, seine Tiere leben zwar im Stall, haben dort aber mehr Bewegungsfreiheit, als es das Gesetz vorschreibt. In Deutschland gibt es fünf Haltungsstufen: 1. Stall, 2. Stall + Platz, 3. Frischluft, 4. Auslauf/Weide, 5. Bio. Für den Mehraufwand, der Hendrik durch die Einhaltung der Tierwohlkriterien entsteht, erhält er eine Kostenkompensation.

Die Ferkel, die auf Hendriks Betrieb kommen, sind alle in Deutschland geboren. Sie werden auf seinem Hof gemästet, in Deutschland geschlachtet und vermarktet. Das gehört auch zu einer Initiative, bei der die Tiere von Geburt an in Tierwohlbetrieben gehalten werden.

Pro Tier gibt es dafür einen Zuschuss von 7,50 Euro. Dieser wird von seinen Abnehmenden, zum Beispiel Schlachthöfe oder Fleischvermarkter, gezahlt und entlang der gesamten Wertschöpfungskette bis in den Handel und die Gastronomie weitergegeben. So sorgt die Initiative dafür, dass nicht nur Hendriks Schweine profitieren, sondern auch verantwortungsbewusste Verbraucher und Verbraucherinnen eine echte Wahl haben. Für Hendrik ist es ein gutes Gefühl. Er steht der Initiative jedoch auch kritisch gegenüber.

„Zusammenfassend kann man sagen, dass ich mich für andere Bereiche entschieden habe, in denen ich mehr selbst entscheiden kann und weniger Vorgaben von anderen bekomme."

„Viele Sachen sind meiner Meinung nach nicht gerade sinnvoll für die Tiere. Aber der Betrachter bzw. der Kunde meint, das sei toll für das Tier. Die Politik wählt Maßnahmen zum Tierwohl aus, die nicht die Schweine, sondern nur die Verbraucher interessieren. Dabei wird das Verhalten der Tiere vermenschlicht. Wir reden in der Politik schon seit Ewigkeiten über den Bürokratieabbau, aber das Gegenteil passiert.

Zusammenfassend kann man sagen, dass ich mich für andere Bereiche entschieden habe, in denen ich mehr selbst entscheiden kann und weniger Vorgaben von anderen bekomme. In der Schweinemast ist das besonders schlimm. Da steht den ganzen Tag jemand hinter dir und erklärt dir, was du zu tun und was du zu lassen hast. Die Preise werden diktiert, du kannst nichts selbst bestimmen. Dabei mache ich die Arbeit mit den Tieren an sich gerne. Aber das nützt ja manchmal nichts.

Die Wertschätzung der Kunden für die Blumen, die ist sehr hoch. Das tut auch gut, weil ich es auch ein Stück weit brauche, dass die Gesellschaft das, was ich mache, gut findet. Bei der Tierhaltung hat mich das immer sehr belastet."

Hendrik zeigt auf die bunten Blumen um sich herum. Vor zehn Jahren hat er damit begonnen, den Blumenbereich aufzubauen. Angefangen hat er mit einem sehr kleinen Feld. Heute ist dieser Bereich stark gewachsen. Aktuell verkauft Hendrik bis zu 60 verschiedene Sorten Tulpen. Hinzu kommen weitere Blumenarten wie Narzissen, Pfingstrosen, Lilien, Sonnenblumen, Gladiolen, Dahlien und Chrysanthemen.

Überall wachsen bunte Tulpen in verschiedenen Farben: leuchtendes Rot, zartes Rosa und strahlendes Gelb. Die Tulpen stehen dicht beieinander und bilden ein farbenfrohes Meer, das einen starken Kontrast zur gegenüberliegenden Schnellstraße bildet.

„Das tut auch gut, weil ich es auch ein Stück weit brauche, dass die Gesellschaft das, was ich mache, gut findet. Bei der Tierhaltung hat mich das immer sehr belastet."

Das weitläufige Feld ist durch kleine Pfade unterteilt, die es den Besuchenden ermöglichen, bequem zwischen den Blumenabschnitten zu spazieren. Die Bereiche dazwischen sind unterschiedlich gestaltet: Ganz links im Feld haben die Tulpen eine sehr offene Blüte, während sie ganz rechts meist noch aus geschlossenen Knospen bestehen. Das Feld ist so angelegt, dass die Besucherinnen und Besucher über einen langen Zeitraum hinweg selbst Blumen in allen Entwicklungsstadien der Tulpe pflücken können. Alles ist sehr gut durchdacht, damit die Blumen der Kundschaft bestmöglich präsentiert werden können.

Hendrik bückt sich und beginnt einen bunten Blumenstrauß zu pflücken. Er zeigt uns eine besondere Tulpenart: die Papageientulpe. Sie zeichnet sich durch ihre gezackten Blütenblätter aus, die an den Flügel eines Papageis erinnern. Wir sehen, dass Hendrik sichtlich stolz auf sein Blumenfeld ist.

Hendrik erklärt uns:

„Es gibt Jahre, in denen du mit der Schweinemast Geld verdienst. Und es gibt Jahre, in denen es in der Schweinemast total schlecht läuft. So ist das bei den Blumen auch. Da gibt es Jahre, in denen alles gut läuft, weil die Natur einem dabei hilft. Und es gibt Jahre, in denen es Probleme mit Trockenheit oder anderen Faktoren gibt. Dann läuft es mal nicht so gut."

„Spielst du mit dem Gedanken, zukünftig nur noch Blumen anzupflanzen?“

Hendrik:

> *„Ich werde die Tierhaltung so lange aufrechterhalten, solange ich keine größeren Investitionen tätigen muss. Wenn ich einen Kredit aufnehmen muss, den ich über zehn Jahre abbezahlen muss, dann höre ich auf. Ich bin jetzt 38 und mische seit ich 18 bin mit. Seitdem wurden viele Entscheidungen getroffen. Mein Vater hat gesagt: ‚Okay, wenn du es weitermachst, dann investieren wir.‘ Sonst hätte der einfach gesagt: ‚Wozu?‘*
>
> *Eigentlich mache ich die Landwirtschaft und die Tierhaltung gerne. Nur fehlt mir der Mut, in einer größeren Dimension mitzuspielen, wegen des gesellschaftlichen und politischen Drucks, und auch wegen des Handelsdrucks. Mal kannst du Tiere gut verkaufen, mal nicht.“*

„Der Verbraucher wird das kaufen, was billiger ist.“

Wir sehen Hendrik an, dass ihn dieser Werdegang emotional aufwühlt. Mit enttäuschter Stimme fügt er hinzu:

> *„Wir wurden da echt fallengelassen. Die nächste Sache ist die Tierschutzdebatte. Es wird nun diskutiert, dass Betriebe mit Sauen innerhalb von acht Jahren auf Bewegungsboxen umstellen müssen. Die meisten Betriebe können diese Bewegungsboxen in den vorhandenen Ställen jedoch nicht unterbringen. Das heißt, sie müssen alles abreißen und neu bauen.*
>
> *Das ist ungefähr so, als wenn ich sagen würde: Morgen musst du in deinem Auto einen Sitz mehr drin haben. Grundsätzlich eine tolle Idee, aber das geht nicht mal so eben. Man kriegt es da nicht in die vorhandene Form rein.*
>
> *Danach wird darüber diskutiert, wie ein Maststall auszusehen hat. Dabei ist sofort klar, dass das finanziell nicht hinhauen kann, weil andere EU-Staaten so etwas nicht machen werden. Denn der Verbraucher wird das kaufen, was billiger ist. Und das kommt dann auch aus dem Ausland.*
>
> *Wenn alle Deutschen Bio kaufen würden, hätten wir das Problem nicht. Dann hätte jeder Bio und alles wäre fein.*
>
> *Das ist für uns keine Kleinigkeit, aber andere diskutieren darüber und treffen die Entscheidungen. Man spürt, dass die Wertschätzung fehlt. Früher war der Bauer ein hoch angesehener Mensch, der die Lebensgrundlage für die Menschen geschaffen hat. Heute passt er gesellschaftlich nicht mehr ins Bild, weil er Dünger durch die Gegend fährt und als Serienkiller auftritt.“*

„Früher war der Bauer ein hoch angesehener Mensch, der die Lebensgrundlage für die Menschen geschaffen hat. Heute passt er gesellschaftlich nicht mehr ins Bild, weil er Dünger durch die Gegend fährt und als Serienkiller auftritt."

Das klingt fast so, als gäbe es Veränderungswünsche. **„Möchtest du denn derzeit etwas verändern?"**

Hendrik schüttelt den Kopf.

„Ich verändere erst mal nichts. Den Tierbetrieb und den Ackerbau lasse ich zu 100 % so laufen. Ich warte auf die Signale aus der Politik, dass etwas festgelegt und versprochen wird. Eine Änderung muss auch jahrelang Bestand haben.

Aber es steht zu 100 % fest, dass es so wie jetzt nicht zehn Jahre weiterlaufen kann. Man möchte, dass diese Strukturen verändert werden. Das ist deprimierend, weil man so dafür gekämpft hat. Endlich ist der Moment gekommen, in dem das Auto abbezahlt ist und man mit dem Taxi Kilometer fahren und Geld verdienen kann. Und dann stellen sie fest, das Auto hat keinen Airbag mehr, den es haben sollte. Es hat die falschen Reifen und einen Sitz zu wenig. Man könnte versuchen, das Auto irgendwie anzupassen, aber es ist einfacher, das ganze Ding zu verkaufen. Oder man baut wieder ein neues System ein. Aber dann fange ich mit einem neuen Kredit wieder von vorne an. Das würde wieder lange dauern, bis Geld ins Portemonnaie kommt. Und das ist sehr deprimierend.

Ich hätte nie gedacht, dass sich das so schnell verändert. Direktvermarktung wäre eine Möglichkeit, aber für die Schweinebranche ist das chancenlos.

Wenn ich etwas an der Schweinehaltung ändern möchte, geht das nur mit einem privaten Programm in Zusammenarbeit mit einem Schlachtunternehmen oder einer Fleischerei. Ich würde auch im Wald eine Wiese anlegen, auf der die Schweine herumlaufen könnten. Aber das muss sich finanziell lohnen.

Falls ein Mehraufwand anfällt, brauche ich so viel Geld, dass ich Leute einstellen kann."

Hendrik wirkt mit seiner jetzigen Situation ambivalent, aber zugleich merken wir seine unternehmerische Ader und seine Motivation für Neues. **„Bist du denn mit deinem Betrieb zufrieden?"**

Hendrik wird etwas nachdenklich und überlegt, bevor er antwortet:

„Ich bin seit acht Jahren verheiratet. Vor fünf Jahren ist meine Mutter gestorben und im selben Jahr sind meine Kinder Ella und Emil geboren. Das waren Momente, in denen ich mich gefragt habe: Warum mache ich das Ganze hier? Ich war um 2:25 Uhr im Kreißsaal und musste morgens früh um fünf Uhr wieder zu den Schweinen, um sie zu verladen. Danach bin ich sofort wieder zurück ins Krankenhaus und um 11 Uhr kam der Mähdrescher. Und im nächsten Moment dasselbe am Sterbebett meiner Mutter.

Die Verantwortung für den Betrieb ist immer da, egal, was passiert."

Nach einer nachdenklichen Pause redet Hendrik weiter:

„Der Hof ist in der Zeit von 1993 bis 2013 so entstanden, wie er jetzt dasteht. Vieles müsste kernsaniert werden. Wir haben aber gerade kein gutes Gefühl, dafür Geld in die Hand zu nehmen. Wir wissen, dass sich politisch momentan sehr viel tut und ändern kann.

Wir möchten jetzt nicht investieren, ohne zu wissen, ob es sich langfristig lohnt, dass es auch über die abgeschriebene Zeit ausreicht. Das stimmt uns zurzeit tatsächlich sehr nervös und nachdenklich.

„Das fühlt sich gerade wie eine richtige Sackgasse an. “

Früher hätte ich nie gedacht, dass es einmal so weit kommt. Früher war man ganz anders aufgestellt und hat gedacht, dass ein Hof über viele Generationen bestehen bleibt. Das fühlt sich gerade wie eine richtige Sackgasse an. Es ist eine Entscheidung, die zu 100 % durchdacht sein will, um davon leben zu können.

Wichtig ist, dass der Betrieb als solcher existiert, das war immer der Traum. Aber es muss nicht mehr zwangsweise diese Tierhaltung sein, sondern kann ganz Verschiedenes bedeuten. Mein größter Wunsch ist, dass meine Kinder wenigstens an dieser Hofstelle wohnen und wieder gemeinsam als Familie alt werden, so wie ich es gewohnt bin, mit bis zu vier Generationen. Die junge Generation hilft der alten und die alte Generation hilft der jungen Generation. Das ist einfach lebenswert. Ob meine Kinder dann in Zukunft noch Getreide anbauen, Tiere füttern, Feriengäste verhätscheln oder Blumen verkaufen, ist ihnen überlassen und mir egal.

In der Landwirtschaft wirst du keinen Spitzenlohn wie bei großen Industriekonzernen bekommen. Und da stellt sich manchmal die Frage, warum man das macht. Der Zusammenhalt, die Familie und die Freude an der Arbeit sind manchmal ganz anders, wenn man beispielsweise zusammen erntet. Dieses gemeinsame Essen und Zusammensein stellt einen Mehrwert dar, das ist etwas, was bei uns noch funktioniert und der Bonuspunkt ist.

Wenn es viele Familien gäbe, die nach dieser Idee leben würden, dann bräuchten wir nicht so viele Kita- und Seniorenheimplätze. Ich finde das alles ganz schön, interessant und toll, aber ich merke, dass ich etwas ändern muss. Ich kann und will nicht auf Deubel komm raus mit der Brechstange Landwirtschaft machen. Wenn ich überlege, welche Maßnahmen wir alle treffen müssen, um korrekte Landwirtschaft zu betreiben.“

„Ob meine Kinder dann in Zukunft noch Getreide anbauen, Tiere füttern, Feriengäste verhätscheln oder Blumen verkaufen, ist ihnen überlassen und mir egal.“

Von politischen Auflagen haben wir bereits öfter gehört. Welche Maßnahmen gibt es beim Schweinemästen? **„Welche Auflagen beschäftigen dich aktuell?"**

Henrik:

„Ich habe mehr als 1500 genehmigte Plätze. Ich unterliege also dem kleinen Bundes-Immissionsschutzgesetz. Bis zum 1. Januar 2029 muss ich nun Abluftwäscher installieren. Da war ich so ein bisschen geplättet. Ich habe dann den Kammerberater hinzugezogen. Er war diese Woche da und ich habe mich beraten lassen, wie das überhaupt aussehen könnte.

Die Investitionskosten pro Tier belaufen sich auf ca. 9 Euro. Die Kosten für eine solche Anlage sind sehr hoch. Für meinen Betrieb wären das pro Jahr zwischen 32 000 bis 35 000 Euro, da eine solche Anlage sehr viel Energie benötigt.

Da muss ich ganz ehrlich sagen, dass ich in den letzten Jahren im Durchschnitt keinen Gewinn erzielt hätte. Das Einzige, was ich machen kann, ist, den Bestand so zu genehmigen, dass ich auf Dauer nur noch 1450 Tiere halte.

Das ist schon deprimierend. Was da gerade so passiert, ist total verrückt.

„Es gibt so viele Sachen, die wir berechnen und aufzeichnen sollen, aber dann doch wieder nicht und dann wieder anders."

Ein großes Thema ist ja auch die Arbeitssicherheit für meine Mitarbeiter. Da gibt es einen fetten Ordner, in dem du alle möglichen Dinge dokumentieren musst, sogar, dass du einen Betriebsarzt für deinen Hof engagiert hast. Das kostet 900 Euro pro Mitarbeiter. Das ist ja schon fast ein halber Monatslohn.

Manchmal habe ich den Eindruck, dass den Leuten das egal ist, dass wir diese Spielregeln kriegen. Sie stehen nicht mehr so geschlossen hinter uns. Es gibt so viele Sachen, die wir berechnen und aufzeichnen sollen, aber dann doch wieder nicht und dann wieder anders. Teilweise machen die ja Gesetze, die dann sogar noch rückwirkend gelten sollen. Die musst du dann umgesetzt haben.

Es muss wieder Menschen geben, die sagen: Wir vertrauen euch. Ihr entscheidet, wie ihr entscheidet, das ist in Ordnung. Das heißt nicht, dass du jemanden entscheiden lassen sollst, der dann einfach mal 10 000 Euro woanders hinschiebt oder so was, das ist klar. Aber irgendwo muss es einen Ermessensspielraum geben, der wieder für alle spürbar ist."

In der heutigen Zeit gibt es viele kreative und motivierende Ansätze, um die Landwirtschaft und Tierhaltung nachhaltiger und tierfreundlicher zu gestalten. Bei solchen Projekten kann man sich vorstellen, dass man motiviert ist, viele Ideen auszuprobieren, um das Beste für die Tiere und die Umwelt zu erreichen.

Hendrik hat dazu seine eigene Meinung:

> *„Man kann da motiviert sein und kann die verrücktesten Sachen machen. Da gibt es ja auch Ideen, dass die Tiere raus können auf Stroh, allerdings ist das bei mir nicht möglich, weil ich Nachbarn habe.*
>
> *Sind die Tiere draußen, kann die Abluft nicht mehr punktuell abgelüftet werden. Zudem entsteht Mist. Das bedeutet: mehr Fliegen, mehr Geruch, mehr Emissionen. Keiner von den Nachbarn wird darüber begeistert sein. Und ich selber wohne da ja auch.*
>
> *Für mich ist es nicht realistisch, das umzusetzen. Das können Betriebe machen, die weit weg sind und einen großen Abstand zum Nachbarn haben. Das ist durchaus eine tolle Idee, lässt sich auch verkaufen. Aber bei mir sind dann irgendwo Grenzen, wo ich sage, das geht jetzt nicht mehr. Wo der Nachbar im Schlafzimmer liegt und das Gefühl hat, das Schwein macht neben ihm. Das wäre dann nämlich so. Das geht nicht."*

Wenn Hendrik eine schwarze Null schafft, ist er besser als andere

Der Beruf des Landwirts hat sich im Laufe der Jahre stark verändert. Wir realisieren, dass hinter dem Blumenfeld mehr steckt als nur die Freude an den Blumen. Hendrik vermisst die Anerkennung für sein Handeln. Und nicht nur das: Er erlebt Anfeindungen und auch der wirtschaftliche Faktor spielt eine Rolle. Wir erfahren von ihm, dass mittlerweile viele Betriebe in seiner Gegend geschlossen haben. Und das nach vielen Generationen. Woran liegt das?

Hendrik:

> *„Du läufst den neuen Regelungen eigentlich immer nur hinterher und kannst dich gar nicht selbst entwickeln oder verwirklichen. Wenn du dann etwas fertiggestellt hast, war es plötzlich wieder schlecht. Du kriegst alles von oben herab diktiert und musst immer irgendwie versuchen, über die Latte zu kommen, die man dir hinhält.*
>
> *Wenn man in der Landwirtschaft gut sein will, muss man verdammt aufpassen. Wenn du richtig gut bist, verdienst du Geld. Wenn du das aber ein bisschen schleifen lässt, geht das sofort in die Hose. Die Margen sind bei uns nämlich so: Wenn du ein Ferkel einkaufst, das Tier fütterst, den Stall dafür aufstellst und 100 Euro ausgibst, nimmst du nachher 105 Euro ein. Von den 5 Euro musst du leben. Pommesverkäufer müssen auch arbeiten. Nicht falsch verstehen. Die kaufen für 100 Euro Kartoffeln ein und nehmen 200 Euro ein. Das ist anders. Bei uns kann man auch Geld verdienen, aber du musst schon richtig Gas geben, um diese 5 Euro zu verdienen.*
>
> *Irgendwie habe ich den Eindruck, wir sind bescheuert. Die einen stellen sich auf die Straße und wollen mehr Lohn und von der 38-Stunden- auf eine 36-Stunden- beziehungsweise eine Vier-Tage-Woche. Und wir Bauern überlegen, was wir machen können, um mit den Preissteigerungen klarzukommen, kriegen aber für unser Produkte immer noch das Gleiche wie vor vielen Jahren. Nicht mal zwei Euro kosten die Schweine, das hat es schon gekostet, da war ich noch ein kleines Kind. 4 Mark hat es damals gekostet.*

Die Effizienz der Bauern gleicht es also aus, sodass sie wieder damit leben können. Es ist also nie so, dass der Bauer zu den Fleischeinkäufern oder Tiereinkäufern sagt: Okay, alles gestiegene Kosten, du, ich muss mehr haben, ich komme sonst nicht klar. Die Bauern haben immer gesagt: Mist, jetzt haben wir nur noch diese und jene Marge über, weil das andere auf einmal so viel kostet. Wie schaffen wir es denn, über die Latte zu kommen?"

Der Schweinepreis wird in Euro pro Kilogramm Schlachtgewicht angegeben. Dabei werden die Schweine nach ihrem prozentualen Muskelfleischanteil, Bauch, Lachs, Schinken und Schulter klassifiziert. Daraus wird ein Wert ermittelt, der als Indexpunkt verwendet wird. Liegt ein Teilstück unter oder über der Norm, sinkt der Index für dieses Teilstück. Der Index ergibt somit den Preis für das Gewicht des Schweins. Die Verfügbarkeit der Waren auf dem Markt, die Grillsaison, Handelsabkommen, Grenzschließungen, politische Dynamiken oder Seuchen nehmen direkt Einfluss auf den Preis.

Hendrik:

„Der Landwirt an sich ist ein Mensch, der flexibel ist, einen unheimlichen Tatendrang hat und vor allem auch innovativ sein kann, wenn es Probleme gibt.

Man ist rund um die Uhr für seinen Hof verantwortlich und muss Probleme lösen, denn die Tiere müssen versorgt werden, egal wann. Früher gab es so viele Betriebe in der Straße, jetzt nur noch so wenige.

Und jetzt kommt noch eine neue Phase. Die haben nicht nur aufgehört, Landwirtschaft zu betreiben. Sie werden alt, kommen ins Seniorenheim und die Kinder sind weggezogen. Jetzt werden ganze Hofstellen auf einmal verkauft. Wir sind ja auch schon die sechste oder siebte Generation, die hier wurschteln. Die Identität des Ortes ist verloren gegangen und für immer weg. Sie wird nie wiederkommen."

„Die Identität des Ortes ist verloren gegangen
und für immer weg. Sie wird nie wiederkommen."

„Gibt es auch einen Wandel in der Haltung in eurem Betrieb?"

Hendrik:

„Wir haben einen Stall, der ist 1993 für 300 Tiere gebaut worden. Mein Vater hat eine Bezuschussung der Baukosten erhalten. Die gaben das Geld aber nur, wenn er 330 Tiere einstallt. Mit anderen Worten, Deutschland wollte, dass wir einen hohen Eigenversorgungsgrad mit Schweinefleisch haben.

Dieser gleiche Stall steht heute noch, allerdings mit weniger Tieren. Durch moderne Technik und weniger Trennwände hat sich der Stall verändert. Dadurch haben die Tiere mehr Platz. Dank der neuen Regeln haben wir jetzt noch 230 Tiere in dem gleichen Stall, also exakt 100 weniger. Diese Zahl zeigt meiner Meinung nach, wie groß die Veränderungen sind. Es sind heute ein Drittel weniger Tiere im gleichen Gebäude."

Von Veränderung in der Landwirtschaft haben wir bereits an mehreren Stellen gehört. Wir wollen wissen, wie Hendrik die Zukunft der Landwirtschaft und vor allem seine eigene sieht.

Hendrik hat sich in den letzten Jahren nach seiner Spezialisierung wieder breiter aufgestellt. Neben der Schweinemast und dem Blumenfeld hat er sich ein drittes Standbein aufgebaut. Gemeinsam mit seiner Frau hat er Ferienwohnungen bauen lassen, die sie vermieten. Seine Frau übernimmt anfallende Bürotätigkeiten, aber es gibt auch einen Festangestellten und fünf Minijobber, die helfen.

Hendrik:

> *„Eigentlich ist es ganz gut, dass wir drei Standbeine haben. Wenn alle drei gar nicht laufen würden, das wäre schon echt komisch.*
>
> *Früher hatte man halt nur ein Standbein, was manchmal schwierig sein konnte. Dann mussten wir manche Jahre so richtig in den sauren Apfel beißen und vielleicht sogar mal Rücklagen nutzen, um die Tiere füttern zu können, weil wir kein Geld mehr hatten. Im nächsten Moment haben wir dann wieder gut verdient und mussten schauen, wie wir mit den Steuern umgehen und Rücklagen für die nächste große Katastrophe schaffen."*

Während andere kleinere Betriebe in der Gegend schließen, hat Hendrik den Weg gewählt, weitere Standbeine aufzubauen. Ihm fällt auf, dass andere Betriebe sich aus wirtschaftlichen Gründen ebenso verändert haben. Sie sind bei der Spezialisierung geblieben und haben sich vergrößert.

Hendrik:

> *„Ich gucke mir das an. Die sind nie dabei, sie müssen immer arbeiten. Ich weiß gar nicht, was das für einen Sinn hat. Klar, sie haben jetzt größere Betriebe, unheimlich viel Acker und tolle Maschinen, alles wunderbar. Aber ich sage mal, dass sie sich mal in den Gartenstuhl setzen und sagen: Boah, jetzt genieße ich den Tag, oder mal angeln gehen, Urlaub machen, keine Ahnung. Das machen sie nicht.*
>
> *Gerade solche, die extrem viel leisten und arbeiten, die machen das eigentlich nur, damit billige Nahrungsmittel für alle Leute zur Verfügung stehen. Der Bauer arbeitet für zwei und hat im Prinzip einen beschissenen Stundenlohn, während andere sich dementsprechend günstig Lebensmittel kaufen. Das ist irgendwie ein bisschen dämlich. Bauern müssen manchmal mehr Mut haben, sich selbst zu achten und zu pflegen.*
>
> *Was ich gar nicht kapieren kann, ist, dass die Leute hier in Deutschland hinnehmen, dass alles wegfällt. Anstatt zu sagen: Die Landwirtschaft, die wir heute noch haben, die müssen wir unterstützen. Wir müssen Lösungen finden, damit sie weitermachen können. Denn wenn es möglichst viele Bauern gibt, haben wir auch eine vielfältige Landschaft. Wenn nur noch einer da ist, ist Vielfalt weg. Punkt. Da kannst du gar nichts machen."*

„Bauern müssen manchmal mehr Mut haben, sich selbst zu achten und zu pflegen."

Wir möchten mehr über Hendriks Betrieb erfahren und fragen nach: „Kann man deinen Betrieb heute als groß oder klein bezeichnen?"

Hendrik überlegt nicht lange:

> *„Das kommt natürlich auf die Perspektive an. In meiner Region ist mein Betrieb mit fast 2000 Mastschweinen und 75 Hektar ein mittelgroßer Betrieb. In anderen Regionen kann er jedoch auch als klein oder groß eingestuft werden. Heute haben wir 1700 Tiere. Gesetzlich sind wir damit ein Betrieb, der dem kleinen BIMSCH, Bundes-Immissionsschutzgesetz, unterliegt. Ab 2000 ist man ein Großbetrieb."*

Heute bekommt Hendrik neue Ferkel und wir dürfen mit Abstand zuschauen. Bevor wir das Gelände um den Stall betreten, ziehen wir uns Plastiküberzieher über die Schuhe. Dies sei aus hygienischen Gründen notwendig, sagt Hendrik.

Wenn Ferkel auf dem Hof in einen neuen Stallbereich umziehen oder für den Transport vorbereitet werden, ist vor allem Ruhe wichtig. Meistens werden die Tiere früh am Morgen verladen, wenn es noch kühl ist. Die Ferkel werden in Gruppen aus dem Aufzuchtstall mit speziellen Transportfahrzeugen zum Mäster gebracht. Der Weg ist so gestaltet, dass sich die Tiere möglichst sicher und stressfrei bewegen können. Es gibt keine engen Ecken, laute Geräusche oder rutschige Böden. Das richtige Treiben der Tiere ist entscheidend. Hendrik arbeitet mit sogenannten Treibhilfen, spezielle Treibebretter aus Kunststoff, mit denen die Ferkel in die richtige Richtung gewiesen werden.

Es wird nicht geschrien, nicht gedrückt und nicht geschlagen. Denn Ferkel reagieren empfindlich auf Hektik und Stress.

Wichtig ist auch der Untergrund. Die Laufwege müssen rutschfest, sauber und gut beleuchtet sein. Beim Verladen auf ein Transportfahrzeug wird eine flache, rutschfeste Rampe genutzt. Die Tiere werden in kleinen Gruppen verladen, um Gedränge zu vermeiden. Bei längeren Strecken sind Pausen und Wasserzugang Pflicht. Der gesamte Transport ist genau geregelt, unter anderem durch EU-Tierschutzvorgaben.

„Wie bist du dazu gekommen, Schweine zu halten?“

Hendrik:

> *„Ich bin hier aufgewachsen. Früher hatten wir Schweine, Kühe und Bullen. Im Jahr 2000 hatten wir 800 Schweine, 20 Kühe, 50 Bullen und 30 Kälber. Ein Jahr später sind die Kühe weggekommen und die Schweine wurden aufgestockt. Wir haben die Tiere mit der Hand gefüttert und hatten alte Ställe. Das heißt, die Tiere wuchsen nicht so schnell. Die Investitionskosten für einen Umbau waren jedoch zu hoch. Also mussten wir uns etwas überlegen. Bei mehreren Töpfen ist immer einer am Brennen. 2013 hat mein Vater dann entschieden, dass es nur noch Schweine gibt.*
>
> *Früher hatten wir sieben Ställe, in denen jeweils eine Tiergruppe untergebracht war. Ich habe damals damit angefangen, die Umstellung so vorzunehmen, dass wir nur noch drei Gruppen mit jeweils 670 Tieren haben. Das heißt, diese Gruppen sind alle gleich groß. Somit wurde nicht nur die Versorgung der Tiere einfacher, sondern auch die Vermarktung.“*

In der Schweinemast werden Schweine in Gruppen gehalten, wobei die Gruppengröße je nach Stalltyp und Haltungssystem variiert. Die Gruppenhaltung in der Schweinemast ist ein wichtiger Bestandteil der konventionellen Schweinehaltung, um die soziale Struktur der Schweine zu berücksichtigen.

„Viele möchten einen Hof wie vor 50 Jahren sehen. Aber so möchte keiner von uns mehr arbeiten."

Genau das ist der Strukturwandel, denken wir. Wir möchten gerne den Unterschied zu früher kennenlernen. **„Wie war es denn früher bei euch auf dem Betrieb im Vergleich zu heute?“**

Hendrik erzählt:

> *„Als ich zehn Jahre alt war, also vor über 20 Jahren, gab es eine Sau, die im Jahr insgesamt 18 Ferkel geboren hat. Wir haben die Ferkel bekommen und mit der Hand vom Hänger heruntergetragen. Teilweise haben wir sie heruntergehoben.*
>
> *Dann kam der sogenannte Fortschritt. Einige Betriebe hatten plötzlich bessere Muttersauen, die nicht 20, sondern schon 24 Ferkel bekamen. Die haben die Ferkel plötzlich vom Hänger heruntergetrieben. Das war dann zeitsparender. Genau diese Betriebe hatten dann einen finanziellen Vorsprung. Die anderen konnten nicht mehr von der Landwirtschaft leben und haben gestöhnt. So ist dieser Wandel relativ schnell gegangen.*
>
> *Heute ist nicht der beste praktizierende Bauer der beste Bauer, sondern heute ist definitiv der beste Unternehmer der beste Bauer. Mittlerweile wirft eine Sau ca. 30 Ferkel im Jahr. Das heißt aber, dass nach oben jetzt Schluss ist. Wir sind an einem Punkt angekommen, an dem es nicht weitergeht.“*

Das möchten wir genauer wissen: **„Wie sieht eure aktuelle Situation aus?“**

Hendrik atmet tief ein:

> *„Meine Frau und ich betreiben den letzten Schweinebetrieb in unserer Straße. Früher, als ich jung war, gab es noch 13 Betriebe. Als mein Stall fertig war, wurde festgestellt, dass das alles eigentlich wieder wegmuss. Weil sich das gesellschaftlich nicht mehr etablieren lässt.*
>
> *Auch das Marktgefüge macht es uns immer schwieriger. Wir haben zum Beispiel die Schweinepest in Mecklenburg-Vorpommern. Der Kreisverband hat gefragt, warum das Problem nicht auf das betroffene Land beschränkt bleibt, sondern bundesweit gesehen wird. Dann hätten nämlich Nordrhein-Westfalen und Niedersachsen weiterhin Schweinefleisch im Inland verkaufen und exportieren können. Die klare Antwort war, dass die Politik im Moment die Chance nutzt, Schweinebestände zu dezimieren. Dadurch würden die Tierschutzprobleme geringer. Also weniger Tiere, weniger Schwierigkeiten mit dem Tierschutz.“*

Die Afrikanische Schweinepest (ASP) ist eine hoch ansteckende, unheilbare Viruserkrankung, die ausschließlich Haus- und Wildschweine befällt. Sie wird durch ein Virus verursacht und führt fast immer zum Tod der infizierten Tiere. Es gibt keine vorbeugende Impfung gegen die ASP.

Der Markt, die Politik und das Ansehen der Landwirtschaft haben sich im Laufe der Zeit stark verändert. Wir fragen nach. **„Wie stabil ist der Markt für Schweinefleisch heute?“**

Hendrik:

„Es wird noch unheimlich viel Fleisch in Deutschland verkauft und gegessen. Es ist einfach so, dass wir in Deutschland zur Grillsaison immer noch zu wenig Filet und Rippchen und so weiter haben. Zu anderen Zeiten wird das Rippchen wieder exportiert, im Winter zum Beispiel, weil wir es dann nicht essen wollen.

Die Menschen reden immer mehr davon, dass sie, wenn sie Fleisch essen, dann gutes Fleisch essen wollen. Damit meinen sie das Filet, den Rest wollen sie im Prinzip nicht essen. Das ist aber irgendwie schwer. Wir können nicht das eine essen und den Rest wegschmeißen. Du musst das ganze Tier wertschätzen. Das wird immer schwieriger. Dadurch ist der Handel davon abhängig, nach China oder sonst wo zu exportieren – Schwänzchen, Pfötchen. Wir sind darauf angewiesen, weil das hier einfach keiner essen will.“

„Wir können nicht das eine essen und den Rest wegschmeißen. Du musst das ganze Tier wertschätzen.“

„Gibt es etwas, was du in der Vergangenheit gerne geändert hättest?“

Hendrik überlegt kurz, bevor er antwortet:

„Viele möchten einen Hof wie vor 50 Jahren sehen. Aber so möchte keiner von uns mehr arbeiten. Mein Vater sagt heute noch, dass es eine sehr körperlich anspruchsvolle Arbeit war. Geistig war sie nicht so fordernd, aber körperlich fürchterlich anstrengend. Das ganze Leben meines Vaters hat sich um die Kühe gedreht. Im Nachhinein hätte er die Kühe zehn Jahre früher weggetan. Er sagt immer, ohne Milchviehhaltung hätten wir ein Stück Freiheit gewonnen. Das war auch der Anfang und Grund für die Veränderung in die Spezialisierung.

Wenn ich heute über meinen Hof, durch die Ställe oder über den Acker gehe, gibt es nichts, bei dem ich der Auffassung bin, dass es nicht in Ordnung ist. Das meiste ist mit Emotionen verbunden, wenn es darum geht, etwas zu ändern.

Das soll jetzt nicht negativ klingen, aber wir vom Land sind mit Sicherheit etwas robuster als jemand, der mit seinem Hund oder seiner Katze im Bett schläft. Ich setze mich seit meiner Kindheit damit auseinander. Ich weiß, dass eine Kuh erst ein Kalb zur Welt bringen muss, um Milch zu geben. Und wenn das Kalb männlich ist, wird es irgendwann zu Wurst verarbeitet. Wir wissen, wie man ein Tier wertschätzt, mit allem, was dazugehört.“

Wir möchten wissen, was Hendrik für seine Zukunft plant und wie er den elterlichen Betrieb weiterentwickeln möchte. **„Was sind deine beruflichen Pläne für die Zukunft?“**

Hendrik zuckt mit den Schultern:

„Die Arbeit im Stall läuft super, wir haben gesunde Tiere. Das hat in der letzten Zeit sehr gut geklappt. Ich bin davon total überzeugt, aber das Drumherum ist nicht einschätzbar und das ist unangenehm.

Wenn ich meinen Betrieb auf dem Papier ändere und dieser für eine Neugenehmigung abgelehnt wird, hat mein alter Betrieb keinen Bestand mehr.

Wenn wir uns also verändern möchten, sind wir in der Zwickmühle. Da ist auch Traurigkeit dabei, denn es ist das Lebenswerk meines Vaters. Er hat es mit aufgebaut und nun verändert es sich so stark, dass es Gefahr läuft, vor die Wand zu fahren.“

Wir sehen die Tatenkraft, aber auch die Bedenken und Sorgen in Hendriks Augen. **„Könnt ihr heute denn von dem Betrieb leben?“**

Hendrik antwortet:

„Letztes Jahr hatten wir einen guten Schweinepreis, da hatten wir einen tollen Gewinn. Und dieses Jahr sagt der Steuerberater, wenn wir eine schwarze Null schaffen, dann sind wir besser als die anderen Betriebe.

Man muss das Rad nicht neu erfinden. Man kann auch von anderen lernen, von dem, was es schon gibt, aber dass man neue Wege gehen muss, das steht fest. Für mich ist klar: Es ist notwendig, innovativ zu sein. Das bedeutet, zu schauen, was man anders machen kann.“

„Für mich ist klar: Es ist notwendig, innovativ zu sein. “

Motiviert erzählt Hendrik weiter:

> *„Wir haben die Vision, dass wir nicht mehr irgendwo anders arbeiten müssen, sondern allein vom Hof leben können. Ich hoffe, dass ich auch in Zukunft mit den Entscheidungen, die ich getroffen habe, zufrieden bin. Es ist schon vieles sehr waghalsig. Hauptsache, wir bleiben alle gesund.“*

Wissensblock Schwein

Schweine zählen weltweit zu den bedeutendsten Nutztieren. Ihre Domestikation begann vor ca. 10 500 Jahren im Nahen Osten (1). Dies ist die Zeit, wo Menschen sesshafte Bauern wurden. Die Jäger-und-Sammler-Zeit ging zu Ende.

Anfangs wurden in Westeuropa gezähmte Schweine in Wälder getrieben, damit diese Eicheln, Kastanien, Bucheckern, Haselnüsse und Wildfrüchte fraßen und fett wurden (2). Dieses Vorgehen wurde als Eichelmast bezeichnet.

Dennoch hat die erste Zeit der Domestikation von Schweinen für die Entwicklung der modernen europäischen Hausschweine kaum eine Rolle gespielt (3). Das europäische Schwein ist erst in den letzten 5000 Jahren entstanden.

Heute leben in Deutschland ca. 21 Millionen Schweine. Diese Zahl war in den Jahren 2024 und 2025 konstant (4). Allerdings ist die Anzahl im Jahr 2023 im Vergleich zu 2021 um ca. 16 % zurückgegangen (4). Gründe dafür sind sinkende Rentabilität, gestiegene Produktionskosten und wachsende gesellschaftliche Kritik an Haltungsbedingungen.

Die Schweinehaltung verteilt sich im Jahr 2025 auf rund 15 250 Betriebe, Tendenz abnehmend (4). Viele kleinere Höfe geben auf, während große spezialisierte Mastbetriebe zunehmen.

Schweinefleisch ist nach wie vor die meistverzehrte Fleischsorte in Deutschland. Im Jahr 2024 betrug der Pro-Kopf-Verbrauch von Schweinefleisch in Deutschland durchschnittlich 28,4 kg (5). Dabei nutzen wir vom Schwein nicht nur Fleisch, sondern auch Leder für Kleidung, Schuhe und Handschuhe sowie Borsten für Bürsten. Auch Gelatine wird für Gummibärchen, Kaugummis, Eis oder Medikamentenkapseln verwendet. Wichtige Medizinprodukte (z.B. Insulin, Heparin) stammen unter anderem aus Schweinedärmen. Selbst in Zigarettenfiltern werden Eiweißstoffe (Hämoglobin) vom Schwein eingesetzt, um Schadstoffe herauszufiltern.

Der Selbstversorgungsgrad mit Schweinefleisch liegt bei 134% (6). Dies suggeriert, dass Deutschland deutlich mehr Schweinefleisch produziert als im Inland benötigt wird. In der Tat wird eine große Menge exportiert, unter anderem nach China, Polen und Italien. Allerdings essen Deutsche bevorzugt Edelteile wie Schnitzel, Koteletts, Rippchen oder Schinken. Sogenannte „Nebenprodukte" wie zum Beispiel Ohren, Schnauzen oder Enddärme werden meist nach Asien verkauft.

Schweine werden überwiegend in konventioneller Haltung gehalten. Etwa 95% leben in Ställen mit Vollspaltenböden. Der Anteil der ökologischen Haltung liegt unter 1% (7). Es gibt jedoch zunehmend Initiativen für tiergerechtere Haltungsformen wie Außenklimaställe oder Strohhaltung. Zudem gibt es Diskussionen für strengere Anforderungen an die Haltung von Schweinen. Dazu gehören unter anderem Fragestellungen zur betäubungslosen Kastration, zum Mindestplatzangebot und zu strengeren Dokumentationspflichten.

(1) – Vigne et al. (2009): Pre-Neolithic wild boar management and introduction to Cyprus more than 11,400 years ago. In: PNAS Environmental Sciences, 106 (38), S. 16135 – 16138

(2) – Kiple and Ornelas (2000): Hogs (Hogs). In: The Cambridge World History of Food. Cambridge University Press, S. 536 – 542

(3) – Frantz et al. (2019): Ancient pigs reveal a near-complete genomic turnover following their introduction to Europe. In: Anthropology, 116 (35), S. 17231 – 17238

(4) - Destatis (2025): Schweinebestand 2025 im Vergleich zum Vorjahr nahezu konstant. *https://www.destatis.de/DE/Themen/Branchen-Unternehmen/Landwirtschaft-Forstwirtschaft-Fischerei/Tiere-Tierische-Erzeugung/schweine.html?templateQueryString=Schweinebestand*, letzter Zugriff am 18.07.2025

(5) – Statista (2025): Pro-Kopf-Konsum von Fleisch in Deutschland nach Art bis 2024. *https://de.statista.com/statistik/daten/studie/311479/umfrage/pro-kopf-konsum-von-fleisch-in-deutschland-nach-arten*, letzter Zugriff am 18.07.2025

(6) – Statista (2025): Selbstversorgungsgrad bei Schweinefleisch in Deutschland bis 2024. *https://de.statista.com/statistik/daten/studie/76637/umfrage/selbstversorgungsgrad-bei-fleisch-in-deutschland*, letzter Zugriff am 18.07.2025

(7) – Destatis (2021): Zahl der Betriebe mit ökologischer Tierhaltung um 41% gestiegen. *https://www.destatis.de/DE/Presse/Pressemitteilungen/2021/07/PD21_N046_41.html*, letzter Zugriff am 31.07.2025

Scannen Sie den QR-Code mit Ihrer Smartphone-Kamera oder einer QR-App und Sie gelangen direkt zum Filmclip über diesen Betrieb.

4 Beweisen, dass es gut gemacht wird

Hähnchenbetrieb in Niedersachsen

Vor uns breitet sich eine weite, flache Landschaft aus. Wir haben den Eindruck, dass der Himmel hier größer wirkt als anderswo. Die Horizontlinie ist klar und wird nur hie und da von einzelnen Windrädern, Baumreihen oder Kirchtürmen in der Ferne durchbrochen. Grüne Wiesen und Felder ziehen wie Teppiche bis zum Horizont an uns vorbei. Zwischen den Feldern schlängeln sich kleine Kanäle und Gräben. Ab und zu tauchen vor unseren Augen Höfe mit roten Ziegeldächern auf, manchmal sind es welche mit Fachwerk. Oft stehen mächtige Eichen oder Linden davor.

Am Ziel angekommen, stehen wir vor einem großen Wohnhaus mit imposanten Holztüren, die an eine Scheune erinnern. Wir sind im Emsland, wo Dirk sich heute Zeit genommen hat, um uns seinen Betrieb zu zeigen, seine Aufgaben zu beschreiben und mit uns seine Pläne für die Digitalisierung zu teilen.

Nachdem wir in einem Seminarraum gemeinsam einen Kaffee getrunken haben, fahren wir mit Dirks E-Auto zu seinen nahegelegenen Hähnchenställen, die etwas außerhalb des Dorfs liegen. Wir sehen zwei langgestreckte, parallel verlaufende Hallen. Diese sind durch einen Zwischenraum miteinander verbunden. Vor den Stallungen gibt es eine Betonfläche, auf der wir das Auto abstellen. Direkt neben den Hallen steht ein großer Silo aus Kunststoff. Dieser liefert Futter durch Rohrleitungen direkt in die Ställe.

Wie Dirk uns erklärt, ist das ein Standard-Doppelstall, wie man ihn im Emsland sehr häufig vorfindet. Der Stall ist für 84 000 Tiere genehmigt. Er ist jeweils 80 bis 100 Meter lang und 15 bis 20 Meter breit. Der Mittelgang dient nicht nur dem Betreiber als Zugang, sondern beherbergt auch die Technik für Futter- und Wasserleitungen, Lüftungsanlagen sowie den Computer, in dem alle Daten zusammenlaufen.

Digitalisierung für mehr Freiheit für sich und die Kolleg:innen

Dirk besitzt im niedersächsischen Emsland nahe der niederländischen Grenze einen Hähnchenbetrieb und ist zusätzlich Geschäftsführer eines freiwilligen Zusammenschlusses von Landwirten und Landwirtinnen mit Hähnchen sowie einer Digitalfirma für Geflügelbetriebe. Den Tag beginnt Dirk typischerweise zusammen mit der Familie beim Frühstück. Das heißt, dass die Familie immer gemeinsam am Tisch sitzt, bevor die Kinder in die Schule gehen. Danach geht Dirk erst mal in sein Büro, um seine E-Mails zu überprüfen und anstehende Arbeiten für seine Mitarbeitenden zu planen. Vormittags erfolgt dann ein Rundgang durch den Stall. Manchmal wird im Anschluss ein Kaffee mit den Angestellten getrunken.

Wir betreten mit Dirk den Vorraum und bleiben vor einer kleinen Bank stehen. Es riecht nach Desinfektionsmittel, und alles scheint hier seinen Platz zu haben. Dirk erklärt:

> *„Das ist eine Hygieneschleuse. Ich habe Klamotten und Tüten, alles ist da. Diese bitte anziehen, dafür ist die Bank da."*

Er reicht uns einen Einwegoverall und Plastikschuhüberzieher. Ein Stück weiter sehen wir eine Kule mit Flüssigkeit.

> *„Hier einmal durchgehen, da ist ein Desinfektionsmittel drin. Aber bitte aufpassen. Das kann mit den Schuhen glatt sein."*

Vorsichtig durchwaten wir die Kule und Dirk erläutert weiter:

> *„Eine Besonderheit ist vielleicht das eigene Wasser und die Fußbodenheizung. Wir haben einen 36 Meter tiefen Brunnen. Unser Landkreis hat mittlerweile allerdings erkannt, dass das eigentlich viel zu billig ist. Jetzt wurde ein Zähler installiert und wir müssen Wassergebühren zahlen.*

Der Boden gehört einem so tief halt nicht. Das kommt aus dem Bergbaurecht, der Boden gehört uns nur bis zu einer Tiefe von etwas fünf Metern. Darunter gehört uns das alles nicht mehr.“

Wir hören heraus, dass Dirk beruflich sehr vielfältige Aufgaben wahrnimmt. Wir fragen neugierig nach: **„Welche Berufsbezeichnung würdest du dir eigentlich geben?“**

Dirk muss über diese Frage erst mal kurz nachdenken:

„Das ist eine gute Frage. Aktuell würde ich mich als Agrarunternehmer bezeichnen. Das ist, denke ich, relativ weit gefasst und gibt meinen Beruf vielleicht am besten wieder.“

Dirk lacht, als er von seinem Alltag erzählt:

„Danach bin ich eigentlich Telefon-Junkie. Ich denke, dass ich am Tag vier bis sechs Stunden mit unseren Landwirten im Zusammenschluss oder mit Programmierern von meiner Firma telefoniere. Da geht es um Termine, Absprachen, Preise, Digitalisierung etc. Das kann auch mal eine familiäre Sache sein. Wir sind da ziemlich offen. Ich versuche, mit meinen Berufskollegen ein freundschaftliches Verhältnis zu führen.

Ansonsten bin ich aktuell hauptsächlich hier zu Hause. Das heißt, wir können auch zusammen als Familie Mittagessen. Abends ist dann häufig leider open end, wie bei so vielen Selbstständigen.“

Das ist interessant, aber wir möchten gerne mehr über den Weg dahin hören: **„Wie bist du denn zu deinem Betrieb und Beruf gekommen?“**

Dirk holt aus:

„Wir sind ein klassischer mittelständischer Betrieb, der 1750 gegründet wurde. Wir hatten Land und eine Schafzucht. Irgendwann kam Milchvieh und später die Haltung von Schweinen dazu.

Ich habe mich dann entschieden, dass ich keine Milchwirtschaft machen möchte. Als das große Phänomen der Hähnchen im Emsland aufkam, hat mich das wohl zu der Zeit interessiert.

Unser Gebäude war damals 140 Jahre alt und bedurfte einer Modernisierung. Dadurch haben wir 1996 mit den Hähnchen begonnen. Das war mein Einstieg in unseren Betrieb.

„Denn das, was uns heute vielleicht vorgeworfen wird, dass Betriebe so groß und abstrakt geworden sind, das war damals in der Ausbildung und auch in anderen Bereichen gang und gäbe. Es gab keine anderen Ziele, als dass der Betrieb wachsen muss.“

Wir haben dann weiter in den Betrieb investiert. Zu diesem Zeitpunkt war die Investitionsbereitschaft bei den Landwirten sehr groß.

Dieser junge, neue Geflügelbereich hatte zwei Vorteile. Der eine war, dass man die Kapazitäten im Außenbereich fürs Bauen nutzen konnte. Auf der anderen Seite haben Hähnchen gegenüber anderen Betriebszweigen eine sehr kurze Umlaufkapitalbindung.

Die Struktur im Emsland ist so, dass die Betriebe irgendwo zwischen 20 bis 60 Hektar haben, durch die Banken mitgetragen worden sind und darstellbar waren. So sind viele in diesen Betriebszweig reingewachsen. Der eine dann eben schneller oder langsamer. Und ja, es war ein boomender Bereich und dadurch hat sich unser Betrieb in die Richtung entwickelt.

Da war mein Vater noch unheimlich fit und hatte Spaß an der Arbeit und Landwirtschaft. Deshalb hatte ich Kapazitäten frei. Vor ca. fünf Jahren war ich noch jeden Tag im Stall und habe als klassischer Landwirt gearbeitet. Aber mich haben viele andere Dinge interessiert.

Als ich ein bisschen nach links und rechts geguckt habe, habe ich schnell gemerkt, dass mir andere Sachen auch Spaß machen. Vielleicht hatte ich auch das Glück und die Möglichkeit, dann die passenden Leute zu finden, die mir hier zu Hause, im Unternehmen oder in den landwirtschaftlichen Unternehmen hier den Rücken freigehalten haben, sodass ich mich ein bisschen an anderen Dingen austoben konnte. Vielleicht kann man das so am einfachsten zusammenfassen.“

Dirk macht eine Gedankenpause, bevor er weitererzählt:

„Mir war damals bewusst, wenn ich Landwirt oder landwirtschaftlicher Unternehmer sein möchte, dass der Betrieb wachsen muss, dass wir Kapazitäten ausbauen müssen. Denn das, was uns heute vielleicht vorgeworfen wird, dass Betriebe so groß und abstrakt geworden sind, das war damals in der Ausbildung und auch in anderen Bereichen gang und gäbe. Es gab keine anderen Ziele, als dass der Betrieb wachsen muss. Man musste sich spezialisieren, man musste größer werden.

Und ich habe in der Hähnchenmast eine gute Möglichkeit gesehen, dort relativ kurzfristig mit kurzer Umlaufkapitalbindung, viel Wertschöpfung zu haben. Zumal auch damals schon der Trend in die Richtung ging, dass fettarmes Fleisch beliebt war. Zudem benötigen Hähnchen weniger Futter fürs Wachsen. Die Futterverwertung ist gegenüber einem Mastschwein sehr gut. Das waren für mich die Hauptgründe, sich für die Hähnchenhaltung zu entscheiden.“

Die Futterverwertung beschreibt, wie effizient ein Tier das aufgenommene Futter in Körpermasse, zum Beispiel Fleisch, umwandelt. Konkret bedeutet dies, wie viele Kilogramm Futter nötig sind, um ein Kilogramm Zuwachs beim Tier zu erzielen.

Die Region ist vor allem durch Landwirtschaft und insbesondere die Tierhaltung geprägt. Dies hat historische und wirtschaftliche Gründe. Dirk erzählt uns von seinem eigenen Weg.

„Bis auf wenige Flächen ist das sehr schwierig hier. Es gab Wachstumsgrenzen und das Baugesetzbuch. Jeder Landwirt kennt das: Das ist die Privilegierung im Außenbereich, von der wir gerade profitieren. Und die war hier einfach ausgeschöpft. Im Emsland wurde in den 90er- und 2000er-Jahren so viel für Geflügel gebaut, dass der Landkreis irgendwann durch neue Gesetzgebungen die Reißleine zog.

Das war auch allen klar, dass das so kommen wird. Dann gab es verschiedene Möglichkeiten, sich weiterzuentwickeln. Auf dem Acker wollte ich nicht arbeiten, weil ich da auf unseren Sandböden nie einen Sinn darin gesehen habe. Ich glaube bis heute, dass man damit kein Geld verdienen kann. Es sei denn, man ist ein sehr spezialisierter Kartoffelbauer, was hier eigentlich nicht geht, weil wir hier Endmoräne sind, also steinreich.

Es gab eigentlich nicht viele andere Möglichkeiten. Ich wollte ein Unternehmer sein und dafür musste ich mir irgendetwas ausdenken. Zunächst kam Photovoltaik, dann kam die Idee, dass wir uns als Geflügelmäster zusammenschließen.

Das Genossenschaftsprinzip finde ich richtig und wichtig, aber es hat mir nicht gefallen, weil der Kostenapparat viel zu groß ist. In dem Moment, in dem ich selbst anfange, Dinge zu produzieren, bin ich nicht mehr frei. Dann verkaufe ich meine Produkte. Dann bin ich auch keine Genossenschaft mehr, sondern dann bin ich ein Händler mit angebundenen Kunden. So ist meine Empfindung.

Ich wollte etwas anderes. Ich wollte, dass wir frei verkaufen können und das Beste für die Landwirte herausholen, weil sie das größte Risiko in der ganzen Kette tragen, also das biologische Risiko. Und das haben wir dann getan. Wir sind eine Genossenschaft ohne Wasserkopf. So erzähle ich das eigentlich ganz gerne. Wir vermarkten und kaufen gemeinsam ein. Wir sind jetzt etwa 14 oder 15 Mäster.

„Ich wollte, dass wir frei verkaufen können und das Beste für die Landwirte herausholen, weil sie das größte Risiko in der ganzen Kette tragen, also das biologische Risiko."

Um es ganz plakativ zu sagen: Die Betriebe sind heute mehr oder weniger Franchise-Unternehmer. Die Geflügelmäster gehen zu einem großen Unternehmen und werden dort Franchise-Unternehmer für den Lebensmitteleinzelhandel. Das Unternehmen stellt das Futter und die Küken bereit und holt die Schlachttiere ab. Das ist eine Integration.

Es ist ähnlich wie bei einem Fast-Food-Restaurant. Das funktioniert genauso. Du musst die Patties dort kaufen, alles dort kaufen und nach deren Richtlinien verkaufen. Das ist das, was wir auch tun. Der Unterschied zu unserem Zusammenschluss ist jedoch, dass wir uns nicht direkt an eine Integration koppeln, sondern uns zusammenschließen und gucken, wo wir die besten Möglichkeiten für uns finden."

In der Tierhaltung, insbesondere in der Hähnchenmast, bezeichnet der Begriff „Integration" ein organisiertes Wirtschaftssystem, bei dem mehrere Stufen der Produktionskette unter einer Führung zusammengefasst sind. Eine solche Integration steuert somit die gesamte Wertschöpfungskette, von der Elterntierhaltung über Brütereien, die Herstellung von Futtermitteln, die Aufzucht und Mast bis hin zur Schlachtung, Verarbeitung und Vermarktung der Tiere.

Als Geschäftsführer eines Zusammenschlusses ist Dirk sehr beschäftigt und hat neben der Verantwortung für die Tiere viele zusätzliche Aufgaben:

„Es sind verschiedene Dinge, die wir tun. Deswegen ist unser Zusammenschluss auch nicht groß gewachsen. Wir haben auch nie groß Werbung gemacht. Wir haben einen festen Stamm von Betrieben.

Die Qualitätsüberwachung und unabhängige Beratung sind uns wichtig, deshalb haben wir einen Ingenieur angestellt, der auch mal die Planung übernehmen kann, wenn ich nicht da bin. Außerdem haben wir zwei Damen im Büro, die die Mäster bei der Bürokratie und den Qualitätssystemen aktiv unterstützen.

Wir wollen vielleicht noch ein oder zwei Betriebe dazunehmen."

Der freiwillige Zusammenschluss von Landwirten und Landwirtinnen verfolgt vor allem das Ziel, Erfahrungen in der Gemeinschaft zu teilen, Prozesse stetig zu optimieren und gemeinsam eine Marktposition auf Augenhöhe zu erreichen. Dabei wird viel Wert auf kurze Kommunikationswege gelegt, die es ermöglichen, Informationen schnell und unbürokratisch auszutauschen. Genau dafür wurde auch in die Digitalisierung investiert.

Dirk schmunzelt ein wenig:

„Die Digitalisierung ist super, aber teuer. Wenn wir jedoch andere, zahlende Kunden in unserem IT-Bereich betreuen, dann können wir entweder sagen: Wir nehmen das Geld und fahren damit nach Mallorca, oder wir investieren es wieder und machen unsere Landwirte im Zusammenschluss noch besser."

Die Digitalisierung im Hähnchenstall

Begeistert erzählt Dirk, was er unter Digitalisierung versteht:

„Der Gesetzgeber hat durchaus Steuerungsmöglichkeiten. Es wird nur gerne exportiert, um dann aus Ländern, die keine starke Wirtschaft haben, Lebensmittel einzukaufen.

Im Prinzip können ja alle Lebensmittel produzieren. Die Frage ist nur, zu welchen Vorgaben. Das war für mich persönlich der Ansatz zu sagen: Wir müssen digitalisieren, weil wir dann beweisen können, dass wir es gut machen. Dann können wir unsere Produkte zertifizieren.

Ich habe Freunde, die im Management der Schifffahrt tätig sind. Im Austausch mit ihnen ist es so, dass man es nicht nur tun muss, sondern es auch beweisen können muss. Wenn ich etwas beweisen kann, ist auch eine Zertifizierung möglich. Es gibt keine richtige Zertifizierung für Landwirte, außer das handelsgebundene QS, was wir machen.

Wenn ich aber digitalisiere, dann kann ich es auf den Quadratmeter genau sagen. Ich kann genau sagen, wo das Tier herkommt, wer es aufgezogen hat. Ich kann Kamerabilder und Fotos machen. Ich habe sämtlichen Datenstrom und kann ihn in der Blockchain speichern. So kann ich sagen: Da wollen wir selbst agieren. Dieses Huhn kommt aus dieser Region, hat diesen und jenen Mehrwert und diesen CO_2-Fußabdruck. Und das war der Tierarzt, das war der Bauer, so heißt sein Sohn und das ist die Tante.“

„Im Prinzip können ja alle Lebensmittel produzieren. Die Frage ist nur, zu welchen Vorgaben.“

Das QS-System (QS: Qualitätssicherung) ist ein freiwilliges Qualitätssicherungssystem für die gesamte Lebensmittelkette in Deutschland. Es bezieht die gesamte Lebensmittelkette vom Futtermittelhersteller über die landwirtschaftlichen Betriebe bis hin zum Lebensmitteleinzelhandel mit ein.

Für Hähnchenbetriebe bedeutet die Teilnahme am QS-System, dass sie bestimmte Anforderungen in den Bereichen Tiergesundheit, Fütterung, Hygiene und Tierarzneimittel einhalten und umfassend dokumentieren müssen. Ziel ist es, eine lückenlose Rückverfolgbarkeit und hohe Lebensmittelsicherheit zu gewährleisten. Dazu gehören unter anderem die regelmäßige Erfassung von Tierverlusten, die Bewertung von Tierschutzindikatoren (z. B. Fußballenveränderungen) und eine strenge Kontrolle des Arzneimitteleinsatzes, insbesondere von Antibiotika. Außerdem müssen QS-zertifizierte Futtermittel eingesetzt und Hygienemaßnahmen (z. B. Desinfektionsmaßnahmen) umgesetzt werden. All diese Aspekte werden regelmäßig durch unabhängige Audits kontrolliert. Nur Betriebe mit gültigem QS-Zertifikat dürfen Schlacht- und Vermarktungsbetriebe beliefern, die an den QS-Programmen teilnehmen.

Wir stehen am Computer im Vorraum. Dirk erklärt uns sein selbst entwickeltes Programm:

„Im Endeffekt ist das eine Software für Anwender oder für das Business. Wir sind verpflichtet, alles, was hier steht, zu erfassen. Das muss der Bauer selbst machen, der Rest wird vom System übernommen. Es ersetzt die Stallkarte aus Papier voll und ganz. Das umständliche Sortieren und Archivieren von Papieren entfällt.

Es ist im Prinzip ein umfassendes Dokumentations- und Auswertungsprogramm, das aus der Praxis entstanden ist. Dadurch reduziert sich der Zeitaufwand für die Dokumentation auf nur wenige Minuten pro Tag und es gibt einen direkten Überblick über die aktuellen Stalldaten.

Das System bietet anpassbare Erinnerungsfunktionen sowie individualisierte Zugänge für Berater, Behörden, Tierärzte und Mitarbeiter. Auch ein Vergleich des eigenen Betriebs mit anderen Betrieben ist möglich. Natürlich wird dabei auf die höchste Datensicherheit geachtet, das ist unseren Berufskollegen sehr wichtig.

Die komplette Lösung für den Stall verbessert das Stallmanagement. Mit dem vollständigen Ersatz der papiergebundenen Stallkarte ermöglicht sie uns eine einfache Bedienung direkt an der Stalltür. Und für die Darstellung auf dem Handy sind die Texte extra kurz gehalten.“

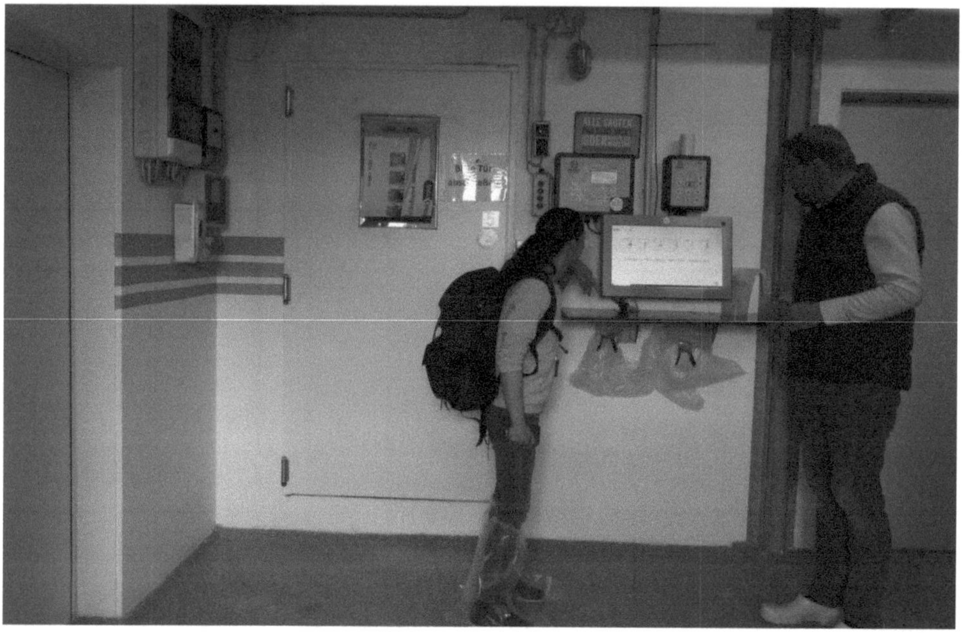

Eine Stallkarte im Hähnchenstall ist ein übersichtliches Informationsblatt, das im Eingangsbereich des Stalls angebracht wird. Sie dient der schnellen Orientierung aller Personen, die den Stall betreten, insbesondere Tierärzt:innen, Kontrolleur:innen, Auditor:innen oder Betriebsfremde. In Qualitätssicherungssystemen wie QS oder der Initiative Tierwohl ist sie verpflichtend vorgeschrieben. All diese Unterlagen müssen in der Regel mindestens fünf Jahre aufbewahrt werden. Zudem verlangen oder empfehlen viele Audits mittlerweile, dass die Dokumentation der Daten elektronisch erfasst wird.

Dementsprechend soll nicht nur dem einzelnen Betrieb eine nutzbare Datenauswertung für das eigene Management zur Verfügung gestellt werden. Darüber hinaus soll auch der Datenaustausch mit anderen Parteien ermöglicht werden.

Dirk hat allerdings eine sehr viel weitsichtigere Vorstellung:

> *„Die Idee ist, das branchenübergreifend allgemein verfügbar zu machen. Es geht nicht darum, dass es ein Stall sein muss, sondern es kann sich auch um einen gesetzlichen Betreuer handeln, der Daten verwalten muss und Berichte benötigt.*
>
> *Es gibt einfach sehr viele Leute, die viel zu lange damit beschäftigt sind, Berichte zu schreiben. Freunde von mir, die Polizisten sind, beschreiben das sehr häufig. Da ist ein Verkehrsunfall, vor Ort sind sie zehn Minuten beschäftigt, aber der Bericht im Anschluss dauert zwei Stunden.*
>
> *Und das frisst uns auf. Das wird auf Dauer nicht so weitergehen können. Und das war vor 20 Jahren noch nicht so."*

Bestimmt spricht Dirk weiter:

> *„Ja, das Dokumentieren wird immer mehr. Und die Papiere müssen stimmen. Es gibt auch Kontrollen, die sind auch richtig und wichtig. Damit grenzen wir uns vom Ausland ab. Aber warum soll man das denn nicht so machen, dass es jeder verstehen kann?*
>
> *Das merken wir jetzt auch bei den höheren Haltungsstufen. Du musst einen Auslauf dokumentieren oder du musst einen Wintergarten dokumentieren und all die Dinge, die du im Stall tust. Da passt das Programm ideal, und wir haben jetzt auch die ersten Mitstreiter in unserem Zusammenschluss, die Wintergärten haben. Für die war es dann eine Kleinigkeit, die zusätzlichen Dokumentationen zu machen, weil es jeden Tag zwei Klicks und nicht 200 Klicks sind. Und das kommt uns jetzt nach wie vor zugute."*

Ein Wintergarten für Mastgeflügel ist ein überdachter, lichtdurchfluteter Anbau am Stall, der den Hühnern mehr Platz, Frischluft und Tageslicht bietet. Er ist nach außen hin offen (z. B. mit Gittern oder Netzen), aber vor Wind und Regen geschützt.

Dirk erklärt begeistert weiter:

> *„Aber man merkt einfach, dass das Thema KI immer mehr wird und die Anforderungen steigen. Ich habe in einer anderen Branche gesehen, was möglich ist und was man machen kann. Seit einem Jahr sind wir damit beschäftigt, ein neues System zu bauen, das komplett KI-basiert ist. Ich sehe das Thema KI einfach immer mehr im Kommen.*
>
> *Zudem wird es auch immer schwieriger, Mitarbeiter für das Büro zu finden. Unser Stammpersonal ist eigentlich sehr stabil, aber wenn jemand aus gesundheitlichen Gründen ausfällt, muss wieder nach neuen Leuten gesucht werden. Und das ist manchmal auch ein bisschen komplex, was da alles an Anforderungen zusammenkommt.*
>
> *Wir erhoffen uns mit dem neuen System große Fortschritte, sodass wir irgendwo sozusagen eine digitale Sekretärin haben. Das ist noch relativ neu und gibt es auch noch nicht. Das heißt, es gibt einen automatisierten E-Mail-Eingang. Dieser erkennt die E-Mail, ordnet ihr entsprechende Merkmale zu, weiß, was für ein Inhalt darin ist, legt sie ab und holt den Inhalt auswertbar heraus.*

Das heißt, ich kann das System zum Beispiel fragen: Weißt du, wann Meier das letzte Mal ein Salmonellen-Ergebnis geschickt hat? Und das System antwortet: Das hat er vorgestern geschickt und das Ergebnis war negativ. Somit kann ich die maßgefertigten Berichte erstellen. Ein Riesending.

Ein neuer Mitarbeiter, ein ehemaliger Microsoft-Mitarbeiter, kümmert sich darum. Und ich versuche hinterherzukommen.

Ich würde das mal so sagen: Das Thema ist sehr komplex, aber darin steckt die Zukunft. Vielleicht hat man auch Bedenken bei diesem ganzen Bereich der künstlichen Intelligenz, aber ich habe den Eindruck, dass wir daran auf keinen Fall vorbeikommen werden."

Haltungssysteme für den Landwirt

Ein leises Summen von Ventilatoren und der Duft nach Futter und Einstreu liegen in der Luft. Wir stehen nun im Stall und sehen zahlreiche kleine, flauschige, gelbliche Küken auf dem mit Einstreu bedeckten Boden. Es ist recht warm, und wir hören ein gleichmäßiges Zwitschern und Rascheln. Mehrere Futterlinien verlaufen wie Schienen durch den Stall. Aus den orangefarbenen Rundtrögen auf dem Boden fressen die Tiere. Dazwischen sehen wir schwebende Tränkelinien mit Nippeltränken. Hin und wieder sehen wir ein Küken, das daraus trinkt.

Dirk zeigt auf die Tiere:

„Sie sind jetzt vier Tage alt. Es sind langsam wachsende Tiere, die 45 Gramm am Tag zunehmen. Viel mehr sollen sie auch gar nicht zunehmen, weil es eine alte Rasse ist. Sie sollen auch gar nicht mehr leisten als diese 45 Gramm. Dementsprechend ist das Futter auch schwächer.

Es macht wirklich Spaß, da morgens durchzulaufen, weil da nichts ist. Sie wachsen ein Drittel langsamer. Bei den anderen Ställen muss man sehr viel auf das Klima und das Futter achten, damit alles passt, weil wir da im Hochleistungssport unterwegs sind. Hier ist das so Kreisliga. Das reicht eigentlich so, wenn das alles gut läuft.

Wir haben im Schnitt nicht einmal zwei Prozent Tierverlust, was sehr wenig ist. Das hängt damit zusammen, dass in dem Stall nur zehn Tiere pro Quadratmeter sind. Der Anspruch an die Tiere hier im Stall ist nicht so hoch, deswegen ist es auch viel einfacher. Es ist nicht nur einfacher für das Tier hier im Stall, weil sie viel mehr Platz haben, sondern auch für den Landwirt.

Wenn der Landwirt mit der Hälfte der Tiere seinen Betrieb gestalten kann, dann tut er das sehr gerne. Wir sind nicht scharf darauf, mehr Tiere zu halten, wenn es Alternativen gibt, die sich wirtschaftlich darstellen lassen. Es geht darum, mit den getätigten Investitionen die Bank zu bedienen und seine Familie zu unterhalten. Und das tue ich für den Markt, wenn er das verlangt, mit 20 Tieren auf einen Quadratmeter oder mit zehn Tieren auf einen Quadratmeter. Das entscheiden nicht wir, sondern der Verbraucher an der Theke.

Ehrlicherweise muss man aber auch sagen, dass in den anderen Systemen auch mehr Geld verdient wird. Aber was nützt mir das, wenn ich wenig Zeit habe und vielleicht auch nicht den Zugang habe, mich damit zu beschäftigen? Auch ist das alternative System, was den CO_2-Fußabdruck angeht, weniger gut als die konventionelle Mast. Wenn ich weiß, wie viel Geld man verdienen kann, es aber aus Mangel an Zeit und Managementwissen nie schaffe, macht es keinen Sinn. Deshalb ist das hier für einige Betriebe weniger komplex und dadurch viel besser.“

„Es geht darum, mit den getätigten Investitionen die Bank zu bedienen und seine Familie zu unterhalten. Und das tue ich für den Markt, wenn er das verlangt, mit 20 Tieren auf einen Quadratmeter oder mit zehn Tieren auf einen Quadratmeter.“

Wir fragen uns, warum Dirk nicht auch einen Wintergarten baut, und fragen nach.

„Gibt es Pläne, einen Wintergarten oder Auslauf für die Tiere zu bauen, um Hühner auch in anderen höheren Haltungsstufen aufzuziehen?“

Dirk atmet tief ein und antwortet frustriert:

„Nein, ich habe derzeit noch keinen Wintergarten, aber wir haben die Anträge gestellt. Das ist auch ein sehr spannendes Thema. Die Pläne liegen alle beim Landkreis. Nur

hat der Landkreis keine Genehmigungsgrundlage, weil es sich um eine wesentliche Änderung im Außenbereich handelt. Wir brauchen demnach für den Wintergarten eine Ausnahme. Die Baugenehmigungsanträge werden alle zurückgeschickt, weil es das Gesetz gar nicht gibt.

Das ist bei uns nur möglich, weil es in den Niederlanden eine Sonderregelung gibt. Das heißt, wir können sagen, dass wir bereits die Haltungsstufe 3 erfüllen, aber den Wintergarten noch nicht haben, die Reduzierung der Besatzdichte und alles, was dazugehört, aber schon umsetzen.

In diesem Stall, den wir 2014 gebaut haben, sind doppelt so viele Fenster wie gefordert. Zu der Zeit kam die Bio-Verordnung mit fünf Prozent. Also haben wir sechs Prozent der Fläche Fenster gebaut. Somit dürfen wir schon daran teilnehmen. Das ist das niederländische Programm Beter Leven. Laut der NGO (Nichtregierungsorganisation) *soll damit ein Übergang in die Haltungsstufen 3, 4 oder 5 ermöglicht werden."*

2019 wurde eine freiwillige Haltungskennzeichnung im Handel mit vier Haltungsstufen eingeführt. Dies wurde von der Politik aufgegriffen und seit dem Sommer 2024 gibt es in Deutschland für Masthühner fünf Haltungsstufen:

- Die Haltungsstufe 1 (Stall) erfüllt die gesetzlichen Vorgaben mit 39 kg pro Quadratmeter.
- In der Haltungsstufe 2 (Stall + Platz) haben die Tiere bei einer Besatzdichte von 35 kg pro Quadratmeter mehr Platz und es werden Stroh oder Picksteine zur Verfügung gestellt.
- Bei der Haltungsstufe 3 (Frischluftstall) wird die Besatzdichte auf 25 kg pro Quadratmeter begrenzt und den Tieren wird Frischluft (z. B. durch offene Fenster) geboten.
- Die Haltungsstufe 4 (Auslauf/Weide) begrenzt die Besatzdichte auf maximal 21 kg pro Quadratmeter und sieht einen Auslauf vor.
- In der Haltungsstufe 5 wird die ökologische Tierhaltung (Bio) eingestuft, die ebenfalls eine Besatzdichte von maximal 21 kg pro Quadratmeter vorsieht.

In den Niederlanden gibt es das Tierwohl-Label Beter Leven (Besseres-Leben-Label). Dieses wurde 2007 von einer Tierschutzorganisation ins Leben gerufen. Es steht für bessere Lebensbedingungen von Nutztieren und ist auf Fleisch, Geflügel, Eiern, Milch und weiteren Produkten zu finden.

Dirk hebt Unterschiede hervor:

„In Deutschland ist das anders. Der Deutsche Tierschutzbund hat gesagt, so etwas gibt es nicht. Wenn du damit anfangen willst, dann musst du eine Baugenehmigung beantragen und das innerhalb eines halben Jahres umsetzen. Und dann kannst du anfangen. Somit fällt das hier aus.

Das können also nur Betriebe, die noch unter § 35 des Baugesetzbuches fallen, mit neuen Ställen, die dann bauen dürfen für 29 900 Tiere mit Wintergarten. Und das wird hier versucht. Im Emsland gibt es aktuell schon wieder um die 50 Anträge für diese Ställe, aufgrund der guten Marktlage und der Kommunikation durch die Firmen, dass sie diese Tiere suchen.

Ja, es wird sich mit Sicherheit dahin entwickeln, dass die Quadratmeterzahl für die Tiere erhöht wird. Wenn man sich jedoch die aktuelle Nachfrage anschaut und das geringe Angebot berücksichtigt, wie wir es auf dem Markt wahrnehmen, dann ist durch die Reduktion auf die Haltungsstufe 3 sowieso viel zu wenig Fleisch da. Wir haben in Deutschland zu wenige Ställe. Die Schlachter suchen Tiere.

Die Nachfrage nach Hähnchenfleisch ist ungebrochen steigend. Die Nachfrage nach Schweinefleisch nimmt hingegen stark ab und es scheint, als würde sich das Verbraucherverlangen mehr und mehr Richtung Geflügel entwickeln. Das ist jedenfalls meine Interpretation. So verstehe ich die aktuelle Situation in Bezug auf die Zusammensetzung unserer Bevölkerung.

Ich sage mal, unsere neuen Mitbürger, die essen kein Schweinefleisch. Und die Menschen, die wir haben, werden älter. Die Babyboomer gehen in Rente und die bestellen eher ein Hähnchenschnitzel als ein Schweineschnitzel. Jedenfalls ist das die Wahrnehmung und das, was wir im Markt hören. Fleisch ist teuer und Geflügel ist günstiger.

Das sind alles Faktoren, die den Verbraucher scheinbar aktuell eher zu Geflügel greifen lassen.

„Wenn man sich jedoch die aktuelle Nachfrage anschaut und das geringe Angebot berücksichtigt, wie wir es auf dem Markt wahrnehmen, dann ist durch die Reduktion auf die Haltungsstufe 3 sowieso viel zu wenig Fleisch da."

In den Niederlanden funktioniert das nur, weil es die Haltungsstufen 1 (39 Kilo pro Quadratmeter) *und 2* (35 Kilo pro Quadratmeter) *im Supermarkt nicht gibt. Zur Einordnung: Stufe 1 entspricht dem Fleisch, das es im Restaurant gibt, und Stufe 2, was im Einzelhandel verkauft wird. Diese gibt es in Holland nicht mehr.*

Die NGOs waren so stark, dass sie es geschafft haben, Haltungsstufe 1 und 2 aus den Supermärkten rauszubekommen. Das haben sie sehr geschickt gemacht. Sie sind nämlich den umgekehrten Weg gegangen. Sie sind nicht zu den Bauern gegangen und haben ihnen gesagt, dass sie alles falsch machen. Nein, sie haben gesagt, die Supermärkte geben den Bauern so wenig Geld, dass diese die Ställe zu voll machen müssen, was nicht gut für die Tiere ist. Das heißt auf Deutsch vielleicht: Das Hähnchen platzt, so schnell wächst es.

Und dann haben sie eine sehr aggressive Werbung gemacht und damit ein Konzept entwickelt, das Beter Leven heißt. Die Grundversion davon, die seht ihr hier bei mir im Stall. Das heißt, die Hälfte der Tiere im Stall, eine langsam wachsende Rasse, ein anderes Futter, es wird Weizen eingestreut, es gibt mehr Tageslicht und, und, und."

„Warum hast du dich persönlich für diese Haltung und für diese Rasse entschieden?“

Dirk:

„Ich habe hier im Betrieb alle Systeme, um Erfahrungen zu sammeln und diese mit den Kollegen, mit denen wir zusammenarbeiten, zu teilen. In unserem Zusammenschluss haben wir unterschiedliche Mäster. Zum Beispiel muss das für einen Bauern, der andere Betriebszweige hat und personell an Grenzen stößt, einfach gehen.

Ich habe zwei Leute beschäftigt. Die sitzen 80 % ihrer Arbeit auf dem Trecker und gehen morgens eine Stunde durch den Stall. Mit so einem Kunden brauche ich nicht über die High-Level-Qualitätszuschläge zu sprechen. Für den brauche ich ein einfaches System.

Deshalb war ich sehr froh, als das kam, weil es für den Bauern viel, viel einfacher ist. Wir versuchen, jedem Mäster ein System zu geben, mit dem er gut arbeiten kann. Das heißt also, wir gucken nicht, was sich am Markt am besten verkaufen lässt. Das ist für uns nicht relevant. Für uns ist es relevant, dass der Mäster zufrieden ist.

Weil wir keinen eigenen Schlachthof haben, haben wir den Luxus, dass wir uns aussuchen können, wohin wir unsere Tiere bringen. Wir suchen nach Möglichkeit, was die haben wollen. Wir haben Erfahrungen in der langsam wachsenden Mast, Erfahrungen in der 5xD-Mast, sprich, was der Lebensmitteleinzelhandel oder Fast-Food-Ketten bekommen, und auch Erfahrungen in der 39 kg-Standardmast. Letzteres machen wir aber jetzt nicht mehr.“

Die Haltung von Masthühnern unterliegt in Deutschland bestimmten tierschutzrechtlichen Vorgaben. So darf die maximale Besatzdichte bei 39 kg pro Quadratmeter liegen. In der praktischen Umsetzung bedeutet dies, dass gegen Mastende meist 16 bis 26 Tiere einen Stallboden von einem Quadratmeter Fläche teilen. Die 5xD-Regel bedeutet, dass alle fünf Produktionsschritte (Schlupf, Aufzucht, Mast, Schlachtung und Verarbeitung) in Deutschland stattfinden. Mit dieser Initiative soll die heimische Landwirtschaft gefördert und mehr Transparenz in der Landwirtschaft geschaffen werden.

Öffentliche Wahrnehmung

Heute wird vor allem auf die Tierhaltung etwas anders geschaut, sie wird in den Medien häufiger kritisiert. **„Würdest du dich aus heutiger Sicht wieder genauso entscheiden?“**

Dirk wird nachdenklich:

„Ich glaube, wenn ich letztes oder vorletztes Jahr gefragt worden wäre, dann hätte ich auf jeden Fall gesagt: Wir haben das alles genau richtig gemacht. Ich begegne in diesem Geflügelbereich und vielen Unternehmen in der Branche häufig Enthusiasmus, nachdem in Polen immer mehr Kapazitäten für Geflügelställe aufgebaut wurden. Und auch wenn die öffentliche Wahrnehmung sich stark geändert hat, glaube ich, dass es richtig war, diesen Schritt zu tun.

Ich glaube aber, dass wir als Branche einfach Riesenfehler gemacht haben und ich mich häufig frage, was hätten wir vielleicht anders machen müssen und können, um Menschen mehr mitzunehmen in dem, was wir tun? Links und rechts mal den Kindergarten aus dem Dorf oder mal die Grundschule einzuladen?

Wir haben da irgendwelche Fehler gemacht und ich denke, dass man das mal aufarbeiten muss. Aber die Branche war dazu lange nicht bereit. Ich glaube, dass das heute anders ist. Ich kann mich gut an ein Gespräch mit einer großen Genossenschaft erinnern, vor 15 Jahren, als wir darüber diskutiert haben, sie hätten jetzt 500 Mitarbeiter, ob es nicht an der Zeit wäre, mal Jemanden fürs Marketing einzustellen, der sich um die Außendarstellung kümmert. Da kam die Antwort: Der kostet nur 50 000 Mark Geld. Ich halte das heute für einen Riesenfehler, dass man das nicht getan hat. In anderen Industrien wurde das anders gehandhabt. Da haben wir aus meiner Sicht als Branche versagt.

Was mich sehr ärgert, ist, wenn wir hier in Deutschland oder den Niederlanden Geflügelfleisch produzieren. Dann ist das auf dem höchsten Niveau in der Welt. Und genauso produzieren wir Autos wie BMW, Audi und Mercedes auf dem höchsten Niveau der Welt. Nur wenn der Chef von BMW sich hinstellt im Fernsehen und sagt: Wir haben letztes Jahr 45 000 Autos exportiert, dann bekommt er dafür viel Beifall. Aber wenn wir 200 Tonnen Hähnchenfilet exportieren, dann ist dies Überproduktion. Und das ist für mich ein Fehler in der Bewertung, im Marketing und in der Außendarstellung der Landwirtschaft.“

„Auch wenn die öffentliche Wahrnehmung sich stark geändert hat, glaube ich, dass es richtig war, diesen Schritt zu tun."

„Wie nimmst du die sich verändernde Sicht der Gesellschaft auf die Landwirtschaft aus deiner Perspektive wahr?"

Dirk:

„Ich glaube, dass es sehr vielschichtig ist. Diese Diskrepanz ist ein klarer Indikator dafür, dass wir als Branche überhaupt nicht verstanden haben, wie wir auf die Verbraucher zugehen müssen, um ihnen verständlich zu machen, dass wir durch unsere Arbeit ihnen die Möglichkeit geben, so frei zu leben. Dass die Menschen sich mit ihrem Leben so auseinandersetzen können, sich keine Sorgen um Ernährung machen brauchen.

Das war vor 100 Jahren noch ganz anders und das ist eine kurze Zeitspanne. Da haben die meisten Leute irgendwo in und an der Landwirtschaft gearbeitet, um ihre Familie zu versorgen. Durch eine sehr hohe Technisierung hatten Menschen auf einmal Zeit, sich um diese Dinge wie die Medizin, Kunst und Wissenschaft zu kümmern.

Ich glaube, wenn man nicht anfängt, das aufzubrechen und mal anders zu denken und auch die Politik in diesen Dingen mitzunehmen, um das ein bisschen plausibler zu machen, warum was wie getan wird. Welche Konsequenzen da sind, wenn wir hier unsere Versorgung für so ein hoch industrielles Land nicht aufrechterhalten können.

Ich glaube, dass das gar nicht wirklich gesehen wird aus häufig populistischen Hintergründen, was ich vielleicht auch im privaten Umfeld merke. Ich habe Freunde, die in München wohnen und auch in Berlin wohnen, wo ich sehr bestaune, wie die ihre Einstellung zu Kreisläufen in der Landwirtschaft im ländlichen Raum in kürzester Zeit einem aktuellen Lifestyle untergeordnet haben. Also irgendwas müssen wir da in den Städten verpassen.

Unsere Familie hat sich auch in den letzten Jahrzehnten geändert. Ich bin nicht wie mein Vater. Meine Frau ist nicht wie ihre Mutter. Unser Leben ist heute ganz anders als früher. Ich erlebe doch, was um mich rum passiert. Das macht mir auch Spaß. Ich glaube, vielen Berufskollegen geht das so. Wir sind auch Gesellschaft, wir nehmen auch am Leben teil, wir sind auch Konsumenten.

Man fragt sich dann, tue ich meinem Sohn oder Tochter das an? Möchte ich, dass sie in diesem Spagat leben. Dass sie nicht wissen, möchte die Gesellschaft uns noch?

Das ist, was die Bauern im Moment so aufregt. Wenn ich mich mit Berufskollegen unterhalte, merke ich, die haben Angst. Die haben alles an Arbeitszeit, Energie und freies Kapital in ihre Betriebe investiert. Warum haben sie das getan? Weil sie davon überzeugt waren, dass das der richtige Weg ist. Dass sie für die nächste Generation den Betrieb fortführen. Den größer machen, den ausbauen, den zukunftsfähig halten. Und dann kriegen sie öfter von gewählten Volksvertretern der eigenen Partei knallhart vor den Kopf gesagt, dass sie alles falsch machen, niemand das will und dass es Zeit wird, dass sie sich ändern.

Vielleicht können Sie sich vorstellen, wenn Sie jemandem das sagen, der über Generationen nur gelernt hat: Wir müssen mehr, müssen das besser machen, müssen für mehr Nahrungsmittel sorgen und müssen das technisieren. Wenn man denen sagt, ihr habt alles falsch gemacht und die Investitionen, die ihr getätigt habt, das ist uns völlig egal, denn ihr seid Tierquäler und vergiftet den Boden. Dass solche Leute irgendwann an einen Punkt kommen, wo sie sagen: Es ist kein Mut mehr da.

Nach einem Gespräch mit der landwirtschaftlichen Krankenkasse wurde mir eine Zahl genannt. Ich hoffe, dass sie nicht stimmt, aber dass über 70 % aller Aufwendungen an Medikamenten in der Branche Landwirtschaft mittlerweile Psychopharmaka sind. Dann frage ich mich ernsthaft, was unsere Gesellschaft mit unserer Branche macht und welche Verantwortung die Medien und die Politik, gerade auch hinsichtlich der NGOs, haben."

„Wir sind auch Gesellschaft, wir nehmen auch am Leben teil, wir sind auch Konsumenten."

Diese Zahlen sind besorgniserregend. Wir sind erstaunt, wie stark der Druck ist, der durch gesellschaftliche Erwartungen und Marktmechanismen auf den Menschen in der Landwirtschaft lastet. In den vergangenen Jahren hat sich die Landwirtschaft deutlich gewandelt, ebenso wie ihr öffentliches Ansehen.

„Würdest du sagen, aus der jetzigen Sicht ist das alles genau richtig so? Oder gibt es schon noch Dinge, die du ändern würdest?"

Dirk:

„Was vielen Landwirten und mir wichtig ist, ist die öffentliche Wahrnehmung. Ich habe einen Mitarbeiter, der kommt aus Südafrika, und wenn er mir von seinem Heimatland erzählt und von den Problemen, die er in seinem Land hat und warum er nach sieben Generationen Farming in Südafrika nach Deutschland gekommen ist. Dann wird mir sehr bewusst, dass wir hier eigentlich das Problem haben, dass wir keine Probleme haben.

Wir möchten für einen Markt produzieren, in dem Verbraucher, die unsere Produkte kaufen, sich mit ethischen Fragen auseinandersetzen. Wenn wir für so einen Markt produzieren, dann werden wir das produzieren, was in das ethische Bild passt. So möchte ich jetzt mal ganz wertfrei sagen. Und wenn ich für dieses ethische Bild produzieren möchte, dann werde ich dem gerecht werden müssen.

Die meisten Landwirte, die ich kenne, wollen das auch, die finden das interessant und toll. Wir beschäftigen uns mit Alternativen. Das ist alles super und ich kenne auch keinen Landwirt, der sagt, das ist alles doof und das ist Quatsch. Aber die Produkte müssen auch gekauft werden.

Was mich ärgert und besorgt, ist, dass der Gesetzgeber gegenüber unserer Branche nicht so fair ist und dem Verbraucher aufzeigt oder ihm Grenzen vorgibt. Zu sagen: Okay, wir machen das hier so, wie eure ethischen Grundsätze oder eure Visionen das abverlangen. Aber der Umkehrschluss ist dann auch, dass diejenigen, die nicht so produzieren, also das Steak aus Brasilien oder Argentinien und die Chicken Nuggets aus Brasilien, die kann man hier dann aber auch nicht mehr kaufen, weil das zu eurer ethischen Einstellung nicht passt.

Der Supermarkt suggeriert, dass alles so gemacht worden ist wie in Deutschland. In Wirklichkeit kann der Preis nur gehalten werden, da es eine Mischkalkulation aus Billigproduktion, Ausland und hier ist. Das ärgert mich und empfinde ich als sehr unfair.

Dass wir das gute Gewissen des Verbrauchers darstellen sollen, aber an der Ladentheke die Möglichkeit besteht, andere Dinge zu kaufen. Ja, wissentlich oder unwissentlich, mit völlig anderen Rahmenbedingungen.

In allen anderen Branchen, die ich kenne, schiebt der Gesetzgeber ganz klar Regeln davor. Im Baubereich oder Automobilbereich muss ich Dinge einhalten. Ein ausländischer Unternehmer, der nicht die Rahmenbedingungen oder gewisse Kriterien erfüllt, die in Deutschland erfüllt werden müssen, der kann da nicht teilnehmen. Das spielt komischerweise in der landwirtschaftlichen Produktion beim Import überhaupt keine Rolle. Da wird nicht nachgefragt.

Wenn ich das mal ein bisschen böse sagen darf, sind wir da, um den Warenkorb Deutschland möglichst billig zu halten. Damit man nicht merkt, dass wir in eine Inflation laufen. Damit der Lebensstandard, den wir Menschen in Deutschland haben, leistbar bleibt Das ist das, was viele Bauern böse macht und auch einfach enttäuscht und demotiviert.

Lebensmittel machen können im Prinzip alle. Die Frage ist nur zu welchen Vorgaben. Was ist der wahre Wert für unsere Gesellschaft? Das war für mich persönlich auch ein Ansatz, zu sagen, wir müssen digitalisieren. Damit wir beweisen können, dass wir es gut machen.“

„Was vielen Landwirten und mir wichtig ist, ist die öffentliche Wahrnehmung.“

Ausblick

„Was wünschst du dir für deine Zukunft?“

Dirk:

„Ich wünsche mir Bedingungen, bei denen wir wissen, woran wir sind.

Wenn der Gesetzgeber, die Politik oder die Gesellschaft mir sagt: Dirk, was ihr die letzten 30 Jahre gemacht habt, wollen wir nicht mehr. Wir haben euch zwar so ausgebildet, wir wollten das damals so, aber jetzt nicht mehr. Kümmere dich bitte um was anderes, weil es gesellschaftlich nicht mehr gefragt ist. Baut eure Ställe um, macht Aquakulturen rein oder noch was anderes. Oder kauft jetzt Ziegen und Schafe, dann ist das so.

Oder der Gesetzgeber sagt: Nein, wir sind ein hochtechnisiertes Land. Wie ich mal gelernt habe, ist eine Industrienation, die sich selbst nicht ernähren kann, in der Welt nicht viel wert, weil sie erpressbar ist. Wenn das der Konsens in Politik und Gesellschaft ist, dann müssten wir wissen: Wie wollen wir das tun?

Aber wir wissen heute nicht, was in einem halben Jahr ist. Bauern denken in Generationen. Das ist so abgedroschen. Aber es ist ja wirklich so. Bei einer Investition in einen Stall sprechen wir über einen Zeitraum von 20 Jahren. Wir haben lange Investitionszeiträume, weil die Margen nicht so hoch sind.

Was wir als Branche unbedingt brauchen, ist ein gesellschaftlicher Konsens über das, was wir wollen. Was soll ich denn meinem Sohn oder meiner Tochter sagen, was sie machen sollen? Die gehen zum Gymnasium, um eine gute Basis für ihre Berufswahl zu haben. Ich möchte, dass meine Kinder das machen, woran sie Spaß haben und wo sie Zukunft drin sehen. Ob sie in unserem modernen, gesunden Betrieb in zehn Jahren eine Zukunft finden können? Das kann ich ihnen, Stand heute, schlicht und ergreifend nicht sagen.“

„Ich möchte, dass meine Kinder das machen, woran sie Spaß haben und wo sie Zukunft drin sehen. Ob sie in unserem modernen, gesunden Betrieb in zehn Jahren eine Zukunft finden können? Das kann ich ihnen, Stand heute, schlicht und ergreifend nicht sagen.“

Zurück im Vorraum angelangt, ziehen wir unsere Stallkleidung aus und begeben uns wieder auf den Heimweg zurück in die Stadt, wo wir sowohl im Supermarkt als auch im Restaurant eine bemerkenswerte Angebotsvielfalt an Lebensmitteln haben.

Wissensblock Hähnchen

Hühner zählen weltweit zu den am häufigsten gehaltenen Nutztieren. Auch in Deutschland ist die sogenannte Hähnchenmast weit verbreitet. Dabei ist dieser Begriff fachlich unpräzise. Meist handelt es sich um eine gemischte Aufzucht aus weiblichen und männlichen Tieren. Im Handel dürfen jedoch sowohl die männlichen als auch die weiblichen Tiere als „Hähnchen“ vermarktet werden (1).

Masthühner sind hauptsächlich Hybride, die durch gezielte Kreuzungen gezüchtet werden. In Deutschland ist vor allem die intensive Hähnchenmast verbreitet, bei der die Tiere innerhalb von vier bis sechs Wochen ihr Schlachtgewicht erreichen (1). In der ökologischen Mast dauert die Aufzucht mit ca. 8,5 bis 10 Wochen deutlich länger. Darüber hinaus gibt es Programme für eine sogenannte langsam wachsende Aufzucht. Dabei werden spezielle, weniger auf schnelle Gewichtszunahmen gezüchtete Linien eingesetzt.

Anders als andere Haustiere wurden Hühner erst vor ca. 3500 Jahren domestiziert (2). Grund dafür war wahrscheinlich die Einführung des Trockenreisanbaus in Südostasien. Dadurch wurden die wilden Vorfahren des Haushuhns, das rote

Dschungelhuhn, angelockt. Anschließend brachten Menschen das Tier über den Seeweg nach Asien, Afrika und Europa.

Das typische Masthähnchen, auch Broiler genannt, kommt ursprünglich aus den USA. Denn 1930 kam dieses Tier erstmals als Broiler (vom englischen „to broil", braten/grillen) in Europa auf den Speiseplan (3). Heute gilt Geflügelfleisch als fettarm und gesund. Beliebt sind Hähnchengerichte mit Salat, auf dem Grill oder beim Schnellimbiss.

In Deutschland wurden 2023 ca. 88 Millionen Masthühner in etwa 3700 Betrieben gehalten (4). Die meisten Hähnchen werden konventionell gehalten. Die ökologische Hähnchenmast ist bislang mit 1,4 % eine Nische (5). Im Vergleich leben Bio-Hähnchen länger und haben mehr Platz zur Verfügung, haben aber einen höheren Futterbedarf als konventionelle Tiere.

2024 konsumierten Deutsche pro Kopf durchschnittlich 13,6 kg Hühnerfleisch (6). Um die Nachfrage zu decken, wurde und wird Geflügelfleisch auch aus dem Ausland (z. B. Niederlande, Polen, Frankreich) importiert.

Mittlerweile liegt der Selbstversorgungsgrad mit Geflügelfleisch in Deutschland bei 100 % (7). Im Jahr 2021 lag er noch bei ca. 96,7 % (8). Das bedeutet, dass die heimische Produktion den Bedarf des Landes heute deckt, wenn auch mit leicht sinkender Tendenz. Auf dem globalen Lebensmittelmarkt wird Geflügelfleisch dennoch sowohl exportiert als auch importiert.

(1) – BLE (2024): Werden auch weibliche Hühner gemästet? *https://www.landwirtschaft.de/tier-und-pflanze/tier/gefluegel/werden-auch-weibliche-huehner-gemaestet*, letzter Zugriff am 31. 07. 2025

(2) – Peters et al. (2022): The biocultural origins and dispersal of domestic chickens. In: Anthropology, 119 (24)

(3) – Digitales Wörterbuch der deutschen Sprache DWDS (2025): Broiler. *https://www.dwds.de/wb/Broiler*, letzter Zugriff am 18. 07. 2025

(4) – BLE (2025): Tierhaltung Geflügelhaltung. *https://www.bmel-statistik.de/landwirtschaft/tierhaltung/gefluegelhaltung#:~:text=Broilermast,mehr%20als%2050.000%20Haltungsplätzen%20gemästet.&text=Im%20Jahr%202023%20wurden%20laut,mit%20ökologischer%20Wirtschaftsweise%20zu%20finden*, letzter Zugriff am 31. 07. 2025

(5) – Ökolandbau (2022): Bio-Geflügelmast – Was ändert sich durch die Umstellung? *https://www.oekolandbau.de/bio-in-der-praxis/oekologische-landwirtschaft/oekologische-tierhaltung/oekologische-gefluegelhaltung/bio-haehnchenmast-was-aendert-sich-durch-die-umstellung*, letzter Zugriff am 18. 07. 2025

(6) – Statista (2025): Pro-Kopf-Konsum von Geflügelfleisch in Deutschland in den Jahren 2010 bis 2024. *https://de.statista.com/statistik/daten/studie/186634/umfrage/pro-kopf-verbrauch-von-gefluegel fleisch-seit-2001*, letzter Zugriff am 18. 07. 2025

(7) – Statista (2025): Selbstversorgungsgrad bei Geflügelfleisch in Deutschland bis 2024. *https://de.statista.com/statistik/daten/studie/261795/umfrage/selbstversorgungsgrad-von-gefluegelfleisch-in-deutschland*, letzter Zugriff am 18. 07. 2025

(8) – BLE (2022): Versorgungsbilanz Fleisch 2021: Pro-Kopf-Verzehr sinkt auf 55 Kilogramm. *https://www.ble.de/SharedDocs/Downloads/DE/Pressemitteilungen/2022/220330_Versorgungsbilanz_Fleisch.pdf?__blob=publicationFile&v=1*, letzter Zugriff am 18. 07. 2025

Scannen Sie den QR-Code mit Ihrer Smartphone-Kamera oder einer QR-App und Sie gelangen direkt zum Filmclip über diesen Betrieb.

5 Der Stammhalter und ein zukünftiger Eisverkäufer

Legehennenbetrieb in Niedersachsen

Es ist Sommer und die Sonne brennt. Damit es im Auto nicht zu heiß wird, müssen wir die Klimaanlage anschalten. Am liebsten würden wir ein kühles Getränk trinken oder ein Eis am Stiel essen. Doch es bietet sich keine Gelegenheit dafür. Weit und breit gibt es keine Tankstelle, keinen Rastplatz und keinen Supermarkt.

Aber wir sind auch nicht unterwegs, um uns irgendwo entspannt in den Schatten zu setzen, sondern haben ein konkretes Ziel. Heute möchten wir einen Legehennenbetrieb in Niedersachsen besuchen, um zu sehen, wo unsere Frühstückseier herkommen. Früher gab es bei uns jeden Sonntag zum Frühstück ein gekochtes Ei. Dabei hatte jedes Familienmitglied eine etwas andere Vorstellung davon, wie das Ei am leckersten ist. Die einen mochten das Ei lieber mit weichem Eigelb zum Löffeln, die anderen eher hart gekocht zum Schneiden aufs Brot.

Als wir aussteigen, spüren wir die Hitze auf unseren Gesichtern. Die Luft ist trocken, und wir scannen instinktiv die Gegend nach einem schattigen Plätzchen ab. Wir sehen, dass es schon länger nicht mehr geregnet hat und die Natur dringend Wasser benötigt.

Wir müssen Stefan anrufen, da wir die Hofeinfahrt nicht direkt finden können. Nach einem kurzen Telefonat wird klar, wir sind genau auf der anderen Seite des Betriebs gelandet. Stefan lotst uns über den Betrieb, er begrüßt uns freundlich und bietet uns direkt ein Glas Wasser an. Stefans Frau, Anja, kommt kurze Zeit später dazu. Sie war mit ihren vier Kindern noch unterwegs. Die vier Jungs stürmen ins Haus und verteilen sich in der Küche, im Kinderzimmer und draußen auf dem Spielplatz.

Ein Stammhalter vom Zweifel zur Überzeugung

Stefan ist im nördlichen Zipfel von Hannover in einem kleinen, beschaulichen Dorf aufgewachsen und bewirtschaftet heute mit seiner Frau Anja und ihren vier Kindern einen landwirtschaftlichen Betrieb. Dieser umfasst 80 Hektar sowie einen Stall mit

22 763 Tierplätzen für Legehennen. Dazu gehört auch Grünland, eine Wiese, auf der die gehaltenen Hühner Auslauf haben.

Der Tag beginnt gewöhnlich um 6:30 Uhr. Zunächst werden die Kinder mit Frühstück versorgt und angezogen. Während Anja die Kinder in die Schule und den Kindergarten bringt, läuft Stefan rüber zu seinen Eltern, um den Tag zu besprechen. Um 8:45 Uhr beginnt dann die Arbeit im Stall. Stefan geht die Gänge rauf und runter und kontrolliert die Tiere, die Tränken und das Futter. Dabei sammelt er auch Eier auf der Erde auf, die nicht aufs Förderband gerollt sind. Dieser Vorgang dauert ungefähr zwei Stunden, sodass Stefan gegen 11 Uhr damit fertig ist und sich anderen Aufgaben widmen kann.

Unterstützung bekommen die beiden von einem Rentner aus der Nachbarschaft, der auf Minijob-Basis angestellt ist und jeden Tag für zwei Stunden Eier sortiert und auf Paletten packt. Zusätzlich hilft Stefans jüngerer Bruder regelmäßig im Stall oder beim Verpacken der Eier.

Seit einigen Jahren gibt es direkt am Hof vier Automaten, an denen Kunden kontaktlos Eier kaufen können. Zusätzlich werden dort auch andere Produkte wie Eis, Erfrischungsgetränke, Erdbeeren, Spargel und Brot angeboten. Der Arbeitstag endet jeden Tag pünktlich um 18 Uhr, um gemeinsam mit den Kindern zu Abend zu essen.

Stefan hat den elterlichen Betrieb übernommen und ist heute damit sehr zufrieden. Das war jedoch nicht immer so. Die Entscheidung für den Betrieb und die Haltung der Legehennen im Freiland war ein längerer Prozess. Aus den vorhandenen Möglichkeiten sind neue Strukturen entstanden. Auch die Vermarktungsperspektiven haben sich geändert, angepasst und weiterentwickelt. Gemeinsam mit seiner Familie hat Stefan sowohl den Hof mit Legehennen als auch die Vermarktung stetig weiterentwickelt. So bleibt der Hof zukunftsfähig und mit dem gemeinsamen Familienleben vereinbar.

„Wie das in der Landwirtschaft nun einmal so ist, bin ich mit meinen drei Geschwistern dort hineingeboren worden. Den Hof habe ich dann übernommen, obwohl ich das zuerst gar nicht machen wollte."

Wir möchten gerne die persönliche Geschichte von Stefan und seinem Betrieb kennenlernen. Wir interviewen ihn gemeinsam mit seiner Frau Anja: **„Ihr arbeitet ja nun schon länger gemeinsam als Familie in der Landwirtschaft. Wie seid ihr denn zu eurem Betrieb gekommen?"**

Stefan:

> *„Wie wir zu dem Betrieb gekommen sind, ist eigentlich ganz einfach. Meine Eltern hatten den Betrieb schon. Wie das in der Landwirtschaft nun einmal so ist, bin ich mit meinen drei Geschwistern dort hineingeboren worden. Den Hof habe ich dann übernommen, obwohl ich das zuerst gar nicht machen wollte."*

„War es für deine Eltern von Anfang an klar, dass du den Betrieb übernehmen wirst, oder wie war das bei dir?“

Stefan:

„Ich sag mal so: Ich habe zwei ältere Schwestern und einen jüngeren Bruder. Als ich dann damals geboren wurde, haben sich meine Eltern gefreut. So von wegen: Jetzt ist der Stammhalter da.

Aber in der allgemeinbildenden Schule hatte ich nur Mitschüler, die nichts mit der Landwirtschaft zu tun hatten. Da war ich an einem Punkt, dass ich auch keine Lust auf Landwirtschaft hatte. Zuerst wollte ich Kfz-Mechaniker werden und hatte bereits zwei Ausbildungsverträge zu Hause liegen. Ich hatte zudem ein Praktikum als Koch gemacht und dafür drei weitere Ausbildungsverträge vorliegen.

Als ich am Anfang den Betrieb nicht machen wollte, hing der Haussegen schon schief. Meine Eltern konnten das gar nicht verstehen. Sie hatten zwar nichts Gravierendes dagegen, aber mein Vater war schon sehr geknickt.

Dann habe ich mit einem Kumpel aus der Landwirtschaft gesprochen und nochmal darüber nachgedacht: Er hat mir eine Anmeldung für die Landwirtschaftsschule in Hannover mitgebracht. Ja, und dann habe ich es doch gemacht.“

„Als ich am Anfang den Betrieb nicht machen wollte, hing der Haussegen schon schief. Meine Eltern konnten das gar nicht verstehen.“

„Wie waren die ersten Jahre bzw. der Einstieg in den Betrieb?“

Stefan schaut seine Frau Anja liebevoll an, bevor er weitererzählt:

„Als ich im zweiten Ausbildungsjahr war, habe ich meine heutige Frau kennengelernt. Nicht auf dem Betrieb, aber in der Zeit. Seitdem, das war 2005, sind wir zusammen. Danach habe ich das dritte Ausbildungsjahr gemacht, eine einjährige Fachschule besucht und ein Praxisjahr zu Hause bei meinen Eltern absolviert. Anschließend habe ich ein zweites Jahr Fachschule für den staatlich geprüften Betriebswirt, Fachrichtung Agrarwirtschaft, absolviert. Direkt nach der Schule, am 1. Juli 2009, haben meine Eltern und ich eine GbR gegründet. Somit bin ich kein Angestellter, sondern gleichberechtigt.“

Anja ist Mutter und ebenso für den Familienbetrieb mit verantwortlich. Wir möchten mehr darüber erfahren und fragen. **„Wie ist es denn für euch als Eltern von vier Kindern? Arbeitet ihr beide voll mit auf dem Betrieb?“**

Anja:

„Hier auf dem Hof mache ich die Direktvermarktung. Ich sortiere die Eier mit und verkaufe sie. Stefan macht den Ackerbau und die Hühner. So ist das bei uns aufgeteilt. Das hat sich einfach so entwickelt, als die Kinder kamen.

Ich bin da so reingerutscht. Bevor ich vor acht Jahren unsere Zwillinge bekommen habe, habe ich ganz normal in meinem erlernten Beruf in der Automobilbranche gearbeitet. Mittlerweile haben wir vier Kinder, weshalb ich immer auf dem Hof bin. Der Jüngste ist drei, der Mittlere sechs und die Zwillinge sind jetzt acht.

Ich bin da, wo es brennt, helfe beim Sortieren der Eier oder befülle die Automaten am Hof. Eigentlich gibt es immer etwas zu tun. Nebenbei mache ich dann noch hier im Haus den Haushalt. Zudem essen wir jeden Tag zusammen zu Mittag. Da haben wir echt ein paar Köpfe satt zu kriegen. Ich teile mir das Kochen mit meiner Schwiegermutter. Jeder ist drei Tage die Woche dran. Sonntags kocht dann jeder sein eigenes Süppchen."

„Da kam auch hinzu, dass Stefans Vater körperlich ziemlich eingeschränkt ist, da er vor Jahren einen schweren Unfall hatte. So musste Stefan relativ früh voll mit einsteigen."

„Vermischen sich beim Mittagessen auch mal Freizeit und Beruf?"

Stefan:

„Wir nutzen das Mittagessen auch für den Austausch darüber, was anliegt und noch gemacht werden muss. Dazu gehören auch der Schwimmkurs der Kinder, der Kindergarten, früher Dinge vom Wochenmarkt oder die aktuellen Preise für Futter. Die Themen sind also kunterbunt gemischt.

In den letzten Jahren ist einiges passiert. Als ich 2009 angefangen habe, war der Betrieb eigentlich viel zu klein, um das so weiterzumachen. Wir hatten damals 50 Hektar Acker, 60 Sauen mit Ferkel in der Aufzucht und 2200 Legehennen in Bodenhaltung. Das war alles irgendwie alt und klein strukturiert."

Anja ergänzt:

„Da kam auch hinzu, dass Stefans Vater körperlich ziemlich eingeschränkt ist, da er vor Jahren einen schweren Unfall hatte. So musste Stefan relativ früh voll mit einsteigen. Es ging nicht anders. Stefan musste zu Hause sein, und das neben der Ausbildung und neben der Fachschule. Irgendwann ging es nicht mehr ohne. Deswegen haben wir natürlich auch relativ früh überlegt, was wir machen, wie wir hier auch weiterkommen?"

Das klingt nach einem Schicksalsschlag, der das gesamte Familienleben beeinflusst. **„Was für einen Unfall hatte dein Vater?"**

Stefan:

„Im Grunde kenne ich meinen Vater nicht anders. Der Unfall ist schon 1977 passiert und ich bin 1986 geboren. Mein Vater war 24 Jahre alt, als er seinen Arm verloren hat. Das war direkt gegenüber vom Hof auf dem Feld. Er hatte einen Rübenroder zum Rübenernten hinterm Trecker und wollte, glaube ich, etwas greifen. Dabei wurde sein Ärmel mit dem Arm in die Maschine gezogen. Mit letzter Kraft und unter Schock hat er es dann über die Hauptstraße auf den Hof in die Küche geschafft. Dort ist er dann umgekippt. So hat es meine Oma mir erzählt.

Mein Vater spricht nicht darüber. Er hat Glück gehabt. Zu dieser Zeit gab es ja noch keine Handys. Auf dem Hof gab es noch nicht einmal ein Telefon. Sie mussten zum Nachbarn rübergehen, um zu telefonieren.

Danach stellte sich die Frage, ob mein Vater überhaupt noch als Landwirt arbeiten kann. Mein Opa hat ihm damals davon abgeraten, weshalb mein Vater eine Umschulung zum Groß- und Außenhandelskaufmann für Vieh und Fleisch gemacht hat. Nach zwei Jahren merkte er jedoch, dass es nichts für ihn ist, und entschied sich doch für die Landwirtschaft.

Wir als Kinder haben meinen Vater nie anders kennengelernt. Wir mussten aber natürlich, wie zwei Generationen vor uns, immer nach der Schule mit anpacken. Auch in den Ferien mussten wir mitarbeiten. Das war vielleicht auch ein Grund, warum ich erst einmal etwas anderes machen wollte. Es wurde lange an alten Einstellungen festgehalten."

„Wir mussten aber natürlich, wie zwei Generationen vor uns, immer nach der Schule mit anpacken. Auch in den Ferien mussten wir mitarbeiten. "

„Welche Faktoren sind in die Entscheidung für Legehennen mit eingeflossen?"

Stefan:

„Ich kann mich an meine Schulzeit erinnern. Damals haben wir zwei Dörfer weiter auf dem Hof meiner Mutter zur Miete gewohnt. Damals bin ich jeden Morgen vor der Schule um fünf Uhr hierhergekommen, um die Schweine zu versorgen und dann bin ich zur Schule gefahren. Genau. Das war so! Ich glaube 2010 haben wir die Sauen abgeschafft. Danach haben wir umgebaut, um Mastschweine zu halten.

Ich persönlich hätte am liebsten Hähnchenmast gemacht. Das fand ich immer interessant und spannend. Wir haben uns dafür Ställe angeschaut, aber die Wirtschaftlichkeitsberechnung hat uns nicht gefallen. Hinzu kam, dass Berufskollegen hier in dieser Region richtig Widerstand im eigenen Dorf erlebt haben und auch innerhalb der Familie zerstritten waren. Teilweise wurde sogar der Grabstein auf dem Friedhof umgeschmissen, weil es so einen Hass gab.

Mein Vater meinte, dass es ihn nicht interessiere, und wir sollten trotz alledem Hähnchen halten. Aber das wollte ich dann auch nicht. Also haben wir weiter geschaut.

Wir haben uns schließlich beraten lassen und uns Legehennenställe angeschaut. Damals wusste ich gar nicht, wie größere Ställe aufgebaut sind und funktionieren. Dazu kam noch, dass das gefördert wurde. Mit Finanzierung ist das schon einfacher, als wenn man etwas aus dem Nichts ins Leben rufen möchte.

Deswegen haben wir uns letztendlich für den Legehennenstall entschieden. Den haben wir 2012 gebaut und ein Jahr später die Schweine abgegeben. Auch wenn mein Vater mit Neuem einverstanden ist, ist es für ihn immer schwer, etwas Altes abzugeben oder aufzugeben."

„Wie war es für deinen Vater, plötzlich etwas anderes zu machen?“

Stefan:

„Das war okay für ihn. Aber am Anfang war es schwer für ihn. Zum Beispiel wollte ich unbedingt Freilandhaltung, da war mein Vater erst einmal dagegen. Nach längeren Diskussionen haben wir gemeinsam die Entscheidung für den Auslauf getroffen. Ich denke, mein Vater war einfach froh, dass etwas passiert und dass der Betrieb weitergeht. Dass das Ganze so am Laufen gehalten wird. In welcher Form auch immer. Hauptsache, es passiert etwas. Mein Vater ist kein Mensch, der groß loben kann, aber ich denke, er ist so ganz zufrieden.“

„Auch wenn mein Vater mit Neuem einverstanden ist, ist es für ihn immer schwer, etwas Altes abzugeben oder aufzugeben.“

Somit hält Stefan seine Legehennen in der Freilandhaltung. Dafür muss er bestimmte Kriterien erfüllen. In der Freilandhaltung muss pro Tier eine Auslauffläche von mindestens vier Quadratmeter zur Verfügung stehen. Im Stall gelten zusätzlich die gleichen Vorschriften wie bei der Bodenhaltung. Im Durchschnitt dürfen nicht mehr als neun Legehennen pro Quadratmeter Stallfläche gehalten werden. Zudem muss der Auslauf bewachsen sein und tagsüber für die Tiere uneingeschränkt zugänglich sein. Auch die Beleuchtung (mindestens 3 % der Stallgrundfläche müssen als Lichtöffnungen vorhanden sein) sowie die maximale Herdengröße von 6000 Tiere sind vorgeschrieben.

In der Europäischen Union sind insgesamt vier verschiedene Haltungsformen erlaubt. Dazu gehören die Kleingruppenhaltung, die Bodenhaltung, die Freilandhaltung und die ökologische Haltung (Bio). Diese Haltungsformen unterscheiden sich im Platzangebot, in der Herdengröße und der Ei-Kennzeichnung. Die klassische Käfighaltung ist in Deutschland seit 2010 verboten. Auch die Kleingruppenhaltung, bei der den Tieren ca. 800 Quadratzentimeter pro Henne zur Verfügung stehen, war in Deutschland nur bis 2025 erlaubt.

Vom Wochenmarkt zu vier Automaten

Wir möchten gerne wissen, wie die Vermarktung direkt auf dem Hof von Stefan und Anja entstanden ist. **„Wie seid ihr denn mit der Direktvermarktung gestartet?“**

Stefan:

„Mein Opa hatte damals auch einen kleineren Legehennenstall. Direkt nach dem Bau hat er mit der Direktvermarktung angefangen. Meine Mutter hat mir Geschichten über diese Zeit erzählt. Damals ist mein Opa mit seinem T2 zum VW-Werk in Hannover gefahren, als die Mitarbeiter Schichtwechsel hatten. Da stand er dann immer auf dem

Parkplatz und hat Eier verkauft. Auch auf dem Wochenmarkt hat mein Vater schon vor 60 Jahren am frühen Morgen Eier angeboten.

Der Verkauf fand dann unter anderem auf dem Wochenmarkt am Donnerstag und Freitag statt. Noch vor Kurzem war meine Mutter immer donnerstags und freitags auf dem Markt. Damals ist eine Verkäuferin einmal die Woche mitgefahren, um auf dem Wochenmarkt mitzuarbeiten. Am Mittwoch hat meine Mutter ihr Auto befüllt. Montags wurden dann immer die Eier sortiert. Dienstags hat sie, was sie immer noch macht, Eier an die Kundschaft, wie Bäckerei, Dorfladen, Schlachter, Wiederverkäufer, ausgeliefert.

Ich glaube, dass der größte Teil auf dem Wochenmarkt aus Stammkunden bestand. Meine Mutter berichtet oft, dass ihre Kundschaft auf dem Wochenmarkt förmlich wegstirbt. Viele, die dort einkaufen, sind älter. Auch bekommen wir mit, dass den Leuten das Geld im Portemonnaie weniger wird. Am Monatsende bleiben Kunden weg, sind dann aber am Monatsanfang wieder da.

Ja, auf dem Wochenmarkt sind wir direkt am Verbraucher dran. Die berichten dann auch, wenn irgendetwas nicht in Ordnung ist, oder sie beschweren sich.“

Anja erinnert sich:

„Ja, obwohl ich nicht oft vor Ort war, kannte ich die Kundschaft. Ich wusste auch, was die einzelnen Kunden am liebsten kaufen. Manchmal wurde ich gefragt, wer ich bin und wo ich herkomme. Ob ich die Tochter oder die Schwiegertochter bin. Manchmal brachten Kunden sogar eine Praline oder einen Kuchen mit. Meine Schwiegermutter hat gerne Rezepte mit den Kunden ausgetauscht.“

Anja lacht und erzählt weiter:

„Die meisten waren sehr hilfsbereit und hätten am liebsten noch ein Loch in meiner Schürze geflickt oder uns interessante Zeitungsartikel gezeigt. Es ist durchaus sehr persönlich gewesen. Es stimmt, dass dort viele Ältere einkaufen. Manchmal musste ich ihnen dann beim Einpacken oder Geld herausgeben helfen. Ansonsten gibt es einige junge Mütter. Die anderen müssen um diese Uhrzeit in der Regel arbeiten.“

„Die Direktvermarktung (...) macht
ca. zehn Prozent unseres Verdienstes aus."

Stefan fügt hinzu:

„Als wir nur den kleinen Stall hatten, konnte meine Mutter noch so krank sein, sie ist immer hingefahren. Meine Mutter meinte: Was soll ich denn machen? Die Eier sind nun mal da.

Seitdem wir den großen Stall haben und auch einen Großabnehmer haben, konnte sie sich auch mal den Luxus leisten, einfach mal nicht hinzufahren. Dann hat meine Mutter es aber immer mit einem Aufsteller auf dem Wochenmarkt angekündigt, wann sie weg ist und wann sie wieder da ist.

Zudem fühlte meine Mutter sich den Kunden gegenüber verpflichtet und befürchtete, dass die Kunden ansonsten woanders hingehen. Heute verkaufen wir die Eier hier. Zwar nicht mehr in der Menge wie auf dem Wochenmarkt, aber wir verkaufen das alles hier über die Automaten zur Selbstbedienung vor dem Haus."

Kurzentschlossen gehen wir raus und laufen ein paar Meter zur Straße. Dort stehen direkt an der Straße, sehr nah am Wohnhaus, vier Automaten mit Überdachung. Wir stehen vor den vollgefüllten Automaten, während die beiden uns voller Stolz den Werdegang der Direktvermarktung auf ihrem Hof erzählen.

Stefan:

„Das hat sich einfach so ergeben. Es war gar nicht so geplant. Vor Jahren hatten wir schon einmal darüber nachgedacht. Einfach, weil wir hier die Eier am Hof vermarkten wollten. Viele haben gefragt, aber manche trauen sich einfach nicht, direkt auf so einen Hof zu gehen. Sie wissen nicht, wohin und haben Angst, dass da ein Hund ist. Die wollen das ja alle möglichst kontaktlos machen.

Meine Mutter war immer auf dem Markt. Sie wurde älter und, ich sag mal, das wurde zunehmend anstrengender. Dann haben wir überlegt, ob wir hier irgendwo einen Automaten hinstellen. Aber die sind sehr teuer, deswegen hat sich das wieder zerschlagen.

Eigentlich hat sich das durch Corona entwickelt. Wir durften nicht auf den Wochenmarkt fahren. Als wir Ostern in der Corona-Zeit unsere Eier nicht loswerden konnten, sind wir auf die Idee mit dem Automaten gekommen. Wir hatten natürlich die Eier und auch Kunden, die Eier haben wollten. Aber alles musste ja möglichst kontaktlos ablaufen.

Dann haben wir gedacht, wir haben noch so eine alte Hütte, die wir drüben auf die andere Straßenseite gestellt haben. So hatten wir eine kleine Bretterbude, zu der die Leute kamen.“

Anja zeigt auf eine alte kleine Verkaufsbude auf der anderen Straßenseite.

„Da gegenüber sieht man die alte Bude. Jetzt ist da einfach nur noch ein Werbeschild dran. Das war einfach nur ein Provisorium, sag ich mal. Erstmal haben wir da einfach Eier reingestellt, damit die Kunden zu Ostern welche bekommen. So fing das an.

Da aber so viel rumgewühlt wurde, viel so mitgenommen wurde und die Eier im Sommer natürlich nicht gekühlt waren – die Sonne stand dann da drauf –, haben wir uns dann irgendwann dazu entschlossen, dass wir diese Automaten hier hinstellen.“

Stefan ergänzt:

„Ja gut, wir haben uns auch selbst die Frage gestellt: Entweder wir hören auf, weil uns das viele Klauen aufgeregt hat, oder wir machen es vernünftig. Wir haben einfach ein Stück Zaun Richtung Straße rausgenommen und ein Häuschen für den Automaten gebaut. Dann haben wir uns erst für zwei Automaten entschieden, sodass wir Eier, Kartoffeln und Dosenwurst anbieten konnten. Das alles, was wir eigentlich auch auf dem Markt hatten.

Heute haben wir insgesamt vier Automaten. Wir bieten auch Kaltgetränke, saisonale Produkte wie Erdbeeren und Spargel sowie Eis, Brot und Kuchen aus einem benachbarten Ort an. Das läuft ganz gut. Wir haben auch Grillfleisch. Das ist im Sommer der Renner. Die Leute kommen abends hierher, wenn sie Bock haben, eine Bratwurst zu grillen. Am Wochenende und an Feiertagen kommen sie tatsächlich auch aus anderen Orten.

Wir bieten viele Möglichkeiten für den Bezahlvorgang. Von Scheinen bis kontaktlos, per Handy oder Karte, ist alles möglich. Das wird auch gut angenommen.“

Anja stimmt zu:

„Das wird gut angenommen, auch wenn manche Kunden die Eier lieber selbst aussuchen möchten. Es gab aber viele, die sich regelrecht die Eier richtig rausgewühlt haben. Da sind wir jetzt froh, dass das nicht mehr so ist. Außerdem können jetzt nicht mehr so viele Eier einfach ohne Bezahlung mitgenommen werden.“

Stefan:

„Wir haben seit einem guten Jahr auch eine Ferienwohnung. Die läuft auch super. Das hätten wir nie gedacht. Das war auch nicht geplant. Wie in allen Sachen, ist auch hier die Vermarktung das A und O. Mit der Ferienwohnung ist es ganz witzig, weil die Gäste dann tatsächlich hier auch einkaufen.

Der Großteil läuft aber über den Großabnehmer. Die Direktvermarktung als einziges Standbein würde nicht ausreichen, aber es kommt noch dazu. Es macht ca. zehn Prozent unseres Verdienstes aus. Und ich finde es schön, dass wir anderen Menschen die Möglichkeit bieten, Eier direkt hier zu kaufen, und sie nicht in den Supermarkt fahren müssen.“

„Ich finde es schön, dass wir anderen Menschen die Möglichkeit bieten, Eier direkt hier zu kaufen und sie nicht in den Supermarkt fahren müssen."

„Was macht die Automaten direkt auf eurem Hof so erfolgreich?"

Stefan:

„Ich würde sagen, es liegt am vielen Durchgangsverkehr. Gerade wenn die Autobahn dicht ist, wird oft auf unsere Straße hier ausgewichen. Das ist eigentlich ein Nachteil, aber in dem Moment für die Automaten ein Vorteil.

Selbst der Postbote und die Müllabfuhr halten hier an, weil es im Sommer keine Möglichkeit gibt, irgendwo etwas Kaltes zu trinken zu kaufen. Busfahrer können hier auch besser kurz anhalten, als irgendwo am Einzelhandel.

Wenn unter der Woche alle Einkaufsmöglichkeiten ausgeschöpft sind oder alles geschlossen ist, dann kriegt man hier immer noch etwas. Die umsatzstärksten Tage sind also wirklich Samstag, Sonntag und Feiertag."

Eier zusammen verpacken – Eierpackstelle

Wir fahren gemeinsam mit unseren Autos zur Packstelle, die ein paar Kilometer vom Haus und dem Hühnerstall entfernt liegt. Diese befindet sich noch auf der alten Hofstelle, wo Stefans Opa vor einigen Jahren Hühner in einem anderen Haltungssystem gehalten hat. Die Hühner gibt es dort nicht mehr, aber die Packstelle wird bis heute genutzt.

Wie wir gelernt haben, hat sich der Betrieb über die Jahre verändert. Stefan erklärt: *„Das sind bei uns gewachsene Strukturen."* Und die Entwicklung geht weiter, es gibt Pläne für einen Umbau.

Anja erzählt:

„Auf jeden Fall sind wir dabei, die Packstelle zu uns auf den Hof zu holen, damit wir nicht mehr zwei Orte weiterfahren müssen. Das ist total nervig. Deswegen haben wir am Haus auch eine Baustelle. Wir legen gerade Wasser- und Abwasserleitungen. Der Raum selbst ist schon fertig. Wir brauchen nur noch Frischwasser. Danach können wir starten."

Stefan schmeißt die Anlage an und es gibt ein monotones Maschinengeräusch. Hier in der Eierpackstelle werden Eier sortiert, kontrolliert, gekennzeichnet und verpackt, bevor sie in die Automaten kommen. Sie ist also ein wichtiges Bindeglied zwischen Legehennenbetrieb und Handel bzw. Verbraucherinnen und Verbraucher.

Anja:

„Wir haben eine alte Maschine, sag ich mal. Wir legen die Eier von Hand auf, nehmen sie wieder mit der Hand und packen sie ein."

Stefan schließt an:

„Die Maschine ist tatsächlich recht klein, aber für das, was wir damit machen, reicht das eigentlich.

Anja verkauft im Monat ungefähr fünf Prozent der gelegten Eier aus dem Stall mit den Automaten am Haus. Dazu kommt noch der Rest, das sind nochmal fünf Prozent der gelegten Eier. Im Großen und Ganzen haben wir etwa in einer Woche eine Palette voll. Das sind ungefähr 10800 Eier, die wir direkt vermarkten. Wir nehmen uns einfach immer so viel Eier aus dem Stall, wie wir verkaufen. Der Rest geht in den Großhandel.

Das ist auch ein Unterschied, früher mussten wir täglich sortieren, um die Eier wegzubekommen. Jetzt können wir das konzentriert an einem Tag machen. Das ist schon eigentlich ganz cool. Und man hat immer genug Eier.

Wenn man komplett nur auf Direktvermarktung setzt, muss man auch zusehen, dass wirklich alles verkauft wird. Das war nach Ostern oder Weihnachten oft ein Problem. Die Nachfrage war zu gering und dann hatte man einfach zu viel. Aber so gesehen wird es bei uns halt nie langweilig.“

Die Eierkennzeichnung, auch Erzeugercode genannt, wird auf die Eierschale gedruckt und gibt Auskunft über die Haltungsform, das Erzeugerland und den Legebetrieb. Die erste Ziffer des Codes gibt die Haltungsform an: 0 steht für ökologische Erzeugung, 1 für Freilandhaltung, 2 für Bodenhaltung und 3 für Käfighaltung. Die zwei folgenden Buchstaben stehen für das EU-Mitgliedstaat, in dem die Eier produziert wurden (zum Beispiel DE für Deutschland oder AT für Österreich). Die restlichen Ziffern geben die Nummer des landwirtschaftlichen Betriebs an.

Nun steht die gesamte Familie an der Packmaschine und arbeitet sehr schnell. Stefan steht am Anfang der Maschine und hat alles im Blick. *„Julius, du musst mal Johann helfen. Johann, du bist zu langsam."* Auch der Jüngste hilft mit. Er sieht sogar ein Ei, das aussortiert werden muss. Stefan lobt: *„Oh, super gesehen! Gut aufgepasst. Da war ein Knick dran, eine Beschädigung. Und Oskar hat es direkt gefunden."* Alle arbeiten zusammen, bis alle Eier in 10er-Kartons verpackt sind.

Wir sehen ausschließlich braune Eier, die mithilfe der kleinen Maschine von der gesamten Familie sortiert, gestempelt und verpackt werden.

Stefan erklärt:

> *„Wir haben sogenannte Braunleger. Für die nächste Herde habe ich allerdings weiße Tiere, also Weißleger, bestellt. Die sind zwar schreckhafter und nervöser, aber auch wesentlich gesünder. Das ist für mich eigentlich der Hauptgrund, warum ich gerne die Weißen haben möchte.*
>
> *Bisher gab es nur zu Ostern die Anfrage, ob wir weiße Eier hätten. Ansonsten sind die braunen Eier gefragt. Das ist, denke ich, die Gewohnheit. Wir probieren es einfach mal aus und hoffen, dass der Großteil der Kunden mitzieht."*

Legehennen, die braune Eier legen, werden als Braunleger bezeichnet, während solche, die weiße Eier legen, als Weißleger bekannt sind. Die Farbe der Eier ist genetisch bedingt und hängt von der Hühnerrasse ab, nicht von der Farbe des Gefieders.

Hühner im Wintergarten

Jetzt möchten wir endlich auch Tiere sehen und fahren zum Legehennenstall. Um die Tiere vor Krankheitserregern zu schützen, ziehen wir uns im Vorraum Schuhüberzieher an, die uns zur Verfügung gestellt werden. Stefan hat eigene Schuhe sowohl für den Stall als auch für den Wintergarten, die nur dort benutzt werden. Julius hat ebenfalls eigene Schuhe und braucht keine Schuhüberzieher. Wie er uns stolz erzählt, hilft er seinem Vater regelmäßig bei den Stallarbeiten. Seine Brüder hingegen ziehen Schuhüberzieher an. Sie sind eher selten dabei und interessieren sich für andere Sachen.

Wir betreten mit der kompletten Familie den Vorraum, wo wir auch schon Eier erblicken, die vom Eierband hierhin transportiert wurden.

Mit vier Kindern wird es etwas trubelig im Vorraum. Aber Anja und Stefan bewahren Ruhe und achten geduldig darauf, dass alles heil bleibt und sich niemand verletzt. Friedel beginnt, mit dem Plastiküberzieher zu spielen. Anja macht ihm klar:

> *„Wenn die Tüte kaputtgeht, hast du schmutzige Socken. Außerdem ist es, glaube ich, unangenehm, wenn du barfuß hier so rumrennst. Nee, Friedel. Hör bitte auf. Diese Tüten kosten Geld und wir müssen immer wieder neue Tüten kaufen. Wenn ihr sie alle kaputtmacht, wäre das echt blöd."*

Auch Stefan bringt sich ein:

> *„Oskar, sei bitte leise. Und Julius, du verteilst den ganzen Dreck von deinen Schuhen. Du kannst dir mal gleich einen Besen nehmen. Da hinten hängt einer."*

Auch wenn es sicherlich nicht leicht ist, Augen für alle vier Kinder zu haben, beobachten wir, wie routiniert und behutsam die Eltern ihre Kinder einbinden. Gleichzeitig zeigen uns die beiden alles und erklären, wie es funktioniert.

Uns fällt auf, dass die vier Jungs sehr unterschiedlich sind. Anja nickt:

> *„Ja, Julius interessiert das alles. Bei Julius war das immer schon so? Ja. Das finde ich toll. Und das war auch schon immer so, dass die anderen drei es nicht so interessiert. Spannend, wie unterschiedlich das ist. Ja gut, bei dem Kleinsten kann man es noch nicht so sagen."*

Wir betreten einen weiteren Raum, der etwas dunkler ist, und sehen den Stall mit den Legehennen. Nur ein Gitter trennt uns von den Tieren. Wir hören die Hühner deutlich. Sie scharren in den langen Gängen und machen laute gackernde Geräusche. Wir sehen viele Legehennen, die dicht nebeneinander auf Sitzstangen sitzen. Stefan weist uns und seine Kinder an, keine lauten Geräusche zu machen, um die Hühner nicht zu erschrecken.

Wir fragen uns, ob es den Hühnern nichts ausmacht, wenn überall deren Kot liegt. Stefan erklärt:

> *„Hühner sind so wie Kühe, sie kacken überall hin. Mir fallen eigentlich nur Schweine ein, die sauberer sind und eine Ecke zum Koten haben. Sie finden es auch nicht schlimm, wenn sie in ihrem eigenen Kot stehen. Hier ist es tatsächlich so, dass sich über dem Futtertrog eine Sitzstange befindet. Wenn die Hühner darauf sitzen, passt*

der Abstand so, dass sie nicht in den Trog scheißen können. Weil der Popo quasi darüber hängt."

Stefan zeigt auf ein weißes Band (Kotband):

„Damit wird der Kot abtransportiert. Ich stelle das alle sechs Tage an und lasse das Kotband laufen. Dadurch baut sich hier drinnen nicht so viel auf und wir haben dadurch eigentlich keine Probleme mit Fliegen.

Bei Hühnern gibt es auch das System der Kotgrube. Solange die Hühner im Stall sind, bleibt der Mist, der Kot, drin. Dann ist es dort sehr ammoniakhaltig und die Luft ist schlecht.

Ja, das ist tatsächlich ein Vorteil bei uns. Man kann auch mal kurz in den Stall gucken, ohne dass man sich danach gleich duschen muss."

„Ich möchte das auch gar nicht so richtig aus der Hand geben. Mir ist wichtig, dass es hier im Stall gut läuft, weil das ja nun mal auch unser Haupterwerb ist."

„Was sind deine Aufgaben hier im Stall?"

Stefan:

„Ich bin das Mädchen für alles. In der Not mache ich das hier auch alleine. Die Hauptarbeit ist logischerweise an der Maschine, wo die Eier langrauschen. Aber ich sage mal, derjenige oder diejenige, der oder die mir hier hilft, die macht das dann auch alleine, und ich gehe in der Zwischenzeit durch den Stall. Ich sammle die Eier ein, die auf der Erde liegen. Ich gucke, dass es den Tieren gut geht. Wenn mal ein totes Tier da ist, entnehme ich das.

Das Futter und das Wasser laufen automatisch. Die Klappen, also nach draußen und nach drinnen, öffnen sich ebenfalls automatisch. Alles wird über den Computer gesteuert, den ich halt einstellen muss."

„Machst du das alles alleine oder gibst du das auch mal ab?"

Stefan:

„Nee, eigentlich gebe ich das nicht ab. Es kommt darauf an. Wenn wir in den Urlaub fahren, schon. Aber wenn wir zu Hause sind, was ja die meiste Zeit des Jahres ist, 51 Wochen im Jahr, bin ich auch selber hier vor Ort. Das ist auch eine Verantwortung, für die man ja selber einsteht. Ich möchte das auch gar nicht so richtig aus der Hand geben. Mir ist wichtig, dass es hier im Stall gut läuft, weil das ja nun mal auch unser Haupterwerb ist. Dann ist es wichtig, dass das hier funktioniert."

„Wie funktioniert das, wenn die Tiere in deinen Stall kommen?"

Stefan:

„Sie sind jetzt 48 Wochen alt. Wenn wir die Tiere bekommen, sind sie bereits 17 Wochen alt. Die bleiben die ersten Wochen erst einmal drin, bis sie anfangen zu legen.

Wenn sie hier ankommen, bekommen sie zunächst nur zehn Stunden Licht. Erst nach und nach wird diese Zeit um jeweils eine halbe Stunde verlängert. Erst wenn nach zwei bis drei Wochen genügend Lichtstunden da sind, fängt man an, den Wintergarten aufzumachen. Ich glaube, wenn sie an drei aufeinanderfolgenden Tagen eine Legeleistung von über 50 % haben, muss man sie erst rauslassen. Dann haben sie es eigentlich schon verinnerlicht und wissen, dass es abends in den Stall geht. Das funktioniert eigentlich gut.

Wichtig ist jetzt, wo die Tage immer ein Stück länger werden, dass man die Luken auf jeden Fall so lange auflässt, bis die Sonne untergegangen ist. Die Hühner wissen ja nicht, dass sie jetzt rein müssen, sondern sie gehen erst rein, wenn es dunkel wird. Manchmal gibt es Hühner, die nicht in den Stall gehen. Die schlafen halt hier im Wintergarten. Wenn die Tage wieder anfangen kürzer zu werden, ist es ja einfach."

Ein gezielter Hell-Dunkel-Rhythmus im Stall, das sogenannte Lichtregime für Legehennen, erfüllt wichtige Funktionen. Es steuert die Legetätigkeit und fördert das Wohlbefinden der Hennen. Ein konstanter Tagesrhythmus regt die Eiproduktion an und klare Hell-Dunkel-Phasen geben Orientierung und Ruhe.

Auf der einen Seite des Stalls befindet sich eine weitere Tür – das ist der Zugang zum sogenannten Wintergarten. Bevor wir den Wintergarten (Kaltscharrraum) der Legehennen betreten, klopft Stefan an die Tür, um die Tiere vor der Tür nicht zu erschrecken. Der Wintergarten ist ein überdachter, aber nach außen hin offener Bereich, der direkt an den Stall angrenzt. Er ist mit Gittern versehen und der Boden besteht aus Einstreu. Die Hennen können hier scharren, picken und Staubbäder nehmen. Im Gegensatz zum echten Freilandbereich sind sie vor Regen, Schnee und Greifvögeln geschützt.

Drinnen im Stall sehen wir mehr Tiere als draußen auf dem Außengelände. Stefan erklärt:

„Durch die Attraktionen sind vorne immer die meisten Tiere. Da, wo der Krach ist, wo die Menschen sind. Ja, wo es einfach interessant ist. Das merkt man am Ende des Durchgangs, wenn man feststellt, dass sich im hinteren Bereich des Stalles weniger Tiere befinden als im vorderen.

Das ist eigentlich eher kontraproduktiv, wenn man Besucher hat. Man sieht immer nur vorne, wie viele Tiere da sind, aber gar nicht, wie leer es hinten wird."

„Gehen die Tiere oft und gerne hier raus in den Wintergarten oder Auslauf?"

Stefan:

„Ja, morgens. Allein aus Neugierde. Wenn um 10 Uhr die Klappen aufgehen, dann stürmen einige raus, gucken kurz und gehen dann wieder rein. Wenn es regnet oder sich draußen generell etwas tut, ist es natürlich interessant. Wenn es aber draußen richtig warm ist, gerade im Sommer, wenn die Sonne volle Pulle scheint, dann gehen die eigentlich gar nicht gerne raus. Sie halten sich lieber im Schatten auf."

„Wie gewährleistest du, dass die abends dann alle gleichmäßig verteilt sind?“

Stefan:

> *„Ne, das kannst du nicht. Im Bio-Bereich ist es so, dass die Herden immer nur 3000 Tiere groß sein dürfen. Dann muss das blickdicht sein und auch die Wiese muss mit Zäunen getrennt werden. In der konventionellen Freilandhaltung können 6000 Tiere zusammen im Stall bzw. einer Herde sein, aber im Auslauf dürfen sich die Tiere vermischen.“*

„Würdest du sagen, dass Hühner empfindliche Tiere sind?“

Stefan nickt:

> *„Ja, das würde ich schon sagen. Je älter das Tier wird, desto anfälliger wird es auch. Gerade bei Freilandhaltung sind die Tiere sehr empfindlich, was das Wetter betrifft. Zugluft mag kein Tier, aber diese sind schon sehr empfindlich, würde ich sagen. Man muss die Lüftung also schon ganz gut im Griff haben.*
>
> *Ich stelle die Auslaufluken immer mit der Hand ein und versuche, sie so anzupassen, dass sie nicht länger als nötig geöffnet sind. Sonst kommt nur der Fuchs.“*

Stefan macht ein etwas besorgtes Gesicht:

> *„Es wäre schöner, wenn wir weniger Verluste hätten. Wir haben auch Greifvögel. Den Rotmilan und Bussard, aber auch den Habicht. Manchmal kommt sogar der Seeadler vom Steinhuder Meer hierher.*
>
> *Eigentlich kann man da wenig machen. Ich hatte hier so eine Art Vogelschreck, der aussieht wie ein Drache, aber der ist wieder zusammengefallen. Für Raubvögel oder auch für Schadnager soll es Ultraschall-Abwehrgeräte geben. Aber das würde ich bei Legehennen gar nicht riskieren wollen, weil ich gar nicht weiß, wie die darauf reagieren würden. Nachher ist das Stress für sie und die Legeleistung geht komplett runter.“*

„Was ist denn die größte Herausforderung bei so einem Auslauf?“

Stefan überlegt kurz, bevor er antwortet:

> *„Pfützen im Auslauf sind nicht gut für die Tiere. Sie sollen ja das Wasser trinken, was im Stall bereitsteht. Das Wasser im Auslauf, in dem wahrscheinlich schon zehn Hühner reingekotet haben, ist nicht so gut. Ein Thema ist die Entwurmung, die alle sechs bis acht Wochen erfolgen muss.*
>
> *Ich glaube, der Krankheitsdruck oder die Anfälligkeit der Herde ist schon eine andere, als wenn man eine reine Bodenhaltung hat.*
>
> *Und dann sind da noch die Tiere, die die Hühner draußen auffressen wollen. Das ist das, was einen am meisten ärgert. Die Verluste, die man gar nicht mitbekommt. Erst bei der Ausstallung vergleicht man seine Liste mit den tatsächlich abgelieferten Tieren und stellt dann immer wieder fest, krass, wie viele Tiere schon nicht mehr da sind. Ja, die unkontrollierten Verluste im Auslauf ärgern mich am meisten.*
>
> *Ich würde sagen, das sind bis zu fünf Prozent. Das sind nur die Tiere, die durch den Auslauf verloren gehen, was vorher gar nicht auffällt. Wenn man also davon ausgeht, dass im Stall durch den natürlichen Verlauf schon fünf Prozent verloren gehen und im Auslauf noch einmal fünf Prozent, dann ist das eigentlich schon viel zu viel.“*

„Die unkontrollierten Verluste im Auslauf ärgern mich am meisten.“

„Siehst du dein Haltungssystem als zukunftsträchtig an? Meinst du, das ist in den nächsten zehn Jahre noch aktuell?“

Stefan:

> *„Ja, ich sag mal, die Freilandhaltung ist das, was uns von den großen Konzernen unterscheidet. Vielleicht dadurch, dass diese Auslauffläche kein industrieller Betrieb darstellen kann, ist die Freilandhaltung für den Familienbetrieb eine ganz gute Chance.*
>
> *Früher gab es ja die Legebatterien, die im industriellen Stil betrieben wurden. Das denke ich mal, ist in der Freilandhaltung so nicht möglich und deswegen glaube ich schon, dass es auch in den nächsten zehn Jahren gut laufen wird. Weil man das nicht in der Masse nebeneinander duplizieren kann.“*

Hühnerbauer und Eisverkäufer

Nachdem unser Rundgang zu Ende ist, gehen wir erneut an den Tieren im Innenraum vorbei, um zurück zum Vorraum zu gelangen. Anja ermahnt ihre Kinder sanft:

> *„Nicht schreien! Okay? Wir gucken nur von hier vorne. Wir gehen nicht zu den Tieren rein.“*

Friedel erschrickt, als ein Flattern durch die Menge der Hühner geht. Ein Schatten am Fenster hat sie wohl erschreckt. Ein Raubvogel? Anja drückt ihren Sohn an sich:

„Er ist ein ganz großer Schisser, wenn es um Tiere geht. Er mag es gar nicht, egal, wie groß oder wie klein das Tier ist. Julius ist eigentlich der Einzige, der auch zwischen den Tieren herumläuft und kein Problem damit hat. Johann, der Älteste, hat auch irgendwie Respekt vor den Tieren."

„Was wünscht ihr euch für eure Kinder? Sollen sie den Betrieb irgendwann übernehmen?"

Anja:

„Ob unsere Kinder den Betrieb irgendwann weitermachen, kann man jetzt noch nicht sagen. Klar wäre es schön, wenn einer unserer vier Jungs sagt: Och Mensch, ich hätte Bock dazu. Dann würden wir das auch unterstützen. Es wäre schade, wenn das irgendwann nicht mehr so ist, wie es ist, weil einfach keiner Lust dazu hat. Aber wir sind da für alles offen und versuchen, unsere Kinder frei entscheiden zu lassen.

Wir freuen uns über alles, was sie später machen möchten. Hauptsache, die Kinder sind zufrieden."

Stefan lacht:

„Einer hat schon gesagt, dass er Friseur werden möchte und der andere Eisverkäufer. Einmal kam auch die Berufsbezeichnung Trecker-Bauer, weil er nicht nur Trecker fahren möchte. Zahnarzt wurde auch schon erwähnt. Wenn einer den Betrieb übernimmt, oder auch gemeinsam, dann möchte ich, dass sie es von sich aus möchten und nicht gezwungen werden."

Anja:

„Ja, es soll nicht so sein wie bei Stefan. Es herrschte tiefe Traurigkeit und Enttäuschung, weil Stefan den Betrieb nicht weiterführen wollte. So etwas wollen wir unseren Kindern nicht mitgeben. Die sollen das machen, wozu sie Lust haben."

Stefan fügt hinzu:

„Die sollen das auch gerne zusammen machen. Bei uns war es damals so, dass nur einer den Betrieb übernehmen konnte. Mein jüngerer Bruder hatte auch Lust auf Landwirtschaft. Als dann doch feststand, dass ich in der Landwirtschaft bleibe, hat er sich aber einen anderen Beruf gesucht. So war das damals. Mein Bruder meinte: Wenn du das machst, dann suche ich mir irgendetwas anderes. Ich würde es schade finden, wenn der Älteste Bock auf den Hof hat und die anderen sich dann widerwillig etwas anderes suchen müssten."

„Wenn einer den Betrieb übernimmt, oder auch gemeinsam, dann möchte ich, dass sie es von sich aus möchten und nicht gezwungen werden."

„Seid ihr mit dem, was ihr jetzt habt, zufrieden?“

Stefan und Anja schauen sich kurz an. Stefan antwortet:

> *„Mit dem, was wir hier aufgebaut haben, sind wir ganz zufrieden. Das fängt mit unserem Haus hier an der Straße an, das wir 2015 gebaut haben. Daher würde ich nicht sagen, dass wir etwas anders hätten machen sollen. Wir sind so zufrieden!“*

Anja stimmt Stefan zu:

> *„Ja, das würde ich auch sagen. Wenn man sich überlegt, wie es vorher ausgesehen hat.“*

Gemeinsam erreichen wir wieder den Vorraum und ziehen die Überzieher aus. Julius stellt seine Schuhe ordentlich unter die Bank und grinst uns an. *„Vielleicht werde ich auch Hühnerbauer.“* Friedel ergänzt: *„Ich möchte Eisverkäufer oder Zahnarzt werden.“* Wir stellen fest, dass für die nächste Generation noch alles möglich ist und die weitere Entwicklung des Familienbetriebs noch nicht absehbar ist. Die Zukunft bleibt also spannend.

Wir nehmen noch zehn frische Eier für zu Hause mit, verabschieden uns und verlassen den Hof.

Wissensblock Legehennen

Bereits vor ca. 2300 Jahren haben Menschen im östlichen Mittelmeerraum Hühner für Fleisch und Eier gehalten (1). Heute ist das Legehuhn ein weibliches Haushuhn, das auf das Legen von Eiern spezialisiert ist (2). Der Bezeichnung Legehenne sollte die Henne, die Eier für den Verzehr legt, von der „Bruthenne“ oder Glucke unterscheiden (3,4).

Moderne Legehennen legen im Schnitt ca. 300 Eier pro Jahr (5). Diese hohe Legeleistung ist das Ergebnis jahrzehntelanger züchterischer Selektion. In der Eierproduktion dominieren heute sogenannte Hybridlinien, die eine Kreuzung aus verschiedenen Linien darstellt. Für die wirtschaftlich orientierte Eierproduktion werden entweder Weiß- oder Braunleger eingesetzt (6).

In Deutschland gab es im Jahr 2024 51,4 Millionen Legehennen, die 16,3 Milliarden Eier legten (7). Die Haltungsformen in der Legehennenhaltung haben sich in den vergangenen Jahren gewandelt. Die klassische Käfighaltung ist in Deutschland seit 2010 verboten. Heute werden die meisten Legehennen in Bodenhaltung oder Freilandhaltung (ca. 80 % im Jahr 2024) gehalten (8). Die ökologische Haltung macht in Deutschland im Jahr 2024 mit ca. 12 % nur einen kleinen Anteil aus.

Die Legehennenhaltung wurde lange kritisiert, da männliche Küken direkt nach dem Schlüpfen getötet wurden. Diese Praxis ist in Deutschland seit Anfang 2022 gesetzlich verboten. Nun kommen stattdessen Verfahren zur Geschlechterbestimmung im Ei oder die Aufzucht der sogenannten Bruderhähne zum Einsatz.

Gerichte mit Eiern (z. B. Rührei, Pfannkuchen, Omelette, Senfeier etc.) sind beliebt. Dabei steigt die Nachfrage kontinuierlich. Im Jahr 2023 wurden in Deutschland 294 Eier pro Person verzehrt (9). Damit liegt der Selbstversorgungsgrad bei Konsumeiern derzeit bei 72 % und unter dem europäischem (EU) Durchschnittswert (105 %) (10,11). Daher ist Deutschland auf Importe aus dem Ausland angewiesen. Wichtige Lieferländer sind die Niederlande, Polen und Belgien. Dennoch gehört Deutschland zu den führenden Eierproduzenten in der Europäischen Union.

(1) – Perry-Gal, et al. (2015): Earliest economic exploition of chicken outside East Asia: Evidence from the Hellenistic Southern Levant. In: PNAS112 (3), S. 9849 – 9854

(2) – Duden (2023): *https://www.duden.de/rechtschreibung/Legehenne*, letzter Zugriff am 01. 03. 2023

(3) – Grimm, J., Grimm, W. (1885): Deutsches Wörterbuch. Band 12, Hirzel, Leipzig

(4) – Grimm, J., Grimm, W. (1860): Deutsches Wörterbuch. Band 2, Hirzel, Leipzig

(5) – Destatis (2021): Jede Legehenne in Deutschland legte im Jahr 2020 im Schnitt 301 Eier. *https://www.destatis.de/DE/Presse/Pressemitteilungen/Zahl-der-Woche/2021/PD21_13_p002.html*, letzter Zugriff am 31. 05. 2025

(6) – N. N. (1999): Merkblätter Geflügelhaltung. 4.3. Züchtung und Leistungsmerkmale der Hybridtiere (Verfügbar unter *www.aviforum.ch*)

(7) – BMEL Statistik (2025): Legehennenhaltung in Deutschland. *https://www.bmel-statistik.de/ernaehrung/versorgungsbilanzen/eier*, letzter Zugriff am 18. 07. 2025

(8) – BMLEH (2025): Mehr Tierschutz in der Legehennenhaltung. *https://www.bmleh.de/DE/themen/tiere/tierschutz/haltung-legehennen.html#:~:text=erforderlichen%20%C3%9Cbergangsfristen%20f%C3%BChrten.-,Bereits%2081%20Prozent%20aller%20Legehennen%20leben%20in%20Boden%2D%20und%20Freilandhaltung,12%20Prozent%20im%20Jahr%202024*, letzter Zugriff am 31. 07. 2025

(9) – BLE (2025): Zehn Eier mehr pro Person: Neue BLZ-Versorgungsbilanz. *https://www.ble.de/SharedDocs/Pressemitteilungen/DE/2025/250320_Versorgungsbilanz-Eier-2024.html#:~:text=W%C3%A4hrend%20laut%20Versorgungsbilanz%20der%20rechnerische,inklusive%20verarbeiteter%20Eier%20in%20Eiprodukten*, letzter Zugriff am 31. 07. 2025

(10) – Destatis (2023): Selbstversorgungsgrad bei Eiern in ausgewählten Ländern der Europäischen Union im Jahr 2020. *https://de.statista.com/statistik/daten/studie/1131201/umfrage/selbstversorgungsgrad-bei-eiern-in-der-eu-nach-laendern*, letzter Zugriff am 02. 03. 2023

(11) – Statista (2025): Selbstversorgungsgrad bei Eiern in Deutschland in den Jahren 1995 bis 2024. *https://de.statista.com/statistik/daten/studie/76646/umfrage/selbstversorgungsgrad-bei-eiern-in-deutschland*, letzter Zugriff am 31. 07. 2025

Scannen Sie den QR-Code mit Ihrer Smartphone-Kamera oder einer QR-App und Sie gelangen direkt zum Filmclip über diesen Betrieb.

6
Kalte Hände und fliegende Fische

Fischbetrieb in Bayern

Der Morgen ist kalt, die Luft feucht. Ein dünner Nebelschleier liegt über den Feldern und trübt die Sicht auf die Umgebung. Wir fahren langsam auf einem schmalen Weg, der sich an einem kleinen Bach entlangschlängelt. Nach wenigen Minuten tauchen auf der linken Seite mehrere Teiche auf. Wir biegen mit dem Auto auf einen übersichtlichen Schotterparkplatz ab, noch im Auto sehen wir, wie ein Fischreiher davonfliegt und zwei Männer mit Angeln zielstrebig zu einem der vorderen Teiche laufen.

Beim Aussteigen spüren wir die kalte Luft im Gesicht und der Blick fällt auf die Wasserdämpfe, die wie feine Schleier von den Wasserflächen aufsteigen. Es wirkt fast surreal, wie diese Nebelschwaden über dem Wasser schweben. Beim genaueren Hinschauen blitzt von Weitem immer wieder auf der Wasseroberfläche etwas auf. Oder war das eine Täuschung? Zwei Hunde mit gespitzten Ohren und wedelndem Schwanz laufen direkt auf uns zu. Das monotone Rauschen des Wassers wird lauter, je näher wir den Teichen kommen. Dann sehen wir, woher das Geräusch kommt. Es stammt von einer Wasserzufuhr, die kontinuierlich in die Becken läuft und ein gleichmäßiges Geräusch erzeugt. Das Aufblitzen auf der Wasseroberfläche war keine Täuschung, sondern es sind fliegende Forellen. Sie schießen wie Pfeile aus dem Wasser und machen ziemlich weite Sprünge. Beeindruckend.

Wir gehen an einem Angelweiher vorbei und sehen kleine Schafe auf dem Steg zwischen den Weihern. Anschließend landen wir in einem Innenhof, ein Kindertrecker steht mitten auf dem Platz, daneben kleine Gummistiefel und ein Eimer. Hier grenzt offensichtlich öffentlicher Platz an Privatgelände und wir bleiben stehen. Nach kurzer Zeit kommt Lisa, eingepackt in Jacke, Mütze und Handschuhe auf uns zu.

Sofort gehen wir mit ihr über das Grundstück, damit wir in Bewegung bleiben. Es ist tatsächlich furchtbar kalt. Lisa erzählt, dass sie den Betrieb von ihrem Vater übernommen hat, obwohl sie etwas ganz anderes gelernt hat. Sie zeigt uns die verschiedenen Stationen und erzählt währenddessen von ihrem Alltag.

Sie nimmt uns mit zu den Laichständen. In einem abgedunkelten Schuppen stehen Wannen, die mit Brettern abgedeckt sind. Lisa setzt sich an eine der Wannen und beginnt mit einer Pinzette einzelne Eier herauszunehmen. Es sind weiße Eier, die verpilzt sind und aussortiert werden müssen.

Lisa muss mental stabil bleiben, um Familie und Hof unter einen Hut zu bekommen

Lisa wohnt mit ihrem Mann, zwei Kindern und zwei Hunden in Oberbayern. Sie ist verantwortlich für insgesamt 22 Naturteiche, die direkt am Hof angelegt wurden. Dort werden verschiedene Forellenarten und Saiblinge aufgezogen. Zudem gibt es eine

Fischbrutanlage, wo Brütlinge für den Eigenbedarf und Fischereivereine gehalten werden. Am Standort, wo Lisa mit ihrer Familie und ihren Eltern wohnt und wir sie besuchen, gibt es sechs Naturteiche, davon ist einer als Angelweiher für Hobbyangler abgegeben worden. Zudem werden im eigenen Hofladen traditionelle und regionale Fischprodukte angeboten. Täglich werden die Fische gefüttert, die Ein- und Ausläufe kontrolliert sowie der Sauerstoffgehalt im Wasser gemessen. Bestimmte Aufgaben verteilen sich über das Jahr, wobei Ostern und Weihnachten Hochsaison ist und lange Arbeitstage anstehen.

Wir möchten mehr über Lisa erfahren. In Deutschland gibt es nicht so viele Betriebe, die sich mit der Fischzucht beschäftigen. **„Wie bist du an deinen Betrieb gekommen und wie hast du angefangen, Fische zu vermarkten?“**

Lisa lächelt stolz und fängt mit leuchtenden Augen an zu erzählen:

„Auf unserem Betrieb halten wir hauptsächlich Forellen. Ich bin jetzt in der vierten Generation. Angefangen hat das mit meinem Urgroßvater. Ja, mein Urgroßvater war ein richtiger Pionier und war einer der erste Forellenzüchter in Deutschland. Das war im Jahre 1890.

Die Regenbogenforelle kam damals aus Amerika rüber nach Deutschland und dann haben wir mit der Zucht begonnen. Damals mussten wir noch die Teiche mit der Hand ausgraben. Dann kam auch noch der Weltkrieg dazwischen und die Männer wurden abgezogen. Dazu kam irgendwann Hochwasser, dann waren alle Fische auf einmal weg.

Es gab sehr viele Momente, wo wir immer wieder gescheitert sind. Aber wir haben nie aufgegeben. Unter dem Strich waren wir sehr erfolgreich. Wir konnten uns eine zusätzliche Anlage für 35 000 D-Mark kaufen, was damals sehr viel Geld war.

Mein Opa kann da sicherlich auch viel erzählen. Er lebt noch und wird kommende Woche 100 Jahre alt. Früher wurden die Fische verladen und mit dem Zug transportiert und woanders verkauft. Mein Opa hat dann angefangen, die Fische bei uns auch zu bearbeiten und zu räuchern.

Dann haben wir noch den Hofladen mit Speisekarte. Auf unserem Betrieb züchten, räuchern und verkaufen wir Fisch bzw. Salmoniden. Wir machen also alles selbst."

Der Betrieb von Lisa ist, wie viele landwirtschaftliche Betriebe, ein Familienbetrieb, welcher bereits über mehrere Generationen hinweg betrieben wurde.

Lisas Mutter macht die Buchhaltung, ihr Mann arbeitet als Polizist allerdings nicht in dem Betrieb, auch wenn er hier wohnt. Dies wird strikt getrennt, damit ein Privatleben auch möglich ist. Wobei Lisa für alles verantwortlich ist und auch mal nachts raus muss. Meist ist alles friedlich, aber es kam mal vor, dass die Wasserzufuhr durch Dinge, die Menschen in den Bach werfen, verstopft wurde.

Lisa erinnert sich an eine große Katastrophe vor wenigen Jahren. Da steckte ein weggeworfener Blumenkübel im Einlauf zum Teich, der das Wasser zum Stillstand brachte. Es gibt zwar einen Alarm für Stromausfall, aber nicht für eine zu geringe Sauerstoffversorgung im Wasser. Lisa kam zu spät. Alle Bachforellen waren bereits verendet, nur die Regenbogenforellen hatten überlebt. Es war ein Schockmoment, traurig und vor allem ein finanzieller Schaden. Lisa erzählt, dass die Forellen über Jahre großgezogen werden, bis sie verspeist werden können. Eine zwei- bis dreijährige Vorleistung an einem Morgen dahin aufgrund eines Blumenkübels. Der Mensch, der seinen Unrat unüberlegt in den Fluss warf, hat sich sicher nicht vorstellen können, was dies auslösen kann.

Bachforellen sind sensible Tiere, nicht nur die Sauerstoffversorgung im Wasser ist entscheidend, sondern auch hohe Wassertemperaturen und Stress kann den Tieren sehr zusetzen. Laichende Forellen benötigen Ruhe und dürfen nicht gestört werden, und Jungtiere dürfen nur überlegt und ruhig umgesiedelt werden.

Lisa erklärt uns, dass Bachforellen zwar heimisch sind, aber sehr anspruchsvolle Fische sind.

„Die Regenbogenforelle ist lukrativer, da sie schneller wächst. Sie ist bereits nach 1,5 Jahren ausgewachsen. Dagegen braucht unsere Bachforelle, um auf 1–2 kg Gewicht zu kommen, doppelt so lange wie eine Regenborgenforelle."

Obwohl dies einen erheblichen Unterschied macht, erzählt Lisa uns:

„Ich biete beide zu dem gleichen Preis an. Eigentlich ist die Bachforelle teurer als die Regenbogen, weil die ja aufwendiger ist. Wenn ich allerdings einem Kunden sage, dass die Bachforelle 10 Euro und die Regenbogenforelle 8 Euro kostet, dann kaufen die die Regenbogenforelle. Das Fleisch der Regenbogenforelle ist ja nicht schlecht, das ist auch gut. Aber von der Wirtschaftlichkeit her ist die Regenbogenforelle einfach viel besser und kann deswegen auch günstiger abgegeben werden."

Wir lernen, dass die Regenbogenforelle nicht so bunt daherkommt, wie wir vermutet hatten. Tatsächlich trägt unsere heimische Bachforelle sogar mehr Farbe.

Die Bachforelle ist eine mittelgroße bis große Fischart mit einem schlanken, länglichen Körper. Ihr Rücken ist meist dunkelbraun bis olivgrün gefärbt und zeigt oft eine unregelmäßige, marmorierte Musterung aus dunklen Flecken. Die Flanken sind heller, mit einer gelblich-bräunlichen Grundfarbe, die von schwarzen oder roten Punkten übersät sein kann. Die Bauchseite ist meist hell bis weißlich. Die Flossen haben manchmal dunkle Ränder oder Flecken.

Die Regenbogenforelle hat ebenfalls einen schlanken Körper, der jedoch etwas kompakter wirkt. Ihr Rücken ist dunkelgrün bis blau schimmernd, während die Flanken eine auffällige rote oder rosa Linie aufweisen, die sich entlang der Seite erstreckt – daher auch der Name „Regenbogen". Über den Körper verteilt sind zahlreiche kleine schwarze Punkte, besonders auf Rücken und Flossen. Die Bauchseite ist hell und oft weißlich. Die Flossen sind transparent mit dunklen Rändern.

Lisas Betrieb verwendet Wasser aus einem Bach, weshalb man nicht sicherstellen kann, dass das Wasser sauber bleibt. Es können sich Parasiten, Bakterien und andere schädliche Stoffe im Wasser befinden. Zudem steigen die Wassertemperaturen teilweise im Sommer stark an. Eine Anlage mit Quellwasser hätte hingegen weniger Probleme, da das Wasser sauberer ist und die Temperatur konstant kalt bleibt. Während eine Schlupfrate von 95 % zu Zeiten von Lisas Vater normal war, muss heute bei der Bachforelle mit Ausfällen von 40 – 60 % gerechnet werden. Also vom Ei weg gesehen bis zum Speisefisch hat Lisa beinahe die Hälfte verloren.

Da Lisa immer wieder mit Parasiten zu tun hat, muss sie ihre Fische gut kennen:

> *„Der Fisch kann das schon gut kompensieren. Aber irgendwann halt nicht mehr. Zum Beispiel wenn es zu warm wird und sie dann noch zusätzlich Stress bekommen. Ich muss immer gucken, ob die Fische schlecht fressen oder schlecht stehen. Das Erste, was ich dann mache, ist, mit dem Füttern aufzuhören. Weil, Füttern regt den Stoffwechsel an. Das ist ja auch ein Stress, wenn auch ein positiver, aber Stress für den Körper."*

Lisa steht also vor einigen Herausforderungen. Momentan züchtet sie hauptsächlich Bachforellen, die auch für die Angler attraktiver sind. Regenbogenforellen kauft sie wie auch viele ihrer regionalen Berufskolleginnen und Berufskollegen als Speisefisch dazu, da die Zucht der einheimischen Bachforelle kaum Geld einbringt und mehr aus Überzeugung passiert – eine Zwickmühle zwischen Arterhaltung und Ökonomie.

Lisa ist überzeugt:

> *„Ich stehe wirklich dazu, dass wir mit der Bachforelle unseren einheimischen Fisch erhalten wollen. Das werde ich auch so lange machen, wie es geht."*

„Und wie genau war das, als du den Betrieb übernommen hast?"

Lisa erzählt weiter:

> *„Den Betrieb habe ich noch nicht vor langer Zeit übernommen. Erst im Jahre 2016 habe ich mich entschieden, den Betrieb zu übernehmen. Im Jahr 2017 habe ich dafür eine Ausbildung angefangen. Meine Eltern haben mir die Möglichkeit gegeben, einen anderen Beruf zu erlernen.*
>
> *Das war nicht wie bei meinem Vater. Er hat auch eine Schwester. Aber damals war es so, dass er den Betrieb übernehmen musste. Er hatte nirgends anders zu sein als im Betrieb. Das haben meine Eltern bei mir anders gemacht. Ich habe den Betrieb aus Überzeugung übernommen. Auch wenn es die Entscheidung zwischen Übernahme und Verkauf gab.*

Der Betrieb war immer für jeweils zehn Jahre verpachtet. Kurz vor Auslauf des Vertrags musste ich mich dann entscheiden. Entweder ich übernehme die Fischzucht oder wir verkaufen den Betrieb. Verkaufen war für mich unvorstellbar. Das kam für mich nicht in Frage. Richtig übernommen habe ich den Betrieb erst 2020.

Vier Jahre vorher habe ich auch meinen Mann kennengelernt. Daher hat er es schon halb mitbekommen, dass ich zu Hause auf dem Betrieb arbeite und ich den Betrieb übernehmen möchte. Aber es ist nicht so, dass ich als Anglerin oder Fischerin geboren bin. Ich musste alles lernen. Ich bin von Geburt an schwerhörig. Trotzdem habe ich alles gemacht und durchgezogen. Darauf bin ich sehr stolz. Meine Eltern haben mich immer normal behandelt. Ich war zwar auf der Schwerhörigen-Schule, aber führe ein normales Leben. Ich habe meine Handicaps, aber bin heute sehr zufrieden.

Seitdem ich selbstständig bin, bin ich mit Herzblut Fischwirtin. Ich finde die Arbeit mit den Fischen einfach total spannend und toll. Zudem habe ich ein sehr gutes Team. Ein Mitarbeiter ist leider gegangen. Aber das war absehbar, er wollte sich gerne selbstständig machen. Es gibt leider immer weniger Menschen, die einen Beruf in der Landwirtschaft wählen. Die meisten Leute möchten studieren und hauptsächlich Geld verdienen. Deshalb bieten wir regelmäßig jungen Leuten ein Praktikum an.“

„Aber es ist nicht so, dass ich als Anglerin oder Fischerin geboren bin. Ich musste alles lernen. Ich bin von Geburt an schwerhörig. Trotzdem habe ich alles gemacht und durchgezogen.“

Während wir weiter das Forellenspiel auf dem Wasser beobachten, holt Lisa eine Schubkarre. Mit Gummistiefeln, weißer Fischerregenhose und Spritzwasserschutz-Schürze gerüstet kommt sie wieder.

Ein blondes Mädchen mit verschmitztem Gesicht kommt mit lauten Mama-Rufen über den Hof gelaufen und nimmt Lisa fest in den Arm, kurze Zeit später folgt ihr ein Junge, ca. drei Jahre jünger. Beide Kinder wollen unbedingt mitmachen. Lisa nimmt sie kurzerhand mit. Mit einem großen Kescher werden Forellen aus einem offenen Becken gefangen und in eine mit Wasser gefüllte Kiste gebracht, die in einer Schubkarre liegt. Die Kälte beißt in die Haut, doch das Lachen der Kinder bringt Wärme in die Szene. Lisa trägt Gummihandschuhe bis zu den Ellenbogen. Immer wieder wechselt Lisa den Kescher mit ihren Kindern und erklärt ihnen dabei spielerisch die Wichtigkeit des respektvollen Umgangs mit den Fischen. *„Achte darauf, dass du ihn nicht zu lange im Netz hältst“*, sagt sie mit sanfter Stimme.

Als es Zeit wird, die Fische in eine Kiste in der Schubkarre zu legen, spürt Lisa den Protest des kleinen Jungen: *„Ich will noch einen fangen!“* Doch sie weiß, dass es wichtig ist, schnell zu handeln – die Fische dürfen in der Kiste mit Wasser nicht zu lange unter Stress stehen. Mit einem liebevollen Lächeln übernimmt sie schließlich das Kommando und sorgt dafür, dass alles reibungslos verläuft.

Diese Interaktion zwischen Lisa und ihren Kindern verdeutlicht die familiäre Dimension des Betriebs. In vielen landwirtschaftlichen Betrieben ist es üblich, dass Kinder frühzeitig in die täglichen Arbeiten eingebunden werden. Dies fördert nicht nur ihre praktischen Fähigkeiten, sondern stärkt auch den Zusammenhalt innerhalb der Familie. In einer Zeit, in der viele Kinder immer weniger Kontakt zur Landwirtschaft haben, stellen wir uns vor, wie anders unser Zusammenleben aussähe, wenn mehr Kinder Einblick in solche Welten bekämen. Die Kinder lernen nicht nur praktische Fertigkeiten im Umgang mit Tieren und der Natur, sondern auch den Wert harter Arbeit und das Bewusstsein für ökologische Zusammenhänge.

Auch Lisa kennt, seit sie Kind ist, die verschiedenen Abläufe auf dem Hof und arbeitet immer noch mit ihrer Mutter eng zusammen. Lisa:

> *„Meine Mutter ist quasi reingeheiratet und ist gleich von Anfang an in den Betrieb eingestiegen. Sie macht für mich immer noch die Buchhaltung. Und sie übernimmt die Kinder. Sie fährt die Kinder in die Schule und in den Kindergarten und holt sie ab, wenn ich es nicht schaffe. Meine Mama ist die wichtigste Person hier. Ohne sie hätte es auch das zweite Kind nicht gegeben. Das muss man wirklich klar so sagen."*

Für Lisas Mutter war es selbstverständlich, in den Betrieb ihres Mannes mit einzusteigen. Lisa erwartet dies jedoch nicht von ihrem Mann, da er einem eigenen Beruf nachgeht. Lisa beschreibt es so:

„Mein Mann ist Polizist. Er ist einfach nur diese mentale Unterstützung. Natürlich muss er auch die Kinder mehr nehmen, wenn gerade die Märkte sind. Und bei technischen Sachen, wenn ich mit meinem PC wieder nicht durchblicke, dann macht er das schon."

Damals stand Lisa vor der Entscheidung, den Betrieb zu übernehmen.

„Mein Papa hat schon gesagt: Entweder du übernimmst oder es wird für zehn Jahre verpachtet. Das war mein ausschlaggebender Grund, weil ich meinen Kindern das Gleiche geben möchte. Es ist hart, ich möchte es nicht aufgeben und auch nicht in fremde Hände geben. Ich möchte hier weiterhin wohnen. Deswegen war für mich klar, dass ich als vierte Generation weitermache. Meine Kinder sind jetzt quasi die fünfte Generation, wenn sie das weitermachen wollen.

Das muss ich meinen Eltern hoch anrechnen, sie haben mich einfach machen lassen. Mittlerweile habe ich drei abgeschlossene Ausbildungen. Den Fischwirt habe ich ja als Letztes gemacht, wo ich mit meiner Tochter schwanger war. Sie haben gesagt: Mach das, was dir gefällt."

Die Entscheidungsfreiheit hatte Lisas Vater nicht.

„Mein Papa war zwar kein Einzelkind, er hatte ja noch eine Schwester, aber für ihn war klar: Du machst es. Er durfte nicht einmal in seiner Ausbildung, in einem anderen Betrieb, nicht mal das durfte er. Bei mir war das Problem, dass ich zu spät angefangen habe. Ich hätte in diesem Beruf mehr sehen wollen. Ich hätte früher anfangen sollen, Erfahrungen zu sammeln. Dann kamen natürlich auch die Kinder dazwischen."

Lisas gedankliche Zeitreise in die Vergangenheit ihres Vaters und die eigene lässt sie nachdenken. Sie blickt auf ihre beiden Kinder, die inzwischen mit Stöcken und Eimern ein anderes „Spiel" gefunden haben. Lisa erzählt uns:

„Ich wäre wirklich froh, wenn mein Sohn sagen würde: Ich mache es. Nicht meine Tochter. Das muss ich wirklich sagen, weil es ist schon auch ein körperlich anstrengender Beruf. Wenn du Kinder hast, bist du einfach auch Mutter. Klar, es gibt Väter, die machen da mehr als die Mütter. Und die Mütter gehen in die Karriere.

Ich bin trotzdem der Meinung, dass die Mutter gerade in den ersten Lebensjahren die wichtigste Person ist. Und das sollte auch so sein. Du bist ja auch hormonell komplett umgestellt. Das darf man auch nicht vergessen. Dann ist der Mann in einer besseren Position, weiterzukommen, vorwärtszukommen, zu machen und zu tun. Auch mal zu sagen: Jetzt muss ich nachts raus."

Wie Familie gelebt wird, trotz unterschiedlicher Modelle, erleben wir gerade auf den landwirtschaftlichen Betrieben unmittelbar. Hier wird meist noch über die Generationen hinweg gemeinsam gearbeitet und gelebt.

Lisa sieht darin die Vor- und Nachteile:

„Ein ganz großer Vorteil, finde ich, ist, dass wir noch zusammenleben und zusammenhalten. Und das gibt es ja immer weniger. Viele ziehen weg und haben keinen Kontakt mehr zur Familie.

Ich habe mit meinem Mann letztens auch darüber gesprochen, dass es diesen Verbund einfach nicht mehr so oft gibt. Viele müssen sich dann einen Handwerker holen und den bezahlen, weil sie keinen haben, der sagt: Ich mache das jetzt schnell für dich. So wie es früher war. Man hat in einem Haus zusammengelebt und die Oma hat mal auf die Kinder aufgepasst. Heute musst du für alles bezahlen. Zum Beispiel die Kita, damit du arbeiten gehen kannst. Du arbeitest, damit jemand dein Kind betreut."

„Meine Mama ist die wichtigste Person hier. Ohne sie hätte es auch das zweite Kind nicht gegeben. Das muss man wirklich klar so sagen."

„Wie vereinbarst du es, Mutter von zwei Kindern zu sein und den Betrieb zu führen?"

Lisa:

„Ohne meine Mama würde ich das hier überhaupt nicht schaffen. Es ist schon manchmal ein Spagat. Mein Jüngster hat noch keine Betreuung und hat uns ziemlich rausgehauen. Ich bin keine junge Mutter, und meine Eltern sind auch nicht mehr die Jüngsten. Das müssen wir alles gut organisieren. Wenn die Kinder krank sind oder etwas brauchen, springe ich ein. Das bleibt meistens an mir hängen. Aber ich mach das gerne und bin mit Herzen Mutter.

Bei mir gab es noch eine Oma, die Rentnerin war. Die hat sich immer um mich gekümmert, wenn meine Eltern gearbeitet haben. Ich kann mich noch gut an Weihnachten erinnern, als alles aufgebaut wurde, meine Eltern am 24. nach der Arbeit ins Haus kamen und wir gefeiert haben. Das ist heute anders. Heute muss ich oder wir das alles neben den Tätigkeiten auf dem Betrieb machen. Meine Eltern arbeiten beide noch mit auf dem Betrieb und können nicht so viel unterstützen. Mit der Familie Heiligabend feiern ist dann immer schwierig. Am 24.12. müssen wir bis 12 Uhr arbeiten, danach haben wir frei.

Aber es ist auch anstrengend und meistens schlafen wir auf der Couch fast ein. Deswegen haben wir uns dazu entschlossen, Heiligabend ein einfaches Essen wie Wiener Würstel und Kartoffelsalat zu machen.

Dann stehen natürlich auch Entscheidungen für den Betrieb an. Das Investieren und Modernisieren hören nie auf. Selbst, wenn meine Kinder den Betrieb irgendwann übernehmen möchten, müsste wieder neu in den Betrieb investiert werden.

Ich glaube, wenn du so was machst, muss du mental sehr stabil sein. Das wird manchmal sehr unterschätzt. Ein Burnout ist nicht ungewöhnlich bei Landwirten. Wenn zum Beispiel etwas mit meinen Eltern, meinem Mann oder Kindern passiert. Dann muss ich trotzdem weitermachen, dann kann ich mich nicht einfach krankschreiben lassen.

Mittlerweile ist es so, dass meine Mama die Kinder in den Kindergarten und in die Schule fährt, damit ich schon früher hier bin. Ich habe einfach gemerkt, dass es halb neun war, wenn ich die Kinder in den Kindergarten und in die Schule gebracht hatte. Und der Letzte zu sein, war als Chef irgendwie blöd."

Wir laufen weiter über den Betrieb und gelangen zum Angelweiher. Wir entdecken in einem der Teiche sehr helle Fische.

„Was sind das für Fische, die so hell sind?“

Lisa erklärt es uns:

> *„Das sind Goldforellen. Man muss sagen, dass es quasi eine genetische Fehlstellung ist. Es ist fast etwas Albinomäßiges herausgekommen und dann hat man das weitergezüchtet. An sich ist das der gleiche Fisch, bloß schmeckt er tatsächlich anders. Ich finde, sie schmecken nicht so intensiv.*
>
> *Aber die Angler fahren voll darauf ab. Als ich sie das erste Mal eingesetzt und Werbung gemacht habe; Zack; Bum, die Leute waren da. Die werden gleich gefüttert, anders als die Lachsforellen, die Karotinfutter bekommen. Deswegen kriegen sie das rote Fleisch. Das wird dann kräftiger. Eigentlich ist die Lachsforelle eine Regenbogenforelle, wir sagen dann einfach nur Lachsforelle.“*

Durch die Angler hat Lisa ständig fremde Menschen auf ihrem Grundstück. **„Inwiefern ist der Angelweiher für dich wichtig?“** Lisa blickt auf die Angler und lächelt:

> *„Der Anglerweiher geht richtig gut. Das ist für uns ein sehr wichtiges Standbein. Sieht man jetzt, auch bei diesem kalten, nassen Wetter kommen die Leute. Wahnsinn. Sie bringen ihre Ausrüstung selbst mit und lösen eine Tageskarte für 28 Euro. Da sind dann zwei Kilo gefangene Fische inklusive. Jedes weitere Kilo kostet dann 12 Euro. Die Fische werden am Schluss zum Wiegen gebracht. Die Angler fangen die Fische selbst raus, töten sie, so wie sie das gelernt haben. Wenn sie drunter liegen, ist das ihr eigenes Pech, sag ich mal. Drüber müssen sie halt nachzahlen.*
>
> *Du bist halt in der Öffentlichkeit, hast eigentlich nie deine Ruhe und immer Leute herumlaufen. Viele Anlagen sind vom Publikum abgetrennt, damit die Fische nicht gestresst werden und nichts kontaminiert wird. Da kommt nur das Personal durch, mehr nicht. Das ist hier anders, hier ist alles zugänglich. Mit dem Hofladen mittendrin. Die Leute können die Fische sehen. Das ist Transparenz. Das hat alles Vor- und Nachteile.“*

Nach der Arbeit am Wasser lädt Lisa uns ein, sich bei einer Tasse Kaffee aufzuwärmen. Dringend nötig, denn die Kälte spüren wir nun bis in die Knochen. Lisa zeigt auf dem Weg zu ihrem Büro auf einen der Laichweiher:

> *„Da sind unsere Laichfische drin. Ohne die könnten wir selbst nicht produzieren. Das ist ein sehr wichtiger Teich. Wenn der ausfällt, dann fange ich wieder bei null an. Die ersten Bachforellen, die werden im zweiten Jahr laichreif. Wir wollen aber versuchen, dass sie natürlich nicht so früh in die Laichreife kommen. Wir selektieren die frühen Laichfische von den späten Laichreifen, die im dritten, bestenfalls zum vierten Jahr laichreif werden. Weil wir die hauptsächlich als Speisefisch verkaufen.“*

Wir kommen im kleinen warmen Büro von Lisa an und bekommen unsere versprochene Tasse Kaffee. Wir wärmen uns an den Tassen und Lisa erzählt währenddessen weiter aus ihrem Alltag.

„Welche Gründe gibt es, dass immer weniger Menschen sich für die Landwirtschaft interessieren oder sich für die Fischzucht entscheiden?“

Lisa:

„Die Arbeit in der Landwirtschaft kann sehr anstrengend sein. Bei uns ist zum Beispiel die Arbeit nicht gerade förderlich für den Rücken oder die Gelenke. Körperlich anstrengend ist vor allem das Keschern, also die Fische aus dem Wasser herausholen. Auch die Kälte ist körperlich strapazierend, selbst wenn wir Handschuhe nutzen. Wenn du einige Jahre ohne Handschuhe arbeitest, merkst du das schon. Dann geht es nicht mehr alles so einfach. Auch die Teichputzarbeiten sind beschwerlich, beispielweise schneiden wir den Rand der Teiche frei. Das Sortieren der Fische geht durch die Haltung auf den Rücken.

Wir sind zum Beispiel noch nicht so modernisiert, weshalb es körperlich anstrengend ist. Mein Papa hat sich dadurch kaputt gemacht. Ich versuche daher, mit verschiedenen Hilfsmitteln die Arbeit leichter zu machen und überlege für solche Hilfsmittel zu investieren. Das ist leider schwierig, da die Ausgaben wahnsinnig hoch sind. Rohstoffe sind teuer geworden, wie zum Beispiel Fischfutter oder Sauerstoff. Wir sind zudem vom Personal abhängig.

„Die Arbeit in der Landwirtschaft kann sehr anstrengend sein. Bei uns ist zum Beispiel die Arbeit nicht gerade förderlich für den Rücken oder die Gelenke.“

Ich bin Vollzeit in der Landwirtschaft, draußen und im Büro, tätig. Zudem bin ich Mutter und kümmere mich um meine beiden Kinder. Ich bin also gut beschäftigt. Ich bin zwar immer auf dem Betrieb und für meine Kinder da, aber meine Eltern helfen mir und nehmen auch mal den Buben.

Die Familie ist da auf jeden Fall sehr, sehr wichtig. Ansonsten würde ich das nicht schaffen. Aber natürlich macht es auch Spaß, weil man einfach draußen ist. Ich würde nicht mehr tauschen wollen. Ich möchte meinen Kindern eine Kindheit bieten, die ich auch hatte. Klar, es hat auch Nachteile. Ich arbeite immer zu Hause. Wenn wir mal weg möchten, brauchen wir jemanden für den Betrieb, auf den wir uns hundertprozentig verlassen können. Jemand, der sich auskennt und weiß, was er tut. Es muss immer jemand da sein.“

„Das hört sich nach viel Arbeit und auch Verantwortung an. Wie viele Personen arbeiten derzeit auf deinem Betrieb und wie sieht dein normaler Alltag aus?“

Lisa überlegt nicht lange:

„Meine Eltern sind immer noch aktiv und arbeiten mit auf dem Betrieb. Dann habe ich derzeit noch zwei Azubis und einen Gesellen. Zudem arbeitet mein Cousin mit. Mein Cousin ist allerdings ungelernt und noch dabei zu lernen.

Eigentlich gibt es keinen Alltag. Jede Woche sieht bei uns etwas anders aus. Montag ist Ruhetag, Dienstag planen wir dann, was ansteht. Wenn der Hofladen auf ist, müssen natürlich Kunden betreut werden. Es gibt verschiedene Aufgaben fürs Schlachten und Räuchern. Auch müssen Bestellungen aufgenommen werden. Was täglich passiert, ist die Kontrolle der Ein- und Ausläufe. Dann werden die Gitter geputzt, da dort Dreck und Laub von außen hängen bleiben kann.

Es muss immer gewährleistet sein, dass die Fische frisches Wasser bekommen. Daher messen wir in der Früh den Sauerstoff im Wasser. Gerade durch den Abfall in der Nacht durch die Photosynthese macht es Sinn, in der Früh zu messen, um abzuschätzen, ob die Tiere genug Sauerstoff für den Tag haben.

Wir füttern täglich ca. 400 bis 500 kg und transportieren dafür 25 kg Futtersäcke. Wir füttern teils mit Automaten und teils mit der Hand. Die Automaten funktionieren mit einem Draht, wenn die Tiere mit der Schnauze daran stupsen, kommt Futter. Bei den kleinen, die noch nicht die Kraft haben, den Draht physisch zu betätigen, wird mit der Hand gefüttert.

Ansonsten gibt es unterschiedliche Aufgaben. Wir müssen die Fische für die künstliche Vermehrung abstreifen. Dann kommt die Brutpflege. Bei der Brutpflege müssen abgestorbene und kaputte Bruteier täglich aussortiert werden. Dabei muss man sehr vorsichtig sein und genau arbeiten. Wenn man die toten nicht herausnimmt, verpilzen die Eier und können die anderen dadurch beschädigen. Diese Arbeit dauert täglich ca. zwei Stunden. Wenn wir Eier haben, ist das daher sehr zeitintensiv.

Wir müssen das Netz ziehen, das ist nicht so schwer, aber die Fische mit Kescher herauszunehmen, ist durchaus anstrengend. Dann kommen die Fische in ein Transportfass mit Wasser und werden anschließend mit der Sortiermaschine sortiert. Manchmal sortieren wir aber auch mit der Hand. Wir haben zum Beispiel einen Fischweiher, wo wir zwei verschiedene Fischsorten haben. Da funktioniert keine Maschine. Wenn der Teich leer ist, müssen diese geputzt werden.

Eigentlich ist immer etwas zu tun. Außer wenn es sehr kalt ist, wenn wir nicht füttern können oder wenn es sehr heiß ist. Bei sehr heißen Tagen füttern wir die Tiere nicht. Dann gehen wir nicht einmal an den Teichrand, um die Tiere nicht zu stören. Schnelle Bewegungen können die Tiere stressen und dann kann es bei den Fischen zu Sauerstoffmangel kommen.“

„Ich bin Vollzeit in der Landwirtschaft, draußen und im Büro, tätig. Zudem bin ich Mutter und kümmere mich um meine beiden Kinder. Ich bin also gut beschäftigt."

„Wie viele Fische verkauft ihr pro Jahr?“

Lisa:

„Insgesamt haben wir ein 4 Hektar großes Grundstück und 15 Teiche, wo wir pro Jahr 60 Tonnen Speisefisch produzieren. Im Dezember/Januar schlüpfen die Fische. Im Jahr streifen wir ca. 250 000 Eier ab. In einem Teich haben wir dann 10 000 bis 70 000 Stück. Theoretisch könnten wir noch mehr produzieren.

Wir haben überlegt, uns biozertifizieren zu lassen. Allerdings ist es daran gescheitert, dass es uns einfach zu teuer wird. Dann müssten wir unseren Fisch noch teurer verkaufen. Die Bedingungen für den Fisch, wie die Naturteiche und die Haltung, also wie viel Fische pro Fläche bzw. Quadratmeter gehalten werden dürfen, haben wir bereits. Auch das Bio-Futter ist vergleichbar zu unserem Futter und macht für die Fischqualität kaum einen Unterschied. Wir würden dementsprechend nicht viel ändern, außer das Bio-Futter. Aber das Ganze drumherum war uns zu viel.

Es reicht, wenn Menschen kommen und sehen, wie die Fische in den Naturteichen aufwachsen. Und zudem haben die Leute derzeit auch nicht das Geld. Deswegen haben wir entschieden, dass es so bleibt, wie es jetzt ist.“

„Wie lange dauert es, bis ein Fisch vermarktet werden kann?“

Lisa:

„Wenn wir vom Ei ausgehen, dauert es 1,5 bis zwei Jahre, ein Produktionszyklus also, bis ein Fisch vermarktungsfähig ist. Am Anfang sind die Fische im Brutkasten. Wenn die Fische schlüpfen, bleiben die noch eine Weile da drin, weil sie einen Dottersack haben und ziemlich weit unten im Wasser liegen. Wenn sie frei schwimmen können und die Dotternahrung weg ist, können die Fische Futter aufnehmen und werden aus den Brutkästen herausgenommen. Dann kommen sie in einen Langstromkasten rein in unterschiedlichen Größen.

Im Herbst kommen die Fische dann nach Sortierung nach draußen. Die Fische werden nach Größe sortiert, da es manchmal Größenunterschiede gibt und die großen Fische eventuell die kleineren auffressen. Und das möchten wir natürlich nicht. In diesem Weiher bleiben die Tiere dann unterschiedlich lang.

Es kommt sehr stark auf die Bedingungen des Wassers an. Wir speisen zum Beispiel vom Bachwasser, was sehr anfällig für Temperaturschwankungen ist. Vor allem im Sommer, wenn es heiß ist, gibt es viel Photosynthese und wenig Sauerstoff im Wasser. Auch der Wasserpegel schwankt extrem.

Bei den heutigen Bedingungen geht es fast nicht ohne Zusatz von Flüssigsauerstoff. Die Fische können bei Sauerstoffmangel krank werden und wachsen natürlich auch nicht so gut. Wir züchten zum Beispiel Bachforellen, die heute sogar auf der roten Liste stehen. Wir haben zum Glück einen robusten Zuchtstamm der Bachforelle, die für dieses Wasser sehr stabil ist.

Grundsätzlich ist die Regenbogenforelle sehr beliebt, da diese im Gegensatz zur Bachforelle sehr robust ist. Allerdings ist die Regenforelle nicht einheimisch. Die letzten Sommer waren sehr schwer, dennoch befürworte ich, die einheimische Bachforelle weiterhin zu züchten.“

„Die Bäume sterben und die Vögel haben keinen Platz mehr für ihre Brutstätten.“

„Ist der Klimawandel oder andere Umweltveränderungen merkbar?"

Lisa macht ein nachdenkliches und besorgtes Gesicht:

> *„Die Umwelt hat sich tatsächlich sehr geändert, zum Beispiel die Anzahl der Wasserpflanzen und -tiere im Bach. Auch der Wasserpegel vom Bach ist zurückgegangen, sodass manche Stellen sogar ausgetrocknet sind. Die Wasserqualität hat sich geändert. Es gibt unterschiedliche Indikatoren wie Tiere und Pflanzen, die im Wasser leben, die für die Wassergüte zuständig sind. Daran sieht man Unterschiede.*
>
> *Die Bäume sterben und die Vögel haben keinen Platz mehr für ihre Brutstätten. Wir füttern die Vögel in unserer direkten Umgebung und merken, dass die Anzahl der Vögel zurückgeht. Auf kurz oder lang müssen wir uns bei diesen Klimabedingungen umstellen. Viele Kollegen sagen, dass es so nicht mehr lange weitergeht."*

Lisa ist auf eine stabile und ausgeglichene Natur angewiesen, um ihren Fischbestand zu schützen. Allerdings gibt es auch Gefahren, die direkt aus der Natur selbst kommen. Sie erzählt:

> *„Reiher sind eigentlich das Hauptproblem. Den Teich haben wir überspannt, es ist wahnsinnig kostenintensiv. Aber dann kommen sie teilweise trotzdem rein."*

Das bedeutet, dass Raubvögel wie Reiher eine große Gefahr für die Fische darstellen, obwohl Lisa viel Geld und Mühe investiert hat, um den Teich zu sichern. Trotzdem schaffen es die Reiher manchmal, in den Teich zu gelangen, um dort Fische zu fressen.

Wir erinnern uns an den Fischreiher zu Beginn und wollen wissen, was Lisa noch dagegen machen kann. Lisa berichtet:

> *„Wir machen das tatsächlich so: Einmal schießen, dann ist wieder ein bisschen Ruhe. Wir dürfen ja Reiher und Kormorane schießen. Hier fliegen auch immer zwei Eisvögel herum, die fressen auch viel weg. Der Eisvogel steht natürlich unter Naturschutz. Das wird schon eingerechnet. Das darf man nicht unterschätzen, aber damit musst du einfach leben. Das Problem beim Fischreiher ist, dass er die nicht nur frisst, sondern auch verletzt."*

Tatsächlich sind die großen Forellen manchmal für die Fischreiher zu schwer und kräftig, sodass sie ihnen entkommen. Dabei erleiden die Fische oft Verletzungen, und alle gehen leer aus. Der Fischreiher ist hungrig geblieben, der Fisch verletzt und Lisa kann ihn nicht mehr verkaufen.

Während wir über die Vögel sprechen, fliegt ein Fischreiher genau über uns und landet auf einem Baum gegenüber. Lisa lacht:

> *„Das ist ein Silberreiher. Den dürfen wir zum Beispiel nicht schießen, der steht unter Naturschutz. Und das weiß er auch. Ich mache dann irgendwie Lärm, und der denkt sich: Ja, du kannst mich ja eh nicht schießen."*

Es kann ja nicht jeder Vogel abgeschossen werden. Lisa erklärt uns:

> *„Wir können nicht einfach schießen, wie wir Lust haben. Wir müssen das immer wieder beantragen. Zum Beispiel beim Kormoran: Wir haben nur eine Ausnahmegeneh-*

migung, dass wir ihn, innerhalb von 200 Metern vom bewohnten Gebiet aus, schießen dürfen. Der Biber ist zum Beispiel auch im Jagdrecht geschützt, aber wir dürfen ihn trotzdem schießen. Dann müssen wir angeben, wann wir das tun. Und den Biber essen wir auch – sehr lecker. Auch sein Fell kann man gut verwenden, man kann ihn komplett verwerten."

Wir wollen wissen, welche Bedrohung der Biber für Lisas Fischbestand darstellt, denn in der Regel fressen Biber keine Fische. Sie ernähren sich hauptsächlich von Pflanzen und fressen vor allem Wasserpflanzen, Gräser, Zweige und die Rinde von Bäumen und Sträuchern. Lisa erklärt es uns:

„Bei uns ist der Biber deswegen ein Problem, weil er Staustufen baut und alles immer wieder zumacht. Es kommen viele Äste zusammen. Wir schießen ihn aber nicht oft. Gerade hat er wieder so ein Projekt gehabt: Er hat die Staubretter angenagt, weil er den Wald überfluten wollte. Ich habe das Holzbrett jetzt gegen ein GFK-Brett ausgetauscht – das ist ein stabiles Kunststoffbrett –, und seitdem hört er auf."

„Das ist ein Silberreiher. Den dürfen wir zum Beispiel nicht schießen, der steht unter Naturschutz. Und das weiß er auch. "

„Was ist bei deiner heutigen Arbeit anders im Vergleich zur früheren Arbeit von zum Beispiel deinem Urgroßvater oder Vater?"

Lisa überlegt nicht lange und zeigt drei Finger hoch:

„Im Gegensatz zu früher sind drei Aspekte anders zu heute.

Der erste Punkt ist die Behandlung der Fische. Früher gab es ein sehr effektives Mittel gegen Parasiten bei Fischen, das heute nur noch in der Aquaristik zugelassen ist. Das war hocheffektiv, ist dann aber um das Jahr 2000 herum verboten worden, da herausgefunden wurde, dass es krebserregend ist. Heute haben wir auch Mittel, aber die sind nicht so effektiv. Auch gibt es andere Krankheiten, die es früher nicht gab. Durch den Klimawandel ist die Spannbreite der Parasiten größer geworden.

Früher war der Fischverkauf ein Monopol, wo es die Supermärkte noch nicht gab. Da gab es noch nicht das große Angebot. Die Monopolstellung hat es wahrscheinlich damals auch erfolgreich gemacht. Die Steuern sind heute anders. Der finanzielle Aspekt hat sich da einfach geändert, wie man mit Geld umgehen kann.

Der dritte Punkt ist Sauerstoff. Mein Vater kannte flüssigen Sauerstoff nicht. Früher gab es das Problem nicht so drastisch wie heute. Heute haben wir einen 1500-Liter-Tank, der im Sommer wöchentlich gefüllt wird. Das sind große Rechnungen. Heute müssen wir im Sommer die Fische mit Sauerstoff behandeln, damit wir die weiter füttern können, die weiterwachsen und wir die Fische weiter verkaufen können."

„Ist das Kaufverhalten der Menschen deiner Meinung nach anders geworden und spürt ihr dies?“

Lisa nickt:

„Es ist schwierig. Früher war hier an Weihnachten die Hölle los. Die Leute standen bis an die Straße. Mama hat mal gesagt: Dann kamen die Supermärkte. Seitdem kannst du halt überall Fisch kaufen. Ich war vorgestern auf dem Hoffest in München. Das war bombastisch. Das war ein gutes Geschäft. Das ist eine Ausnahme.

Die Leute von heute – ich zähle mich auch dazu – wollen schnell noch etwas einkaufen. Da denkst du jetzt nicht: Ich will jetzt einen regionalen Fisch kaufen. Die Hausfrau gibt es nicht mehr. Aber auch die ganzen Frischetheken wird es irgendwann nicht mehr geben, die haben einen extremen Rücklauf. Und die ersten Theken, die abgebaut werden, sind die Fischtheken.“

„Du betreibst deinen Betrieb hauptberuflich. Würdest du dich heute noch mal dafür entscheiden, den Betrieb zu übernehmen?“

Lisa:

„Ich bin heute immer noch überzeugt davon, aber es stand auch mal im Raum, aus dem Betrieb etwas komplett anderes zu machen. Wenn ich keine Kinder gehabt hätte, wäre es vielleicht eine andere Entscheidung gewesen. Aber den Betrieb zu verkaufen, kann ich mir einfach nicht vorstellen. Da würde mir das Herz bluten und das weiß auch mein Mann.

Wir haben unsere Freiheiten und müssen keine Miete zahlen. Aber natürlich habe ich andere Instandhaltungskosten und ich muss meine Eltern bezahlen. Das Gute ist, dass ich insgesamt mehrere Standbeine habe. Zum einen die eigene Fischzucht und die direkte Vermarktung im Hofladen und dann die Angelteiche. Auch kann ich Fische an Kollegen verkaufen. Somit habe ich, im Prinzip, drei Standbeine. Aber der Betrieb muss natürlich immer wirtschaftlich bleiben.

Finanziell ist es nicht immer einfach. Corona hat uns finanziell schon geholfen, da wir den Angelweiher offenlassen durften. Der Effekt war allerdings nach der Steuererklärung wieder weg.

Mein Problem ist, dass ich mich sehr schwer tue, Entscheidungen zu treffen. Mein Mann hat mit dem Betrieb nichts zu tun, aber ist natürlich dadurch, dass es mein eigener Betrieb ist, doch immer involviert. Wenn mich irgendetwas betrifft, betrifft es auch meinen Mann.

Entscheidungen muss ich dennoch allein treffen und das ist nicht immer einfach. Es geht oft um Investitionen und da habe ich manchmal Angst, etwas falsch zu machen. Klar sind die Eltern im Hintergrund. Aber das kennt glaube ich jeder auf einem Familienbetrieb. Die Eltern haben den Betrieb sehr lange so geführt und möchten am liebsten alles so belassen. Da wird einem manchmal auch die Entscheidung abgenommen.

Ich sehe die Eltern jeden Tag. Wir teilen uns fast alles. Nicht nur die Finanzen. Wenn es mir nicht gut geht, geht es meinen Eltern nicht gut. Wir sind, im Prinzip, voneinan-

der abhängig. Es ist nicht so, dass die Eltern unabhängig sind und die Kinder sich etwas selbst aufbauen. Aber es ist natürlich gut, die Eltern im Hintergrund zu haben.

Die Planung eines Fischbetriebs deckt sich nicht immer mit der spontanen Kauffreude der Kunden."

„Aber den Betrieb zu verkaufen, kann ich mir einfach nicht vorstellen. Da würde mir das Herz bluten und das weiß auch mein Mann. "

„Wie gehst du mit Angebot und Nachfrage um?"

Lisa bringt uns die Herausforderung näher:

„Wenn keiner Bachforellen will, machst du wieder weniger, dann kommen die im nächsten Jahr und sagen, wir wollen Bachforellen. Du kannst ja nicht sagen: Okay, ich bestelle das jetzt für die nächsten zwei Monate, sondern du musst mit zwei Jahreszyklus kalkulieren. Wir haben zum Beispiel zwei Teiche mit sechs Tonnen dreijähriger Bachforellen, die wir jetzt nicht losbekommen. Da sind fertige Fische drin, die sind fertig gefüttert alles."

„Die Landwirtschaft wird nicht immer positiv dargestellt. Die Presse berichtet häufig sogar negativ vor allem über tierhaltende Betriebe. Betrifft dies auch die Fischzucht? Hast du zum Beispiel in der Vergangenheit schlechte Erfahrungen mit deiner Kundschaft gemacht oder eine negative gesellschaftliche Einstellung wahrgenommen?"

Lisa schüttelt den Kopf und überlegt:

„Vor einiger Zeit gab es in den Medien etwas Negatives über Speisefisch, aber da war die heimische Forellenzucht nicht betroffen, sondern eher die Lachszucht. Aber da muss ich auch sagen, Bilder oder Videos sagen nicht alles. Man kann alles aus einer Perspektive zeigen, sagen oder schreiben. Und es gibt immer einen Prozentsatz an Menschen, die daran glauben. Das merke ich auch an mir selbst. Man kann von den sozialen Medien stark beeinflusst werden. Aber wenn ich über ein Thema gut Bescheid weiß, bin ich manchmal erschrocken, wie einseitig oder falsch berichtet wird.

Ich persönlich habe noch keine schlechten Erfahrungen gemacht. Klar, wird auch die Überfischung in den Medien thematisiert. Aber explizit in der Fischzucht, außer bei der Lachszucht, gibt es bei uns eigentlich keine negativen Themen in den Medien.

Aber klar, die Tötung findet auch bei uns in der Fischzucht statt. Fische werden bei uns geschlachtet, damit wir die Fische essen können. Die Tötung an sich ist natürlich nie schön. Aber bei uns werden die Forellen vor den Augen der Kunden getötet. Der Kunde kommt rein und möchte eine Forelle. Dann nehmen wir eine aus dem Becken, zeigen diese und fragen, ob die Größe passt. Dann wird die Forelle mit Kopfschlag betäubt und mit dem Kiemenschnitt getötet, ausgenommen, geputzt und verpackt. Ich meine, frischer geht es nicht mehr.

Grundsätzlich kommen die Menschen hier bei uns gut damit klar. Auch die Kunden, die mit ihren Kindern reinkommen. Teilweise nehmen Kunden dann die Kinder sogar auf den Arm, damit die Kinder alles sehen können. In ganz wenigen Momenten kamen Kunden mit der Tötung nicht zurecht und mussten rausgehen. Aber ich kann es an einer Hand abzählen, wo der Kunde entgeistert geschaut und sich gewundert hat, dass der Fisch vor der Kundschaft getötet wird. Lediglich einmal musste ein schockiertes junges Mädel rausgehen und war sehr aufgelöst, zu sehen, was da passiert.

Warum da ein Unterschied zum Schlachten bei den Kühen oder Schweinen gemacht wird, weiß ich eigentlich nicht. Vielleicht ist es auch so, weil es ein Fisch ist. Es macht glaube ich auch einen Unterschied, dass Fische nicht schreien können.

Manchmal kommen dann aber doch spezielle Wünsche, wie: ‚Können Sie den Fisch bitte filetieren, damit er nicht mehr aussieht wie ein Fisch‘ oder ‚Bitte machen Sie den Kopf ab, damit der Fisch mich nicht so traurig anschaut‘.

Ich bin zum Beispiel Jägerin, da ist für mich das Töten der Tiere immer deutlich herausfordernder gewesen als das Ausnehmen. Ich habe immer Respekt davor, ein Tier zu töten. Das, was danach kommt, zum Beispiel das Ausnehmen und Verarbeiten, fällt mir emotional nicht schwer.

Für ein Stück Fleisch oder Fisch gehört aber das Sterben der Tiere einfach dazu, das kann ich nicht einfach weglassen. Was ich schon gemerkt habe, dass mir das Töten der Fische schwerer gefallen ist, als ich schwanger war. Aber ansonsten bin ich ja so aufgewachsen. Mit dem Schlachten und Verarbeiten von Fisch habe ich keine Probleme. Die Fischzucht ist einfach auch mein Lebensunterhalt.

Ich bin sehr tierlieb, das habe ich von meiner Oma. Bei ihr war ich sehr oft und sie hat alle Tiere sehr gerne gehabt. Das hat sich auf mich übertragen. Wir haben heute zwei Hunde, Hühner und sogar einen ‚Hausstorch‘.“

Lisa lacht:

„Das ist ein Schwarzstorch. Der kommt regelmäßig und holt sich einen Fisch. Die sind sehr selten geworden und normalerweise sehr scheu. Aber wir sehen ihn regelmäßig und lassen ihn sein Ding machen. Die haben leider immer weniger Platz zum Leben.“

„Ich habe immer Respekt davor, ein Tier zu töten.“

In der heutigen Zeit, in der Verbraucher und Verbraucherinnen zunehmend Wert auf Transparenz und Nachhaltigkeit legen, ist es für Betriebe wie den Fischzuchtbetrieb von Lisa essenziell, offen mit Herausforderungen umzugehen. Es bleibt nicht aus, dass auch auf ihrem Betrieb gelegentlich Probleme auftreten.

„Gibt es auch kritische Themen, die auf deinem Betrieb angesprochen werden?“

Lisa schüttelt den Kopf:

„Eigentlich sind Kunden uns gegenüber immer sehr positiv eingestellt. Aber klar gibt es auch mal einen toten Fisch bei uns oder verpilzte Eier. Gerade die Verpilzung kann in der Laichzeit häufiger vorkommen. Das sind Themen, die auf meinem eigenen Betrieb auftreten. Aber Natur ist auch mal Natur.

Das sehe ich bei manchen Anglern. Jeder Fisch, der aus dem Teich rausgeholt wird, muss gut aussehen. Wir können uns das einfach auch leisten. Der Fisch muss immer frisch sein und perfekt aussehen. Wenn etwas mal nicht mehr perfekt ist, kennen wir das gar nicht mehr. Im Supermarkt sieht eine Paprika immer perfekt aus, ansonsten kaufen die Menschen die Paprika nicht.“

Lisa denkt nach. Dann erinnert sie sich:

„Es kam einmal eine anonyme Meldung rein, dass so viele tote und kranke Fische da sind. Das ist traurig finde ich, dass sie nicht einfach zu uns kommen und fragen, was ist da los, dass man das erklären kann.

In der Natur, nach der Laichzeit, verenden die meisten Fische. Das ist auch bei den Lachsen so. Durch den Stress, diese Hormonumstellung sterben sehr viele Fische, das kriegt man aber natürlich nicht mit. Genauso wie in der Natur kommen von diesen Eiern ein bis zwei Prozent durch. Wir versuchen natürlich so viel wie möglich durchzubekommen.“

Für Lisa sind solche Vorfälle Teil des natürlichen Kreislaufs.

Lisa blickt sich um, dann deutet sie auf einen der Teiche und fragt uns: *„Was glaubt ihr denn jetzt, wie viele Fische hier drin sind?“* Wir wissen es nicht und schätzen. Lisa blickt in unsere fragenden Gesichter: *„Da sind jetzt 20 000 drin.“* Wir staunen. Lisa setzt fort:

„Der Kunde sagt dann: Schauen Sie mal, da ist ein toter Fisch. Das ist einfach zu erklären. In der Natur kommen nur zwei Prozent durch, wir haben hier jetzt 20 000 bis 30 000 Fische in einem Teich. Das lässt sich nicht vermeiden. Man muss auch ein bisschen die Relation sehen. Das hat mich wütend gemacht. Dass die Leute einfach sagen: Das zeige ich jetzt an. Da soll jetzt das Veterinäramt kommen.“

„Es kam einmal eine anonyme Meldung rein,
dass so viele tote und kranke Fische da sind.“

Die Ansprüche und Vorstellungen der Kunden scheinen sehr hoch zu sein. Wie sieht dies beim Verzehr aus? Bei Schweinen und Hühnern werden ja auch Inneren, Borsten, Federn etc. verarbeitet. **„Werden auch in der Fischerei bzw. Aquakultur Nebenprodukte, die beim Schlachten anfallen, verarbeitet?“** Lisa schüttelt bestimmt den Kopf:

„Nein, die Innereien werden normalerweise von der Forelle nicht verarbeitet. Beim Karpfen geht das, aber von der Forelle ist das schwierig. Natürlich kann theoretisch eine Leberpastete aus Fischleber hergestellt werden. Dafür brauchst du dann allerdings sehr viele Lebern. Die Forellenleber ist einfach sehr klein und du müsstest fast mehr Lebern verarbeiten als du Fische schlachtest.

Klar, theoretisch kannst du alles verarbeiten. Ein Kollege von mir probiert zum Beispiel alles, auch Fischnieren. Für manche Sachen fehlt mir aber einfach auch die Zeit. Du musst dich fachlich damit beschäftigen. Eine Fachkraft macht hier zum Beispiel

Sülze und steckt da voll drin. Aber ich habe als Mutter gerade nicht die Zeit, mich um diese Dinge zu kümmern.“

„Wie siehst du deinen Betrieb mit Fischzucht und Anglerweiher in Zukunft?“
Lisa lächelt zuversichtlich und antwortet mit einer positiv gestimmten Stimme:

„Ich sehe mich in fünf Jahren noch gut aufgestellt und modernisiert. Mit einem guten Team. Ich möchte gerne meinen Meister machen. Eigentlich wollte ich meinen Meister dieses Jahr machen. Aber ein Kollege ist leider abgesprungen. Mit meinen zwei kleinen Kindern geht es leider dieses Jahr nicht. Vielleicht nächstes Jahr. Auch habe ich einige Pläne, um den Betrieb zu modernisieren.

Ja, mein Ziel ist, nächstes Jahr meinen Meister zu machen und viel in den Betrieb zu investieren.“

Wissensblock Fische

Fischgerichte gehören längst zum festen Bestandteil der deutschen Küche. Besonders beliebt sind Lachs, Forelle und Karpfen. Diese können sowohl wild gefangen als auch in Teichanlagen aufgezogen werden. Zunehmend gefragt sind auch heimische Süßwasserfische wie Saiblinge oder Zander, die in der regionalen Gastronomie an Bedeutung gewinnen.

Insgesamt lag der durchschnittliche Pro-Kopf-Verbrauch von Fisch und Meeresfrüchten in Deutschland im Jahr 2022 bei 13,6 kg (1). Der Selbstversorgungsgrad beträgt jedoch lediglich 20,4 % (2). Das bedeutet, dass rund vier Fünftel des Bedarfs durch Importe gedeckt werden müssen. Die beliebtesten Importfische, insbesondere Lachs, stammen überwiegend aus Norwegen, Chile, Schottland und Kanada (2).

In Deutschland werden vor allem Forellen, Karpfen und Saiblinge, aber auch Zander, Wels und Aal in sogenannten Aquakulturen aufgezogen. Diese Form der Fischhaltung hat in Deutschland eine lange Tradition. Bereits im Mittelalter legten Klöster Teichanlagen an, um sich mit tierischem Eiweiß in Form von Fisch zu versorgen (3).

Ein bedeutender Schritt in der Geschichte der Aquakultur war die Einführung der Regenbogenforelle in Europa. Sie wurde erstmals im Jahr 1870 aus Amerika nach Europa gebracht (4). Mit dieser Art wurde die kontrollierte Aufzucht von Fischen unter menschlicher Obhut zunehmend effizienter. Ende der 1950er-Jahre revolutionierte zudem künstliches Granulatfutter die Fischzucht, die bis dahin auf Produkte aus der Landwirtschaft und Tierhaltung (z. B. rohes Fleisch) als Fischfutter angewiesen war (3). Dies ermöglichte eine hygienischere, gleichmäßigere und bedarfsgerechtere Ernährung der Zuchtfische.

Forellenzuchten sind auf frisches, kühles Wasser angewiesen (Quell- oder Oberflächenwasser), das permanent durchströmt und bei Bedarf belüftet wird. Damit der Sauerstoffgehalt ausreicht, wird Reinsauerstoff eingesetzt. Die Anlageformen reichen von Erd- oder Betonteichen über Fließkanäle bis hin zu modernen Teilkreislauf- oder Kreislaufsystemen (5).

(1) – Statista (2025): Pro-Kopf-Konsum von Fisch weltweit nach Regionen 2021 – 23. *https://de.statista.com/statistik/daten/studie/292998/umfrage/pro-kopf-konsum-von-fisch-weltweit-nach-regionen*, letzter Zugriff am 18. 07. 2025

(2) – BMEL (2022): Leichte Zunahme des Selbstversorgungsgrades von Fisch im Jahr 2024. *https://www.bmel-statistik.de/ernaehrung/versorgungsbilanzen/fisch#:~:text=Somit%20ergab%20sich%20ein%20inl%C3%A4ndischer,um%201%2C5%20Prozentpunkte%20gesunken*, letzter Zugriff am 18. 07. 2025

(3) – Alimentarium (n. a.): Geschichte der Aquakultur. *https://www.alimentarium.org/de/fact-sheet/geschichte-der-aquakultur*, letzter Zugriff am 18. 07. 2025

(4) – von dem Borne (1881): Die Fischerei-Verhältnisse des Deutschen Reiches, Oesterreich-Ungarns, der Schweiz und Luxemburgs. Moeser Berlin, Digitalisiert von Humboldt-Universität zu Berlin

(5) – Nationaler Strategieplan Aquakultur für Deutschland. *https://www.portal-fischerei.de/fileadmin/SITE_MASTER/content/Dokumente/Bund/Aquakultur/Nationaler_Strategieplan_Aquakultur_Deutschland.pdf?utm_source=chatgpt.com*, letzter Zugriff am 31. 07. 2025

Scannen Sie den QR-Code mit Ihrer Smartphone-Kamera oder einer QR-App und Sie gelangen direkt zum Filmclip über diesen Betrieb.

Teil 2: Landwirte & Landwirtinnen kümmern sich um Acker und Garten

7 Bei Wind und Wetter auf dem Acker

Gemüsebetrieb in Nordrhein-Westfalen

*„**Martina** wollte eigentlich was ganz anderes machen.“*

8 Der zurückübertragene Hof

Kartoffelbetrieb in Brandenburg

*„**Sebastian** macht es anders als seine Eltern.“*

9 In drei Monaten 15 kg leichter und das Jahresgehalt verdient

Spargelbetrieb in Hessen

*„**Georg** hat drei Monate Zeit für Entscheidungen.“*

10 Es gibt gute Gründe aufzuhören

Obstbetrieb in Niedersachsen

*„**Christian** hatte (k)eine Wahl, etwas anderes zu machen.“*

11 Wachsen als einzige Chance

Tomatenbetrieb in Nordrhein-Westfalen

*„**Carsten** investiert mit modernster Technik in die Zukunft.“*

12 Als Betriebsleiter sind wir Generalisten

Gurkenbetrieb in Niedersachsen

*„**Marcel** arbeitet mit Klimacomputer und modernster Technik, aber die Handarbeit bleibt.“*

7
Bei Wind und Wetter auf dem Acker

Gemüsebetrieb in Nordrhein-Westfalen

Heute ist es ungewöhnlich warm. Die Sonne steht bereits hoch am Himmel, obwohl der Sommer noch nicht offiziell begonnen hat. Rechts und links von uns erstrecken sich saftig grüne Wiesen, durchsetzt von kleinen Baumgruppen mit Ahorn, Buche und Eiche. Zwischen den Feldern sehen wir sowohl alte Bauernhöfe mit traditionellem Charme als auch neu errichtete, moderne Gehöfte. Am Horizont drehen sich langsam die Windräder im Wind und liefern nachhaltige Energie.

Wir befinden uns im Rhein-Kreis Neuss in Nordrhein-Westfalen, irgendwo zwischen den lebendigen Städten Köln und Düsseldorf. Obwohl diese Region von Industrie, zahlreichen Autobahnen und urbanem Leben geprägt ist, wirkt die Umgebung hier draußen deutlich ruhiger, ländlicher und fast schon vergessen. Und doch spüren wir das emsige Treiben: Es wird gearbeitet, Felder werden bestellt, Energie wird erzeugt und Lebensmittel werden produziert – für viele Menschen, nicht nur für die Bewohner dieser Gegend.

Wir erkennen rechts und links bewirtschaftete Ackerflächen. Sind das Felder für Gemüse? Hier müssen wir richtig sein. Wir folgen dem Schild mit der Aufschrift „Hofladen" und biegen rechts ab. Rechts und links stehen große Wohngebäude und wir sind unsicher, ob es hier wirklich zu unserem verabredeten Ort geht. Links von uns erscheint in einem eingezäunten Garten ein großer Hund, der bellt. Wir haben das Gefühl, dass wir auf ein Privatgelände fahren. Etwas weiter sehen wir jedoch Parkmöglichkeiten und auch den Eingang zu einem Hofladen.

Wir steigen aus und riechen frisches Gras, Erde und Holz. Wir hören ein leises Summen. Es dauert einen Augenblick, bis wir erkennen, dass es von zahlreichen Bienen kommt, die uns entgegenfliegen. In der Nähe muss ein Bienenstock sein, für den die Bienen fleißig Blütenektar sammeln. Im Hofladen ist es deutlich kühler, was einen angenehmen Kontrast zur Temperatur draußen bildet. Martina erwartet uns schon und begrüßt uns freudestrahlend. Sofort fängt sie an zu erzählen. Es macht ihr sichtlich Spaß, uns alles zu zeigen und zu erklären.

Martina wollte eigentlich was ganz anderes machen

Martina hat von Kindesbeinen an tatkräftig auf dem Gemüsehof mit Direktvermarktung mitgearbeitet. Sie musste früh auf dem Acker mithelfen und war eine wichtige Hilfskraft im Familienbetrieb. Jetzt beginnt jedoch eine neue Lebensphase. Zum ersten Mal in ihrem Leben kann sie auch mal mit ihrem Mann häufiger in den Urlaub fahren. Sie und ihr Mann haben den Hof an die nächste Generation weitergegeben und möchten sich nun anderen Aufgaben widmen.

Dennoch wohnt Martina direkt auf dem Hof und ist irgendwie doch noch mittendrin. Die Arbeit im eigenen Betrieb hat Martina geprägt und lässt sie auch im Alter, im wohlverdienten vermeintlichen Ruhestand, nicht los.

Die Gewächshäuser und bewirtschafteten Felder liegen sowohl direkt am Wohnhaus als auch in der näheren Umgebung auf der anderen Straßenseite. Auch der Hofladen befindet sich auf dem Gelände. Martina bewirtschaftet mit ihrem Mann, ihrem Sohn und dessen Frau 10 Hektar Felder und 1400 Quadratmeter Gewächshäuser. Direkt am Waldrand gelegen, wird das Glashaus sowohl von der Morgen- als auch von der Mittagssonne durchflutet.

Martina zeigt uns als Erstes ihr Gewächshaus, hier werden verschiedene Salate, Bohnen und Tomaten gezogen. Das Gewächshaus sieht überschaubar aus und entlang eines jeden Gangs verläuft ein dünner Schlauch – vermutlich Teil des Bewässerungssystems. Die Fenster am Dach stehen offen. Die Temperatur im Inneren ist angenehm warm, doch wir spüren auch einen leichten Luftzug, der für eine angenehme Frische sorgt.

„Wann hast du gewusst, was du werden möchtest?“

Martina macht ein nachdenkliches Gesicht, bevor sie antwortet:

> *„Ursprünglich wollte ich immer Schauspielerin werden. Das ist ganz was anderes, aber meine Mama hatte mir immer davon abgeraten. Sie hat immer gesagt, das sei brotlose Kunst. Dabei hätte ich das sehr, sehr gerne gemacht. Ja gut, dann habe ich ein bisschen mit der Angst zu tun bekommen, dass sie recht haben könnte.*
>
> *Dann habe ich mir vorgenommen, entweder in die Fremdsprachenrichtung zu gehen, Fremdsprachenkorrespondentin zu werden, viel zu reisen und so weiter. Oder ganz etwas anderes. In die Pharmazie zu gehen und mich mit einer Apotheke selbstständig zu machen. Aber mit Schwerpunkt Heilpflanzenmittel. Also nicht nur die klassische Medizin, sondern auch mit sehr vielen Naturheilprodukten.*
>
> *Dann habe ich meinen Mann kennengelernt, recht früh, da waren wir beide noch auf dem Gymnasium. Er wollte Maschinenbau studieren und dann hat er gesagt: Nee, ist alles Quatsch. Er fand von heute auf morgen Gefallen an der Landwirtschaft. Also an unserem Betrieb. Da habe ich mir immer gedacht: Oh Gott, der weiß überhaupt nicht, was da auf ihn zukommt. Er war sich seiner Sache aber sehr bewusst und hat sich wirklich von jetzt auf gleich da reingehängt.*
>
> *Ja, und wir beide haben seit der Betriebsübernahme vor gut 35 Jahren nonstop mit 70 bis 75 Stunden pro Woche gearbeitet. Ich habe nur gedacht: Nein, jetzt geht die Arbeit weiter. Ja, und dann haben wir tatsächlich den Betrieb übernommen. Zwischenzeitlich war auch mein Papa verstorben. Das heißt, meine Mama stand mit der ganzen Arbeit alleine da und die brauchte uns auch. Ja, so hat sich das dann entwickelt.“*

„Warst du am Ende froh, dass du es so gemacht hast?“

> *„Am Anfang war ich eigentlich eher traurig, weil wir sehr, sehr viel gearbeitet haben. Zeitlich und körperlich sehr viel gearbeitet haben. Meine Freundinnen, die waren alle an der Uni und erzählten mir von vielen Partys, Urlauben und viel freier Zeit. Und hier war dagegen echt hartes Brot angesagt mit 60-Stunden-Wochen und so weiter. Ja, da war ich schon ein bisschen traurig.“*

Wir möchten gerne mehr über Martinas eigene Geschichte kennenlernen: **„Welche eigenen Erfahrungen hast du denn auf dem Betrieb gemacht?“**

Martina:

> *„Als Kind saß ich zum Beispiel mit Mama hinten auf der Pflanzmaschine drauf. Mein Vater ist gefahren und wir beide saßen auf den beiden Pflanzkörpern drauf und haben gepflanzt. Die anderen durften ins Schwimmbad fahren, während ich mit Tränen auf der Pflanzmaschine saß. Darf ich denn morgen mal fahren? Nee. Ich hatte eine taffe Mutter im Hintergrund. Für sie kam es nicht infrage, zu viele geschäftsbezogene Aufgaben an fremdes Personal abzugeben. Es hieß, du musst immer am Gerät sein. Du*

musst immer abends den letzten Kontrollgang machen. Du musst dies, du musst jenes. Du kannst dies nicht. Du kannst das nicht. Ansonsten geht dieses Geschäft den Bach runter.“

„Die anderen durften ins Schwimmbad fahren, während ich mit Tränen auf der Pflanzmaschine saß.“

Viel Vielfalt ohne Bio

„Würdest du deinen Betrieb als klein oder groß bezeichnen?“ Martina:

„Wir sind ein kleiner Betrieb. Also wir sagen immer, wir sind Hobbygärtner. Eigentlich stellt man sich so ein Gewächshaus ja ganz anders vor: viel größer, viel sortierter, viel steriler. Aber das ist das Schöne. Wir haben viele verschiedene Kulturen und unser Gemüse wächst noch in der Erde.

Wir sind nicht dem Großhandel angeschlossen. Das heißt, wir stehen eher an der Grenze zwischen klein und mittel. NRW-weit würde ich sagen, klein bis mittel. Genau, der Anfang von einem mittelgroßen Betrieb.“

Als wir uns umsehen, stellen wir fest, dass hier viel Wert auf eine ökologische Arbeitsweise gelegt wird. Auf dem Betrieb von Martina gibt es eine große Vielfalt an Kulturen. Hier wird vieles von Hand gemacht und die Pflanzen sitzen in der Erde.

Wäre es nicht auch möglich, dies den Kunden bei der Vermarktung mit einem Bio-Label zu zeigen? Martina klärt uns auf:

> *„Wir sind kein anerkannter Bio-Betrieb, weil wir beim Kartoffelanbau zum Beispiel teilweise doch noch Fungizide gegen die Krautfäule und Insektizid gegen den Kartoffelkäfer einsetzen müssen.*
>
> *Wenn wir sehen, dass sich die Käfer von alleine verflüchtigen, was auch vorkommt, wenn zum Beispiel viel Wind weht, dann lassen wir das. Passiert aber leider nur selten. Wenn wir aber sehen, dass fast nur noch die Stängel übrigbleiben, dann müssen wir wirklich zur Chemiekeule greifen. Ansonsten hätten wir ja absolute Totalausfälle.“*

Beim Gemüseanbau gibt es unterschiedliche Anbauweisen, die sich in ihrer Methodik, Philosophie und Zielsetzung unterscheiden. Der konventionelle Anbau ist die am weitesten verbreitete Form. Im konventionellen Anbau steht die Wirtschaftlichkeit an erster Stelle, diese zielt auf maximale Erträge und Effizienz ab. In der ökologischen Landwirtschaft steht die Ökologie im Vordergrund, es wird bewusst auf chemisch-synthetische Hilfsmittel verzichtet. Stattdessen werden natürliche Kreisläufe gefördert, zum Beispiel durch Fruchtfolgen, Kompostdüngung oder den Einsatz von Nützlingen. Produkte aus ökologischem Anbau unterliegen strengen Richtlinien und sind durch Bio-Siegel zertifiziert.

Das heißt nicht, dass ein konventioneller Betrieb keine Strategien oder Ansätze aus einem ökologischen Anbau übernehmen darf. Diese Kombination ist möglich. Ein Bio-Betrieb hingegen muss alle geltenden Bio-Richtlinien verfolgen, eine Abweichung führt zu einer Aberkennung des Bio-Siegels.

Wir verlassen das Gewächshaus und betrachten das direkt anliegende Gemüsefeld. Martina erzählt mit Enthusiasmus weiter. Sie zeigt auf das Gemüsefeld:

> *„Wir haben jetzt zum ersten Mal eine Folie im Einsatz, die sich selbst wieder abbaut. Wir können sie einarbeiten und sie löst sich dann wieder selbst auf. Wir können es noch nicht ganz glauben. Wir haben sie jetzt einfach mal ausprobiert, weil wir bisher die klassische Folie verwendet haben. Wir wollen halt nicht gegen Unkraut spritzen. Das ist der einzige Grund für diese Folie. Und ja, der Umwelt zuliebe haben wir jetzt darauf umgeschwenkt.*
>
> *Wir würden auch Vlies nehmen, aber das ist leider wesentlich teurer als die Folie. Das sollte geändert werden, damit viel mehr Vlies verwendet wird. Das Vlies können wir nämlich nach der Ernte wieder abschütteln und mehrfach wiederverwerten. So wie wir es im Gewächshaus machen, könnten wir es mit der Folie nicht, die würde dann wirklich zerfetzen, wenn wir die abziehen.“*

„Wie plant ihr die Ernte?" Martina:

> *„Wir haben die Felder alle recht nah um uns herum. Wenn wir freitagsabends nach dem Wochenmarkt sehen, dass morgen Samstag ist und der Run im Hofladen ansteht, dass wir zehn Kissen Salat brauchen. Wenn am Freitagabend keiner mehr da ist, sagen wir zu unseren Leuten: Schneidet bitte für morgen früh drei Kisten Lollo, drei Kisten Eisbergsalat und zwei Kisten Kopfsalat.*
>
> *Wir fahren dann mit der Schubkarre ins Feld, schneiden die Salate und bringen sie direkt frisch auf den Tisch. Das variiert total nach Saison, im Durchschnitt sind es acht bis zehn.*
>
> *Das ist also tatsächlich reine Erfahrung. Der Betrieb wird jetzt, was unsere Kinder angeht, in vierter Generation geführt. Wir haben das Wissen und die Erfahrung von meinen Eltern übernommen, auch was die mengenmäßige Kalkulation angeht. Und sie übernehmen das jetzt schon wieder von uns."*

In Deutschland gibt es viele verschiedene Salatsorten. Der Kopfsalat ist mild und zart und somit ideal für klassische grüne Salate. Eisbergsalat ist besonders knackig, bleibt lange frisch, während Römersalat etwas herber schmeckt und gern für Caesar Salad verwendet wird. Etwas mehr Biss haben Lollo Rosso und Lollo Bionda mit ihren typisch krausen Blättern. In der kühleren Jahreszeit kommt oft Feldsalat mit einem nussigen Aroma auf den Tisch. Auch Rucola ist scharf-nussig und kann Gerichte aufwerten. Wer es herber mag, greift zu Radicchio, Chicorée oder Endivie, die alle eine leichte Bitternote haben. Hinzu kommen moderne Mischungen wie Asia-Salate oder Baby

Leaf mit zarten, jungen Blättern. Dementsprechend gibt es eine große Vielfalt an Salaten für eine abwechslungsreiche Küche.

„Welche Gemüsesorten baut ihr auf eurem Betrieb an?“

Martina:

> *„Über das Jahr verteilt, also von Saison zu Saison, bieten wir ca. 30 verschiedene Obst- und Gemüsekulturen an. In erster Linie haben wir ein breites Spektrum an Gemüse. So haben wir eine große Vielseitigkeit. Das ist zwar sehr interessant, erfordert aber auch viel Individualität. Dies erfordert auch sehr viel angelerntes Personal.*
>
> *Es ist zum Beispiel wesentlich einfacher, wenn du die klassische Ausrichtung der heutigen Höfe hast wie Spargel-, Erdbeer- oder Kartoffelanbau. Unser Betrieb bietet hingegen Zuckerschoten, Wachsbohnen, Stangenbohnen, Süßkartoffeln, drei Sorten normale Kartoffeln, sechs Sorten Tomaten und so weiter.*
>
> *All das umzusetzen, ist natürlich sehr schwierig. Das hat bei uns gut geklappt, weil wir sehr viel selbst dazwischen waren.“*

„Woher bekommt ihr eure Jungpflanzen?“ Martina nimmt ein kleines Zuchttöpfchen in die Hand und zeigt es uns. Sie erklärt:

> *„Zum größten Teil ziehen wir die Pflänzchen selber. Nur bei größeren Salatposten und dergleichen bekommen wir teilweise auch Pflanzen aus Zeitgründen. Feldsalat zum Beispiel als Jungpflänzchen. Aber in erster Linie säen wir selbst aus. Dann geht es vom Samenkorn bis zum Jungpflänzchen, das anschließend ausgepflanzt wird.*
>
> *Den Salat setzen wir zum Beispiel in vier bis fünf Sätzen, das nennen wir pflanzen. Ein Satz bedeutet, dass wir pflanzen und dann warten wir drei bis vier Wochen, bis er nach fünf bis sechs Wochen erntereif ist. Dann ernten wir zwei bis drei Wochen lang, aber zwischendurch wird wieder der nächste Satz gepflanzt, damit wir ein lückenloses Angebot haben.“*

„Was muss bei den verschiedenen Kulturen beachtet werden?“ Martina zeigt auf die Fläche im Gewächshaus:

> *„Wir haben Fruchtfolgen. Zumal wir auch so gut wie nicht spritzen, also sehr biologisch arbeiten. Du musst halt auch darauf schauen, dass sich die Kulturen nicht ins Gehege kommen, sprich Pilzerkrankungen, Schädlinge und so weiter, damit du so wenig wie möglich Chemie einsetzen musst.“*

Die Fruchtfolge ist eine durchdachte Abfolge verschiedener Pflanzenarten auf einem Feld über mehrere Jahre hinweg. Sie schützt den Boden, beugt Krankheiten vor, spart Dünger – und ist damit eine der ältesten und gleichzeitig modernsten Methoden für eine nachhaltige Landwirtschaft.

„Wer seine Waren zuerst auf den Markt bringt, bekommt das meiste Geld. Die Hochsaison bringt eigentlich das wenigste Geld. Und das ist, finde ich, absolut gegen die Natur.“

Wir betrachten das vielfältige Feld, unterschiedliche Gemüsesorten in langen Reihen wachsen nebeneinander. Wir laufen daran entlang und sehen einen feinen Stoff, der den Boden bedeckt. Martina zeigt darauf:

„Das ist zum Beispiel Bionet. Man kann es sich wie eine feine Gardine vorstellen, die die Pflänzchen vor zu schnellem Austrocknen, vor der Sonne, aber in allererster Linie vor Schädlingen schützt. Möhren und Kohlarten werden in erster Linie von der Möhren-

fliege und der Kohlfliege angegriffen. Die legen ihre Maden da hinein, die dann die Wurzeln und später auch die Blätter zerfressen.

Daher ist es für uns ganz wichtig, dass die Pflanzen geschützt sind, sodass die Schmetterlinge, bevor sie ihre Larven ablegen, dass die gar nicht erst an die Kulturen herankommen. Daher das Bionet. Es ist auch viel öfter einsetzbar als Lochfolie, die eigentlich nur zur Ernteverfrühung dient. Da sprechen wir uns gegen aus.

Ein großes Argument für unsere Kunden ist auch, dass wir unseren Produkten die natürliche Zeit zum Wachsen und Reifen lassen. Wir treiben sie nicht durch Folienabdeckungen und erhöhten Düngekonsum zu unnatürlich schnellem Wachstum.

Wir haben jetzt zum Beispiel im Spargelanbau komplett auf Folieneinsatz verzichtet. Wir verzichten dann lieber darauf, dass wir bereits am 1. April Spargel zu einem sehr hohen Preis, sprich 16 bis 18 Euro pro Kilo, anbieten können. Unsere Kunden warten lieber, zahlen im Schnitt 10 Euro pro Kilo für den besten Spargel und wartet dann auch drei bis vier Wochen länger, bis der Freilandanbau beginnt.

Wer seine Waren zuerst auf den Markt bringt, bekommt das meiste Geld. Die Hochsaison bringt eigentlich das wenigste Geld. Und das ist, finde ich, absolut gegen die Natur."

„Wie geht ihr gegen Schädlinge vor?"

Martina:

„Wir arbeiten hier manchmal mit Schlupfwespen und Hummeln sowie den üblichen Gelbtafeln, aber im Allgemeinen reicht uns die natürliche Fruchtfolge. Wir haben ja über die Jahre erkannt, dass es Sinn macht, Tomaten neben Rucola zu pflanzen, und so weiter.

Das ist eigentlich eine Erfahrungssache, eine Lernsache auch. Mein Mann hat den Gemüsebau ja von der Pike auf gelernt. Hinzu kommt die jahrelange Erfahrung, sodass wir jetzt damit zufrieden sind.

Und die Kunden sind auch sehr tolerant geworden. Wir haben die Kunden natürlich auch erzogen. Wir haben gesagt: Leute, wir können die kleinen krummen Möhren nicht alle wegwerfen und in die Pferdemöhrensäcke stecken. Weil die wurden mit viel, zu viel Handarbeit und viel zu viel Zeit großgezogen. Zeit ist Geld. Ihr müsst sie kaufen."

„Habt ihr neben Schädlingen auch andere Herausforderungen, die eure Arbeit betreffen?"

Martina überlegt:

„Gut, wenn jetzt natürlich hier eine Flutkatastrophe käme und das ganze Land unter Wasser stünde, dann wären wir genauso am Ende wie die Großen auch. Aber meistens ist, wenn wir zum Beispiel einen Hagelschauer haben, der Salat davon betroffen, der Kohl weniger. Beim Kohl wachsen die Verletzungsstellen raus und so weiter. Das eine fängt das andere wieder auf, weil wir eben diese Vielseitigkeit haben."

„Gibt es denn noch andere Herausforderungen für euren Betrieb?“

Martina:

„Ich sehe das größte Problem in der Personalbeschaffung in der Produktion. Heutzutage möchte kaum noch jemand für wenig Geld bei Wind und Wetter auf dem Acker arbeiten. Das bedeutet, dass die Chefs sehr viel dazwischen hängen müssen, um Kontrolle zu wahren und Anweisungen zu geben. So war unser Leben. Da müssen wir von morgens bis abends, von der Produktion bis zum Verkauf, den ganzen Tag präsent sein.

Zudem leben wir in Verbindung mit der Natur, müssen Gegebenheiten, die Wetterbedingungen und die Folgen für die Ernte hinnehmen und haben im Prinzip wenig Einfluss. Letztendlich können wir nur entscheiden, ob wir die Möhren jetzt ernten oder es sein lassen.

Ernten wir am Sonntag oder nächste Woche und nehmen in Kauf, dass die Möhren durch Frost eventuell kaputtgehen? Oder setzen wir unsere eigene Individualität hinten an und stellen den Job in den Vordergrund? Platt gesagt: Je mehr Dreck und Natur dazukommen, umso schwerer wird es.

„Heutzutage möchte kaum noch jemand für wenig Geld bei Wind und Wetter auf dem Acker arbeiten.“

Vor Jahren gab es das große Tschernobyl-Jahr. Damals war man sich ja auch überhaupt nicht einig über die Grenzwerte. Die Definitionen gingen teilweise um zwei, drei Dezimalen auseinander. Und ja, natürlich hatten wir sehr darunter zu leiden, dass wir fertiges Gemüse hatten, wie jetzt, aber nicht mehr vermarkten durften. Aber ansonsten toi, toi, toi.

Die einzigen Einbußen, die wir mal hatten, waren durch einen starken Hagelschlag, als ich noch ein Kind war. Dabei wurden wirklich die Produkte zerschmettert, teilweise auch die Glasscheiben. Aber hier scheinen wir tatsächlich nicht in so einer Haupthagelschneise zu liegen.“

Hofladen vs. Großhandel

Wir gehen vom Feld wieder in den Hofladen, um uns dieses Mal genauer anzusehen, welche Produkte angeboten werden. Martina blickt sich um. Sie folgt direkt einem Impuls und beginnt, das Gemüse zu sortieren. Wir sehen die bunte Vielfalt, nicht nur Gemüse und Obst, sondern auch andere Waren wie Wurst, Mehl und Nudeln. Während wir die Vielfalt bestaunen, erzählt Martina, wie es früher war.

„Wie seid ihr zum Direktvertrieb auf dem Hof gekommen?“

Martina:

„Das war eigentlich nicht geplant. Da muss ich von vorne anfangen zu erzählen. Der Ursprung lag in der Beschickung des Wochenmarkts. Meine Großeltern mütterlicherseits hatten eine Hühnerhaltung mit Freilauf auf dem Hof. Mit dem Pferdewagen fuhr mein Großvater dann zum Markt. Meine Großmutter war zu Hause gut beschäftigt, da es damals noch keine Wasch- oder Spülmaschine gab.

Dann hat meine Mutter meinen Vater kennengelernt. Der hatte keine Ahnung von der Landwirtschaft und ist da so reingerutscht.

Als meine Großeltern kräftemäßig nicht mehr konnten, haben meine Eltern das übernommen und sind mit Pferdewagen zum Markt nach Köln gefahren. Irgendwann kamen die ersten Automobile hinzu. Es war einfacher, die Eier zu transportieren, und man stellte fest, dass noch Platz im Auto war.

So haben sie mit dem Gemüseanbau angefangen. In erster Linie mit Kartoffeln und Möhren. Eissalat kannte man zu dieser Zeit noch nicht. So wuchs im wahrsten Sinne des Wortes eins zum anderen heran.

Und dann kam die Weltwirtschaftskrise in den USA. Das war in den 50er-Jahren, also der Nachkriegszeit. Damals gab es ein ähnliches Personalproblem wie heute. Bis dato hatten sie sehr viel Personal aus ihren eigenen Familienkreisen. Ich habe hier alte Bilder, auf denen meine gesamten Tanten und Onkel mit Spaten und Hacke auf den Feldern stehen. Dann haben sie damals versucht, mit den ersten Fremdarbeitern, sprich Polen, zu arbeiten. Die Rumänen waren damals noch weit außen vor.

So wuchsen meine Eltern ganz langsam in einen größeren Obst- und Gemüseanbau hinein. Sie merkten: Okay, das Gemüse lässt sich fast noch besser verkaufen als die Eier. Also hatten wir sehr viel Gemüse aus Eigenproduktion.

Wir wohnen an einer sehr stark frequentierten Landstraße. Damals war die Straße noch viel stärker befahren, da sie eine Verbindungsstraße zwischen vier verschiedenen umliegenden Dörfern war. Die Menschen haben die blühenden Felder gesehen und bekamen Appetit. Dann kam ein Neugieriger nach dem anderen, mit dem Fahrrad oder dem Auto auf den Hof gefahren. Meine Eltern auf dem Feld wurden dann gefragt, ob sie Gemüse verkaufen.

So begann ein klitzekleiner Abverkauf auf dem Feld. Es wurde Werbung in der Nachbarschaft gemacht und so wurde es immer größer. Nachher wurde es so viel, dass es sich tatsächlich lohnte, auf dem Hof, im Gemüsewaschraum, eine kleine Ecke mit alten Holzkisten und einer Waage einzurichten. So begann der Hofladenverkauf.“

„Also mussten Leute fürs Feld her. Und so hatten wir damals unsere ersten beiden polnischen Saisonarbeiter hier.“

Dann ist der Hofladenverkauf gewachsen. Martina beschreibt es so:

„Meine Mutter war immer die Geschäftsfrau durch und durch, mein Vater war eher der Handwerker und Anbauer. Aber meine Mama war die Marketingfrau und sagte immer: ‚Mensch, da können wir noch mehr rausholen!‘ Mein Vater hat immer gesagt: ‚Ne, da haben wir Leute am Hof und ich will meine Ruhe. Dann haben wir ja noch mehr Arbeit. Wie sollen wir das denn machen? Wer stellt sich in den Hofladen? Im Hofladen steht die Kasse.‘

Im Hofladen kommt es auf eine schöne Präsentation an. Ja, das machst du dann natürlich als Chefin, vor allem, wenn du das neu gründest. So fing es dann eigentlich an, dass meine Mutter sich mit ungefähr 50 mehr vom Feld zurückgezogen hat. Also mussten Leute fürs Feld her. Und so hatten wir damals unsere ersten beiden polnischen Saisonarbeiter hier.“

„Wer hat den Verkauf übernommen?“

Martina:

„Im Prinzip war ich die erste Verkäuferin im Hofladen. Meine Mama hat ja draußen auf dem Feld gearbeitet. Aber irgendwann musste ich auch meine Hausaufgaben machen. Dann hatte ich viele Freundinnen aus der Schule da. Wir haben uns abgewechselt. Jede war mal mit dem Verkauf dran. Die mussten auch alle mal mit Erdbeeren pflücken.

Aber irgendwann kamen so viele Kunden, dass wir unsere Hausaufgaben kaum noch machen konnten. Als meine Mutter das feststellte, hat sie sich selber in den Laden gestellt und es wurden Fremdarbeitskräfte für das Feld eingestellt.“

Dabei erzählt sie uns:

> *„Mein Lieblingsplatz bei der Arbeit ist eigentlich der Hofladen. Ich verkaufe sehr gerne und arbeite und spreche sehr gerne mit Menschen. Auch die Feldarbeit hat Spaß gemacht, nur war es halt zu viel des Guten. Es war natürlich auch schön, immer draußen an der frischen Luft zu sein und seine Ruhe zu haben.*
>
> *Das ist ja das Schöne an dem gesamten Beruf. Du hast die Produktion, du hast die Vermarktung und natürlich auch die Bürokratie, aber du hast immer einen fliegenden Wechsel."*

„Ihr profitiert ja vom Hofladen. Könntet ihr theoretisch davon leben, wenn ihr an den Großhandel verkauft?"

Martina schüttelt den Kopf:

> *„Also da würden wir hier mit unserer Betriebsanbaufläche absolut nicht hinkommen. Wir müssten genauso wie unsere Kollegen viel, viel größere Flächen bebauen, weil wir wirklich nur einen Bruchteil der Endpreise erhalten würden. Das wäre dann ein ganz anderer Betrieb.*
>
> *Das Schöne ist, wir haben die Endverbraucher und keinen Dumping-Großhandelsanlieferungspreis. Und ich denke, wir hätten auch nicht diese Kulturenvielfalt. Wir müssten uns, wie unsere Kollegen, auf zwei oder maximum drei Kulturen spezialisieren. Hier haben wir die Endverbraucher und viele verschiedene Kulturen, wo auch mal ein Läuschen drüber krabbeln darf oder eine Blattfleckenkrankheit vertreten sein darf, sodass wir kaum Chemie einsetzen müssen.*
>
> *Gerade, wenn man die Produkte in den Großhandel bringen muss, sind die Handelskontrollen sehr streng. Es gibt wirklich Kontrollen, bei denen beispielsweise kein Möhrenfliegenbefall an der Möhre sein darf, kein schwarzes Pünktchen und die Radieschenblätter müssen immer schön satt im dunklen Grün erscheinen. Das Porree darf keinen Tripsebefall haben, dafür muss ein Insektizid eingesetzt werden. Das macht im Prinzip gar nichts, das sind ganz kleine weiße Fleckchen auf den Porreeblättern. Man kann sie wegschneiden oder mitessen. An der Tomate darf es keine Krautfäule geben. Wenn die Tomate ein kleines braunes Fleckchen hat, darf sie nicht mehr mit den anderen Tomaten in die Kiste gepackt werden.*
>
> *Es gibt die Handelsklassen, die geben das einfach als Standard vor. Und wenn der Handel reklamiert, dann gehen die ganzen Chargen zurück. Es ist auch vollkommen uninteressant, ob eine oder zwei faule Tomaten in der Kiste sind, meistens geht die ganze Charge zurück. Das darf sich der Großhandel nicht leisten.*
>
> *Das würde ein finanzielles Manko in beträchtlicher Höhe bedeuten, wenn es des Öfteren vorkäme, dass die Betriebsexistenz gefährdet wäre. Ja, das ist bitter."*

„Aber irgendwann kamen so viele Kunden, dass wir unsere Hausaufgaben kaum noch machen konnten. Als meine Mutter das feststellte, hat sie sich selber in den Laden gestellt."

Im Hofladen liegen viele Produkte, die aus der eigenen Ernte stammen und entsprechend gekennzeichnet sind. Aber wir sehen dort auch andere Produkte, wie zum Beispiel Bananen. Warum ist das so? Martina erklärt uns die Gründe dafür:

„Im Hofladen haben wir das volle Programm. Das heißt, wir haben zum Beispiel auch Bananen aus Südamerika. Das muss sich halt im Hofladen ergänzen, damit die Kunden den Weg zu uns suchen.

Weil leider ist der Mensch ja auch bequem. Wenn er jetzt nur seine 200 Gramm Feldsalat und sein Tütchen Sauerkraut haben möchte, aber weiß, dass er auch noch Bananen, Sahne und Brot braucht, hat er vielleicht keine Lust, für die verschiedenen Dinge jeweils eine Anlaufstelle anzufahren. Deshalb haben wir unser Angebot so weit wie möglich vergrößert, um den Kunden einen effizienten Einkauf unter einem Dach anzubieten."

Kinder und Hof unter einem Hut

Martina:

„Als ich dann meine zwei Kinder großgezogen habe, standen die Kinder an erster Stelle, nicht der Betrieb. Aber leider musste ich durch den Druck meiner Mutter fast alles parallel machen. Sie hat es zwar gut gemeint, doch es hat mich einige Nervenzellen gekostet. Mein Papa ist sehr früh gestorben, als ich 20 war. Dann habe ich meinen Mann sehr früh kennengelernt. Er war meine erste Liebe und wir sind aneinander kleben geblieben bis heute.

Das sind alles Faktoren, die einen recht festen Weg vorgeben. Ich möchte, dass meine Kinder einen freieren Weg einschlagen.

Als die Kinder heranwuchsen, habe ich mich zurückgezogen. Sie wollten ja auch ihre Vokabeln lernen. Aber ich habe immer wieder festgestellt, dass ich mich nicht ganz ausklinken kann. Das möchte ich eigentlich weder meinem Sohn noch seiner Freundin zumuten.

Wir haben uns damals auch immer gezwungen, einmal im Jahr Urlaub zu machen, vor allem, als die Kinder da waren. Wir haben uns immer gesagt: Das Leben muss auch mal eine Auszeit haben, auch für die Kinder, damit sie etwas anderes kennenlernen."

Als Martina noch ein Kind war, musste sie sich den Gegebenheiten und Strukturen des Hofes ihrer Eltern anpassen. Mit ihren eigenen Kindern war es genau umgekehrt. Martina erinnert sich:

„Mein Mann hat sich eingeschaltet und gesagt: ‚Moment, du kannst nicht alles. Wir brauchen mehr Leute, wir brauchen auch im Verkauf noch eine Unterstützung. Du legst höchsten Wert auf die Erziehung, dass deine Kinder, wenn sie aus der Schule kommen, frisches Essen haben.'

Damals hat meine Mama Gott sei Dank noch gekocht, jeden Tag für vier Leute. Das mache ich jetzt. Und die Kinder gingen eigentlich einfach vor. Und meine Mutter wurde auch älter. Ja, sie war dann auch schon 65, 70 Jahre alt.

Und mein Mann sagte: ‚Weißt du, was? Eine Putzfrau kommt rein und noch eine Verkäuferin. Du kannst dich dann auch mal zurückziehen und mit den Kindern Vokabeln oder für Klassenarbeiten lernen.‘

Im Prinzip bin ich im Feld an der Seite von Mama und Papa groß geworden. Ja, die waren im Vergleich zu uns viel häufiger auf dem Feld. Die Feldarbeit machte sicherlich 80 % ihrer gesamten Arbeit aus. Aber sie hatten auch noch lange nicht so viel zu bebauende Fläche wie wir. Durch das herangewachsene Geschäft hatten wir weitaus mehr Land zu bearbeiten, sodass wir lernen mussten, einiges mehr zu delegieren.

Hinter dem Wald haben wir noch zwei oder drei große gepachtete Stücke, weil wir einfach einen größeren Kundenkreis bekommen haben. Dadurch waren mein Mann und ich dann irgendwann tatsächlich nur noch im Management, wie man das so schön sagt, genügend beschäftigt.

Meine Eltern, die hatten den kleineren Betrieb und die sind nur zweimal die Woche zum Wochenmarkt gefahren. Bis auf die Spargelzeit, hatten sie nur ungefähr zwei bis drei Helfer am Feld, im Jahresdurchschnitt.

Meine Mama hat oft den ganzen Sonntag mit der Schubkarre in der Küche gestanden und hat Radieschen gebunden. Und nebenher saß ich mit meinen Hausaufgabenheften und habe meine Hausaufgaben gemacht.“

„Wie hast du es geschafft, dich aus den Betriebsabläufen zurückzuziehen?“

Martina:

„Mehr zurückziehen konnte ich mich erst, als meine Kinder in der Grundschule waren. Denn zu jener Zeit spürte ich, dass meine Kinder mich zum Lernen, Kontrollieren und Durchsprechen der Schularbeiten brauchten. Daran war mir sehr gelegen. Ich war froh, diese neuen Aufgaben angehen zu können und mich im Betrieb für Stunden vertreten zu lassen.

Von da an habe ich mir von meiner Mama nicht mehr so viel sagen lassen. Zum Glück hatte das Thema Schule für meine Ma ebenso oberste Priorität.

Von da an versuchte meine Mama, sich stundenweise allein auf den Verkauf zu konzentrieren. Das hat natürlich nicht funktioniert. Da war sie ja auch schon knapp 60, ungefähr so alt wie ich jetzt. Sie bemerkte schnell, dass sämtliche Haushaltsarbeiten und private Erledigungen liegen blieben oder sie diese erst nach Geschäftsschluss erledigen konnte. Das wurde ihr verständlicherweise zu viel.

Nun leitet meine Schwiegertochter den Laden. Sie erledigt nun all die Aufgaben, die ich jahrelang gemacht habe. Da sehe ich ein bisschen meine Mama und mich. Deshalb rate ich ihr, von vornherein klare Trennungen zu ziehen.

Für mich waren diese Trennungen sehr schwer. Aber meine Mama lebte einfach in einer anderen Zeit. Sie konnte sich mit mir an ihrer Seite voll auf die Feldarbeit konzentrieren, ganz ungestört und zurückgezogen, ohne Kunden, Lieferanten und all den Leuten, die nun zum Hofladen und Wochenmarkt dazugehören.“

„Wir können im Prinzip über die Behandlung der Pflanzen und Tiere selbst entscheiden, ob wir in die Bio- oder in die konventionelle Richtung gehen. Wir sind zum Glück unsere eigenen Chefs."

„Wie siehst du die Zukunft von eurem Betrieb?“

Martina:

„Also, ich sehe es so, dass der Betrieb in den nächsten fünf bis zehn Jahren sehr ähnlich weiterlaufen wird. Vielleicht werden die jungen Leute einige Änderungen und Neuerungen vornehmen, doch die Grundintention des Betriebs wird sicherlich bestehen bleiben. In dieser Beziehung lassen wir den beiden komplett freie Hand.

Wir wollen uns immer mehr zurückziehen, weil wir wirklich ausgelaugt sind. Außerdem freuen wir uns, nun all die Dinge ausleben zu dürfen, die jahrzehntelang warten mussten.

Den wichtigsten Rat, den wir unseren Kindern stets geben, ist, dass der Hofladen und der Wochenmarkt nur mit der Persönlichkeit des Inhabers bestehen können.

Sowohl unsere Kunden, als auch wir müssen lernen, dass die Möhren, die immer noch umweltbewusst angebaut werden und in der gleichen Kiste liegen wie vor 20 Jahren, nun hauptsächlich von fremden Verkäuferinnen verkauft werden. Da muss man reinwachsen und loslassen können. Das wird schon klappen, solange Freundlichkeit und Herzlichkeit auch beim Fremdpersonal mit von der Partie sind.

Wir haben zwar einen deutlich höheren Aufwand, dafür aber auch eine viel größere Sicherheit als zum Beispiel die großen spezialisierten Spargelbetriebe. Diese Sicherheit sehe ich in zwei Dingen.

Einerseits, über die viel größere Bandbreite des Angebots. Das Angebot reicht vom selbstgemachten Sauerkraut und Marmelade über reichlich Gemüsekulturen bis hin zu Geflügel. Das ist schaffbar, aber es kostet. Dafür bedarf es auch sehr viel persönlicher Anleitung und viel eingespieltem Personal, das über die Jahre immer wieder zu dir kommt.

Damit bewegen wir uns wieder in eine andere Richtung. Da sind wir beim Risiko, einen großen Betrieb führen zu können und das Personal auch zu behalten. Das war schon während der Corona-Zeit zu sehen. Es herrscht eine noch größere personale Misere, denn mittlerweile studieren auch in Rumänien gefühlt 80 %. In Rumänien gehen mittlerweile die meisten Kinder aufs Gymnasium. Die wollen keinen Spargel mehr stechen oder in den Altenheimen oder Kliniken arbeiten.

Nehmen wir zum Beispiel einen großen Spargelhof, da läuft oft alles über Akkord. Der hat oft Dumpingpreise. Da wird der Spargel häufig pro Kilo gestochen. Wir haben schon mitbekommen, dass die Rumänen den Polen, oder auch umgekehrt, vor der Nase die Kisten mit Erdbeeren ausgeschüttet haben, um sich gegenseitig zu mobben. Das sind die Risiken des großen Betriebs, ähnlich wie in der Industrie.

Bei uns ist noch ein bisschen dieses Johnny-Wayne-Flair. Jetzt sehen wir, dass er die Zwiebeln nicht so schnell bündelt, aber okay, wir bekommen ja auch 1,50 für einen Bund. Das können sich die großen Betriebe, die nur 15 Cent für einen Bund bekommen, einfach nicht leisten. Wir aber hingegen sind sehr naturnah mit dem Anbau und den Endverbrauchern verbunden. Wir können im Prinzip über die Behandlung der Pflanzen und Tiere selbst entscheiden, ob wir in die Bio- oder in die konventionelle Richtung gehen. Wir sind zum Glück unsere eigenen Chefs."

Die vierte Generation

Martinas Sohn Felix und seine Frau haben den Betrieb nun in der vierten Generation übernommen.

Martina:

„Ich war jahrelang mit auf dem Feld. Jetzt habe ich den Luxus, das nicht mehr machen zu müssen. Aber die beiden haben jetzt den Luxus, in unsere Fußstapfen zu treten. Mein Mann und ich haben in den letzten Jahren mehr delegiert, mussten aber auch mehr delegieren. Jetzt, wo mein Sohn Felix und seine Frau den Betrieb übernommen haben, fahren wir ganz viel in den Urlaub. Das geht aber nur, weil wir jetzt den Betrieb abgegeben haben.

Felix wollte unbedingt übernehmen, wobei er ja etwas ganz anderes gemacht hat. Er hat Sportmanagement studiert und seine Frau Jura. Die beiden haben in ihre Berufe hineingeschnuppert und festgestellt, dass es nichts für sie ist. ‚Wir wollen frei sein. Wir wollen selbstständig sein und wir wollen mit vielen Menschen und mit vielen Pflanzen arbeiten.' Ja, und dann ist es dann dazu gekommen."

„Ich war jahrelang mit auf dem Feld. Jetzt habe ich den Luxus, das nicht mehr machen zu müssen."

„Und jetzt führt der Älteste den Betrieb weiter?"

Martina:

„Der Generationswechsel ist bei uns ein aktuelles Thema. Unser ältester Sohn ist jetzt 32 Jahre alt. Nach seinem Studium Sportmanagement hat er sich Hals über Kopf entschieden, den Betrieb zu übernehmen.

Durch Praktika und Berufserfahrung hat er gespürt, dass das Sportmanagement mit zu vielen Dingen einhergeht, die nicht sein Ding sind. Der Sport schon, aber die tatsächliche Umsetzung des Sportmanagements hatte er sich anders vorgestellt.

Plötzlich meinte er, dass seine Erfahrungen wohl ein Zeichen dafür wären, dass er seinem Schulruf als Bauer gerecht werden sollte. Zunächst habe ich mich gefreut, dass so ein junger Mensch den gut laufenden Betrieb der Eltern weiterführen möchte.

Wir, die schon länger im Geschäft sind, kennen natürlich die Problematik der Selbstständigkeit und des Personals. Wenn das Personal nicht da ist, man selbst richtig mit anpacken muss und eventuell muss noch die Ehefrau mit Kindern dazukommen.

Die jungen Leute müssen aufpassen, dass sie früh genug anfangen, den Spagat zwischen eigenem Einsatz, Delegieren und der Authentizität des Betriebes zu schaffen, denn es ist schwer, immer abrufbar zu sein. Das ist für Eltern schwierig abzuschätzen.

Ich habe meine eigenen Erfahrungen gemacht. Ich frage mich, ob es anders geht. Es geht bestimmt anders. Mein Mann und ich haben uns vorgenommen, unseren Sohn und seine Lebensgefährtin persönlich zu begleiten und sie vollkommen frei in ihren Entscheidungen zu lassen, auch wenn es oft spannend für beide Generationen ist.“

„Wie hat sich die heutige Zeit im Vergleich zu früher verändert?“

Martina:

„Wenn ich mir den Betrieb meiner Eltern ansehe, dann hat sich das stark verändert. Meine Mama hat den Betrieb in den 1950er-Jahren übernommen. Meine Eltern haben das damals alles alleine gemacht. Jetzt arbeiten hier mit den Verkaufshilfen etwa 20 Leute. Das hat zwei Gründe.

Der Kundenkreis ist größer geworden, weshalb sich der Anbau erweitern musste. Dafür brauchten wir natürlich mehr Leute für die Produktion, die Feldbestellung und die Ernte. Um den höheren Kundenanspruch abzudecken, sind wir im Feld von zwei Personen auf acht Personen gewachsen.

Hinzu kam der soziale Aspekt, dass ich als Mutter von zwei Kindern nicht mehr von morgens bis abends im Feld oder im Laden stehen konnte. Früher kamen wir mit vier bis fünf Leuten im Feld aus. Aber der Tag sah damals wie folgt aus: Morgens frühstücken, mit Kind im Arm raus in den Hofladen, beim Verkauf den Kinderwagen mit einer Hand hin und her schaukeln, nachmittags dann raus aufs Feld, teilweise mit Kind oder wenn das Kind schlief, schnell 30 Kisten Salat schneiden. Es war ganz viel Druck dahinter.

Ich bin zwischen Bohnen und Erde groß geworden. Aber damals gab es den Hofladen noch nicht. Da gab es nur das Feldpersonal. Für mich war es ein spielerisches Großwerden in der Natur. Ich habe Blumenkohlstängel geschnitzt oder Steinmännchen im Feld angepinselt. Ich fand das ganz toll, unter den Beregnungssprengern meines Papas herzulaufen.

Den Öffentlichkeitsdruck hatten wir noch nicht. Mittlerweile kommen pro Tag jede Menge Menschen auf den Hof. Ich konnte mich nie zurückziehen oder mal mit den Kindern spazieren gehen, wie es heute üblich ist. Irgendwann konnte ich das nicht mehr. Daher habe ich, als das zweite Kind da war, eine weitere Verkäuferin und eine weitere Mitarbeiterin für die Gemüseaufbereitung eingestellt.“

„Wie fühlt es sich an, den Hof abzugeben, auf dem du beinahe dein ganzes Leben gearbeitet hast?"

Martina überlegt:

„Ich habe gar nicht so das Bedürfnis, das irgendwie noch lenken oder kontrollieren zu wollen. Die beiden machen das jetzt bereits im vierten Jahr. In den ersten zwei Jahren war ich noch zu 80 % mit dabei, habe noch viel kontrolliert. Das geht natürlich nur, wenn du fast ständig dabei bist.

Die beiden jungen Leute haben auch gesagt: Okay jetzt wissen wir genug und jetzt lass uns auch mal machen. Wir waren dankbar für ihren Entschluss. Von daher muss man auch voller Vertrauen loslassen. Wir bremsen eigentlich nur noch gerne, wenn die Kerze ein bisschen lodert. Wir wollen sie nie ausgehen lassen, aber sie sollen schon selber ihren eigenen Weg finden. Das ist ganz wichtig.

Am interessantesten finde ich es, meine lieben Kunden noch zu treffen, weil man sich natürlich über die Jahre, wir sind seit 40 Jahren dabei, recht gut kennengelernt hat und im Prinzip fast drei Generationen begleitet. So hat man noch ein bisschen den Kontakt.

Aber ich verkneife mir immer mehr, wenn ich durch die Felder oder den Hofladen gehe, hier nochmal reinzugreifen. Das fällt mir natürlich schon schwer, so ganz lassen kann man das natürlich nicht. Das geht teilweise magnetisch. Aber ja, man kontrolliert sich schon immer mehr."

„Wovon lebst du dann jetzt?"

„Wir haben vorgesorgt. Wir haben ein kleines Mietobjekt und Lebensversicherungen abgeschlossen, denn die landwirtschaftliche Rente, die ist verdammt niedrig. Sie beläuft sich auf 400 bis 500 Euro. Man muss also tatsächlich schon selber privat vorsorgen, sonst schafft man das nicht. Das ist eigentlich traurig. Bei einem der wichtigsten und anstrengendsten Berufe sollte die Rente ganz anders aussehen."

„Ich habe gar nicht so das Bedürfnis, das irgendwie noch lenken oder kontrollieren zu wollen."

Im Rentenalter haben viele Menschen mehr Kapazitäten für Dinge, die sie schon immer machen wollten. Wie sieht es bei Martina aus? **„Hast du deine freie Zeit für Herzensprojekte genutzt?"** Martina schmunzelt und antwortet:

„Während meiner Selbstständigkeit hatte ich natürlich kaum Zeit für ein Hobby. Das hätte nur zusätzlichen Stress in meiner ohnehin vollgepackten Woche bedeutet. Allerdings habe ich mit 39, während eines für mich eher langweiligen Fußballurlaubs meiner damals heranwachsenden Jungs und meines Mannes, ein Buch über mein Leben als Adoptivkind geschrieben. Nur so als Zeitvertreib, während die Herren kickten. Es heißt ‚Matschefüße'.

Ja, da gab es viel Spannendes zu erzählen, weil ich erst mit 14 durch einen dummen Zufall von meinem Schicksal der Adoption erfahren habe. Aus diesem ‚Zeitvertreib' heraus wuchsen eine reale Lebensachterbahnfahrt und später ein dicker Roman empor. Die Entwicklung unseres Hofes über gut 40 Jahre hinweg bildet außerdem einen Teil der Kulisse dieses Werks.

Heute finde ich nun endlich Zeit und Muße, weiter daran zu arbeiten. Ich halte Lesungen und gebe Interviews. Ich betreibe nun eine andere Art Markt – mein Buchmarketing."

Der Traumberuf Schauspielerin aus der Kindheit hat sich (noch) nicht erfüllt, aber es scheint, dass Martina so ihre Affinität zur Kreativität ausleben konnte. Während unseres Rundgangs über den Hof, haben wir allerdings mitbekommen, dass sie trotz alledem noch ganz nah am Hoftreiben dran ist. **„Wie stark bist du heute noch eingebunden?"** Martina lacht:

„Ich stehe immer parat, wenn Not an der Frau ist, für alle Fälle. Freitag darf ich auch wieder mal mit zum Wochenmarkt fahren und bin dann kurz eingespannt. Also, ich sag mal, wenn Leute ausfallen.

Zudem habe ich meine Schwiegertochter zur Zeit der Betriebsübernahme während ihres Jurastudiums vertreten. Sie wollte nach dem ersten Staatsexamen abbrechen. Sie meinte, wir wollen ja auf jeden Fall übernehmen, da bräuchte sie ihr zweites Staatsexamen doch nicht. Ich sagte: Vivien, du weißt nie, wie das Leben spielt. Mach du mal schön dein zweites Staatsexamen. Sie meinte: Ja, aber ihr wollt euch doch ruhiger stellen. Ich entgegnete, dass wir ihren Abschluss für sehr wichtig halten und ich sie für diese überschaubare Zeit doch gerne vertrete.

Eine weitere Aufgabe und Selbstverständlichkeit war es für mich, meine Mama seit zwei Jahren mehr oder weniger zu pflegen. Sie war Gott sei Dank fit. Was heißt fit? Sie war altersgerecht fit, vor allem geistig fit. Aber später konnte sie keine Treppe mehr gehen, nicht mehr einkaufen, kein Auto fahren und so weiter.

Dann hat man schon sehr viel zu tun. Allein die Kocherei jeden Tag für die ganze Familie, da ist der Vormittag schon mal hin. Und der Nachmittag verfliegt ebenso. Dann gehst du hier in den Garten und schaust nach dem Haus. Alleine das ganze Private zu bewerkstelligen, das nimmt schon sehr viel Zeit in Anspruch."

Wissensblock Sonderkulturen

Die Ursprünge des Gemüseanbaus sind lange zurückzuführen und liegen eng in der Entwicklung der menschlichen Zivilisation begründet (1). Von den ersten sesshaften Siedlungen bis hin zu den modernen Anbaumethoden von heute hat sich der Gemüseanbau stetig weiterentwickelt.

Schon im Mittelalter spielten Gemüsegärten eine wichtige Rolle in der bäuerlichen Selbstversorgung. In sogenannten „Küchengärten" wurden unter anderem Kohl, Bohnen, Erbsen, Lauch und Zwiebeln angebaut.

Beim Gemüseanbau werden verschiedene Gemüsesorten gezielt gepflanzt, gepflegt und geerntet. Dies kann entweder unter Freiland, also draußen auf Feldern, oder unter geschützten Bedingungen, etwa in einem Gewächshaus oder Folientunnel erfolgen. Ein Folientunnel ist wie ein einfaches, gebogenes Gewächshaus aus transparenter Kunststofffolie, das vor Wind, Regen und Kälte schützt. Diese Tunnel bestehen in der Regel aus einem Metallgerüst, das mit UV-stabiler Folie überspannt wird, und verlängern die Vegetationsperiode. Sie ermöglichen damit eine frühe Aussaat und spätere Ernte.

Gemüse zählt zu den sogenannten Sonderkulturen. Das sind Nutzpflanzen, die sich keiner der üblichen Unterteilungen in Getreide (z. B. Weizen, Dinkel, Roggen), Hackfrüchte (z. B. Zuckerrüben), Ölfrüchte (z. B. Raps, Sonnenblumen) oder Körnerleguminosen (z. B. Sojabohnen) eindeutig zuordnen lassen.

Sonderkulturen zeichnen sich durch einen besonders hohen Pflege-, Ernte- und Arbeitsaufwand aus. Sie sind zudem stark von klimatischen, geografischen und standortspezifischen Bedingungen abhängig und können daher nicht überall angebaut werden (2). In Deutschland handelt es sich bei solchen Anbaubetrieben häufig um Familienbetriebe, die Marktnischen nutzen und ihre Produkte selbst vermarkten.

Während Obst normalerweise roh verzehrt wird, wird Gemüse meist vor dem Verzehr gekocht, gedünstet oder anderweitig verarbeitet, was zur besseren Bekömmlichkeit beiträgt.

Der Pro-Kopf-Verbrauch von Gemüse ist in Deutschland in den letzten Jahrzehnten kontinuierlich gestiegen. In den Jahren 2023/2024 lag er bei durchschnittlich 105 kg pro Person und Jahr (3). Gleichzeitig liegt der sogenannte Selbstversorgungsgrad, also der Anteil, den Deutschland aus eigener Produktion decken kann, nur bei 37 % (4). Das bedeutet, dass mehr als 60 % des in Deutschland verzehrten Gemüses importiert werden müssen, vor allem aus den Niederlanden, Spanien und Italien. Eine Ausnahme bilden Weißkohl und Rotkohl, deren Bedarf weitgehend durch heimische Produktion gedeckt werden kann.

(1) – Alimentarium (n. a.): Die Geschichte des Gemüseanbaus. *https://www.alimentarium.org/de/fact-sheet/die-geschichte-des-gemueseanbaus*, letzter Zugriff am 31. 07. 2025

(2) – Pflanzenforschung.de (2023): Sonderkulturen. *https://www.pflanzenforschung.de/de/pflanzen wissen/lexikon-a-z/sonderkultur-10106*, letzter Zugriff am 02. 03. 2023

(3) – Statista (2025): Gemüsekonsum in Deutschland – Daten & Fakten. *https://de.statista.com/themen/4243/gemuesekonsum-in-deutschland/#topicOverview*, letzter Zugriff am 31. 07. 2025

(4) – Statista (2025): Selbstversorgungsgrad bei Gemüse nach Art in Deutschland im Jahr 2023/24. *https://de.statista.com/statistik/daten/studie/1124547/umfrage/selbstversorgungsgrad-mit-gemuese-nach-art-in-deutschland*, letzter Zugriff am 31. 07. 2025

Scannen Sie den QR-Code mit Ihrer Smartphone-Kamera oder einer QR-App und Sie gelangen direkt zum Filmclip über diesen Betrieb.

8
Der zurückübertragene Hof

Kartoffelbetrieb in Brandenburg

Wir sind müde. Die langen, geraden Landstraßen stellen einen monotonen Rhythmus aus Asphalt, Wald und Himmel dar und fordern unsere Konzentration. Auf den fast leeren Straßen kommen wir an weitläufigen Kiefern- und Fichtenwäldern vorbei. Der Blick schweift, das Denken wird träge. Doch dann sehen wir plötzlich eine Bewegung am Rand unseres Sichtfelds. Unser Blick fällt auf eine Gruppe Rehe am Straßenrand. Einige hundert Meter weiter tauchen erneut Rehe auf einer angrenzenden Wiese auf. Friedlich grasend, als gäbe es nichts Wichtigeres auf der Welt. Wir sind in Brandenburg und bereits seit einigen Stunden im Auto unterwegs. Der Wind fegt durch die Bäume, die Sonne scheint und der Himmel ist strahlend blau mit weißen Wolken. Es ist April, und der Frühling steht vor der Tür. Unser Ziel ist eine überschaubare Kleinstadt in Brandenburg.

Kurz vor dem Ziel fahren wir an gut erhaltenen Fachwerkhäusern und alten Kirchen vorbei. Die Architektur hier ist von traditionellen Elementen geprägt. Die Fachwerkhäuser haben weiße Wände und dunkle Balken. Die Dächer sind oft mit roten Ziegeln gedeckt.

Das Navi bringt uns bis ans Ende einer Straße, die in eine Sackgasse mündet. Diese führt direkt zu einem kleinen Hofladen. Vor dem Eingang steht ein Baum, der festlich mit bunten Ostereiern geschmückt ist. Im Hofladen sind die Regale mit verschiedenen Sorten von Kartoffeln, Zwiebeln, Eiern und selbst gemachten Bienenwachskerzen gefüllt. Auf den Papiertüten sind jeweils handschriftlich die Sorte und der Preis notiert. Der Hofladen ist leer und wir treffen niemanden. Neben den Produkten steht eine Selbstzahlerkasse, die das Vertrauen in die Kunden zeigt. An einem großen Scheunentor hängt ein Zettel mit der Handynummer von Sebastian.

Wir rufen Sebastian an, denn wir haben uns verabredet. Am Handy hören wir die Motorgeräusche vom Traktor. Er ist gerade auf dem Feld beschäftigt, um den Tag optimal zu nutzen. *„Wollt ihr warten oder mich direkt auf dem Feld besuchen?“*, fragt er uns. Wir entscheiden uns für Letzteres, denn wir wollen das ländliche Leben hautnah miterleben. Wir laufen zu Fuß zu einem nahegelegenen Feld und folgen dabei den Treckergeräuschen.

Als wir das Feld erreichen, sehen wir Sebastian auf seinem Trecker sitzen. Er begrüßt uns. Seine Hände sind erdig und rau, und die schwarzen Ränder unter seinen Fingernägeln zeugen von harter Arbeit.

Sebastian macht es anders als seine Eltern

Sebastian wohnt in Brandenburg, hat drei Kinder und bewirtschaftet mit seinem Vater Heinz-Günther einen landwirtschaftlichen Betrieb. Dort werden Kartoffeln, Zwiebeln, Gemüse und Getreide angebaut sowie Legehennen mit Auslauf gehalten.

Kartoffeln kennen wir schon unser ganzes Leben lang und essen sie mindestens einmal pro Woche. Wir wissen, dass viele in Deutschland angebaut werden, und möchten gerne erfahren, wie genau die Kartoffel angebaut wird und wie Sebastian seinen Beruf ausübt.

Sebastian unterbricht seine Arbeit auf dem Feld, wischt sich mit dem Ärmel den Staub von den Händen und erzählt:

> *„Bis auf das Anschließen der Bewässerung ist es ein sehr technisierter Prozess. Das Ernten ist weniger technisiert, alles andere wird mit Maschinen erledigt. Die Fläche wird ganz normal vorbereitet.*

Aber eigentlich muss man mit der Zwischenfrucht und mit der Fruchtfolge anfangen. Wir haben natürlich eine ausgeklügelte Fruchtfolge für die Kartoffel. Sprich, die Vorfrucht passt auch schon zur Kartoffel. Dann wird eine Zwischenfrucht angebaut, die über Winter steht und in der Regel abfriert.

Im Frühling bringen wir unseren Kompost aus, arbeiten ihn ein und pflügen das Ganze um. Wir machen das noch einmal glatt und verfestigen es, sodass Kapillarwasser aufsteigt. Anschließend pflanzen wir die Kartoffeln, je nachdem, Anfang April oder auch Ende März. Bei den Frühkartoffeln, die unter das Vlies kommen, sind wir etwas früher dran.

In der Regel zieht sich das über zwei bis drei Tage hin. Das hängt auch davon ab, wann wir welches Pflanzgut bekommen. Dieses wird mit einer Maschine im Abstand von 33 Zentimetern ausgebracht. Die Maschine legt eine Kartoffel in den Boden, die dann ein bisschen angehäufelt wird. Es wird also ein klein bisschen Erde draufgepackt. Dann lässt man sie erst einmal wachsen.

Es gibt unterschiedliche Pflegemaßnahmen. Sprich, wir fahren noch mal mit einem Striegel durch und entfernen die Unkräuter. Wir ziehen die Dämme sozusagen noch einmal vorsichtig herunter, bevor die Kartoffel aus der Erde rauskommt, um das Unkraut loszuwerden. Dann warten wir, bis die Kartoffel kurz davor ist, durchzustoßen, und packen viel Erde darüber.

Gleichzeitig verlegen wir den Tropfschlauch. Der selbstgebaute Tropfschlauch wird mit einer Maschine drei bis vier Zentimeter unter der Erdoberfläche verlegt. Im Mai beginnen wir, die Tropfbewässerung anzuklemmen. Das ist eine händische Aufgabe. Das machen wir alles von Hand und brauchen dafür viele Mitarbeiter. Dabei werden dann Verteilschläuche ausgerollt und kleine Computermagnetventile angeklemmt. Dann werden die Wasserleitungen dort hingelegt und angeschlossen. Anschließend wird ein Test durchgeführt, um sicherzustellen, dass alles dicht ist und passt.

„Ich finde das Kartoffellegen richtig cool."

Wahrscheinlich muss noch der eine oder andere Fehler behoben werden, aber dann läuft die Anlage fast automatisch. Also, nicht wirklich automatisch, denn wir fahren trotzdem jeden Morgen hin und schauen, ob alles in Ordnung ist. Das muss man schon sehr gut überwachen. Danach gibt es noch ein paar Pflegearbeiten.

Wenn die Kartoffeln reif sind, wird das Kraut abgeschlägelt. Das heißt, wir entfernen das Kraut, um die Ernte zu erleichtern. Anschließend fahren wir mit einem Kartoffelroder darüber. Darauf sind vier oder fünf Leute, die die schlechten Kartoffeln aussortieren. Die guten Kartoffeln laufen dann in den Bunker und werden eingelagert.

Ich mag das total, wenn es wieder losgeht. Ich finde das Kartoffellegen richtig cool. Dann freue ich mich einfach auf das Jahr und kann meine im Winter gemachten Planungen umsetzen. Also, welche Sorte ist wo.

Ein paar Sachen stehen dann noch an, damit keine Kartoffelkäfer da sind und so weiter. Aber im Prinzip ist die Kartoffel dann in der Erde und ich kann mich auf das Jahr freuen. Ich habe alles dafür getan, dass sie optimal steht. Es freut mich immer, wenn der Bestand gut aussieht und blüht.“

Während wir uns mit Sebastian unterhalten, setzt er die „Protestkartoffel“ Linda aus. Diese Kartoffeln hat Sebastian von einem Vermehrungsbetrieb gekauft. Er hat auch selbst einmal versucht, Pflanzkartoffeln zu ziehen.

„Wir haben das mal selbst gemacht, aber dann hatten wir sofort eine richtig hohe Virusbelastung. Dann macht die Kartoffel weniger als 50 % Ertrag. Wenn du das ökonomisch betrachtest, macht das keinen Sinn, Kartoffeln selber weiter zu vermehren. Man kann Kartoffeln natürlich, auch wenn sie Virus in sich trägt, essen. Das ist nur für die nächste Pflanze entscheidend, nicht für uns Menschen.“

Ein Vermehrungsbetrieb arbeitet unter extrem kontrollierten Bedingungen und kann daher sicherstellen, dass die Kartoffeln keine Krankheiten weitertragen.

Wir fragen uns, warum er die Kartoffel vorhin als Protestkartoffel bezeichnet hat. Sebastian erklärt uns:

„Der Züchter hat irgendwann gesagt: Linda macht uns zu viele Probleme, wir schmeißen die Sorte raus. Wir wollen sie nicht mehr anbauen. Dafür gibt es jetzt eine andere Sorte. Er hat den Bauern vorgeschrieben und ihnen gesagt, dass die Kartoffel nicht mehr vermehrt wird – fertig, aus. Dagegen haben sich viele gewehrt, weil sie nicht wollten, dass der Züchter den Landwirten und auch den Endkunden vorschreibt, was sie zu essen haben. Darum ging es bei diesem Streit.

Die Landwirte haben schließlich gewonnen: Seit 2009 ist die Sorte wieder erhältlich und wird weiterhin angebaut.

Die Sorte Linda (gezüchtet 1974) *ist jedoch schon sehr alt und bringt auch ihre Probleme mit sich. Das ist ein wichtiger Punkt, vor allem im Ökolandbau. Hier widersprechen sich die Anforderungen manchmal: Es gibt mittlerweile Sorten, die resistent gegen die Krautfäule sind, und wir brauchen in Zukunft Sorten, die mit den zu erwartenden klimatischen Bedingungen zurechtkommen.*

Wir können nicht einfach sagen: Ich baue eine Sorte aus dem Jahr 1974 an, weil mir der Name gefällt. Vielmehr müssen wir irgendwann auf Sorten setzen, die auf unserem Standort funktionieren, und nicht nur Wunschdenken verfolgen.

Ich würde gerne weiterhin Linda anbauen – keine Frage –, und auch die Kunden möchten das. Besonders in Berlin sind viele Kunden davon begeistert. Aber irgendwann steht man vor Herausforderungen. Ich weiß nicht, ob es in 20 Jahren noch möglich sein wird, Linda anzubauen. Sie bringt heute schon viele Probleme mit sich. Das Virus ist immer ein großes Problem bei Linda, sie ist anfällig für Krankheiten. Die Krankheiten haben sich im Laufe der Zeit weiterentwickelt, Linda jedoch nicht.“

In der heutigen Landwirtschaft wird intensiv an der Züchtung neuer Kartoffelsorten gearbeitet, die resistenter gegen Krankheiten wie die Krautfäule sind. Diese Entwicklungen sind ein Hoffnungsschimmer in einer Zeit, in der der Klimawandel und die zunehmenden Wetterextreme die Anfälligkeit traditioneller Sorten verschärfen. Sebastian schränkt realistisch ein: *„Irgendwann bricht jede Kartoffel zusammen."*

Das zeigt, wie schwierig es ist, eine dauerhafte Lösung zu entwickeln. Dennoch gibt es erstaunliche Fortschritte. Sebastian berichtet: *„Letztes Jahr hatten wir eine Sorte, die ganz neu zugelassen wurde."* Diese Sorte sei erst kürzlich auf den Markt gekommen. *„Wir haben sie direkt ausgetestet und im September war diese neue Sorte noch grün."* Während andere Sorten längst abgestorben waren und von der Krautfäule befallen wurden, wuchs diese weiter. Für Sebastian war das ein beeindruckender Beweis dafür, dass resistente Sorten funktionieren können: *„Das war für uns alle erstaunlich."*

Doch bei aller Widerstandsfähigkeit darf man den Geschmack nicht außer Acht lassen. Sebastian gibt ehrlich zu: *„Aber diese Sorte schmeckt mir nicht. Irgendwie gibt es immer einen Nachteil."* Obwohl die Kartoffeln essbar sind und keine schlechten Eigenschaften haben, fehlt ihnen doch das gewisse Etwas, das die bewährten Sorten auszeichnet.

„Wie weit im Voraus planst du?"

„Wir planen vielleicht grob ein oder zwei Jahre im Voraus. Ich bin kein Freund von einer festen Fruchtfolge, weil die Böden einfach zu unterschiedlich sind. Wir haben grundwassernah gelegene Böden, Böden mittlerer Qualität und Böden, die sehr sandig und schlecht sind. Je nachdem, welche Böden vorhanden sind, kann ich keine x-beliebige Fruchtfolge fahren. Das muss ich dann je nach Nachfrage ein bisschen anpassen können.

Eine Zeit lang haben wir sogar Körnerhanf angebaut, weil es einen Hype um CBD-Öl und Hanföl gab. Doch dann hat Putin die Ukraine angegriffen und es ging auf einmal nur noch um Sonnenblumen, weil die Ukraine weltweit der größte Sonnenblumenexporteur ist. Daraufhin haben wir sehr viel Sonnenblumen angebaut, da wir davon ausgingen, dass sie auf jeden Fall nachgefragt sein werden.

Wir können jetzt schon Kontrakte abschließen, die einen um ein Drittel höheren Preis garantieren, weil es zu Engpässen kommen wird. Weil die Mengen einfach nicht ausreichen werden.

Kurzerhand haben wir unsere Fruchtfolge angepasst. Und das ist nicht schlimm, das ist vollkommen in Ordnung. Ich finde es auch wichtig, dass ich mir die Freiheit erhalte. Ich versuche immer, ich sag mal, spielen zu können und das ein bisschen anpassen zu können. Das ist auch einfach aus ökonomischer Sicht wichtig."

„Wie bist du dazu gekommen, einen landwirtschaftlichen Betrieb zu führen?"

„Ich bin auf einem landwirtschaftlichen Betrieb aufgewachsen. Hier auf dem Hof, den ich später übernommen habe. Schon als Kind haben mich die Trecker, die Maschinen und alles, was dazugehört, fasziniert.

Das habe ich als Kind so mitgenommen und mich nach dem Abitur entschieden, einen Ausbildungsbetrieb zu suchen. Dieser lag in Niedersachsen, wo ich alles über Kartoffeln und Zwiebeln gelernt habe.

Zwischendurch habe ich angefangen, Agrarwissenschaften zu studieren. Dieses Studium habe ich dann aber unterbrochen, um meine Ausbildung fortzusetzen und abzuschließen. So habe ich gewissermaßen mein eigenes duales Studium absolviert.

Seit 2016 bin ich hier auf dem Betrieb und habe nebenbei meinen Meister gemacht. Weil ich meinen Papa unterstützen musste.

Boah, ich muss überlegen, das ist jetzt schon fast wieder zehn Jahre her, die Zeit rennt. Aber er war auf jeden Fall Ende 60 und hat den Betrieb hier alleine geschmissen. Ich war frisch ausgebildet, hatte Bock, etwas zu verändern und etwas zu bewegen.

Die Anschaffung der Legehennen war dann eigentlich einer der ersten Schritte. Mittlerweile halten wir 2400 Legehennen in zwei mobilen Ställen. Das ist für uns relativ groß und auf jeden Fall ein wichtiger Betriebszweig.

Ich würde sagen, Kartoffeln, Legehennen, Zwiebel-/Gemüseanbau und dann Getreideanbau. In dieser Reihenfolge ist die Wichtigkeit.

Getreide produzieren wir hauptsächlich für den eigenen Bedarf. Sowohl für die Hühner, die natürlich auch ihr Futter brauchen, als auch für regionale Mühlen. Wir bauen Backweizen, Backdinkel, Backroggen und Hafer für Haferflocken an. Wir haben also diverse Kulturen, die wir für den Konsum anbauen."

„Würdest du sagen, dass es von einer Spezialisierung weggeht und Betriebe sich auf mehrere Sachen fokussieren, damit es sich rentiert?"

„Das ist eine Frage der Philosophie und Strategie, würde ich sagen. Ich bin auf jeden Fall der Meinung, dass wir uns als Landwirte innerhalb des Betriebes alle diversifizieren müssen.

Wir stehen vor der Herausforderung des sich verändernden Klimas. Und wir merken das auch, wir spüren es schon.

Wir sind hier im südlichen Brandenburg nahe bei Berlin. Wir haben relativ sandige Böden, die nicht besonders viel Wasser halten können. Wir haben immer das Problem, dass wir mit Trockenheit zu kämpfen haben.

Die Extreme werden einfach immer stärker. Sich dann nur auf Pflanzenbau zu stürzen und da seine gesamte Expertise und seinen gesamten Fokus darauf zu legen, ist meiner Meinung nach der falsche Weg. Denn das ist definitiv sehr risikobehaftet.

„Ich bin auf jeden Fall der Meinung, dass wir uns als Landwirte innerhalb des Betriebes alle diversifizieren müssen."

Klar, hat der Klimawandel auch Auswirkungen auf einen Legehennenstall. Der hat überall Auswirkungen. Aber bei einem Legehennenstall bin ich nicht ganz so krass abhängig davon, was das Wetter im Vergleich zu Kartoffeln oder anderen Feldfrüchten macht.

Meine Philosophie ist es, sich breit aufzustellen. Natürlich sollte man nicht zu viel machen, denn man muss sich auf etwas konzentrieren und spezialisieren. Ich würde jetzt nicht zusätzlich zur Legehennenhaltung anfangen, Junghennen aufzuziehen und Hähnchen zu mästen. Das könnte man zwar machen. Aber ich bin auch gerne auf dem Feld und bin gerne Pflanzenbauer.

Ich möchte, dass es ein bisschen breiter gefächert ist, aber nicht zu breit, sodass man sich am Ende des Tages nicht verzettelt."

„Wie war es früher bei euch auf dem Betrieb? Wart ihr immer schon so breit aufgestellt?"

„Früher hatten wir Freilandschweine, aber das hat nicht so gut funktioniert. Ich bin 1994 geboren und Anfang der 2000er wurde die Schweinehaltung eingestellt. Sprich, ich habe das als Kind mitbekommen, aber habe das nicht unbedingt gelernt. Vielleicht kann ich dazu ein bisschen ausholen.

Mein Opa war in Teltow Landwirt und hatte dort seinen Betrieb. Und Teltow ist in den 50er-Jahren nach dem Krieg beim Wiederaufbau immer weiter gewachsen. Die Flächen wurden jedoch immer schwieriger zu bewirtschaften. Mittlerweile steht der alte Hof meines Opas fast mitten in der Stadt. Heute kann man sich gar nicht mehr vorstellen, dass dort einmal ein Landwirtschaftsbetrieb war.

In dieser Zeit ist er umhergefahren und hat nach einem Ausweg gesucht. Er wollte seinen Betrieb verkaufen und weiter aufs Land ziehen. Dann hat er diesen Betrieb hier gefunden.

Wir sind jetzt 50 Kilometer südlich von Berlin. Sprich, wir haben immer noch eine sehr günstige Lage, befinden uns aber nicht in diesem krassen Speckgürtel von Berlin, in dem alles zugebaut wird. Tatsächlich hat mein Opa diesen Hof aber nie bewirtschaftet."

Wir fragen uns, wie es dazu gekommen ist, und werden von Heinz-Günther, Sebastians Vater, zu einer Tasse Tee zu in die Küche eingeladen. Dort erinnert er sich an seine Kindheit und seine prägende Lebensgeschichte von der Flucht seiner Familie innerhalb Deutschlands.

Heinz-Günthers Geschichte

Heinz-Günther wuchs auf dem Hof seiner Eltern nahe Berlin auf. Doch im Jahr 1960 änderte sich alles, als die kommunistische Partei der DDR beschloss, alle freien Bauern zu kollektivieren. Heinz-Günther, der damals acht Jahre alt war, erzählt:

„Ich erinnere mich noch genau an die Abende. Immer kamen diese Männer mit ihren langen Mänteln und schwarzen Hüten und setzten meine Eltern unter Druck."

Die Familie wurde bedroht und gezwungen, ihre Unabhängigkeit aufzugeben. Heinz-Günther erzählt aufgeregt weiter:

„Sie haben die Bauern immer wieder angeschrieben und gesagt: ‚Tut euch jetzt zusammen.' Irgendwann wurde das dann verpflichtend, weil viele das nicht gemacht haben. Viele wollten nicht, dass alles zusammengelegt wird, sondern wollten selbstständige Landwirte bleiben.

Auch mein Vater hat auf den Tisch gehauen und gesagt: ‚Ich werde kein Kolchosenbauer!' Genau wie in Russland, wo es die Kolchosen und Sowchosen gab. Ich weiß nicht, was der Unterschied war. Das müsste ich nachlesen, ich habe es vergessen.

Jedenfalls, war es hier das LPG-System (Landwirtschaftliche Produktionsgenossenschaften). *Auf dem Parteitag, Ende März 1960 fiel der Hammer. Es gab keine freien Bauern mehr. Zack, alle auf einmal LPGs.“*

„Viele wollten nicht, dass alles zusammengelegt wird, sondern wollten selbstständige Landwirte bleiben.“

Eines Tages im März 1960 entschied sich Heinz-Günthers Vater zur Flucht. Heinz-Günther erinnert sich:

„Wir mussten schnell handeln. Meine Eltern sagten uns Kindern, wir würden zu einer Geburtstagsfeier fahren. Den Kindern konnte man nichts sagen, falls sie sich mal verplappern sollten oder Ähnliches.

Dann lief mein Vater mit mir und meiner zwei Jahre jüngeren Schwester zum Ruhlsdorfer Platz. Sie ließen alles stehen und liegen und flohen kurz bevor die Mauer geschlossen und die Grenzen dicht waren. Und dann sind sie enteignet worden.“

Die Familie verließ heimlich den Hof und gelangte über die Grenze nach West-Berlin ins Notaufnahmelager Marienfelde. Nach vier Wochen im Lager fand Heinz-Günthers Vater eine Anstellung als Verwalter auf einem westdeutschen Hof. Die Familie lebte dort zwei Jahre lang, bevor sie nach Obrigheim zog. Dort begann Heinz-Günthers Vater bei einem Familienunternehmen in der Lebensmittelindustrie zu arbeiten.

Heinz-Günther besuchte dort die Schule und begann später eine landwirtschaftliche Lehre, um der Leidenschaft seines Vaters und Großvaters nachzugehen.

In den späten 1970er-Jahren träumte Heinz-Günther davon, Bauer zu werden, und suchte weltweit nach einem geeigneten Ort. *„Ich habe stundenlang in der Bibliothek Karten studiert“*, erzählt er uns. Ein Brief an den Rhein-Donau Club in Australien führte ihn schließlich dorthin. Er erfuhr von der Möglichkeit, Land zu erwerben und begann ein neues Leben als Farmer in Westaustralien. Heinz- Günther baute eine erfolgreiche Landwirtschaft auf. *„Wir haben Weizen, Gerste und sogar Sonnenblumen angebaut“*, berichtet er stolz.

Im Jahr 1989 veränderte sich die Welt erneut: Der Fall der Berliner Mauer eröffnete neue Möglichkeiten. Heinz-Günthers Vater rief ihn an und fragte: *„Heinz-Günther, die Mauer ist weg. Was nun? Du bist der Einzige, der hier was machen kann.“*

Sein Vater war zu diesem Zeitpunkt jedoch bereits gut in Baden-Württemberg verwurzelt und zudem gesundheitlich angeschlagen. *„Er war 60 Jahre alt und hatte vier Jahre zuvor einen schweren Herzinfarkt“*, erklärt Heinz-Günther. Auch die anderen Geschwister konnten nicht helfen. *„Mein Bruder hatte selbst einen Herzinfarkt erlitten und bewirtschaftete den Bauernhof in Baden-Württemberg, während mein anderer Bruder in einem völlig anderen Bereich tätig war.“*

So fiel die Verantwortung auf Heinz-Günther, den Familienhof in Brandenburg wiederzubeleben. Nach zehn Jahren kehrte Heinz-Günther mit Sack und Pack aus Australien zurück nach Deutschland und übernahm den Familienhof, der 1992 rückübertragen wurde. Heinz-Günther zog ein:

> *„Zuerst wohnten wir oben im Haus, unten waren noch Mieter drin. Damals gingen wir alles sehr vorsichtig an. Heute würde ich das ganz anders angehen. Wir alle sind ja in den Westen geflüchtet und waren dort deutsche Flüchtlinge innerhalb Deutschlands.“*

Trotz der Herausforderungen begann für Heinz-Günther eine neue Phase des Aufbaus und der Rückkehr zu seinen Wurzeln.

Er brachte seinen gesamten Haushalt mit, der nun auf umgekehrtem Wege in Containern aus Australien nach Deutschland zurückkam: *„Der Lkw hat den Container hier vor das Haus gestellt. Drei Tage haben wir dann alles ausgepackt. Stück für Stück.“*

1994 wurde sein Sohn Sebastian geboren und setzte damit ein neues Kapitel in der Geschichte der Familie fort.

Heinz-Günthers Geschichte ist ein Zeugnis von Mut, Anpassungsfähigkeit und dem unermüdlichen Streben nach Selbstbestimmung.

Sebastian hat die Geschichte seines Vaters bereits öfter gehört und kennt sie genau:

> *„Mein Papa ist damals hierhergekommen und hat meine Mutter aus Australien mitgebracht. Das war dann für ihn hier ziemlich abenteuerlich, würde ich sagen. Nach der Wende war einfach alles anders und es war eine besondere Situation.“*

Wir wollen wissen, wie sein Vater den Hof zu Beginn bewirtschaftet hat. Sebastian erklärt es uns:

„Er hat dann hier auf dem Betrieb angefangen, Freilandschweine zu halten und Ackerbau zu betreiben. Aber eigentlich wollten sie ihr Geld mit der Schweinehaltung verdienen. Zunächst war es ein konventioneller Betrieb. Dann hat mein Papa auf Bio umgestellt und hat ungefähr 80 % des Schweinefleischs für einen Babynahrungsmittelhersteller produziert. Dieser hat dann irgendwann Anfang der 2000er-Jahre, 2002 oder so, in neue Labore investiert. Diese konnten sehr viel bessere Analysen durchführen und haben DDT im Schweinefett festgestellt. Für diejenigen, die es nicht kennen: DDT ist ein Insektizid, das zu DDR-Zeiten noch eingesetzt wurde. In der BRD wurde es irgendwann Ende der 1960er-Jahre (1972) *verboten. Im Osten wurde es jedoch mit einer Übergangsfrist bis ca. 1988 weiter eingesetzt. Das Insektizid DDT hat eine Halbwertszeit von über 10 bis 20 Jahren. Es hält sich also insgesamt ewig im Boden. Die Freilandschweine haben durch ihr natürliches Wühlverhalten im Boden gewühlt und dabei Würmer und Insekten gefressen, wodurch sie das DDT aufgenommen haben. DDT ist eine lipophile Substanz, die sich dann im Schweinefett abgelagert hat. Ja, damit war der Absatz über den Babynahrungshersteller von einem Tag auf den anderen einfach weg.*

Die Leute sagten, sie könnten jetzt kein DDT-belastetes Schweinefleisch mehr kaufen. Das ist besonders bei Babynahrung nachvollziehbar. Dann ging alles den Bach runter. Der Betrieb hatte sehr lange damit zu kämpfen.

Ich war damals noch sehr jung. Ich muss so neun oder zehn Jahre alt gewesen sein. Ich habe das damals nicht so richtig mitbekommen. Meine Eltern haben das vielleicht ganz gut weggesteckt oder vor uns Kindern versteckt. Mein Vater wollte nicht insolvent gehen und hat sich lange dagegen gewehrt.

Mittlerweile sind wir wieder auf einem guten Weg. Aber es ist noch gar nicht so lange her, da hatten wir eine richtig schlimme Betriebssituation. Das prägt dann sicherlich. Dadurch stelle ich mich vielleicht ein bisschen strategischer auf und konzentriere mich nicht nur auf eine Sache.

Wir haben auch lange überlegt, ob wir die Legehennenhaltung überhaupt betreiben können. Da haben wir eigentlich das gleiche Problem. Die können auch raus, scharren im Boden und fressen Würmer und so weiter.

Bei Hühnern ist DDT besonders schlimm, weil es dazu führt, dass die Eierschalen dünn werden. Das ist auch ein Grund, warum DDT überhaupt verboten wurde. Es wurde festgestellt, dass die Populationen der Wildvögel, die DDT über die Nahrungskette aufgenommen hatten, plötzlich eingebrochen sind. Die Vögel konnten keine Küken mehr ausbrüten, weil die Eier durch die DDT-Rückstände so dünnschalig geworden waren. Wenn sich die Vögel dann draufgesetzt haben, sind die Eier einfach zerbrochen. Das ist natürlich fatal.

Bevor wir den Legehennenstall gebaut haben, haben wir intensive Beprobungen durchgeführt. Das war auch nicht ganz billig. Die Fläche, die wir nutzen wollten, befand sich woanders, aber in der Nähe der damaligen Freilandschweine. Wir haben dort den Boden analysieren lassen und haben zum Glück festgestellt, dass es nicht nachweisbar ist und keine Gefahr besteht.“

Wir realisieren, dass die Umstellung von einem konventionellen Betrieb auf einen Bio-Betrieb eine große Herausforderung darstellt. Die Geschichte von Sebastians landwirtschaftlichem Hof zeigt, wie äußere Umstände und interne Entscheidungen miteinander verwoben sind. Sie macht deutlich, dass Landwirtschaft weit mehr ist als nur Produktion: Sie ist ein komplexes Zusammenspiel von ökologischen Gegebenheiten, wirtschaftlichen Notwendigkeiten und ethischen Überlegungen. Kommunikation, Austausch und Wissen sind entscheidende Faktoren, die zur Lösung dieser Herausforderungen beitragen können.

Indem Menschen aus der Landwirtschaft ihre Erfahrungen teilen und voneinander lernen, können sie gemeinsam an einer verantwortungsvollen und zukunftsfähigen Landwirtschaft arbeiten.

Diese Erzählung lehrt auch etwas über Resilienz: Trotz widriger Umstände kann man sich anpassen und neue Wege finden – sowohl für den eigenen Betrieb als auch für eine nachhaltige Zukunft der Landwirtschaft.

„Gibt es Ideen, wie man es in den östlichen Regionen von Deutschland wieder kleinstrukturierter gestalten könnte?“

Sebastian:

„Ich glaube, dass es einige Leute gibt, die das machen würden, wenn die Bedingungen besser wären. Das ist ein Riesenproblem. Salopp gesagt, ist es extrem schwer, einen Betrieb aufzubauen, wenn du nicht in einen Landwirtschaftsbetrieb reingeboren wirst oder dich einheiratest. Und ich glaube, dass es in den neuen Bundesländern genauso ist wie in den alten Bundesländern.

Wenn man bei null anfängt, sind die Bedingungen einfach sehr schwierig. Es ist sehr kapitalintensiv und Fläche ist extrem teuer. Daran kommt man auch nicht so einfach ran.

Die Verträge haben oft eine Laufzeit von zwölf Jahren oder mehr und bestehen bereits seit etlichen Jahren. Die kennen die ganzen Leute vor Ort. Man muss schon ein bisschen verwurzelt sein, sonst kommt man gar nicht an die Flächeneigentümer heran.

Hinzu kommt das Problem, dass du ein Jahr eine gute Ernte hast und im nächsten Jahr einen Totalausfall. Dann hast du nur 50 %, und das in Kombination mit einem schwierigen Markt, weil es sehr austauschbar ist, solange wir noch genügend davon haben. Das sind einfach ultraschlechte Bedingungen.

Wenn ich nicht hier aufgewachsen wäre und in eine Landwirtschaftsfamilie hineingeboren worden wäre, dann wäre ich wahrscheinlich kein Landwirt geworden.

Mein Vater ist 73 Jahre alt und arbeitet immer noch mit. Er wird auch rausgetragen, wie man so schön sagt. Er ist durch und durch Landwirt und hilft mit, wo er kann.“

Auf die Kartoffel gekommen

Vor uns steht der Trecker, der wie ein typisches Modell aus einem Bilderbuch aussieht. Wir erinnern uns an die Zeit, wie wir als Kinder oft mit unserem Vater auf der Wiese mitgefahren sind, um Heu für Pferde herzustellen. Sebastian lädt uns ein, beim Kartoffeln stecken ein paar Runden mit dem Trecker mitzufahren – das weckt Erinnerungen. Damals wohnten wir auf einem Reitstall, den unsere Eltern betrieben. Für den Eigenbedarf stellten wir selbst Heu für die Pferde her. Auch wir Kinder fuhren mit und waren dabei, wenn die Heuballen auf den Anhänger hinter dem Traktor gestapelt wurden.

Wir steigen auf den Trecker und bemerken sofort die Veränderungen im Vergleich zu unseren eigenen Erfahrungen aus den 80er-Jahren. Wir sehen im Innenraum eine moderne Instrumententafel mit digitaler Anzeige. Wo früher Knöpfe und Hebel waren, gibt es jetzt einen Bildschirm sowie Joystick-ähnliche Technik. Es ist faszinierend, aber für uns auch neu und ungewohnt.

Am Heck des Treckers ist eine Kartoffellegemaschine befestigt. Diese erleichtert das Auspflanzen der Knollen erheblich. Durch Räumschar und Becher sorgt diese Maschine für eine gleichmäßige Verteilung der Kartoffeln in den Furchen. Das spart nicht nur Zeit, sondern sorgt auch für eine gleichmäßige Ernte. Sebastian erklärt:

> *„Ich habe zwei Überwachungskameras, damit ich sehen kann, wie leer die Pflanzmaschine ist. Denn irgendwann kann ich vom Trecker aus da nicht mehr reingucken."*

Die Kameras sind ein cleveres Hilfsmittel, da sie genau anzeigen, wann die Saatpflanzen zur Neige gehen. Sebastian hat die Kameras selbst eingebaut.

> *„Wenn es hinten leerer wird, dann kann ich langsamer und vorsichtiger fahren und gegebenenfalls anhalten, um das Pflanzgut besser zu verteilen."*

So vermeidet er Lücken im Feld und sorgt dafür, dass keine Stelle unbepflanzt bleibt.

Ein weiterer technischer Meilenstein ist das GPS-System an Bord. Sebastian zeigt auf die Spurführung: *„0 cm Abweichung, jetzt 1 cm"*, sagt er. Das System hält den Trecker präzise auf Kurs – ganz ohne manuelles Lenken.

Die Kombination aus Kameraüberwachung und GPS erleichtert die Arbeit auf dem Feld erheblich. Früher musste man ständig nach hinten schauen oder sich auf sein Gefühl verlassen. Heute reicht ein Blick auf die Kameraübertragung, um rechtzeitig zu reagieren und den Pflanzvorgang bei Bedarf anzupassen oder zu unterbrechen.

„Wie war denn der Weg hin zu den Kartoffeln? Habt ihr die Kartoffeln auch immer nebenbei angebaut?"

> *„Wie bereits erwähnt, absolvierte ich einen Teil meiner Ausbildung in einem niedersächsischen Betrieb, der unter anderem auf den Anbau von Kartoffeln und Zwiebeln spezialisiert war. Der Betrieb lag in der Nähe der Lüneburger Heide mit vergleichbaren Böden, eine traditionelle Kartoffelanbauregion.*
>
> *Dort habe ich viel gelernt und die Liebe zu Kartoffeln entdeckt. Die Kultur und der Anbau haben mir richtig Spaß gemacht. Ich habe mir gedacht: Wenn das hier funktioniert, warum sollte es dann nicht auch auf meinem hoffentlich zukünftigen Hof in Brandenburg funktionieren?"*

„Könntest du leicht die Kultur wechseln oder etwas anderes machen? Du hast ja genau das gelernt und dich durch die Ausbildung auf ein bestimmtes Produkt spezialisiert."

Sebastian:

> *„Das ist eine sehr gute Frage, die ich nicht so einfach beantworten kann. Wenn eine Kultur auf einem Ausbildungsbetrieb wirklich professionell angebaut wird, dann ist es natürlich viel einfacher, diese Kultur später auch anzubauen.*
>
> *Das ist ja auch das Interessante an der Landwirtschaft. Es gibt so viele verschiedene Kulturen. Ich kann Heidelbeeren oder Himbeeren anbauen oder im Gewächshaus Tomaten. Es gibt so viele Kulturen, und sie haben alle andere Anforderungen. Ich kann nicht alles von A bis Z anbauen und durchwechseln.*
>
> *Ich glaube, was wichtig ist und was man in der Ausbildung grundsätzlich lernt, ist, dass man die Grundlagen der Pflanzen versteht. Dass man versteht, wie eine Pflanze funktioniert, was sie braucht und welche Stellschrauben man als Landwirt überhaupt hat.*
>
> *Es gibt so viele Dinge, die man eigentlich gar nicht beeinflussen kann. 90 % machen Sonne, Natur und das Wetter aus. Wir schrauben ja nur an ganz kleinen Dingen herum.*

Wenn man das aber grundsätzlich verstanden hat und sich entsprechend Fachliteratur aneignet, dann glaube ich, kann man so ziemlich alles anbauen.“

„90 Prozent machen Sonne, Natur und das Wetter aus. Wir schrauben ja nur an ganz kleinen Dingen herum.“

„Vielleicht gibt es neben der Ausbildung oder dem Studium noch andere entscheidende Dinge. Wie lernt man das?“

Sebastian:

„Es ist ein bisschen Learning by Doing, muss man sagen. Man wird ein bisschen ins kalte Wasser geworfen. Ich konnte davon profitieren, dass mein Vater schon seit einiger Zeit hier ist. Klar, war er zu DDR-Zeiten nicht hier, aber auch er hat Wissen gesammelt.

Für mich ist das nicht alles komplett neu. Aber natürlich muss man am Ball bleiben und sich informieren. Man muss sich ein Netzwerk aufbauen und mit Kollegen reden, wie es dort läuft.

Außerdem braucht man ein vernünftiges Landwirtschaftsamt. In Niedersachsen ist das anders. Die sind in Kammern organisiert. Dort gibt es eine Landwirtschaftskammer, die es hier nicht gibt. Hier ist es das Amt. Da gibt es natürlich sehr viele Punkte, die berücksichtigt werden müssen.

Aber wie gesagt, wenn es in der Lüneburger Heide funktioniert, Kartoffeln anzubauen – und die Bedingungen sind dort ziemlich ähnlich –, warum soll es dann ein paar hundert Kilometer weiter östlich nicht auch klappen?“

„Wie viel machst du selbst auf dem Feld oder habt ihr dafür ein Team?“

Sebastian:

„Ich versuche, sehr viel selbst zu machen. Das macht mir auch Spaß an meinem Beruf als Landwirt. Ich arbeite gerne mit der Technik und bin gerne draußen. Ich arbeite auch gerne mit den Tieren.

Einen neuen Mitarbeiter habe ich erst seit acht Monaten. Schon länger haben wir außerdem einen Auszubildenden oder eine Auszubildende. Aktuell ist es eine Frau. Da ich den Meister gemacht habe und dadurch in der Lage bin, auszubilden, haben wir das ziemlich schnell umgesetzt.

Natürlich teilen wir uns die Arbeit, wobei Kartoffeln bisher zu 90 % der Dinge gehören, die auf dem Feld passieren und Chefsache sind.“

Kartoffeln und die Klimakrise

Der ungewöhnlich trockene Frühling dieses Jahres bereitet Sebastian Sorgen. Er blickt auf die vergangenen Monate zurück und beschreibt die Herausforderungen, die der Klimawandel mit sich bringt.

„Wir hatten ja schon ein sehr trockenes Frühjahr. Wir sind da schon ein bisschen besorgt, haben aber das Glück, dass wir diese Fläche hier bewässern können. Das kostet natürlich auch Geld, Zeit und Arbeit. Es macht das Ganze einfach teurer.

Kartoffeln und Gemüse ohne Beregnung sind hier leider nicht mehr möglich. Dafür ist der Klimawandel einfach zu weit fortgeschritten, das merken wir schon deutlich.“

Aktuell sind nicht nur extreme Trockenheit, sondern im Gegenzug dazu auch extreme Wetterereignisse, wie langanhaltender Regen, ein Thema. Sebastian erinnert sich an das letzte Jahr, das durch extreme Niederschläge geprägt war. *„Wir hatten ja letztes Jahr ein extrem nasses Jahr“*, berichtet er. Dank seines leichten Sandbodens kann das Wasser schnell abfließen, was ihm einen Vorteil verschafft. *„Der Boden drainiert das Wasser eigentlich sehr schnell.“*

Im Vergleich zu anderen Regionen in der Nähe ist sein Feld weniger häufig von Starkregen betroffen – eine Tatsache, die ihn einerseits erleichtert, ihm andererseits aber auch zeigt, wie unberechenbar das Wetter geworden ist.

„Wenn zu viel Wasser kommt, ist das immer blöd. Denn das kann ich nicht steuern. Wenn zu wenig kommt, das kann ich ja wenigstens beeinflussen – ich kann ja beregnen. Bei Überschwemmungen oder Dauerregen ist kaum noch etwas zu retten.“

Das klingt beinahe zynisch, doch es ist die Realität. Sebastians Blick wandert in die Vergangenheit und erinnert an die großen Hungersnöte Europas. *„Früher hat man immer gesagt, die nassen Jahre sind die Hungerjahre“*, sagt er nachdenklich. Die Ernte verfault im Boden, Schimmel breitet sich aus – eine Katastrophe für Landwirt:innen und Verbraucher:innen gleichermaßen.

Er erwähnt die berühmte irische Kartoffel-Hungersnot: *„Die Great Potato Famine in Irland – dafür gibt es sogar eine Statue in Dublin, die eine Frau mit einem halb verhungerten Kind zeigt.“* Viele Iren starben damals an den Folgen der Kartoffelkrankheit und der daraus resultierenden Hungersnot, viele flohen nach Amerika, um ein besseres Leben zu finden. *„Durch den Klimawandel habe ich Angst, dass so etwas wieder passieren könnte.“*

Wir spüren, dass die extremen Auswirkungen der Klimakrise direkt vor unserer Haustüre passieren und auch uns Verbraucher und Verbraucherinnen betreffen.

„Gab es denn mal ein Jahr, in dem du gesagt hast: ‚Das war jetzt ein besonders gutes Jahr, das war eine super Ernte oder auch ein Jahr mit großem Schaden oder einer Enttäuschung‘?“

Sebastian:

„Ja, im Prinzip hatten wir schon alles. Alles in den letzten zwei Jahren. 2023 hatten wir eine super Ernte und 2024 eine total enttäuschende.

Zunächst dachten wir, die Ernte von 2024 wäre gar nicht so schlecht, denn es hat relativ viel geregnet, was bei uns eigentlich immer ein Segen ist. Aber es war wieder von diesen Extremen zu viel. Wir hatten sehr, sehr viele Wärmegewitter und sehr viele schwülwarme, nasse Wetterlagen.

Die Kartoffelkrautfäule ist der größte Feind der Kartoffel. Wir haben sehr viele kleine Kartoffeln geerntet und hatten 2024 nur halb so viel Ertrag wie 2023.

Im Biobereich setzen wir keine Pflanzenschutzmittel ein. Aber es ist nicht so, dass man sich gar nicht schützen kann. Es gibt Kupfer. Das ist eigentlich das älteste Pflanzenschutzmittel oder das älteste Fungizid der Welt. Im Prinzip sprüht man einen dünnen Kupferbelag auf die Blätter der Kartoffelpflanze, wodurch die Sporen der Kartoffelkrautfäule abgetötet werden und sich nicht mehr vermehren können.

Allerdings muss dieser Kupferfilm immer wieder erneuert werden. Er wird beispielsweise durch Regen abgewaschen. Der Kupferfilm hält eine ganze Weile, aber nach etwa 20 bis 30 Millimetern Regen, also 20 bis 30 Litern pro Quadratmeter, muss man den Spritzbelag wieder erneuern.

Dazu kommt, dass wir eine regionale Vermarktung in Berlin haben, die anstrebt, ohne Kupfer zu vermarkten. Denn Kupfer ist ein Schwermetall und wir wollen ja nicht, dass unsere Böden auf Dauer damit belastet werden.

Das ist natürlich auch nicht der Fall. Selbst bei Einsatz der maximal erlaubten Kupferaufwandmenge muss man das ein bisschen eingrenzen. Letztes Jahr gab es sogar eine Grenzwerterhöhung. Es wurde also sogar erlaubt, mehr einzusetzen, da die Lage aufgrund des Wetters so kritisch war.

Aber selbst wenn man diese Menge einsetzt und alle fünf Jahre Kartoffeln anbaut, führt dies nicht zu einer Erhöhung des Kupfergehalts, sofern Kupfer nicht in den nächsten Kulturen eingesetzt wird, was in der Regel nicht passiert.

Wie auch immer, wir haben sehr spät Kupfer eingesetzt, weil wir diesem Versprechen gerecht werden wollten. Wir haben gesagt, dass wir es auch ohne Kupfer schaffen.

„Die Kartoffelkrautfäule ist der größte Feind der Kartoffel."

Das Thema wird in der Bio-Branche heiß diskutiert. Im Demeter-Bereich ist es beispielsweise nicht zulässig, Kupfer einzusetzen. Im organisch-biologischen Anbau, also Bioland, Naturland und so weiter, ist es hingegen erlaubt.

Wir sind in einer Vermarktungsgruppe, in der Demeter-Bauern vertreten sind, die das nicht möchten. Wir haben gesagt, dass wir unsere Kartoffeln über diese Vermarktungsgruppe vermarkten wollen, und ordnen uns deshalb darunter ein, auch wenn wir es dürften. Mit Ausnahme unseres Vermarktungspartners durften wir Kupfer einsetzen.

Aber wir waren einfach deutlich zu spät. Wir konnten die Krautfäule noch ein bisschen abbremsen, aber nicht mehr aufhalten. Das hat uns am Ende einfach sehr viel Ertrag gekostet."

„Und das müsst ihr komplett selbst ausgleichen, oder?“

Sebastian:

„Der Vermarktungspartner wird jetzt nicht sagen: ‚Ihr hattet eine schlechte Ernte, weil ihr darauf verzichtet habt, deswegen zahlen wir euch 25 % mehr.‘ Das ist nicht umsetzbar.

Es ist eine verzwickte Lage. Aber wir sind jetzt mit denen so weit, dass wir sagen: ‚Okay, wir sind im Klimawandel. Wir können nicht davon ausgehen, dass es gleichbleibt, wie es vielleicht in den vergangenen Jahren war. Es wird immer mehr Extreme geben und wir müssen die Möglichkeit haben, uns dann dagegen zu wehren. Wir müssen alle Möglichkeiten, die uns zur Verfügung stehen, einsetzen, um die Ernte abzusichern.‘ Wir sind da aber auch schon im Austausch.“

„Es wird immer mehr Extreme geben und wir müssen die Möglichkeit haben, uns dann dagegen zu wehren.“

„Wie sieht deiner Meinung nach die Zukunft aus, wenn es in Brandenburg vermehrt zu trockenen und versalzenen Böden kommt?“

Sebastian:

„Deutschland ist ein sehr wasserreiches Land. Wir haben wirklich das Glück, über riesige Wasservorkommen zu verfügen. Und das ist alles Süßwasser. Es kann allerdings irgendwann passieren, dass der Meeresspiegel steigt. Dann drückt das Meerwasser zunehmend ins Land hinein.

Je nachdem, wie sich das in 100 bis 200 Jahren entwickelt. Das kann natürlich irgendwann zu einer Versalzung führen. Darüber würde ich aber eigentlich gar nicht reden. Bis dahin haben wir die technischen Möglichkeiten, Wasser zu entsalzen. Das gibt es ja jetzt schon in Israel und Australien. Ich sehe darin aber kein Risiko für den weiteren Anbau von Kartoffeln.

Die Kartoffel ist eine Kulturpflanze, die Temperaturen über 30 Grad nicht mag. Das ist glaube ich, eher der Punkt. Durch den Klimawandel gibt es aber immer mehr Tage mit 30 Grad plus. Da wird sich züchterisch wahrscheinlich irgendwann mal was tun.

Es wird jetzt schon intensiv daran geforscht und gearbeitet, um Sorten zu entwickeln, die klimaresilienter sind und mit diesen extremen Wetterereignissen besser zurechtkommen. Aber das ist halt ein sehr breites Feld.

Ich bin der Meinung, dass wir Kartoffeln noch sehr lange sehr gut anbauen können. Aktuell nutzen wir die Tröpfchenbewässerung. Das liegt auch daran, dass wir einen sehr kleinen Brunnen haben und nicht so viel Wasser zur Verfügung steht. Mit der Tröpfchenbewässerung benötigt man sehr wenig Wasser, um die Kartoffel optimal zu versorgen.“

„Wie unterscheidet sich die Bio-Kartoffel von der konventionellen Kartoffel?“

Sebastian erklärt:

„Die Bio-Kartoffel unterscheidet sich im kompletten Anbau von der konventionellen Kartoffel. Im konventionellen Bereich werden konventionelle Sorten eingesetzt und es wird mineralisch statt organisch gedüngt. Außerdem werden alle für die Kartoffel zugelassenen Spritzmittel eingesetzt. Am Ende des Tages werden die Kartoffeln gelagert.

Auch werden chemische Mittel eingesetzt, um die Keimung zu hemmen. So können die Kartoffeln länger gelagert und angeboten werden. Es gibt mittlerweile Keimhemmungsmittel auf Basis von Minzöl, die auch im Bio-Anbau eingesetzt werden dürfen. Minzöl-Extrakte werden vernebelt, wodurch die Keime absterben und die Lagerruhe verlängert wird.

Ich persönlich halte davon nichts und es wäre bei uns auch nicht umsetzbar. Wir entkeimen einfach mechanisch. Irgendwann ist die Keimruhe vorbei und auch unsere Kartoffeln keimen. Das heißt aber nicht, dass man die Kartoffeln nicht essen kann. Wir bürsten die Keime einmal ab und verlesen sie dann.

Wenn die Kartoffeln keimen, verbrauchen sie Wasser, Stärke und einige Nährstoffe. Sprich, die Kartoffel schrumpft irgendwann und wird weicher. Die Nährgehalte verändern sich ein wenig und die Kartoffel wird aussortiert. Sie geht dann ins Tierfutter. Aber 99 % der anderen Kartoffeln kann man trotzdem noch vermarkten. Das ist kein großes Problem.

Diese technischen oder chemischen, synthetischen Mittel sind aber natürlich darauf ausgelegt, das sehr viel weiter zu treiben. Es geht darum, die Kartoffel auf unnatürliche Art und Weise dazu zu bringen, länger durchzuhalten und nicht keimen zu lassen.

Meiner Meinung nach wird sich eine konventionelle Kartoffelsorte namens Laura nicht großartig von einer biologischen Laura unterscheiden. Ein konventioneller Landwirt kann dieselben Sorten anbauen wie ein Bio-Landwirt. Das ist zwar nicht üblich, aber er darf es machen. Da wird sich nicht viel ändern. Wir wollen jedoch eine rückstandsfreie, gesunde Kartoffel produzieren. Ich bin der Meinung, dass das am besten gelingt, wenn man biologisch arbeitet.“

„Waren es deine persönliche Einstellung und dein Wunsch, Bio anzubauen? Oder hast du einfach die Tradition deines Vaters fortgesetzt? Was ist dein Antreiber, biologisch anzubauen?“

Sebastian:

„Einen Bezug zur biologischen Landwirtschaft habe ich seit meiner Kindheit. Bei meinen Eltern hat irgendwann ein Umdenken stattgefunden, was unsere Beziehung zur Natur angeht. Wie wir Sachen anbauen und produzieren. Meine Eltern haben sich intensiv damit beschäftigt.

Mein Vater hat auch in Australien auf einem Demeter-Betrieb gearbeitet und dort einen eigenen Demeter-Betrieb gegründet. Diesen hat er ein paar Jahre geführt, bevor er hierhergekommen ist.

Ich meine, das ist ja alles wissenschaftlich nachgewiesen. Dass die eingesetzten Mittel nicht besonders gesundheitsförderlich sind. Sowohl für die Menschen, die damit arbeiten, als auch für die Menschen, die die Produkte dann essen. Rückstände kann man auf allem Möglichen finden, auf Obst, Gemüse etc., auch im Supermarkt. Manche sind vielleicht unbedenklich. Aber wenn ich es vermeiden kann, warum sollte ich es dann nicht vermeiden?

Um auf die Frage zurückzukommen. Klar, Eltern haben einen großen Einfluss auf Heranwachsende. Ich denke, das hat mich auf jeden Fall auch beeinflusst.

Während meiner Ausbildung war ich auf einem biologisch wirtschaftenden Betrieb tätig und das hat meine Einstellung noch mal verstärkt. Ich habe eine ganz normale konventionelle Ausbildung gemacht. Schulisch gesehen war also alles konventionell, und die biologische Landwirtschaft war ein bisschen mit dabei. Dadurch kenne ich die Seite der konventionellen Landwirtschaft. Manchmal denke ich, es wäre auch interessant gewesen, ein Jahr auf einem konventionellen Betrieb zu arbeiten, um einfach auch die Perspektive mitzubekommen.

Ich habe einige Freunde, die auf konventionell arbeitenden Betrieben tätig sind. Mit denen verstehe ich mich gut. Aber wir sind uns einig, dass wir uneinig sind, wie man Lebensmittel vernünftig anbaut. Aber das sind grundsätzlich auch alles Menschen, die haben alle ihre Beweggründe.

Ich bin davon überzeugt, dass wir das Richtige tun und das Ganze sinnvoll angehen.“

Wir realisieren, dass es eine Vielfalt von Herangehensweisen bei der Arbeit in der Landwirtschaft gibt. Dabei ist es wichtig, dahinter zu stehen, was die einzelne Person macht. Sebastian scheint ein Überzeugungstäter zu sein. Oder?

Sebastian macht eine kleine Pause und ergänzt nachdenklich:

„Momentan ist es noch so, dass wir mit der Produktion der Bio-Kartoffeln einen ökonomischen Vorteil haben. Das liegt daran, dass die Nachfrage da ist und die Leute wertschätzen, dass wir das ohne Chemie machen.

Manchmal fängt man dann doch ein bisschen an zu zweifeln und zu zerbrechen. Wenn man überlegt, welche Auswirkungen das Klima hat und wo die Reise hingeht. Wir werden immer mehr Menschen auf dieser Erde und Land ist logischerweise begrenzt. Die Wetterereignisse werden immer extremer. Die Ernteausfälle werden zunehmen.

Das ist auch ein existenzieller Gedanke. Da fragt man sich schon, wie die Ernährungssicherheit in Zukunft noch funktioniert. Wie wir alle satt werden. Das ist ein großes Problem.

Ich mache mir darüber Gedanken und habe auch Zweifel. Das beste Beispiel ist vielleicht das letzte Jahr. Wo ich dann denke: Okay, scheiße. Hätte ich jetzt irgendein konventionelles Wundermittel gehabt, um die Krautfäule aufzuhalten. Dann hätte ich einfach 50 % mehr geerntet. Diese Gedanken habe ich schon.“

Sebastian macht deutlich:

> *„Innovation allein reicht nicht – auch die Bedürfnisse der Verbraucher müssen berücksichtigt werden."*

In einer Welt im Wandel bleibt die Suche nach dem perfekten Kompromiss zwischen Robustheit und Genuss eine zentrale Aufgabe für den ökologischen Landbau.

Die Ernte

Obwohl Sebastians Betrieb zu den kleineren Betrieben zählt, erntet er jedes Jahr beeindruckende 30 bis 35 Tonnen Kartoffeln pro Hektar, was für uns eine enorme Menge darstellt. Für einen Durchschnittsbetrieb bedeutet dies jedoch keine große Menge. Auf Sebastians Hof stehen zahlreiche Holzkisten, die jeweils eine Tonne Kartoffeln fassen können – insgesamt sind das 3500 Kisten, die er befüllt und nach Größe und Qualität sortiert. Die kleinen Drillinge sind zur Osterzeit besonders gefragt, Sebastian verkauft sie in Netzen, um eine bessere Gewinnmarge zu erzielen. Diese Strategie hat sich als erfolgreich erwiesen.

Wir erfahren, dass die kleinen Kartoffeln früher nicht verkauft werden konnten. Sie gingen quasi als „Überschuss" günstig nach Belgien, wo sie zu kleinen Kugeln geschält wurden, und zum typischen belgischen Essen verwendet wurden, die frittierten kleinen Kartoffelbällchen. Dann kam man auf die Idee, die kleinen Kartoffeln als „besondere" Kartoffeln zu verkaufen und sie Drillinge zu nennen. So macht man aus der eher ungewollten kleinen Kartoffel ein Geschäft.

Nachdem die Sorte gewechselt wurde, fahren wir mit dem Trecker weiter übers Feld. *„Da hinten an der Straße ist Annabelle"*, sagt Sebastian und fährt weiter. Dann kommt Belana – insgesamt hat er bereits drei Tonnen dieser Sorte gepflanzt. Die unterschiedlichen Sorten sind durch Stöcke im Boden markiert, damit Sebastian später noch weiß, wo genau die Sorten wechseln.

Wir wundern uns, dass so viele Kartoffelsorten Frauennamen tragen. Tatsächlich werden die meisten Kartoffelsorten traditionell nach Frauen benannt.

> *„Ein Kartoffel-Bauberater sagte mal zu mir: Ich habe meine Tochter nicht umsonst Laura genannt. Das ist seine Lieblingskartoffel."*

Sebastian lacht. Wir wollen wissen, welche Unterschiede es beim Anbau der verschiedenen Sorten gibt.

> *„Je nach Sorte muss man sie enger oder weiter pflanzen. Manchmal sind später zehn Kartoffeln an der Pflanze, manchmal 15 oder 20, manchmal sogar mehr. Das kommt auf die Sorte an. Je nachdem, wie viel die Pflanze ansetzt, muss man sie weiter oder enger pflanzen."*

„Wir wollen (...) eine rückstandsfreie, gesunde Kartoffel produzieren. Ich bin der Meinung, dass das am besten gelingt, wenn man biologisch arbeitet."

Den Kontakt zu den Kunden haben Sebastian und sein Vater über den eigenen Hofladen.

„Es kommen auch immer mehr Leute, die unsere Arbeit wertschätzen, was wir machen. Das macht dann schon Spaß.

Leider ist es noch nicht so, dass wir mit dem Hofladen so viel Geld verdienen, dass wir jemanden einstellen könnten. Es läuft immer so wie jetzt. Mit einer Kasse des Vertrauens. Es wird leider auch mal was geklaut. Das ist dann immer super ärgerlich.

Wir geben uns so viel Mühe und das kostet eine Menge Geld und Zeit.“

Mit Erde an Schuhen und Kleidung laufen wir über den Acker zurück zum Hofladen. Wir kaufen Linda- und Santera-Kartoffeln, dann verabschieden wir uns.

Wissensblock Kartoffel

Ursprünglich stammt die Kartoffel aus Südamerika, wo sie bereits vor über 7000 Jahren von Indigenen kultiviert wurde (1). Nach der Entdeckung Amerikas gelangte die Kartoffel im 16. Jahrhundert nach Europa. Spanische Seefahrer brachten sie um 1570 nach Spanien, von wo aus sie sich langsam über ganz Europa verbreitete (2).

Die Kartoffel wurde zunächst als exotische Pflanze in botanischen Gärten kultiviert und diente eher als Zier- oder Heilpflanze. Die ersten dokumentierten Anbauversuche in Deutschland fanden um 1647 in Bayern statt (3).

Als Nahrungsmittel wurde sie jedoch lange nicht akzeptiert, da Nährwerte unterschätzt und mögliche Gesundheitsrisiken befürchtetet wurden. In Deutschland wurde die Kartoffel erst im 19. Jahrhundert zu einem der wichtigsten Grundnahrungsmittel. Ihre einfache Anbauweise und ihr hoher Ertrag halfen, Hungersnöte zu lindern.

Heute ist die Kartoffel mit einem Pro-Kopf-Verbrauch von über 60 kg ein fester Bestandteil der deutschen Küche (4). Es gibt viele regionale Spezialitäten wie Kartoffelsalat, Kartoffelpuffer, Klöße und Bratkartoffeln.

Der Selbstversorgungsgrad bei Kartoffeln lag 2023/24 bei ca. 153 %. Demnach wurden ca. 53 % mehr Kartoffeln erzeugt, als im Inland benötigt (5). Etwa die Hälfte wird in Form von Pommes oder Chips verzehrt.

(1) – Miedaner, T. (2014). Kartoffeln – Geschenk der Götter. In: T. Miedaner: Kulturpflanzen. Berlin, Heidelberg: Springer Spektrum, S. 225 – 253

(2) – Hawkes, J. G., Francisco-Ortega, J. (1992): The potato in Spain during the late 16th century. Econ. Bot. vol. 46, pp. 86 – 97

(3) – Wirsing, M. (1994): Der erste feldmäßige Kartoffelanbau in Deutschland. Oberfranken: Amtlicher Schulanzeiger des Regierungsbezirks Oberfranken/Heimatbeilage Nr. 210

(4) – Statista (2025): Pro-Kopf-Konsum von Kartoffeln in Deutschland in den Jahren 1950/51 bis 2023/24. *https://de.statista.com/statistik/daten/studie/175422/umfrage/pro-kopf-verbrauch-von-kartoffeln-in-deutschland*, letzter Zugriff am 18. 07. 2025

(5) – Statista (2024): Selbstversorgungsgrad bei Kartoffeln in Deutschland bis 2023/24. *https://de.statista.com/statistik/daten/studie/76629/umfrage/selbstversorgungsgrad-in-deutschland-fuer-kartoffeln*, letzter Zugriff am 18. 07. 2025

Scannen Sie den QR-Code mit Ihrer Smartphone-Kamera oder einer QR-App und Sie gelangen direkt zum Filmclip über diesen Betrieb.

9
In drei Monaten 15 kg leichter und das Jahresgehalt verdient

Spargelbetrieb in Hessen

Wir fahren zügig über eine Landstraße. Jetzt müssen wir uns konzentrieren, denn wir müssen bald abbiegen, aber die Seitenstraßen sind schlecht zu erkennen. Da, endlich sehen wir ein Hinweisschild für unser Ziel, ein Spargelbetrieb mit Direktvermarktung.

Als wir abbiegen, sehen wir einen groß angelegten Spielplatz mit vielen Holzbänken, einem Sandkasten und Baumstämmen zum Spielen für Kinder. Kurz danach erblicken wir eine kleine Terrasse mit Stühlen und Tischen. Hier scheinen wir richtig zu sein.

Am Hofladen angekommen, müssen wir zunächst einen Parkplatz suchen. Es ist Ostern und viele Leute möchten zum Osterfest Spargel essen. Auf dem Parkplatz stehen unterschiedliche Menschen, Rentner und Familien mit Kindern, die auf dem Gelände herumlaufen.

Wir betreten den Hofladen, in dem auch der Spargel direkt vermarktet wird. Die bewirtschafteten Flächen haben wir bereits auf dem Hinweg erblickt. Sie liegen alle in der Nähe der Verkaufsstelle, sodass die Distanzen vom Feld in den Hofladen kurz sind.

Im Hofladen werden neben weißem und grünem Spargel auch andere Spezialitäten aus der umliegenden Landwirtschaft wie Eier, Kartoffeln und Gemüse verkauft. Darüber hinaus werden Saucen, Nudeln und weitere Knabbereien angeboten.

Wir beobachten, wie nach und nach mehr Menschen den Hofladen betreten und sich die Tische draußen vor dem Hofcafé füllen.

Georg hat drei Monate Zeit für Entscheidungen.

Georg leitet zusammen mit seiner Frau und seit Kurzem mit seinem Sohn Max (28) einen Spargelhof im Rhein-Main-Gebiet in Hessen. Hier wird Spargel gepflanzt, gepflegt, geerntet und direkt in einem Hofladen vermarktet.

Für Georg ist es entscheidend, dass der Laden rentabel und das Geschäft stabil bleibt. Der Laden muss laufen, auch in schwierigen Zeiten. Seine Herangehensweise ist geprägt von einer klaren Ausrichtung auf wirtschaftlichen Erfolg und eine langfristige Marktpositionierung.

Georg trifft nach und nach Entscheidungen für den Betrieb, um ihn in ein paar Jahren voll an seinen Sohn zu übertragen. Denn eine neue Zeit ist angebrochen. Mit seinem Sohn wird der über Jahre aufgebaute Spargelbetrieb langsam an die nächste Generation übergeben, mit neuen und anderen Herausforderungen.

Nachdem wir eine Weile warten mussten, nimmt Georg uns in Empfang und setzt sich mit uns an einen der Tische im Hofcafé. Wir erfahren, dass sich der Betrieb momentan mitten in der Hochsaison befindet und alle auf Hochtouren arbeiten.

„Spargel ist Saisongemüse. Was bedeutet das für euch?"

Georg:

> *„Wir müssen in drei Monaten das Geld für ein ganzes Jahr verdienen. Also haben wir nur drei Monate Zeit, um Entscheidungen zu treffen. Das heißt, diese müssen schnell und gut getroffen werden.*
>
> *Wenn wir in den drei Monaten einen Fehler machen, haben wir ein Problem. Deshalb habe ich in den Monaten, März, April, Mai und Juni ungefähr 1400 Arbeitsstunden. Dreieinhalb Monate, auch samstags und sonntags, von fünf Uhr morgens bis neun oder zehn Uhr abends. Aber mittags nehme ich mir eine stille Stunde für mich. Da kann anrufen, wer will.*
>
> *Früher habe ich immer gesagt: Da kann die Angela Merkel anrufen, da bin ich nicht da. Nur wenn jemand verletzt ist oder wenn was ganz Schlimmes ist, dann könnt ihr mich wegholen. Ansonsten bin ich weg.*
>
> *Meine Frau hat einen anderen Arbeitsrhythmus, jeder hat seinen eigenen Arbeitsrhythmus gefunden.*

„Wir müssen in drei Monaten das Geld für ein ganzes Jahr verdienen. Also haben wir nur drei Monate Zeit, um Entscheidungen zu treffen."

> *Aber im Prinzip muss in den drei Monaten alles passen. Manchmal diskutiere ich mit meiner Frau sehr heftig, dass wir uns fast die Köpfe einschlagen. Aber da geht es nur ums Geld. Irgendwann treffen wir eine Entscheidung und dann ist die Diskussion vorbei. Das kann fast keiner verstehen, dass wir uns fast die Köpfe einschlagen, wenn es ums Geld geht. Aber nach der Diskussion ist es entschieden und alle können damit leben.*
>
> *Danach gehe ich in den Laden und suche etwas zum Kochen. Dann koche ich für mich und meine Frau Spargel mit einem guten Wein.*

Die Schnelligkeit der Entscheidung und die Konsequenz, dass jeder den Kopf dafür hinhalten muss, das hat uns in allen Bereichen weitergebracht. In diesen wichtigen Monaten sind wir voll da. Danach gehen wir mit der Arbeitszeit wieder runter und haben dann im Prinzip ein entspanntes Leben. Aber in den drei Monaten muss alles passen.“

„Wie viel Spargel produziert ihr?“

Georg:

„In der Saison produzieren wir ungefähr 600 bis 700 Tonnen brutto. Das sind aber Durchschnittswerte und können auch mal um 100 Tonnen hoch oder runter gehen. Netto haben wir dann durch Sortieren, Schälen und Abschnittsverluste 350 bis 400 Tonnen.

Manchmal werden Reste abgeholt und in Frankreich zur Spargelcremesuppe verarbeitet. Aber wenn sie mitbekommen, wie die Ware behandelt wird, die für die Tütensuppen verwendet wird, essen sie nie im Leben mehr eine Tütensuppe.

Es gibt weißen und grünen Spargel. Beim grünen gibt es noch mal Unterschiede, es gibt einen leicht rötlichen Anthocyanhaltigen und einen hellgrünen Anthocyanfreien. Der hellgrüne sieht schöner aus, schmeckt aber schlechter und ist weniger gesund. Der dunkelgrüne ist eine rausgewachsene weiße Sorte. Wenn man Fehler macht, kann der auf dem Teller manchmal leicht gräulich werden. Aber wenn man den mit Eiswasser ablöscht oder runterkühlt, bleibt er grün und auch schön knackig. Sieht auf jeden Fall nicht ganz so schön aus, ist aber gesünder und auch geschmackvoller.

Manche Kollegen nehmen den Anthocyanfreien, weil sie meinen, damit könnten wir uns gegen das Ausland durchsetzen. Ich bin da einer anderen Meinung. Wenn etwas besser ist, muss man sagen, dass es besser ist und es den Kunden beibringen. Dann kaufen die das irgendwann und werden das wertschätzen. Deswegen haben wir bei uns im Betrieb nur noch den dunkelgrünen. Der läuft bei uns jetzt auch zunehmend besser.

Die andere Variante hat auch ihre Berechtigung. Aber bei dem Hellgrünen gibt es nur zwei oder drei Sorten und wenn sie Fehler machen, wird der hart und holzig. Damit können sie dann ein Kaminfeuer machen. Da habe ich keinen Bock drauf. Ich verkaufe meinen Kunden nur Sachen, die ich auch selbst essen würde.“

„Wie war das dann bei dir? War das von vornherein klar, dass du den Betrieb übernehmen wirst?“

Georg:

„Ich wusste immer, dass ich den Betrieb übernehmen werde, das wusste ich schon mit sechzehn Jahren. In der Schule wurde ich immer darum beneidet. Ich wurde gefragt, was ich mal werden möchte. Da habe ich geantwortet: Ich übernehme den Spargelbetrieb. Das war für mich ganz klar, weil mir das Spaß gemacht hat. Meine Mitschüler haben mich immer beneidet, weil ich das so früh wusste.

Wenn du herausfindest, wofür du brennst, wirst du das gut machen. Dann wirst du es auf jeden Fall richtig machen und das Produkt, das dabei herauskommt, wird auf jeden Fall gut sein. Finde heraus, wofür du brennst, und irgendwann drückt das Geld rein wie Hochwasser. Aber zuerst musst du herausfinden, wofür du brennst.“

„Ich wusste immer, dass ich den Betrieb übernehmen werde, das wusste ich schon mit Sechzehn. In der Schule wurde ich immer darum beneidet."

Georg erzählt uns, wann er den elterlichen Betrieb übernommen hat:

„Nach meinem Gartenbaustudium 1987 habe ich noch zwei Semester Betriebswirtschaftslehre drangehängt, weil mich das schon immer interessiert hat. Dann bin ich in den 90er-Jahren zusammen mit meinem Bruder in den landwirtschaftlichen Betrieb eingestiegen.

Wir waren zu viert mit meinen Eltern in einer GbR. Als mein Bruder geheiratet hat, war diese Gesellschaftsform der GbR nicht mehr optimal, weil zu viel Kompromisse bei betrieblichen Entscheidungen notwendig waren.

Mein Bruder hatte damals relativ viele Diskussionen mit seiner Frau, die bei uns auch im Betrieb mitarbeitete. Irgendwann lagen die Interessen so weit auseinander und es gab so viele Diskussionen mit schlechten Kompromissen, dass ich irgendwann gesagt habe, wir müssen eine andere Art der Zusammenarbeit finden.

Die haben wir dann gefunden, indem wir den Betrieb in eine Spargelproduktion, eine Erdbeerproduktion und einen Vertrieb aufgeteilt haben. Damit hatten wir drei eigenständige Geschäftseinheiten mit eigenem Personal.

Beim Personal und beim Zukauf haben wir aber immer zusammengearbeitet und wie unter Dritten abgerechnet. Wir haben eine kaufmännische Linie gezogen. Meine Frau war für den Vertrieb zuständig, ich war für den Spargelproduktionsbetrieb zuständig und mein Bruder hat die Erdbeerproduktion geleitet.

So musste ich mich dann bei bestimmten Verhandlungen nicht mehr einmischen, weil meine Frau die Erdbeerpreise mit meinem Bruder alleine ausgehandelt hat. Und wenn meine Frau Personal brauchte, habe ich das in Rechnung gestellt. Ich wollte keinen Gewinn machen, aber auch keinen Verlust.

Diese Entscheidung hat in kurzer Zeit dazu geführt, dass sich die Diskussionen auf das Notwendigste beschränkt haben und die schlechten Kompromisse weggefallen sind, weil jeder seine Interessen vertreten hat und vertreten musste, weil jeder für seinen Bereich auch kaufmännisch verantwortlich war.

Was noch wichtiger war, wir haben etwas ausdiskutiert und dann war es entschieden. Vielleicht war es schlecht oder nicht so gut, aber die Entscheidung wurde getroffen und dann wird das einfach gemacht. Innerhalb von ein, zwei Jahren kam dann Ruhe in den Laden bzw. in die Läden.

Das hat unser Zusammenleben, auch mit meiner Frau, verbessert. Wir haben uns besser verstanden und sogar mehr Gewinn gemacht. Wir waren also auch kaufmännisch besser.

Auch heute lege ich noch allergrößten Wert auf die Trennung innerhalb des Betriebes nach Verkauf und Produktion. Das wird auch in der nächsten Generation so sein. Wie wir es genau machen, weiß ich noch nicht.“

Ein junger Mann stellt sich zu uns an den Tisch und hört erst einmal geduldig zu. Dennoch spüren wir, dass er sehr beschäftigt ist. Immer wieder schweifen seine Augen hinter die Theke des Hofcafés. Es ist Georgs Sohn Max, den wir auch gerne kennenlernen möchten. Plötzlich ist er hinter der Theke und spricht mit einer Verkäuferin. Eine Eissorte ist aus und muss bei der Besucherzahl und dem sonnigen Wetter schnell aufgefüllt werden. Nachdem dies geregelt ist, fragen wir Max, ob er uns zeigen kann, wo und wie der Spargel angebaut und gestochen wird.

Auf dem Feld wird weißes Gold gestochen

Max ist noch nicht allzu lange fest im Betrieb mit eingestiegen und bringt eine andere Perspektive ins Unternehmen. Er befindet sich in einer Findungsphase und wird dem elterlichen Betrieb eine Neuausrichtung geben. Er hat Freude am Ausprobieren und setzt neben dem Spargelanbau auf innovative Projekte. Besonders wichtig sind ihm die Gewächshäuser, in denen Menschen Gemüsegärten mieten können und diese selbst bewirtschaften. Diese Idee stärkt den Bezug zur Natur und macht den Hof auch für eine neue Generation attraktiv.

Max führt uns zu den nahe gelegenen Feldern, auf denen das sogenannte Königsgemüse, weißer Spargel, gestochen wird.

Auf dem Feld sehen wir einige Menschen, die mit Handschuhen, Metallkiste und einer Art Mini-Stechspaten ausgerüstet sind. Sie gehen die Reihen entlang und heben vorsichtig die Folie beiseite. Zwischendurch schaut ein kleiner Spargelkopf aus der Erde. Die Menschen stechen neben dem Spargel in die Erde und holen die Stange sehr bedacht aus dem Boden. Anschließend tasten sie sich in der lockeren Erde vor, an Stellen, an denen von außen nichts zu erkennen ist, und legen dort weitere empfindliche Stangen frei, ohne sie zu beschädigen. Alle arbeiten sehr zügig und zugleich achtsam.

Die Feldarbeitskräfte kommen für wenige Wochen nach Deutschland, um Spargel zu stechen. Diese Arbeit erfordert Erfahrung, Präzision und körperliche Belastbarkeit.

„Der Spargel ist eine sehr besondere Pflanze. Wie wissen die Menschen, wo und wie sie den Spargel stechen, ohne teilweise eine Pflanze zu sehen?"

Max erklärt es uns:

> *„Das ist wie eine Wurzel, die hochwächst, und dann guckt an manchen Stellen quasi der Indikatorspargel heraus. Dann sehen sie schon, wo die anderen sind.*
>
> *Die Spargelpflanze probiert, aus der Erde zu kommen, um Photosynthese zu machen, sodass sie Nährstoffe in die Wurzel assimilieren kann und diese dann für den Winter hat. Wir essen die Rhizome, die herauswachsen, bevor die Pflanze es überhaupt schafft, an das Licht zu kommen.*
>
> *Der Spargel ist weiß, weil da kein Licht hinkommt. Sobald er hochwächst, kommt Sonnenlicht dran und er färbt sich grün, dann gibt es Grünspargel. Es gibt auch grüne*

Sorten, die sind von Grund auf grün, aber die meisten grünen Spargelstangen sind einfach weißer Spargel, der aus der Erde herausgewachsen ist.

Ich kenne jetzt, sagen wir aus dem Gedächtnis, zehn verschiedene Sorten. Es gibt Sorten, die früher kommen, Sorten, die mittel kommen, und Sorten, die spät kommen. Es gibt weiße Sorten, die dafür geeignet sind, dass sie rauswachsen und grün werden. Es gibt aber auch weiße Sorten, bei denen das nicht funktioniert. Wenn die rauswachsen, dann gehen die einfach nur auf und die kann ich dann gar nicht mehr vermarkten. Wir probieren auch immer wieder neue Sorten aus."

„Sind es denn immer dieselben Leute, die kommen?"

Max bestätigt:

„Ja, meistens. Ich würde sagen, dass 80 % Rumänen sind."

„Arbeiten auch Deutsche auf dem Feld?"

Max schüttelt den Kopf:

„Nee, gar nicht. Wir hatten ein paar Studenten während Corona hier. Das kannst du vergessen, die waren leider überhaupt nicht verlässlich. Morgens sagen sie dann: Ach, heute nicht, das Wetter ist nicht so gut, ich komme heute nicht. Mir tut meine Hand weh, ich möchte jetzt nicht. Das geht nicht.

Spargelstechen ist schwierig. Nicht nur vom körperlichen Aspekt her. Wir haben zum Beispiel oft Schulklassen hier, die zum Ausprobieren da sind. Wenn man sich anguckt, was die gestochen haben, kannst du das alles wegschmeißen. Das ist überhaupt nicht vermarktungsfähig."

„Über das gesamte Feld sind Folien verteilt, die auf der einen Seite weiß und auf der anderen Seite schwarz sind. Wofür sind die Folien da?"

Max zeigt uns die Wärmespeicherung, indem er ein Stück Folie zur Seite nimmt und uns fühlen lässt:

„Die Folie ist dafür da, damit wir die Temperatur besser beeinflussen können. Die Folie ist auf der einen Seite weiß und auf der anderen Seite schwarz. Schwarz erhitzt sich schneller als Weiß. Hier ist die Folie außen schwarz und innen weiß. Wenn man es anfasst, wird es warm. Die Sonne erhitzt die schwarze Folie. Ist die Folie weiß, ist es kälter, das ist richtig kühl. Die Sonne wird quasi von der weißen Folie reflektiert."

Wir fühlen mit den Händen die verschiedenen Folienseiten und merken deutlich den Temperaturunterschied.

„Die Folien können wir mindestens acht Jahre wiederverwenden. Wenn es wärmer wird, so ab Mai, je nachdem wie die Wetterlage ist, wird die Folie weggemacht. Dann ist gar keine Folie mehr drauf. Der Spargelanbau würde auch ohne Folie funktionieren, aber dann hätten wir zum Beispiel je nach Wetterlage keinen Osterspargel."

Der Spargelanbau ist sehr stark abhängig von der Witterung. Wir lernen, dass vor allem die Temperatur für das Wachstum der Spargelstangen ausschlaggebend ist.

Max erklärt:

> *„Wir haben drei Sensoren für die ganzen Felder. Diese zeigen die Temperatur in drei verschiedenen Höhen vom Damm an. Ich kann sogar nachgucken, wenn ich will. Ich habe die App auf dem Handy. Dann kann ich sehen, dass der Damm gerade bei 0 cm 30 Grad hat. Das liegt an der Folie. Bei 20 cm Tiefe sind es 13 Grad und bei 40 cm Tiefe sind es 12 Grad. Die anderen Dämme haben 36 Grad und 25 Grad. Da sieht man zum Beispiel, wie groß der Unterschied ist.*
>
> *Und anhand der Temperatur weiß ich, wie welcher Spargel wächst. Das ist bei uns alles digital."*

„Wie wässert man den Spargel eigentlich?"

Max:

> *„Gerade wird nicht gewässert. Jetzt ist es Anfang der Saison, da muss man eigentlich gar nicht wässern. Wir können mal hingehen, man sieht es noch, der Boden ist eigentlich feucht genug. Der Spargel braucht durchlässigen, sandigen Boden. Man kann Spargel zum Beispiel nicht irgendwo auf einem schweren Lehmboden gut anbauen."*

„Und wie plant ihr, was ihr für die nächste Saison anbaut?"

Max:

„Wir müssen uns gerade überlegen, was wir anlegen, wie der Markt in vier Jahren aussehen wird. Lege ich Grünen Spargel an oder lege ich keinen Grünen Spargel an? Schmeckt die Sorte oder schmeckt die Sorte nicht?"

Wir stellen fest, dass der Anbau von Spargel kompliziert ist und eine gut durchdachte Planung erfordert. Doch selbst bei einer guten Planung können verschiedene Faktoren die Ernte und die Vermarktung beeinflussen.

Max erklärt weiter:

„Es gibt Sorten, die mögen es, wenn man im zweiten Jahr ein bisschen ansticht, im dritten Jahr gar nichts macht und ab dem vierten Jahr voll erntet. Bei anderen Sorten macht man zum Beispiel die ersten zwei Jahre fast gar nichts. Das heißt, man muss wirklich je nach Sorte gucken.

Manche gehen auch schon dran, einfach aus phytosanitären Gründen, damit du es ein bisschen sauber hältst, indem du etwas rausstichst, aber nicht überstichst."

Max zeigt auf das Feld:

„Die Wurzel wird ja herein gepflanzt und versucht, rauszukommen und Nährstoffe zu assimilieren. Das muss ja erst einmal stark werden, bis man dann voll ernten kann. Wirklich voll ernten wir erst im dritten oder vierten Jahr.

Wie lange der Spargel hält, also wie lange man den Acker beernten kann, hängt wiederum von der Sorte, dem Standort und den Wetterbedingungen ab.

Das Ding ist, dass es immer wieder neue Sortenentwicklungen gibt. Unser Spargelberater hat gesagt, dass es zwei oder drei neue Sorten gibt. Die sind noch nicht getestet, aber sind jetzt da. Die könnten wir anlegen.

Es kann sein, dass die gut werden, aber kann auch sein, dass sie nicht gut werden. Wir hatten zum Beispiel da hinten ein Feld mit einer neuen Sorte angelegt. Es hat sich herausgestellt, dass sie scheiße ist, aber eigentlich hatten wir mit zehn Jahren kalkuliert."

„Wer entscheidet bei euch was und wer etabliert zum Beispiel neue Spargelsorten?"

Max:

„Die Züchter. Die Züchter sind im Gespräch mit den Landwirten. Die sagen zum Beispiel: Wir brauchen ganz dringend Spargel, der spät kommt.

Bis eine Sorte entwickelt ist, dauert es. Wir haben im Studium gelernt, dass der Züchtungsprozess beim Getreide zum Beispiel zehn Jahre dauert und 10 Millionen kostet. Beim Spargel dauert es ähnlich lange. Das heißt, du setzt dich als Züchter hin und sagst: Wir investieren jetzt mal 10 Millionen, mit der Ungewissheit, ob das was wird. Gerade in der Sortenzüchtung kann es passieren, dass du während des Züchtungsprozesses merkst, dass die Sorte nichts wird. Dann fängt man entweder von vorne an oder zieht es durch."

„Pflanzen selbst anzuziehen, ist irgendwie auch therapeutisch."

„Hast du dir dein Wissen im Studium angeeignet?"

Max überlegt kurz und schaut etwas unzufrieden:

> *„Ich habe Agrarwissenschaften studiert. Wir hatten im Bachelor eine halbe Vorlesung über Spargel, die war allerdings veraltet. Das Studium ist eher darauf ausgelegt, dass du akademisch ausgebildet wirst. Ich kann zum Beispiel sequenzieren und Gene herausschneiden. Das kann ich, aber das hat hiermit, was wir auf dem Feld machen, nichts zu tun."*

„Welche Risiken gehen für euch vom Wetter aus?"

Max:

> *„Wenn hier zum Beispiel ein starker Schauer kommt und alles kaputtmacht. Wie letztes Jahr im Norden, als es so viel geregnet hat, dass die Äcker unter Wasser standen. Wenn die Pflanzen dann ertrinken bzw. ersticken, sind die Felder weg. So etwas gab es letztes Jahr, aber das war eher im Norden.*
>
> *Es gibt mehr Wetterextreme. In den Jahren 2018 und 2019 war es super trocken und super heiß. Das war wirklich schlimm. Und letztes Jahr war es dann eher nass. Dieses Jahr ist es viel zu trocken, das merkt man dann auch direkt ganz krass.*
>
> *Dieses Jahr ist es ein bisschen windiger als letztes Jahr. Wind ist jetzt weniger das Problem für Spargel. Am schlimmste ist Hitze. Wenn es auf einmal drei Wochen super heiß ist, schießt der Spargel, das Kühlhaus ist voll und die Preise auf dem Markt gehen runter. Deswegen ist ein bisschen gediegeneres Wetter eigentlich ganz schön."*

„Wo liegt deine persönliche Leidenschaft oder dein Interesse?"

Max lächelt und zeigt auf eine weit entfernte Wiese. Dort erkennen wir kleinere Gewächshäuser und abgetrennte Parzellen. Max antwortet begeistert:

> *„Momentan da hinten bei meinen Gemüsegärten. Das sind Selbstversorgergärten, bei denen sich die Leute quasi eine Parzelle mieten können. Damit haben wir letztes Jahr angefangen. Dieses Jahr habe ich noch zwei Folientunnel dazugestellt, weil einige Nutzer sehr ambitioniert sind und gerne Tomaten oder Ähnliches in kontrollierteren Bedingungen anbauen möchten.*
>
> *Spargel ist ja eine Dauerkultur. Die Kultur wird in den Boden eingesetzt und dann müssen wir drei bis vier Jahre warten, bis wir anfangen können zu ernten. Als Dauerkulturen haben wir dahinten bisher nur Rhabarber angebaut."*

Dauerkulturen werden über mehrere Jahre lang genutzt. Dazu gehören in Deutschland neben Spargelfeldern zum Beispiel auch Obst, Hopfen, mehrjährige Beerenanlagen und Baumschulen.

„Was macht dir an den Selbstversorgergärten Spaß?"

Max:

„Erstens bin ich da weg vom Betrieb. Da kann ich ein bisschen abschalten. Ihr habt ja gemerkt, dass es da schon hektisch ist. Das ist aber noch gar nichts. Später geht es dann wirklich los.

Ich bin einfach gerne im Grünen und habe schon immer gerne gegärtnert. Pflanzen selbst anzuziehen, ist irgendwie auch therapeutisch. Wenn man zum Beispiel dabei ein bisschen Unkraut herauszieht.

Ich habe lange nicht gedacht, dass ich irgendetwas mit dem Spargelbetrieb zu tun haben will. A, es ist mega stressig, B, es ist auch viel Verantwortung. Mein Vater ist da reingewachsen, sie haben das langsam aufgebaut und es war noch nicht so groß wie jetzt.

Wenn ich das jetzt direkt übernehmen würde, wäre es von null auf 130 Personen. Eigentlich ist mir das auch viel zu groß. Ich hätte auch gerne erst klein angefangen. Dass es langsam wächst, dass man da langsam reinkommt. Jetzt ist es ja wirklich so: Bäm, jetzt ist es da, genau.

Während des ganzen Studiums habe ich gedacht, ich mache meinen Doktor und gehe in die Forschung. Das war mein Schwerpunkt. Wäre es ein anderes System, ohne Drei-Jahres-Verträge, hätte ich das auch gemacht."

„Ich habe lange nicht gedacht, dass ich irgendetwas mit dem Spargelbetrieb zu tun haben will. A, es ist mega stressig, B, es ist auch viel Verantwortung."

Wir fahren wieder die kurze Strecke wieder zurück zum Hofladen. Hier scheint heute Nachmittag noch mehr los zu sein als heute Vormittag. Diesmal ist es schwierig, einen Parkplatz zu finden, und wir müssen etwas weiter weg parken.

Georg weiß, dass Spargel seinen Preis hat

Wir begeben uns zurück zum Ort der Direktvermarktung und werfen einen Blick hinter die Kulissen. Dort, wo der frisch geerntete Spargel ankommt. Georg verabschiedet sich noch kurz von einem Kunden und nimmt uns kurzerhand mit. Auf dem Weg ruft er den Damen hinter der Spargeltheke zu:

„Wenn euch Spargel fehlt, schreit ihr nach hinten, gell? Ihr habt oberste Prio hinten."

Georgs Spargelbetrieb ist ein Beispiel für die effiziente Organisation in der landwirtschaftlichen Verarbeitung. In seinem Betrieb wird der Spargel nicht nur geerntet, sondern auch sorgfältig sortiert, um den hohen Qualitätsansprüchen gerecht zu werden.

Wir betreten eine Halle. Am Eingang sehen wir die große Schälmaschine, dahinter befindet sich die Packstation. Hier wird der Spargel direkt vom Feld angeliefert, gesäubert, sortiert und verpackt. Zudem gibt es die Möglichkeit, Spargel in einem Kühlraum zu lagern. Eine Kiste mit Spargel steht am Rolltor.

Georg:

> *„Hier kommt der Spargel an. Es gibt eine Wareneingangskontrolle, die Kilos werden gescannt und dann wird der Spargel sortiert. Wir haben eine vollautomatische Sortiermaschine."*

Georg zeigt auf eine große Maschine. Davor blubbert Wasser in einem Umlaufbecken. Der Spargel wird über ein Fließband durch die Maschine geführt, ohne das Wasser zu berühren, und gelangt schließlich in das Kühlhaus, in dem er bei 1,3 Grad gelagert wird.

Georg erklärt uns:

> *„Wenn wir fertig sortiert haben, läuft der Spargel hier durch und wird im Kühlhaus sozusagen zwischengelagert, bis wir ihn wieder verpacken. Am besten wird der Spargel bei ein bis zwei Grad gekühlt. Wärmer soll es nicht sein. Der Spargel läuft durch diese Schnellkühlung, das dauert 20 Minuten, dann ist er durch."*

Georg zeigt auf das Ende der Maschine:

> *„Wenn er da hinten rauskommt, hat er eine genaue Kerntemperatur von einem Grad. Früher hat man ihn im Wasser gelagert, was aber schlecht für den Geschmack ist. Dadurch werden Nährstoffe ausgewaschen."*

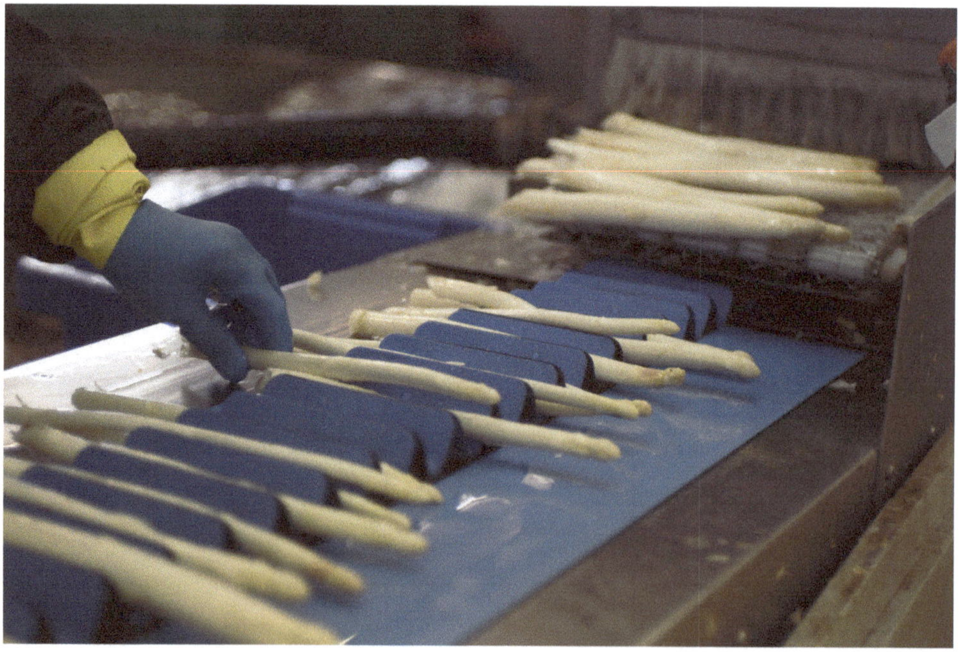

Georg geht mit uns an den Maschinen und seinen Mitarbeitenden vorbei. Georg erklärt:

„Spargel wird sortiert nach unterschiedlichem Kaliber, unterschiedlichen Längen und auch nach verschiedenen Kopfformen. Ja, theoretisch kann die Maschine das. Wir machen das hier aber per Hand an den Verlesebändern."

Durch die manuelle Sortierung ist es möglich, auch auf kleinere Unterschiede einzugehen, die eine Maschine möglicherweise übersehen würde.

Die Sortierung erfolgt in mehreren Schritten. Zunächst werden die Spargelstangen von dem Team an speziellen Verlesebändern ausgelesen, um sie anschließend manuell zu klassifizieren. Dieser Prozess ist notwendig, da Unterschiede im Kaliber, in der Länge oder bei den Kopfformen entscheidend für die Qualität und den Verkaufserfolg sind. Georg betont:

„Sie verlesen die Stangen dann noch mal separat aus. Normalerweise stechen wir mittags oder tagsüber, dann wird das meiste wegsortiert. Manchmal lassen wir auch etwas über Nacht im Kühlhaus stehen und dann geht es am nächsten Tag raus. Aber heute nicht, weil der Spargel so dringend gebraucht wird."

Aufgrund des hohen Bedarfs wird der frisch sortierte Spargel sofort ausgegeben, ohne den üblichen Kühlprozess abzuwarten. Das zeigt die Flexibilität des Betriebs:

„20 Minuten aus dem Feld, 20 Minuten frisch sortiert. Wir sind jetzt relativ knapp, weil wir uns gestern komplett leer gemacht haben. Alle unsere Verkaufsstellen haben schon nachgeordert."

Das bedeutet, dass der Lagerbestand aufgebraucht ist und nun schnell Nachschub bereitgestellt werden muss. Mit einer Lagerkapazität von etwa 20 Tonnen kann der Betrieb für zwei bis drei Tage vorgesorgt sein.

„Arbeitet ihr dann nur mit Saisonarbeitenden oder sind auch Menschen übers Jahr bei euch beschäftigt?"

Georg:

„Wir haben sieben Festangestellte, die ganzjährig bei mir arbeiten. Schlepperfahrer, Vorarbeiter, welche, die reparieren können, Hausmeister im weiteren Sinne, welche, die draußen bewässern und düngen können, so universelle Leute. Die sind bei mir fest angestellt und schaffen das ganze Jahr.

Wenn die Saison losgeht, kommen ungefähr 130 bis 140 Saisonarbeitskräfte, hauptsächlich aus Rumänien und aus Kroatien, ein kleinerer Teil aus Polen. Und mit denen wuppe ich die Saison. Darüber hinaus hat meine Frau im eigenen Betrieb noch ungefähr 30 Verkäuferinnen, die draußen den Verkauf machen.

Ende März geht es los, dann kommen jede Woche bis zu 30 Leute dazu. Die kommen hier an, werden hier angemeldet, untergebracht und mit Frühstück, Mittagessen und Abendessen verköstigt.

So fahren wir den Laden mit den Saisonkräften hoch und genauso fahren wir das Personal am Ende, ab Ende Mai, wieder runter. Die sind im Feld, in der Sortierung, in der Verpackung und im Schälbereich. Fast alle meine Mitarbeiter nehmen über die Saison zwischen fünf bis fünfzehn Kilo ab. Obwohl wir oben in der Küche gehaltvoll mit Fett, Wurst und allem Drum und Dran kochen. Trotzdem nehmen meine Mitarbeiter ab.

Da sind viele ältere Frauen, Schülerinnen oder Studentinnen dabei.“ Auch diese stammen zumeist aus Kroatien oder Rumänien. *„Die jungen Mädchen sind meistens tough und sind viel weiter als die Jungs. Die kommen manchmal mit 18 oder 19 zu uns. Wenn die dann studieren gehen, waren sie drei Jahre da. Dann sage ich den jungen Mädchen: So, jetzt bist du aufs Leben vorbereitet, jetzt brauchst du keine Angst mehr vor nichts zu haben. Die müssen bei uns morgens um vier oder fünf Uhr da sein und sich mit unterschiedlichen Arbeitskräften und Charakteren auseinandersetzen.*

Wenn sie zu spät sind, gibt es Ärger. Da muss ich gar nichts sagen. Meine Frau macht das diplomatisch und ich bin eher der direkte Typ. Zumindest beim Personal, in der Ehe ist es umgekehrt. Aber beim Personal ist sie diplomatischer und ich sage es immer so, wie es ist. Aber wir haben ein gutes Betriebsklima bei uns, sowohl bei meinen Saisonkräften als auch bei unseren Verkäuferinnen. Dort gibt es einen guten Umgangston auf Augenhöhe. Es wird praktisch nicht geschrien.“

„Fast alle meine Mitarbeiter nehmen über die Saison zwischen fünf bis fünfzehn Kilo ab. Obwohl wir oben in der Küche gehaltvoll mit Fett, Wurst und allem Drum und Dran, kochen.“

„Welchen Ruf hat der Spargel heute?“

Georg:

„Spargel hat eigentlich einen exotischen Ruf und war früher ein Edelgemüse. Spargel gibt es nicht das ganze Jahr über. Das besondere Image rührt vor allem daher, dass es Spargel nur in der Saison gibt.

Im Frühjahr geht die Spargelzeit durch alle Medien. Wenn der erste Spargel gestochen wird, ist er im Fernsehen. Das gibt es beim Blumenkohl nicht. Das gibt es bei keinem anderen Gemüse. Durch die Verkürzung der Saison ist er hochwertiger und ein Königsgemüse.

Vor und nach der Spargelsaison gibt es Spargel aus Peru, aber den kann man geschmacklich vergessen. Es gibt auch europäischen Spargel, aber der weiße Spargel wird hauptsächlich in den deutschsprachigen Ländern, Schweiz, Österreich und Deutschland, angebaut, ein bisschen in Holland, und nur dort verkauft. Die anderen, 80 % weltweit, bauen fast alle nur Grünspargel an. Da ist das Image auch etwas anders, weil es dort Grünspargel oft das ganze Jahr über gibt.

„Weißer Spargel wird an Bedeutung verlieren und grüner Spargel wird an Bedeutung gewinnen. Das ist schon absehbar."

Weil Spargel zeitlich und räumlich ein Stück weit überschaubar ist, hat er einen besonderen Charakter. Heute haben wir leider etwas vom Image des Spargels verloren. Spargel ist ein bisschen vom Edelgemüse zur Beilage mutiert.

Aber das haben sich die Bauern selbst zuzuschreiben, weil sie einfach zu viel angebaut und zu jedem Preis verkauft haben. Das habe ich meinen Kollegen auch oft vorgeworfen. Wenn sie den Spargel draußen verschleudern, zahlen sie mit dem Image.

Das Image des Spargels geht auch in der nächsten Generation nach und nach verloren. Das beschäftigt uns im Moment sehr, wie die nächste Generation Spargel essen wird. Weißer Spargel wird an Bedeutung verlieren und grüner Spargel wird an Bedeutung gewinnen. Das ist schon absehbar."

„Hat das eigentlich einen speziellen Grund, dass Spargel und Erdbeeren zusammen angebaut werden?"

Georg:

„Spargel und Erdbeeren gehören zu den ersten Gemüsearten, die im Frühjahr im Freiland geerntet werden. Da sind die Leute noch richtig scharf drauf. Da sich die Saison der beiden Produkte überschneidet und die Kundenklientel ähnlich ist, passen Erdbeeren gut zum Spargelverkauf. Deshalb verkaufen viele im Direktvertrieb Spargel und Erdbeeren zusammen.

Oft werden sie auch zusammen in einem Betrieb oder in zwei sich gut bekannten Betrieben angebaut, so wie bei meinem Bruder und mir. Das hat nichts damit zu tun, dass man bodentechnisch gleiche Bedingungen braucht, sondern es hat eher vertriebstechnische Gründe.

Die heutigen Erdbeerkulturen sind alle bodenunabhängig. Das hat sich sehr verändert. Der Erdbeeranbau, zum Teil auch der Spargelanbau, kann heute mithilfe von Folientunneln sehr genau gesteuert werden, sowohl in Bezug auf die Menge als auch auf die Qualität. Die Tunnel schützen die Pflanzen vor Frost, Wind und Unkraut.

Die Spargel- und Erdbeerbauern werden jedoch oft wegen der vielen Folien kritisiert. Manche fragen: ‚Muss das denn so sein?' Ich antworte dann immer: ‚Das haben Sie als Verbraucher so entschieden.' Dann gucken sie mich immer mit großen Augen an. Dann sage ich: ‚Weil Sie sich im Supermarkt die schönsten Erdbeeren aussuchen.' Sie wollen genau dann Erdbeeren kaufen, wenn sie diese haben wollen. Sie sollen möglichst wenig gespritzt sein, sie sollen mit 12 Euro Mindestlohn geerntet worden sein und sie sollen noch drei bis vier Tage im Laden liegen.

Wir haben Zielkonflikte, und dieser Zielkonflikt ist momentan nur mit einer solchen Produktion zu lösen. Das alles ist nur möglich, wenn wir im Folientunnel anbauen, sowohl Erdbeeren als auch Spargel. Unter der Folie können wir die Volatilität, den Ernterhythmus und die Erntemengen besser steuern. Zudem können die Arbeitszeiten und die Qualitäten kontrolliert werden. Außerdem kann man Wasser, Pflanzenschutz und viel Arbeit bei der Ernte sparen.

Aufgrund der Bedingungen bzw. der Ansprüche der Verbraucher ist das heute im Prinzip entschieden. Um es etwas übertrieben darzustellen: Die Linken wollen, dass wir einen Mindestlohn von 13 Euro oder demnächst 15 Euro zahlen. Die Grünen wollen, dass wir extensiver produzieren. Und die Verbraucher wollen, dass es wenig kostet. Am besten sperren wir sie alle in ein Zimmer und lassen sie unter sich ausmachen, was das Wichtigste ist. Das Ergebnis setze ich dann um.

Alles drei zusammen geht nicht. So ist die Lage, und in dieser Lage muss ich mich bewegen. Je näher jemand an der Landwirtschaft ist, desto schneller erkennt er diesen Zielkonflikt. Die Verbraucher sind dann durchaus dankbar, wenn ihnen das jemand so klar erklärt. Das heißt, viele Verbraucher wissen schon, zumindest wenn sie ein bisschen gebildet sind, was Sache ist.

„Die Linken wollen, dass wir einen Mindestlohn von 13 Euro oder demnächst 15 Euro zahlen. Die Grünen wollen, dass wir extensiver produzieren. Und die Verbraucher wollen, dass es wenig kostet.“

Aber die Bauern trauen sich nicht immer, das in aller Konsequenz so klar darzustellen. Deswegen haben wir auf unserem Hof acht bis zehn Veranstaltungen. Diese nutzen wir immer wieder, um uns den Verbrauchern zu präsentieren. Wir bieten auch Hofführungen an. Ich erzähle dann zum Beispiel, wie viele Mitarbeiter für ein Kilo Spargel benötigt werden und welche Auswirkungen das hat.

Wir fokussieren uns auch auf regionale Partner, mit denen wir überbetrieblich beispielsweise Honig, Wein oder Schinken vermarkten können. Das runden wir mit leckeren Sachen und ein bisschen Kultur ab.

Deshalb ist unser Hof ein bisschen anders. Wir sind kein Öko-Betrieb, aber eben anders. Wir gehen auch so ein bisschen in Richtung Kultur. Vielleicht stellen wir bei uns irgendwann Skulpturen auf, um alle Sinne unserer Besucher anzusprechen.

Das hat natürlich auch egoistische Gründe, denn die Leute, die das annehmen, haben in der Regel auch Geld und Grips. Sie verstehen das sofort und haben kein Problem damit, wenn ich meinen Spargel einen Euro teurer mache.

Wenn ich meine Produkte dem Lebensmitteleinzelhandel verkaufe, sind 10 Cent schon zu viel. Ich bin auch in der Genossenschaft aktiv und dort im Aufsichtsrat tätig. Die Preise, die ich über die komplette Saison hinweg von der Genossenschaft ausgezahlt bekomme, decken meine Vollkosten jedoch nicht. Dann sage ich mir: Warum soll ich Spargel für euch anlegen? Das ist ein bisschen Geld gewechselt, das ist linke Tasche, rechte Tasche. Und jetzt soll ich noch mehr Kilos machen oder meine Mitarbeiter noch mehr quälen, nur damit ihr draußen noch billigeren Spargel verkauft?

Die Zeiten von billigem Spargel, billigen Erdbeeren und billigen Lebensmitteln sind vorbei. Da ändert sich momentan viel."

„Uns würde sehr interessieren, inwieweit sich das über die Jahre in deinen Augen verändert hat. Wenn du jetzt davon erzählst, klingt es, als wenn du ein guter Geschäftsmann bist und offen mit den Kollegen und Kunden umgehst. War das immer so oder bist du durch eine harte Schule gegangen?"

Georg:

„Das ganze Leben ist eine harte Schule. Der Vorteil, den wir haben, ist der, dass meine Frau nicht aus der Landwirtschaft kommt. Meine Frau war früher in der Softwarebranche tätig und hat sich über ein zweites Studium Kenntnisse in der Betriebswirtschaft angeeignet.

Obwohl wir verheiratet sind und heute beide in der Landwirtschaft tätig sind, beurteilen wir Fernsehberichte oder Zeitungsartikel total unterschiedlich. Meine Frau sieht das sofort aus der Sicht der Verbraucherin und ich aus der Sicht des Bauern.

Ich denke dann: Wie kann man das so sehen, die sind doch alle total blöd und müssen sich mal informieren. Meine Frau sagt dann: Ja, dann musst du denen das erklären. Es gibt eine Wissenslücke und diese Wissenslücke kann man manchmal schließen. Aber man muss es geschickt machen, dass man die Leute mitnimmt und dass es auch verständlich ist. Dass man die Leute nicht verprellt und dass man nicht sagt: Hey, du willst nur sparen, geh doch einfach woanders einkaufen.

Das habe ich auch schon gemacht. Wir hatten mal einen Gastronomen, der größere Mengen geschälten Spargel einkaufen wollte. Ich verhandle mit den größeren Abnehmern, weil ich das gerne mache. Meine Frau mag das gar nicht, ich verhandle gerne.

Der Gastronom meinte, bei der Menge müsse mehr drin sein. Jedes dritte Wort war billig. Dann habe ich erst mal gesagt: Wissen Sie was? Bei uns gibt es preiswert, aber nicht billig. Das ist ein Unterschied. Billig und preiswert sind zwei Paar Schuhe. Billig bekommen Sie bei uns nicht, preiswert können Sie haben. Das hat er nicht verstanden und hat weitergemacht.

Irgendwann habe ich zu ihm gesagt: Wissen Sie was? Sie sind hier falsch. Sie wollen einen Mercedes kaufen, aber nur einen Fiat bezahlen. Ich sage Ihnen jetzt, wo mein Kollege ist, wo Sie den Fiat kriegen, da können Sie hingehen. Wir werden uns sowieso streiten. Sie sind ein netter Mensch, Sie haben Ihre Interessen, aber wir passen nicht zusammen. Wir kriegen sowieso Ärger. Das will ich nicht. Ich will nicht mit Ärger durchs Leben gehen. Sie brauchen mich nicht und ich brauche Sie nicht. Der hat als Kunde nicht zu mir gepasst.

Das war ein bitterer Lernprozess für uns. Für uns privat und für die Entwicklung des Betriebs war es hilfreich, dass wir eine Werbeagentur hatten.

Irgendwann wollte mich eine Werbeagentur zu einem Positionierungsworkshop einladen. Meine erste Frage war: Was kostet das und was bringt das? Was es bringt, konnte er mir gar nicht so genau sagen. Es sollte 5000 Euro und zwei Tage kosten.

Ich bin ein relativ offener Mensch, und da es ein netter Typ war, habe ich zugesagt. Allerdings hatte ich zwei Bedingungen: Es muss außerhalb der Saison stattfinden und ich muss meinen Hund mitbringen können. Wenn ich meinen Hund nicht mitbringen kann, dann bin ich raus. Mein Hund war damals ein Welpe und ich wollte ihn erziehen. Das war kein Problem.

Aber er hatte auch zwei Bedingungen: Dass er meine Frau und mich vor dem Positionierungs-Workshop separat zwei Stunden über unsere Sicht und unsere Selbstwahrnehmung auf den Betrieb interviewt und dass er uns am ersten Tag von dem Positionierungs-Workshop mit unseren Antworten konfrontiert.

„Plötzlich verhandelt man auf Augenhöhe."

Zwischendrin habe ich gesagt: Habt ihr einen rechtsnahen Mediator, weil das hier auf eine Scheidung hinausläuft, wenn ihr so weitermacht. Ihr habt zwei verschiedene Betriebe interviewt. Das kann gar nicht sein. Die Wahrnehmung des Betriebes lag so weit auseinander. Das war unser beider Wirklichkeit, nur unterschiedlich betrachtet.

Am ersten Tag haben wir uns die Köpfe eingehauen und am zweiten Tag haben wir die Sache weiterentwickelt und geschaut, wo liegen wir auseinander. Was müssen wir machen, damit mehr Kongruenz da ist, also unsere Ziele mehr übereinstimmen? Weil, nicht nur die Wahrnehmung war unterschiedlich, sondern auch unsere Ziele waren völlig unterschiedlich. Dann haben wir einen Fünfjahresplan aufgestellt und sind Schritt für Schritt vorgegangen. Wir haben uns zusammen überlegt, was wir zuerst machen.

Dann haben wir einen neuen Hofladen eröffnet, neue Corporate-Identity-Farben entwickelt und ein neues Auftreten bekommen. Dann gab es für uns eine weitere Aufgabe. Meine Frau sollte eine Zielkundin für ihren Laden entwickeln. Wie alt ist sie, wie viel verdient sie, was für ein Auto fährt sie, was für Klamotten trägt sie und so weiter. Sie musste eine Zielkundin für ihren Laden erstellen. Und ich musste das auch für Gastronomen machen.

Wir haben ein paar unserer Kunden herausgepickt und interviewt, was die von uns halten. Daraufhin haben wir den Betrieb neu aufgestellt. Das Interessante war, dass wir uns danach viel mehr einig waren, was wir wollen und was wir nicht wollen. Vor allem, was wir nicht wollen, da sind wir jetzt viel klarer.

Das macht es für uns viel einfacher, zu etwas einfach Nein zu sagen. Man kann im Leben nicht zu jedem Geschäft Ja sagen. Manchmal muss man einfach sagen, das passt nicht. Das ist ein netter Mensch, aber das passt nicht.

Das macht einen auch souveräner, oder? Dadurch spiegeln Sie nach außen: Der weiß, was er will, der weiß, was er wert ist, der ist nicht zu allem bereit und der ist souverän. Plötzlich verhandelt man auf Augenhöhe."

Nach einer Krise hat Georg noch einmal genau auf sich und seinen Betrieb geschaut. Mithilfe eines Coachings hat er sein Unternehmen neu positioniert. Heute kennt er seine USP (Unique Selling Proposition):

> *„Unser Alleinstellungsmerkmal ist unsere ziemlich gute Logistik. Wir können Bestellungen bis 16 Uhr annehmen und am nächsten Morgen frisch ausliefern.*
>
> *Durch den steigenden Kostendruck stehen die Betriebe in der Mitte ein bisschen vor der Frage, welche Größe die richtige ist. Also müssen wir entweder größer oder kleiner werden. Kostenführerschaft besetzen oder Nische besetzen. Und wir wollen eigentlich eher die Nische besetzen. Wir werden also eher kleiner und feiner."*

Wir fragen uns, wie resistent muss man als Spargelbauer eigentlich sein?

Georg lächelt:

> *„Das ist vielleicht überhaupt das Wichtigste. Ein dickes Fell zu haben. Wenn ihr vorgestern gekommen wärt, hätte ich überhaupt keine Zeit gehabt. Die Sortiermaschine ist ausgefallen, die Bestellungen waren nicht klar, im Feld hat nichts geklappt und ich hatte parallel ein Zoom-Meeting mit der Genossenschaft. Alles auf einen Schlag.*
>
> *Wenn ich morgens aufstehe, bin ich um 5 Uhr im Betrieb. Um 6 Uhr kommt mein Vorarbeiter und wir besprechen unter vier Augen, ohne Telefon, das Folienmanagement. Wir besprechen, ob wir auf schwarz oder weiß drehen sollen und wie das Wetter in den nächsten drei Tagen gemeldet ist. Das dauert eine Viertelstunde. Dann wird sozusagen die Erntemenge von übermorgen beschlossen. Eine Fehlentscheidung kann alles kippen."*

Wir haben gelernt, dass es einen sich ständig ändernden Markt gibt. Wie sieht die Nachfrage für Spargel in der Region und bei Georgs Betrieb aus?

Georg:

> *„Heute haben wir zehn Prozent grünen Spargel und 90 % weißen Spargel. Insgesamt steigt die Nachfrage nach grünem Spargel und der weiße Spargel sinkt. Um der Sache ein bisschen entgegenzuwirken, haben wir bei uns neue Produktformate, viel Convenience-Ware, entwickelt.*
>
> *Früher haben sich die Leute den Spargel selbst geschält, heute haben wir eine eigene Schälmaschine. Wir bieten zum Beispiel grünen und weißen Spargel für die Pfanne an, wir nennen das Wok-Spargel. Der ist dann grün-weiß und sieht schön bunt auf dem Teller aus. Man kann ihn gleich verwenden, macht keine Arbeit und das leckere Rezept kommt mit dazu. Das sind küchenfertige 700 Gramm Kisten.*

„Man muss sich die Perspektive von außen bewusst holen."

> *Wenn wir mal ein Event haben, dann promoten wir mit Externen die Geschichte ein bisschen. Das ist eine Möglichkeit, wie wir uns gegenüber den Mitbewerbern ein Stück weit absetzen können. So was gibt es nur bei uns.*

Meine Frau postet manchmal auf Instagram ein passendes Rezept zu den jeweiligen Produkten. Dann haben wir junge pfiffige Verkäuferinnen, die auch mal ein kleines Filmchen aufnehmen. Dann können wir sagen, guckt mal, das ist das Rezept der Woche. Aber das ist das Ding meiner Frau.

Ich gehe lieber draußen im Laden rum. Dann kommt manchmal ein Kunde und fragt: Was hast du heute für ein Rezept? Was ist dein Lieblingsrezept? Zum Beispiel schmeckt der Wok-Spargel in der Pfanne mit ein bisschen Olivenöl und Puderzucker sehr gut. Erst dünsten, anbraten und mit ein bisschen Wein ablöschen. Dann kann noch ein bisschen Kochkäse, Tomaten und Kräuter dran. Dazu passen ein leckeres Ciabatta und ein Rosé. Das ist innerhalb von zehn Minuten fertig.

Und dann geben die Kunden mir ein Rezept und ich probiere das aus. Beim nächsten Mal erzähle ich denen, wie es geschmeckt hat. Das muss man wollen, ich mache das super gerne. Manchmal frage ich unsere Kunden, was ihr Lieblingsrezept ist. Das ist modernes Marketing.“

„Aber irgendwie ist es sicherlich auch erschwert, wenn man nur eine Innenperspektive hat. Man besucht ja nicht den Betrieb und denkt: Das ist es. Man kann sich nicht ausprobieren, wenn man in einem Betrieb aufgewachsen ist und es nicht anders kennt. Dann fehlt irgendwie die Perspektive von außen, oder nicht?“

Georg:

„Ja, ich glaube, man muss sich die Perspektive von außen bewusst holen. Das kann jeder. Ich habe das auch gemacht. Ich war auf Seminaren und habe einen kleinen Freundeskreis um mich geschart, die alle so getickt haben wie ich. Nach dem Motto: Was kostet die Welt.

Ich war damals so 28 Jahre alt und habe auf Seminaren gute Freunde gefunden. Meine Spezies Axel, Markus und Ralf. Wir waren alle im gleichen Alter und saßen zufällig im Seminar hinten zusammen.

In dem Seminar musste jeder kurz seinen Betrieb vorstellen. Dann ist mein bester Freund Markus aufgestanden und hat gesagt: Er hat einen Betrieb mit Ochsenmast und macht fünf Hektar Grünspargel. Er hatte sich noch nicht richtig hingesetzt, da haben Axel und ich gesagt: Markus, hast du noch alle am Appel? Beim Grünspargel hast du nur so viel Deckungsbeitrag pro Hektar und beim Weißspargel hast du so viel. Was hast du geraucht oder getrunken, dass du auf den Trichter gekommen bist? Dann haben wir ihm das vorgerechnet.

Daraufhin hat er damals, ohne seine Frau zu fragen, noch während des Seminars sein Pflanzgut umgestellt. Er hat seinen kompletten Grünspargel abbestellt und die doppelte Menge weißen Spargel bestellt. Im Prinzip hat er den kompletten Betriebsablauf auf den Kopf gestellt.

Und dann haben wir dort im Seminar besprochen, dass er im Vertrieb einsteigen kann. Wir haben uns den Profit geteilt und so richtig Gas gegeben. Wir haben uns gut verstanden und auch immer Informationen geteilt.

Irgendwann bei einem Essen zu viert habe ich gesagt: Wisst ihr was? Wir verstehen uns so gut, dass wir uns auf zwei Regeln einigen müssen.

Erstens, wir müssen uns immer alles sofort sagen. Wenn wir etwas haben, dann müssen wir vier uns das ohne Umschweife, ohne Verzögerung und ohne Diplomatie sagen. Was auch immer es ist, wann auch immer es ist.

Das zweite ist, wenn wir ein Geschäft zusammen machen, müssen wir es aufteilen. Das heißt, wir machen ein Geschäft zusammen und dann gibt es eine große Marge. Dann machen wir vier halbe-halbe. Oder es gibt eine kleine Marge, dann machen wir weniger halbe-halbe. Oder wenn wir ein Minus-Geschäft machen, dann müssen wir einen Verlust teilen. Das legen wir offen und damit ist es durch.

Daran haben wir uns alle immer gehalten. Das waren die schönsten Geschäfte meines Lebens. Das ist schön, weil man Vertrauen hat. Das kann man nicht mit jedem machen. Aber wir haben das damals so beschlossen. Und ich hätte das nicht beschließen können, wenn ich nicht aus meinem Betrieb rausgekommen wäre und zu dem Seminar gegangen wäre.

Deswegen schicke ich meinen Sohn lieber auf Seminare, als dass er nur hier auf dem Betrieb ist. Die jungen Leute haben keine Berührungsängste, aber die telefonieren auch nicht, sondern schreiben zehn Mails, anstatt einmal zu telefonieren. Da kriege ich so eine Krawatte."

„Wie bist du persönlich mit deinem Betrieb gewachsen? Machst du das gerne, was du machst?"

Georg:

„Ja, 80 % meiner Arbeit macht mir Spaß. Die anderen 20 %, die ich nicht gerne mache, sind Audits, Bürokratie und so weiter. Zum Glück habe ich das jetzt an meinen Sohn abgeben dürfen. Ich sage immer, das ist für mich ‚Waste of Time', dieser Kleinkram verschwendet meine Lebenszeit. Ich hasse das wie die Pest. Meine Frau dagegen macht das gerne. Auch da sind wir verschieden.

Es gab aber auch Zeiten, in denen es mir nicht so viel Spaß gemacht hat. Wir hatten 2018 eine schlechte Spargelsaison, bedingt durch die Witterungsverhältnisse, Fehler meiner Genossenschaft, Fehler der Bauern und Überproduktion. Das war schlimm für mich.

Wenn während der Saison jemand gekommen wäre und gesagt hätte: Ich gebe dir viel Geld für deinen Laden. Dann hätte ich geantwortet: Wenn du morgen einen Termin beim Notar bekommst, gebe ich dir Nachlass. Aber den musst du morgen mitbringen.

Ich hätte nicht einmal meine Familie gefragt. Ich hätte meiner Familie den Laden vor der Nase weg verkauft, weil ich einfach so durch war. In dieser Zeit habe ich zwei

Wochen lang kaum geschlafen. Ein oder zwei Stunden Schlaf vielleicht. Ich war um zehn oder elf Uhr abends im Bett und bin um zwei oder drei Uhr morgens von selbst aufgewacht.

Dann habe ich eine Stunde meinen Hund gekrault und bin um drei oder vier Uhr mit dem Hund ins Büro gefahren und habe schon mal ein bisschen Mails gemacht. Und dann habe ich morgens schon gewusst: Heute wird es genauso katastrophal wie gestern, weil wir einfach jeden Tag organisatorisch am Anschlag waren. Viel zu viel Produktion, keine Verwertung, beschissene Preise.

Dann hat mir meine Genossenschaft am 1. Juli, als meine Mitarbeiter schon abgereist waren, meine Auszahlungspreise für die ganze Saison präsentiert. Da habe ich gesehen, dass sie mir 50 Cent oder 80 Cent weniger auszahlen, als ich kalkuliert hatte. Da bin ich erst mal zur Bank gelaufen und habe einen Kredit aufgenommen, um die Steuerrückzahlung vorzufinanzieren.

Da war ich psychisch so am Ende, da hätte ich wirklich verkaufen können. Irgendwann habe ich mich zum Glück wieder einigermaßen gefangen.

Meine Frau und auch mein Büro haben das damals ganz anders gesehen. Ich habe damals schon am Anfang der Saison, im Mai, gewusst, dass die Saison für den Eimer ist. Ich habe gesagt: Die Saison ist tot und gelaufen. Am Anfang von der Saison, nach 30 %, wusste ich, das ist nicht mehr zu retten. Da lag so viel Spargel im Kühlhaus und bei den Kollegen sah es überall so aus wie bei uns. Die Lage im Vertrieb war so prekär, das kann nichts mehr werden.

Dann habe ich mein Umfeld damit konfrontiert. Sie haben mich für verrückt gehalten: Das stimmt nicht. Du bist nur negativ. Das kann gar nicht sein. Woher willst du wissen, wie der Juni wird. Da habe ich gesagt: Das kann ich jetzt schon sehen. Es muss nur länger warm bleiben, dann haben wir in Deutschland so viel Spargel im Kühlhaus, dass es bis zum 25. Juni reicht. Dann sind die Preise natürlich auch niedrig. Eine völlig katastrophale Situation.

Diese Saison hat mich mental so an den Anschlag gebracht, dass mein Arzt irgendwann gesagt hat: Jetzt musst du etwas ändern. Wenn du nichts änderst, dann sehen wir uns wieder, aber nur, wenn du Glück hast. Dann haben wir was geändert.“

„Heute wird es genauso katastrophal wie gestern, weil wir einfach jeden Tag organisatorisch am Anschlag waren. Viel zu viel Produktion, keine Verwertung, beschissene Preise.“

Georg und Max haben sehr unterschiedliche Kunden. **„Wie geht ihr damit um?“**

Georg:

„Wenn zu mir ein Caterer kommt und sagt: Ich brauche 15 Tonnen die Saison, muss ich sagen ja oder nein. Zum Glück sind wir sehr diversifiziert im Verkauf und deswegen können wir uns im Prinzip die Abnehmer auch aussuchen.

Oberstes Ziel bei mir im Vertrieb, keiner über zehn Prozent. Wenn ich einen Abnehmer habe, der bei mir mehr als zehn Prozent Umsatz macht, lehne ich Aufträge ab, weil ich keine Abhängigkeiten will. Ja, wir sind darauf angewiesen, aber abhängig ist auf jeden Fall was anderes.

Und ich habe noch was gemacht. Ich habe meine ganzen Abnehmer in A-, B-, C- und D-Abnehmer eingeteilt.

Die guten Abnehmer sind die, die mir nachhaltige Preise bezahlen. Für die mache ich alles und das sage ich denen auch. Ich sage: Wissen Sie was? Den Preis, den Sie mir bezahlen, der bewirkt, dass ich immer alles für Sie machen werde. Ich will, dass Sie zufrieden sind und dass Ihre Gäste im Lokal und dass Ihre Kunden zufrieden sind. Sie bezahlen mir gute Preise, Sie können mich immer anrufen, wenn Sie was außer der Reihe brauchen, kriegen Sie alles.

Und meinen Abnehmern, die mir meine Preise kaputt machen, sage ich das auch. Ich sage: Weißt du was? Der Preis, den du mir bezahlst, der ist jetzt kurz vor der Restmülltonne. Ich gebe dir gar nichts. Lieber schmeiß ich den Spargel weg.

Ich mache das an einem Beispiel fest. Ich habe eine Abnehmerin, mit der ich schon sehr lange gute Geschäfte mache, bis in das Niedrigpreissegment hinein. Sie verhandelt ihre Interessen sehr hart und klar. Sie verkauft auch viel und ist eine kluge Frau, von der ich viel gelernt habe. Letztes Jahr haben wir zusammengesessen, weil die Spargelsaison nicht so gut angelaufen ist. Die Leute haben gespart und dachten, der Spargel ist noch teuer, ich warte noch ein bisschen. Dann hat sie drei Wochen hintereinander gesagt: Der Verbrauch ist nicht so angelaufen, wie wir gedacht haben. Der Spargel läuft nicht mehr so gut. Wir müssen mit den Preisen runter.

Das ist, sagen wir mal, eine Händlerreaktion, die gibt es auch bei den Bauern. Es läuft nichts, wir gehen mit den Preisen runter und dann geht wieder mehr. Aber das stimmt nicht. Das sind manchmal andere Gründe, die dazu führen.

Irgendwann war ich es leid. Da habe ich gesagt: Guck mal hier. Das ist der Kiloschnitt über alle Sorten, den du mir zu bezahlen bereit bist. Der liegt nah an meinen Vollkosten, das ist die langfristige Preisuntergrenze. Nicht die variablen Kosten, das ist die kurzfristige Preisuntergrenze. Gib mir einen Grund, warum ich nächstes Jahr ein Hektar Spargel für dich anlegen soll. Es gibt keinen. Wir können jetzt beide das Geschäft mitnehmen, aber in zwei oder drei Jahren wirst du dir einen anderen Lieferanten suchen müssen, weil ich an solchen Geschäften dauerhaft kein Interesse habe.

Daraufhin hat sie einmal drüber geguckt und gesagt: Wir lassen die Preise stehen, du hast recht.“

Auch Max bringt sich ein:

„Den LEH (Lebensmitteleinzelhandel) *haben wir komplett rausgenommen. Ich werde jetzt keine Namen nennen, aber es gibt Kollegen, die haben investiert und ihren Fokus eher auf den LEH gerichtet. Die sind jetzt Pleite gegangen. Wir sehen es bei unseren*

Gastronomen. Die sind langjährig dabei. Mit denen kannst du am Telefon reden. Sie sagen, was sie brauchen, und bleiben dabei.

Wenn die Produktion mehr Geld kostet, dann geben wir das an die Verbraucher weiter. Der LEH macht das nicht. Wenn ich einem Einzelhändler sagen würde, dass der Mindestlohn gestiegen ist und ich jetzt 80 oder 90 Cent mehr brauche, dann kauft er in Griechenland ein."

„Wie läuft die Preisfindung beim Spargel statt?"

Georg:

„Jedes landwirtschaftliche Produkt hat eine andere Preisfindung. Und Spargel ist relativ stark abhängig vom Witterungsverlauf, wie es abläuft, wie es abfließt, was die Kunden denken und wie die anderen Kollegen einsteigen. Wenn es heiß ist, gibt es viel Spargel und dann wird viel Spargel angeboten. Dann geht der Preis schneller runter.

Ich nehme zwei extreme Beispiele. Letztes Jahr hatten wir perfektes Wetter. Nicht zu warm, nicht zu kalt, immer schön feucht. Am Anfang gab es Spargel, dann wurde es etwas weniger. Dann ist der Vertrieb angelaufen und die Preise waren stabil. Meine Mitarbeiter sind gut rumgekommen, wir haben gut verkaufen können. Der Absatz ist immer geflutscht, der Markt war immer fünf Prozent unterversorgt, sodass wir nicht groß über Preise diskutieren mussten. Das ist eigentlich perfekt, besser geht es nicht.

„Wir merken die Dürre, wir merken die Hitzeperioden, wir merken die Omega-Wetterlagen. Die verstärken meine kaufmännischen Risiken."

Und in dem Jahr 2018 hatten wir eine andere Situation. Erst gab es gar nichts. Dann war es heiß und wir sind innerhalb von drei, vier Tagen von null auf 100 durchgestartet. Das heißt, wir mussten sofort 150 Saisonkräfte organisieren, anreisen lassen, verpflegen und unterbringen. Statt zwei Wochen, hatten wir im Vertrieb maximal fünf Tage Zeit. Der Vertrieb stand noch nicht richtig und über die Genossenschaften lief noch nichts. Von Beginn der Saison an liefen wir der Arbeit hinterher. Wir haben schlechte Qualitäten gestochen, weil wir nicht mehr nachgekommen sind, wie bei den anderen auch. Dann habe ich Flächen herausgenommen. Meine Mitarbeiter waren schon vom ersten Tag an mental und psychisch am Anschlag, weil sie gleich ins kalte Wasser geworfen wurden. Im Verkauf draußen ist noch nichts gelaufen, obwohl die Preise unten waren. Das ist sozusagen das andere Extrem, wie es bei mir aussehen kann. Und dazwischen bewegt sich im Prinzip alles.

Aber wir merken auch den Klimawandel. Wir merken die Dürre, wir merken die Hitzeperioden, wir merken die Omega-Wetterlagen. Die verstärken meine kaufmännischen Risiken. Die wirken als Verstärker auf meine Risiken, die ich ohnehin schon habe."

„Was ist bei der Produktion von Spargel am teuersten?“

Georg:

„Ganz klar, Personalkosten. Meine Personalkosten sind die letzten zehn Jahre, seit der Mindestlohn eingeführt wurde, jedes Jahr im Schnitt um zehn Prozent gestiegen. Jedes Jahr zehn Prozent sind in zehn Jahren eine Verdopplung. Meine Preise haben sich nicht um 50 % angepasst. Beim Lohnanteil von 60 % bräuchte ich mindestens 60 % höhere Preise. Die habe ich nicht erzielt.

Meine Frau bekommt das noch sehr gut gewuppt. Deswegen haben wir unseren Betrieb verkleinert. Dadurch, dass wir relativ gut strukturiert sind und meine Frau den Vertrieb draußen macht, haben wir ein paar mittlere und größere Abnehmer.“

„Meine Personalkosten sind die letzten zehn Jahre, seit der Mindestlohn eingeführt wurde, jedes Jahr im Schnitt um zehn Prozent gestiegen.“

„Schaut ihr optimistisch auf eure Zukunft?“

Max:

„Ob es mit dem Spargel so weiterläuft, weiß ich tatsächlich nicht. Es gibt jetzt die jüngere Generation. Meine Freunde kaufen zum Beispiel keinen Spargel in der Menge, in der die Leute heute im Hofladen kaufen. Das sehe ich auch an unseren Kunden, die reinkommen. In der aktuellen Spargelzeit, die drei Wochen dauert, habe ich noch keinen unter 30-Jährigen gesehen, der hereinkam und sagte, er hätte gern zwei Kilo Spargel.

Wir haben zum Beispiel auch Grünspargel zum Grillen. Wenn wir es aber mit vor zehn oder 20 Jahren vergleichen, gehen die durchschnittlich gekaufte Menge an Spargel von über einem Kilo runter auf 700 Gramm und gehen immer weiter runter.

Ich denke, Spargel wird immer gegessen. Gerade die Gastro gibt richtig Gas. Dann wird auch gekauft und das ist richtig cool. Aber ich habe keine Ahnung, ob das so bleibt. Direktvermarktung, da geht es hin. Regionale Direktvermarktung.“

„Wäre es für euch leicht, hier auf dem Feld einfach etwas anderes anzubauen?“

Max antwortet nachdenklich:

„Unsere gesamte Produktion ist auf Spargel ausgelegt und extrem spezialisiert. Die Geräte, die wir haben, sind ebenfalls extrem spezialisiert. Wenn ich Getreide machen würde, kann ich vielleicht sagen: Okay, heute mache ich mal Weizen, nächstes Jahr probiere ich mal Hafer aus.

Das ist da eher möglich, als wenn meine ganze Produktion auf Spargel ausgelegt ist. Ich kann nicht sagen: Ach, nächstes Jahr probiere ich Kartoffeln. Ich brauche dafür ganz andere Erntesysteme und Produktionssysteme. So einfach kann ich nicht umstellen.“

„Wie viel Spargel esst ihr eigentlich noch selbst?“

Georg:

„Drei- bis viermal die Woche ist kein Problem. Abends, vor allem sonntags, bin ich manchmal früher fertig und meine Mitarbeiter haben dann auch schon frei. Meine Frau macht dann noch die Abrechnung. Dann gehe ich in den Hofladen, suche mir was aus und koche uns irgendwas. Dann nehme ich meinen Hund mit und bin ganz für mich. Dann koche ich was Leckeres, meistens probiere ich ein neues Rezept aus.“

„Redest du viel mit deinem Sohn über den Betrieb? Also wie er das sieht? Der hat wahrscheinlich einen anderen Blick darauf als du.“

Georg:

„Mein Sohn hat einen Teilblick darauf, weil er gerade erst angefangen hat. Man kann viel sagen, aber eigentlich muss man es erfahren. Ich musste es auch immer erst erfahren. Deswegen haben wir seinen Schreibtisch mit zu uns in mein Büro genommen.

Insgesamt haben wir zwei Büros. Als mein Sohn in den Betrieb eingestiegen ist, wollte ich erst ein separates Büro. Aber dann haben alle gesagt, er muss hier mit ins Büro. Da war ich erst ein bisschen genervt, weil ich ganz gerne meine Ruhe habe. Aber ich bin auch gerne bei den Mitarbeitern draußen und telefoniere mit den Kunden.

Jetzt sitzt mein Sohn bei uns mit im Büro, dort, wo es auch mal heiß hergeht und es weh tut. Die Realitäten werden ihn schon ausreichend schulen. Das ist auch gut so. Ich mische mich da nicht so sehr ein. Das ist im Moment auch eine Diskussion mit meiner Frau und mir, dass ich das alles einfach laufen lasse. Ich mache meinem Sohn keine Vorschriften, was er anbaut, wie groß er anbaut, auf welche Seminare er geht, was er noch dazu nimmt, sondern ich lasse es einfach laufen.

Das ist aber auch eine Erfahrung meiner Familie oder von meinem Bruder und mir. Wie mein jüngerer Bruder bei mir mit eingestiegen ist, wie wir die GbR hatten. Mein Bruder wollte eigentlich nicht Chef werden, er wäre lieber in der zweiten Reihe geblieben. Aber wir hatten damals nicht die Kraft, die richtige Organisationsstruktur für uns zu finden.

Dann hat mein Vater eine GbR gegründet und meinem Bruder einen Erdbeerbetrieb gekauft. Mein Bruder hat dann den Erdbeerbetrieb die ersten 25 Jahre seinem Vater zuliebe gemacht. Und dann hat er den Betrieb noch 15 Jahre seiner Frau zuliebe weitergeführt. Am Ende hat er 40 Jahre unglücklich gelebt, weil es nicht das richtige Leben für ihn war. Das möchte ich meinem Sohn ersparen. Deswegen mach ich ihm keine Vorschriften und lasse es einfach laufen. Ich sag nichts.“

„Witterungsbedingungen und auch die Vertriebsbedingungen, Kundenansprüche und unsere Produktionsbedingungen ändern sich so schnell, dass ich noch gar nicht absehen kann, wo wir in fünf Jahren sein werden.“

„Aber stellt er viele Fragen oder ergibt sich das einfach? Also nehmt ihr euch Zeit, dass ihr euch austauschen könnt? Oder läuft das wirklich so einfach im Alltag weiter und er lernt sozusagen beim Machen?“

Georg:

„Ja, er stellt Fragen. Meiner Meinung nach noch zu wenig. Manchmal stelle ich Fragen. Die Generation Z ist sowieso ein bisschen schwer zu greifen. Aber das ist ein Fehler, den wir gemacht haben. Wir haben in der Erziehung immer gesagt, die Welt wartet nur auf euch. Und jetzt merkt jeder, dass die Welt nicht wartet. Aber gut, mein Sohn ist jetzt 28. Ich war mit 28 auch noch nicht so weit. Also lasse ich ihm einfach Zeit.

Aber alles Schlechte hat auch sein Gutes. Unser Geschäftsmodell steht im Moment sowieso in allen Bereichen auf dem Prüfstand, weil unsere Witterungsbedingungen und auch die Vertriebsbedingungen, Kundenansprüche und unsere Produktionsbedingungen ändern sich so schnell, dass ich noch gar nicht absehen kann, wo wir in fünf Jahren sein werden.

Auf die politischen Entscheidungsträger ist kein Verlass mehr. Wir haben überhaupt keine Planungssicherheit mehr. Deswegen habe ich meinem Sohn ganz am Anfang gesagt: Was ich gemacht habe, ist sowieso vorbei. Jetzt kommt was Neues. Das Neue, was kommt, ist in deiner Hand. Du suchst dir ein Betriebs- und Geschäftskonzept, ein Format, das zu deinem Lebensentwurf passt, und ich unterstütze dich dabei.

„Ich will, dass mein Sohn irgendwann auf das, was er selbst erreicht hat, stolz ist. Das sage ich ihm auch.“

Ich sage auch: Es ist genug Geld da, leg einfach los. In meinem Leben habe ich schon so viel Lehrgeld bezahlt. Scheiß egal, so habe ich wertvolle Information gekauft. Dann macht man einfach immer weiter. Um ein bisschen Druck rauszunehmen. Leg einfach los.

Aber er weiß auch, alles, was er jetzt an Lehrgeld bezahlt, das bezahl jetzt nicht mehr ich, sondern geht von seinem Erbe ab. Ich will, dass mein Sohn irgendwann auf das, was er selbst erreicht hat, stolz ist. Das sage ich ihm auch.“

„War das ähnlich bei deinem Vater oder bei deinen Eltern?“

Georg:

„Ja, mein Vater hat mich einfach machen lassen. Gut, meinem Bruder hat er reingerätscht, den hat er ins Unglück getrieben. Hätten wir damals die Kraft gehabt, eine andere Betriebsform zu finden, wir wären in der Region einer der größten Betriebe, aber das war sozusagen der Fehler von meinem Vater. Das habe ich ihm auch gesagt, aber es gibt kein Leben ohne Fehler. Die Frage ist immer, ob man es rechtzeitig sieht und es irgendwie umsteuern kann.“

„Es hört sich an, als wenn du hauptsächlich unternehmerisch tätig bist. Würdest du dies genauso sehen?"

Georg:

„Mit dem vielen Personal, dem Vertrieb und dem Endkundengeschäft sind wir natürlich auch ein Stück Organisator. Wir müssen verkaufen, wir müssen Mitarbeiter organisieren und auch motivieren. Das macht eigentlich 80 % der Arbeit aus. Die anderen 20 % brauche ich im Feld, Fachwissen, was wir auch im Studium lernen.

Deshalb lasse ich mich und auch Max nach der Saison beraten, um uns Flausen und Fehler auszutreiben. Draußen im Feld, das muss stimmen. Aber in der Halle, die Organisation und auch der Vertrieb, das ist eigentlich noch wichtiger. Im Büro bin ich immer für alle Mitarbeiter ansprechbar. Ich habe Kroatisch gelernt und kann mit meinem Mitarbeiter in seiner Muttersprache kommunizieren, um es ihm einfacher zu machen.

Das ist halt mein Ding, ich habe das gefunden, was mich erfüllt. Auch meine Frau hat ihr Ding gefunden. Meine Frau brennt für ihren Hofladen, für ihr Eis, für ihren Kuchen und für ihre Verkäuferinnen. Jetzt sucht sie gerade Brot, das sie dort verkaufen kann. Max muss sein Ding noch finden. Momentan ist der Betrieb keine Geldmaschine, sondern auch ein Stück weit Selbstverwirklichungsplattform. Jeder sollte herausfinden, wofür er brennt.

„Draußen im Feld, das muss stimmen. Aber in der Halle, die Organisation und auch der Vertrieb, das ist eigentlich noch wichtiger."

Es gibt noch einen anderen Sohn. Der studiert Wirtschaftspsychologie und ist ziemlich clever. Der hat sich jetzt prima entwickelt und macht sein eigenes Ding. Das ist auch gut so. Jeder muss seinen eigenen Weg finden.

Ich möchte einen schönen Exit-Plan haben und weniger arbeiten, aber noch die Sachen weiter machen, die mir Spaß machen.

Max ist gerade dabei zu finden, was sein Ding ist. Da lasse ich ihm auch Zeit. Ich kann dem da gar nicht reinreden, weil die Generation und das Zielpublikum vom Max anders sind. Die Generation isst weniger Spargel. Deswegen kann und will ich da auch überhaupt gar nicht reinreden. Das mache ich auch nicht. Das ist auch gut so. Ich nehme ein paar Entwicklungen wahr und kann mir vorstellen, wo es hingeht. Dann müsste Max den Betrieb ein bisschen umstrukturieren.

Meine Frau macht mir öfters zum Vorwurf, dass ich viel zu wenig sage. Dann sage ich, dass ich keine Vorentscheidung treffen will. Ich möchte nur Entscheidungen treffen, die meinen Horizont sowohl finanziell als auch zeitlich betreffen. Wenn wir zum Beispiel jetzt neue Sorten anlegen, dann könnten eventuell Sorten dabei sein, die ich gar nicht mehr miterlebe. Wofür ich dann gar nicht mehr zuständig bin. Dann frage ich

Max: Ich will Spargel anlegen. Wie sollen wir das machen? Wir, mein Sohn und ich, treffen jetzt die Entscheidung für die nächsten acht bis zehn Jahre."

Spargel-Karamell-Eis

Die Frau von Georg spielt ebenfalls eine Rolle. Sie hat den dazugehörigen Hofladen eingerichtet und betreibt mit viel Liebe zum Detail das dazu gehörende Hofcafé. Hier wird selbstgemachtes Eis von Georgs Frau angeboten, unter anderem auch Spargel-Karamell-Eis. Wir zögern, aber wo bekommt man schon so ein ausgefallenes Eis, daher trauen wir uns. Und tatsächlich es schmeckt besonders und lecker. Intensiver Spargelgeschmack in süß.

Wir erinnern uns, dass Ostern ist und kaufen schnell noch Spargel, Kartoffeln und Hollandaise für unsere Familie. Mit einem interessanten Spargelgeschmack im Mund verlassen wir den Hofladen und treten die Heimreise an.

Wissensblock Spargel

Jedes Frühjahr, sobald die ersten Stangen gestochen werden, beginnt die Spargelsaison. Sie startet je nach Wetterlage meist im April und endet traditionell am 24. Juni, dem Johannistag. Danach braucht die Pflanze Ruhe, um sich für das kommende Jahr zu regenerieren. Das ist ein Rhythmus, der seit Generationen gilt. Demnach ist Spargel ein echtes Saisongemüse und zugleich ein Kulturgut.

Schon die Römer schätzten ihn wegen seiner feinen Aromen und seiner heilenden Wirkung (1).

Heute liegt der durchschnittliche Spargelverzehr pro Kopf in Deutschland bei etwa 1,2 kg (2). Rund 84 % des hierzulande verzehrten Spargels stammen aus heimischem Anbau. Deutschland zählt damit zu den größten Spargelproduzenten Europas. Im Jahr 2024 wurden auf rund 22 800 Hektar Spargel angebaut – so viel wie bei keiner anderen Gemüseart (3). Besonders bedeutend sind die Anbaugebiete in Niedersachsen (4548 Hektar), Nordrhein-Westfalen (4341 Hektar) und Brandenburg (4088 Hektar).

Insgesamt wurden im Jahr 2024 etwa 108 100 Tonnen Spargel geerntet (4). Davon rund 9,2 % aus ökologischem Anbau (5). Der restliche Bedarf wird vor allem durch Importe aus Spanien, Griechenland oder Mexiko gedeckt.

Eine Spargelpflanze kann über sieben bis zehn Jahre hinweg Erträge liefern. Danach gilt die Anlage als „abgetragen". Mit speziellen Wurzelrodern werden dann die tiefen Wurzeln aus dem Boden entfernt, um Platz für neue Kulturen zu schaffen.

Es gibt Bleichspargel (weiß) und Grünspargel. Botanisch gehören sie zur selben Art, doch die Anbaumethoden sind grundverschieden: Bleichspargel wächst in Erddämmen und wird gestochen, noch bevor er das Licht der Welt erblickt. Grünspargel dagegen wächst oberirdisch. Viele Sorten zeigen dabei auch violette Spitzen.

Ob klassisch mit Sauce Hollandaise oder modern als Salat und Grillgemüse, Spargel ist ein kulinarischer Frühlingsbote. Seine Saison ist kurz, aber umso kostbarer. Und vielleicht schmeckt er gerade deshalb so besonders.

(1) – Petryshyn et al. (2023): Medical use of vegetables in the practice of ancient doctors (based on the treatise of quintus gargilius martial medicinae ex oleribus et pomis). Wiadomosci Lekaeskie Medical Advance LXXVI (9), S. 2096 – 2102

(2) – Bundesanstalt für Landwirtschaft und Ernährung – BLE (2025): Woher kommt unser Spargel? *https://www.ble.de/SharedDocs/Downloads/DE/BZL/Informationsgrafiken/250304_Spargel.html*, letzter Zugriff am 18. 07. 2025

(3) – Bundesinformationszentrum Landwirtschaft (2025): Spargel. *https://www.landwirtschaft.de/einkauf/lebensmittel/pflanzliche-lebensmittel/spargel#:~:text=Nach%20Angaben%20des%20Statistischen%20Bundesamtes,davon%20stammten%20aus%20%C3%B6kologischer%20Erzeugung*, letzter Zugriff am 18. 07. 2025

(4) – Destatis (2025): Betriebe, Anbauflächen, Erträge und Erntemengen von Gemüse. *https://www.destatis.de/DE/Themen/Branchen-Unternehmen/Landwirtschaft-Forstwirtschaft-Fischerei/Obst-Gemuese-Gartenbau/Tabellen/betriebe-anbau-erntemenge-gemuese.html*, letzter Zugriff am 17. 07. 2025

(5) – Destatis (2025): Pressemitteilung Nr. 074 vom 27. Februar 2025: Gemüseernte 2024 um 6 % gegenüber dem Vorjahr gestiegen. *https://www.destatis.de/DE/Presse/Pressemitteilungen/2025/02/PD25_074_412.html*, letzter Zugriff am 17. 07. 2025

Scannen Sie den QR-Code mit Ihrer Smartphone-Kamera oder einer QR-App und Sie gelangen direkt zum Filmclip über diesen Betrieb.

10
Es gibt gute Gründe aufzuhören

Obstbetrieb in Niedersachsen

Südwestlich von Hamburg fahren wir entlang der Elbe und es wird ruhig. Das Alte Land zeigt sich von seiner norddeutschen Idylle. Die Altländer Fachwerkhäuser haben einen ganz eigenen Charakter. Wir schauen skeptisch aus dem Fenster. Die Sonne zeigt sich nur schüchtern und versteckt sich hinter Wolken. Teilweise sehen wir sogar einen blauen Himmel. Bleiben wir heute bei unserem Besuch der Apfelplantagen trocken?

Es ist Ende Mai, knapp drei Wochen lang sah es im diesjährigen Mai danach aus, als würde er als einer der trockensten in die Geschichte eingehen. In den letzten Tagen kam es jedoch zu einigen stärkeren Regenfällen und Unwettern, die vorwiegend regional auftraten. Bevor wir aussteigen, werfen wir einen Blick zum Himmel, prüfen die Temperatur und nehmen die Wetterlage wahr. Es liegt Feuchtigkeit in der Luft, und der Wind fühlt sich etwas frisch an. Wir überlegen noch, ob wir eine weitere Jacke benötigen, als ein Mann mit Kapuzenpullover und Arbeitshose auf uns zukommt und uns mit einem freundlichen „Moin“ begrüßt.

Gemeinsam mit Christian gehen wir über den Hof. Er zeigt uns nicht nur seine Apfelbäume, sondern auch Erdbeeren im Glasgewächshaus sowie Himbeeren und Brombeeren in Folientunneln. Wir essen Äpfel sehr gerne. Der Apfel hat insgesamt den Ruf gesundheitsfördernd zu sein. Im Englischen gibt es sogar den Spruch: An apple a day keeps the doctor away (Ein Apfel am Tag hält den Arzt fern). Aber auch rote Beeren sind im Trend für Müsli, Smoothies und Co. Zielstrebig besuchen wir die einzelnen Stationen des Obstanbaus, um mehr über die verschiedenen Aspekte des Anbaus und der Ernte von Obst zu erfahren.

Christian wohnt im nördlichen Niedersachsen und produziert Äpfel, Erdbeeren, Himbeeren und Brombeeren. Er hat den Betrieb 2021 von seinem Vater übernommen und bewirtschaftet ihn nun bereits in der dritten Generation.

Christian muss immer wieder auf aktuelle Marktsituationen eingehen und dabei abschätzen, wie es in Zukunft aussehen wird. Als Betriebsleiter sieht er sich immer wieder neuen Ereignissen und Herausforderungen gegenüber, auf die er mit den vorhandenen Gegebenheiten und Bedingungen eingehen muss, um im Markt zu bestehen und mit der Obstproduktion seinen Lebensunterhalt zu verdienen. Dies zeigt sich auch in der Geschichte und Entwicklung des Unternehmens und erfordert eine gewisse Anpassungsfähigkeit und Belastbarkeit.

Christian hatte (k)eine Wahl, etwas anderes zu machen

Christian:

„Wir sind ein Betrieb, der ursprünglich fast ausschließlich Kernobst produzierte. Wir hatten 20 Hektar Eigenland mit einem Hektar Beerenobst in Folientunneln und Erdbeeren im Feld.

Am Ende ist immer Geld der entscheidende Faktor, das zum Leben gebraucht wird. Das war auch bei uns so. Wir haben hier schwere Böden, weshalb Ackerbau bei uns nicht möglich ist. Dementsprechend musste man sich nach anderen Möglichkeiten umsehen.

Ein Marschboden (sehr nährstoff- und humusreicher Bodentyp) *wie bei uns ist sehr gut für die Kernobstkultur geeignet, weniger jedoch für landwirtschaftliche Fruchtfolgen oder Tierhaltung. Das ist sicher auch ein Grund, warum wir hier das größte Anbaugebiet Deutschlands für Kernobst bzw. Äpfel sind.*

Aufgrund des Marktgeschehens hat sich der Betrieb in den letzten 30 Jahren verändert. Wir sind auf 40 Hektar angewachsen, haben dann jedoch die Produktion von Kernobst wieder auf 20 Hektar reduziert. Dafür haben wir den einen Hektar für die

Produktion von Beerenobst auf sieben Hektar ausgedehnt. Diese setzen sich aus einer kleinen Freilandfläche, vielen Folientunneln und etwa eineinhalb Hektar Glasgewächshausproduktion für Erdbeeren, Himbeeren und Brombeeren zusammen. Dabei sind 1,5 Hektar für die eigene Pflanzenvermehrung vorgesehen. So setzt sich der Betrieb aktuell zusammen.“

Kernobst ist eine Gruppe von Obstsorten, deren Früchte im Inneren ein sogenanntes Kerngehäuse mit mehreren Samen (Kernen) enthalten. Typisch für Kernobst ist, dass die Frucht aus einem Fruchtknoten hervorgeht. Dieser entwickelt sich nach der Befruchtung zu einem fleischigen Fruchtkörper, dem essbaren Fruchtfleisch. Das Kerngehäuse unterscheidet Kernobst deutlich von anderen Obstgruppen wie Steinobst oder Beerenobst. Zu den bekanntesten Vertretern des Kernobstes gehören Äpfel und Birnen.

Beerenobst ist eine Sammelbezeichnung für eine Vielzahl kleiner, meist saftiger Früchte. Charakteristisch für Beerenobst ist, dass die gesamte Frucht essbar ist. Es gibt kein hartes Kerngehäuse wie beim Kernobst und auch keinen großen Stein wie beim Steinobst. Die Samen sind in der Regel klein und zahlreich und liegen direkt im Fruchtfleisch. Zu den klassischen Vertretern des Beerenobstes zählen Erdbeeren, Himbeeren, Brombeeren, Johannisbeeren, Stachelbeeren und Heidelbeeren. Aus botanischer Sicht sind diese Früchte jedoch nicht alle echte Beeren. Erdbeeren sind beispielsweise Sammelnussfrüchte und Himbeeren Sammelsteinfrüchte. Aufgrund ihrer Größe, Konsistenz und Verwendung werden sie dennoch zu den Beerenobstarten gezählt.

„Am Ende ist es so, je mehr und tiefer man in den Betrieb reingeht, desto mehr wird man Teil davon."

„War dir von Anfang an klar, dass du den Betrieb deines Vaters übernehmen wirst?“

Christian überlegt und antwortet nach einer Pause:

„Das ist schwer zu sagen. Wenn du damit aufgewachsen bist, ist das immer schwer, klar zu sagen. Der Wunsch von der Familie war schon da. Aber ich hatte sicher alle Freiheiten, auch etwas anderes zu machen. Es gab nie Druck, dass ich mitmachen musste, weder in der Jugend noch später. Es wurde nie von jemandem gesagt: ‚Du musst‘, sondern alles kam aus eigenem Antrieb. Ich hatte alle Freiheiten.

Nach der Schule war ich ein halbes Jahr unterwegs und habe gar nichts gemacht. Aber ich habe immer schon nebenbei mitgearbeitet und mitgeholfen. Dadurch, dass mir im Betrieb Freiheiten gegeben wurden, selbst etwas zu machen und umzusetzen, hat sich das entwickelt.

Ja, irgendwann war der Magnet, hier zu bleiben und hier etwas zu machen, so groß, dass die Entscheidung, in eine andere Richtung zu gehen, gar nicht mehr da war. Am Ende ist es so, je mehr und tiefer man in den Betrieb reingeht, desto mehr wird man

Teil davon. Irgendwann ist die Entscheidung gefallen, bevor man sie getroffen hat. Mit jedem Projekt, das ich selbst umgesetzt habe, wurde es mehr meins.

Ich bin jetzt 35 und habe den Betrieb mit 33 übernommen. Aber es hat schon mit ganz kleinen Sachen angefangen, die ich mit 16 gemacht habe. Und die Sachen wurden immer größer. Zum Beispiel haben wir 2015 ein Gewächshaus gebaut. Die Initiative ging mehr oder weniger von mir aus. Mein Vater war damals noch Eigentümer und hat die Kredite aufgenommen, was nicht zu vernachlässigen ist. Ab diesem Zeitpunkt, nachdem wir investiert hatten, gab es kein Zurück mehr.

Ich habe eine Schwester, die lange mit im Betrieb war. Aber sie wollte gerne etwas anderes machen. Sie hat dann studiert und ist jetzt fertig. Ihr Wunsch war es, mal was anderes zu machen. Mein Wunsch war es nicht, deswegen bin ich gerne hier."

„Ab diesem Zeitpunkt, nachdem wir investiert hatten, gab es kein Zurück mehr."

„Wurden schon damals Beeren und Äpfel angebaut?"

Christian:

„Ja, es waren schon immer diese vier Kulturen: Äpfel, Erdbeeren, Himbeeren und Brombeeren. Am Anfang hatten wir nur sehr wenig Beerenobst, dann wurde es langsam immer mehr. Aber bei diesen vier Kulturen ist es geblieben. Seit 1990 machen wir Beerenobst. Papa hat schon davor Beerenobst im Boden angebaut.

1990, nach der Wende im Osten, haben wir die Tunnel abgebaut. Mit diesen DDR-Tunneln haben wir damals hier im Norden auf einem Hektar angefangen. Die DDR-Tunnel sind, glaube ich, aus den 60ern. Seit 2009 ist das immer mehr geworden.

Wir haben eigentlich einen Markt, der schon da war. Wir haben holländische Produkte mit deutschen gefüllt, sodass die Kunden einfach nur gesagt haben: Wir nehmen hier holländische und deutsche Ware.

In Berlin ist es so, dass ungefähr jede Kultur etwa ein Drittel der Fläche belegt. Wir sind hier im Alten Land. Insgesamt gibt es hier 10 000 Hektar Produktionsfläche, wovon, ich glaube, über 9000 Hektar mit Kernobst belegt sind. Wir sind der einzige Betrieb, der so speziell Beerenobst produziert. Demnach ist unser Betrieb hier in der Region nicht unbedingt üblich."

„Wie ist es zur Entscheidung gekommen, den Anbau von Beerenobst weiter auszubauen?"

Christian:

„Meine Idee von einem Betrieb ist, dass ich Spaß daran habe und dass er läuft. Die Entscheidung für Beerenobst fällt nicht aus dem Grund, dass ich keine Lust auf Kernobst habe. Wenn es gut laufen würde, würde hier niemand auf die Idee kommen, weniger Äpfel zu produzieren. Wenn irgendwo etwas nicht reicht, dann entscheidet man sich, entweder, den Job zu wechseln, oder mehr zu arbeiten. Auf jeden Fall würde

man etwas anders machen. Aus diesen Gründen kam es zum Wechsel zu mehr Beerenobst.

„Wenn es gut laufen würde, würde hier niemand auf die Idee kommen, weniger Äpfel zu produzieren. Wenn irgendwo etwas nicht reicht, dann entscheidet man sich, entweder den Job zu wechseln oder mehr zu arbeiten. Auf jeden Fall würde man etwas anders machen."

Am Anfang hatten wir einen Hektar mit wenigen Folientunneln und viel Freiland. Dann kam ein bisschen Beerenobst im Freiland dazu. Bei der normalen Freilandkultur steht die Pflanze in der Erde und produziert je nach Witterung.

Dann gibt es die Möglichkeit, dort ein Vlies zu legen, wie es im Garten mit Gemüse manchmal gemacht wird, um Frost vorzubeugen. Damit kann man die Ernte auch verfrühen, das hat einen leichten Tunneleffekt. Mittlerweile gibt es aber auch extremere Systeme, bei denen bis zu drei Vliese draufgelegt werden. In Kombination mit vielen Sorten schafft man es, hier in der norddeutschen Region, ab Anfang Mai Erdbeeren zu produzieren. Mit unseren Tunneln in der Größenordnung und unserem System, wären wir hinterher gewesen. Diese Entwicklung hat unser Modell ein bisschen auslaufen lassen.

Die Entscheidung, richtig intensiv zu werden, fiel 2013, als wir mit unserem Anbausystem im Folientunnel für Erdbeeren irgendwann nur noch Mitte Mai Erdbeeren produzieren konnten. Andere waren mit einer Vliesverfrühung und frühen Sorten so früh wie wir im Tunnel, sodass unser Erdbeerproduktionsmodell nicht mehr tragfähig war. Dann kam die Entscheidung. Bleiben wir beim Kernobst? Machen wir keine Erdbeeren mehr, weil die Konkurrenz in der Zeit, in der wir produziert haben, sehr groß war? Oder gehen wir den letzten Schritt und fangen viel früher mit der Produktion an? Das ist zum Beispiel mit Sorten, Tunneln und Heizung möglich.

Das Nonplusultra ist aber einfach ein beheizbarer Unterglasanbau mit der Möglichkeit der Wärmeabschirmung. Diese Frage kam 2013 auf. Es hat zwei Jahre gedauert, bis es tatsächlich gebaut wurde.

Die Arbeit beißt sich ein bisschen mit dem Kernobst in der Größenordnung, wie wir es bisher gemacht haben und wie wir es jetzt machen. Deswegen hat sich der Kernobstanbau in dieser Zeit von 2013 bis heute halbiert. Aber das war dann die Entscheidung. Wir gehen ins Glashaus und wollen ab dem 1. April Erdbeeren haben, um aus dieser Konkurrenzsituation für unsere regionale Vermarktung herauszukommen und dieser zuvorzukommen, was letztlich auch Kundenbindung bedeutet."

Der traditionelle Apfelanbau

Wir befinden uns mitten in einer Apfelplantage. Die gleichmäßig gepflanzten Apfelbäume stehen mit präzisen Abständen in langen Reihen. Junge kleine Äpfel hängen an den Bäumen. Sie sind etwa kirschgroß, haben eine leicht pelzige Oberfläche und sind grünlich-violett. Die ehemalige Apfelblüte ist noch an der Spitze zu erahnen.

Wir möchten gerne erfahren, wie der Anbau, die Pflege und die Ernte funktionieren, und hören interessiert zu. Christian zeigt auf einen Baum:

> *„Elstar erkennt man am Baum, beispielsweise an der Blattfärbung, und dann natürlich am Apfel. Aufgrund der kalten Nächte hatten wir ein frühes Jahr. Der Erntebeginn wird dieses Jahr wahrscheinlich zwischen dem 1. und dem 10. September liegen und dann vier bis sechs Wochen andauern. Dann ist die Ernte schon wieder vorbei."*

Die Erntezeit von Apfelsorten hängt von ihrer Reifegruppe ab, unterteilt in Früh-, Herbst- und Winteräpfel. Je nach Sorte beginnt die Ernte schon im Juli und kann sich bis in den späten Oktober ziehen. Die tatsächlichen Erntezeiten können je nach Klima, Standort und Wetterlage um ein bis zwei Wochen variieren.

„Man sagt, dass die Bäume nach etwa 15 bis 20 Jahren gerodet werden müssen. Irgendwann ist der Stammdurchmesser zu groß. Die Bäume sind dann verschattet, dass die Qualität der Äpfel nachlässt. Die aussortierten Äpfel und die Äpfel, die man im Lebensmitteleinzelhandel sieht, passen nicht zu den anfallenden Kosten.

Zum Verkauf angebotenes frisches Obst wird in Qualitätsklassen eingeteilt. Die Produkte werden anhand der Eigenschaften Größe, Form, Farbe und Zustand in drei Qualitätsklassen bestimmt (Extra, I, II). Die Klasse Extra steht für hervorragende Qualität, die Klasse I für gute Qualität. Der Klasse II wird Ware zugeordnet, die die Mindestanforderungen erfüllt und eine mittlere Qualität aufweist.

Es gibt zwei Aspekte, die das Alter der Apfelbäume beeinflussen.

Das eine ist das gärtnerische Können. Jeder kennt einen Baum aus dem Garten, der rund ist und Äste in alle Himmelsrichtungen hat. Wir versuchen, unseren Baum möglichst, wie einen Tannenbaum zu formen. So, dass nichts von oben den unteren Bereich schattiert. Das versucht man über einen Zeitraum von 20 Jahren zu erreichen, was jedoch nicht immer möglich ist. Der Stamm wächst immer weiter und wenn er zu dick ist, schattiert er andere Bereiche des Baumes.

Ein zweiter aktuell erheblicher Aspekt ist, dass einige Sorten einfach nicht mehr marktüblich sind oder nicht mehr nachgefragt werden. Das sind Sorten, die im Moment in den Handel kommen oder propagiert werden. Boskoop war zum Beispiel bis 2010 eine Standardsorte, die im Winter gekauft wurde, um Kuchen zu backen oder um etwas einzumachen. Doch die Nachfrage geht kontinuierlich zurück. Immer weniger Leute backen Apfelkuchen oder verarbeiten Äpfel auf andere Weise. Also stirbt die Sorte aus, aber die Nachfrage nach Äpfeln bleibt gleich.

Es gibt einfach eine neue Sorte, die die alte Sorte in den Regalen des Lebensmitteleinzelhandels ersetzt. Und dann gibt es wieder eine neue Sorte, die diese Sorte ersetzt. Dieses Rad dreht sich im Moment sehr schnell. In Zukunft wird es sich wahrscheinlich noch schneller drehen. Wahrscheinlich wird das Karussell bei Äpfeln in Zukunft eher bei 15 Jahren als bei 20 Jahren liegen. Wir pflanzen Sorten, von denen wir uns vielleicht schon nach fünf Jahren wieder trennen, weil sie nicht gut waren. Das haben wir auch schon erlebt.

Da bei uns immer Holz zum Heizen anfällt, nutzen wir kein Gas. Im Jahr 2015 haben wir eine Hackschnitzelheizung gebaut, mit der wir das Glashaus für Beerenobst beheizen. Dadurch sind wir in der Lage, die Bäume, die ohnehin im Umtrieb anfallen, als Hackschnitzel zu nutzen und damit energetisch zu verwerten.

Dieses Jahr sind wir noch einen Schritt weiter gegangen. Wir haben ein Blockheizkraftwerk gekauft und installiert. Damit können wir die Holzhackschnitzel, die wir bisher nur für Wärme genutzt haben, jetzt auch für Strom nutzen. Das heißt, aus einem Rohstoff werden sowohl Strom als auch Wärme erzeugt. Wir nutzen sowohl das Holz von uns als auch das anfallende Holz von anderen Erzeugern in der Nachbarschaft. Ich rode deren Anlagen kostenlos und bekomme dafür das Holz. Das hat sich mittlerweile bei uns so etabliert.“

„Aus dieser Mischung von Initiativen, Firmen und Unternehmen, die daran interessiert sind, Sorten zu launchen, Sorten auf den Markt zu bringen, muss der einzelne Erzeuger immer das Beste heraussuchen."

„Wie vermarktest du deine Äpfel und nach welchen Kriterien entscheidest du, welche Sorten in den nächsten fünf Jahren bei euch angebaut werden?"

Christian:

„Im Moment gibt es einige Bestrebungen des Lebensmitteleinzelhandels, die Rechte an Sorten aufzukaufen und damit zu werben, dass es ihr Apfel ist. Der wird dann im Vertragsanbau für den Lebensmitteleinzelhandel produziert. Es gibt zum Beispiel die Sorte Magic Star, die ein Lebensmitteleinzelhandel gekauft hat und bis 2027 im Vertragsanbau anbietet. Bis dahin garantiert das Lebensmittelunternehmen die Abnahme der Äpfel zu 100 %. Danach wird dieser Vertrag neu verhandelt. Das ist eine Initiative des Lebensmitteleinzelhandels.

Daneben gibt es regionale Züchtungsinitiativen, die nach Sorten suchen, die zu unseren klimatischen Bedingungen und nicht nur zu den Anforderungen des Handels passen.

Darüber hinaus gibt es weltweite Züchtungsinitiativen, die unabhängig vom Lebensmitteleinzelhandel sind, wie zum Beispiel Pink Lady. Das nennt man dann Clubsorte. Den Erzeugern wird dabei ein höherer Preis garantiert, dafür ist die Hektarzahl, auf der produziert wird, limitiert. Das heißt, man muss sich bewerben, um diese Sorte anbauen zu dürfen. Die Clubsorten laufen zwar ganz gut, aber haben meistens immer irgendwelche Mankos. Einfach einen guten Apfel mit einer hohen Tonnage zu produzieren, ist eigentlich keine Clubsorte, denn wenn das jeder kann, ist sie nicht besonders.

Aus dieser Mischung von Initiativen, Firmen und Unternehmen, die daran interessiert sind, Sorten zu launchen, Sorten auf den Markt zu bringen, muss der einzelne Erzeuger immer das Beste heraussuchen. Ich würde schätzen, dass es im Moment 40 Sorten gibt, aus denen man sich etwas aussuchen kann. Die haben alle ihre Vor- und Nachteile.

Aber weder der Einzelhändler noch die Züchtungsinitiative sagen, wie es in zehn Jahren aussieht. Wenn der Lebensmitteleinzelhandel eine Sorte bewirbt und der Meinung ist, dass sie tolle Eigenschaften hat, ist das super. Wenn der Lebensmitteleinzelhandel am Ende jedoch sagt, dass sich die Sorte nicht lohnt, dann war die Pflanzung dieser Sorte umsonst. Das hatten wir gerade, dann ist die Sorte nach zwei oder drei Jahren wieder tot und vom Markt verschwunden.

Für den Erzeuger ist es im Moment sehr schwierig. Natürlich kann man sich jeden Tag neu entscheiden, aber aktuell ist eine Festlegung sehr riskant. Deswegen haben wir nach dem Motto ‚Keep it simple and stupid' nur drei Sorten: Jonagold, Elstar und

Braeburn. Denn wir verdienen unser Geld auch mit Beerenobst und der Apfelanbau läuft nebenher. Andere Intensiverzeuger hier in der Region haben sicher acht bis zehn Sorten, um das Risiko zu streuen, falls eine Sorte mal nichts wird. Wir haben drei Apfelsorten, weil wir unser Geld auch anders verdienen."

„Weder der Einzelhändler noch die Züchtungsinitiative sagen, wie es in zehn Jahren aussieht."

„Wir haben auch schon die Sorte Pink Lady im Supermarkt gesehen und ausprobiert. Gibt es Pink Lady eigentlich schon lange?"

Christian:

„Das Marketingkonzept von Pink Lady ist nicht alt, aber sehr gut. Die Sorte stammt ursprünglich aus Australien und Neuseeland. Es ist aber keine Apfelsorte, die wir in Norddeutschland anbauen können. Und in Süddeutschland wird sie auch nicht wirklich angebaut. Dazu muss man wissen, dass 70 bis 80 % aller Äpfel weltweit südlich der Alpen produziert werden. Das macht die Auswahl an interessanten Sorten für uns in Norddeutschland noch schwieriger. Die weltweit gängigen Sorten können wir gar nicht produzieren, da fehlt uns etwas.

Wir müssen nach regionalen Sorten suchen, um überhaupt konkurrenzfähig zu sein. Die Züchtungsinitiativen suchen zum Beispiel nicht nach Sorten, die wir produzieren können, sondern nach Sorten, die man in den Regionen, in denen 70 bis 80 % der Äpfel produziert werden, anbauen kann. Und das ist im Alpenraum und südlicher."

„Woran liegt das?"

Christian:

„Äpfel brauchen eine gewisse Temperatursumme, um die einzelnen Stadien wie Blüte, Blattentwicklung, Befruchtung, Fruchtansatz, Ernte und Ausfärbung zu erreichen. Diese Temperatursummen haben wir bei uns in Norddeutschland nicht. Durch den Klimawandel sind wir mittlerweile aber schon sehr früh und einige Sorten, die eigentlich eher südlich der Alpen produziert werden, können vielleicht in Zukunft auch bei uns angebaut werden. Aber das wird noch eine Weile dauern.

Generell ist es so, dass wir diese Sorten, die dort normalerweise im September oder Oktober produziert werden, bei uns erst Ende Oktober oder November produzieren können. Das hat einfach nur mit den Temperatursummen zu tun. Wenn ein Tag hier bei uns im Durchschnitt zwölf Grad hat. Dann hat derselbe Tag in Süddeutschland, südlich der Alpen oder in Frankreich 14 bis 15 Grad, also drei Grad Unterschied pro Stunde. So rechnet man sich das aus. Das sind einfach drei Grad mehr."

„Wir müssen nach regionalen Sorten suchen, um überhaupt konkurrenzfähig zu sein."

In der Agrar- und Klimawissenschaft bezeichnet der Begriff „Temperatursummen" (auch „Wärmesummen" genannt) die aufsummierten Tagesmitteltemperaturen über einem bestimmten Schwellenwert innerhalb eines definierten Zeitraums. Sie geben an, wie viel „Wärmeenergie" einer Pflanze im Verlauf der Vegetationszeit zur Verfügung steht und somit auch, wie gut oder schnell sie wachsen und sich entwickeln kann.

„Wie werden Äpfel bei euch behandelt?"

Christian erklärt es uns:

> *„Beim Apfel kann man das biologisch machen. Wobei biologisch nicht heißt, dass nicht gespritzt wird. Der Unterschied ist einfach, dass wir synthetische Mittel nehmen, die etwas länger wirken. Beim Apfel wird viel mit Schwermetallen gearbeitet, es wird viel Kupfer oder viel Schwefelkalk eingesetzt. Wir setzen synthetische Mittel ein. Der Kernobstanbau ist aber ohne Pflanzenschutz auch nicht möglich und für den Betrieb nicht nachhaltig."*

„Ist es notwendig Äpfel zu lagern? Die Lagerung ist ja Aufwand und benötigt viel Energie."

Christian:

> *„Wir müssen lagern. Wir können nicht eine Million Tonnen im November und Dezember verkaufen. Äpfel halten sich nicht viel länger, wenn sie zum Beispiel im Keller, in der Küche oder im Kühlschrank liegen. Demnach müssen wir lagern.*
>
> *Ich habe keine genauen Zahlen, aber ich denke, dass ein in Neuseeland gepflügter Apfel, der per Container hierher verschifft wird, klimatisch günstiger ist als ein hier acht Monate mit unserem Energiemix gelagerter Apfel. Wenn wir nur noch Ökostrom hätten, wäre das anders. Aber das ist jetzt und auch noch in absehbarer Zeit nicht der Fall. Der Kernobstanbau in Deutschland ist einfach sehr klein.*
>
> *Ein kurzes Beispiel: 1 Million Tonnen Ernte mit einer Wertschöpfung auf der Erzeugerebene von 1 Euro pro Kilo, inklusive Handelsebene, machen einen Umsatz von 1 Milliarde Euro im Kernobstanbau in Deutschland aus. Wir beziehen CO_2 zur Begasung unserer Erdbeeren von einem großen, familiengeführten, mittelständischen Unternehmen, das 1,4 Milliarden Umsatz macht. Das soll einmal zur Einordnung dienen, wo der Kernobstanbau in Deutschland steht.*
>
> *Unsere Wünsche finden meistens kein Gehör. Das hat einfach mit der geringen Wertschöpfung in Deutschland zu tun."*

Zu Christians Job gehört nicht nur, die Äpfel heranzuziehen und zu ernten, sondern sich auch um den Verkauf und gegebenenfalls um die Lagerung zu kümmern. **„Wie haben deine Urgroßeltern oder Eltern diese Bereiche umgesetzt?"**

Christian:

> *„An diesem Standort wurden 1950 die ersten Obstbäume gepflanzt. Davor hatten wir Viehwirtschaft. Ich kann nur von meinem Opa erzählen. Das waren Anlagen mit 400 oder 500 Bäumen auf einem Hektar, mit sehr viel Leiterarbeiten. Dann wurde das Obst*

hier gesammelt und zum Teil per Boot nach Hamburg gebracht, um es auf Wochenmärkten oder in Speichern zu verkaufen. Es wurde nur wenig per Lkw irgendwohin geliefert, denn der Großraum Hamburg war für das Alte Land schon ein Hauptabnahmegebiet.

Das hat sich durch die Infrastruktur und die vielfältigen Vermarktungsmöglichkeiten verändert. Dadurch ist die Menge gestiegen, die verkauft werden konnte.

„Regionale Vermarktung beißt sich eigentlich ein bisschen mit der hier produzierten Menge. Wir sind schon darauf angewiesen, deutschlandweit zu verkaufen."

Durch die bessere Erreichbarkeit von Ballungszentren ist die Menge gestiegen, die man verkaufen konnte. Der Anbau wurde intensiver. Das erfolgte in Schritten: Begann man mit 500 Bäumen, waren es fünf Jahre später 800 und dann 1500. Mit neuen Maschinen wurde es einfacher, die Bäume zu bearbeiten. Die Baumkronen wurden kleiner, weil man effektiver sein musste. Man musste mehr von der Erde bzw. mit einfachen Hilfsmitteln wie kleinen Leitern pflücken. Heute pflückt man etwa 3000 Bäume pro Hektar Fläche mit einer Höhe von 3,5 Metern, die man fast schon von der Erde aus erreichen kann, ohne große Hilfsmittel.

Eigentlich kann man sagen, dass sich das Ganze mit der Infrastruktur und der Erreichbarkeit anderer Ballungszentren wie Hannover, Berlin oder dem Rheinland entwickelt hat. Wir liefern auch eine große Menge Richtung Süddeutschland, weil hier im Alten Land 30 bis 35 % der Äpfel in Deutschland produziert werden. Das heißt, die regionale Vermarktung beißt sich eigentlich ein bisschen mit der hier produzierten Menge. Wir sind schon darauf angewiesen, deutschlandweit zu verkaufen.

Die Arbeit meiner Eltern ist nur schwer mit der heutigen Zeit zu vergleichen, da der Betrieb damals nicht so groß war. Wir hatten damals noch kein Gewächshaus. Mit dem Gewächshaus können wir die Produktion mehr als verdoppeln. Meine Mama war Mutter und im Büro tätig. Dass wir eine Vollzeitkraft im Büro gebraucht haben, ist erst 2013/14 entstanden. Vorher lief das alles nebenbei.

Man muss auch sagen, dass alles, was mit Obstbau zu tun hat, eine Menge Vorschriften mit sich bringt. Es muss auch jemand ständig im Büro sein, um Zertifizierungen, Auflagen, Anfragen und dergleichen in Ruhe zu bearbeiten. Das mache ich dann eher am Abend oder schiebe es vor mir her. Wenn jemand ständig im Büro ist, kann er das in Ruhe erledigen. Ab einer gewissen Größe ist es sinnvoll, im landwirtschaftlichen Betrieb eine Vollzeitstelle im Büro zu haben. Wenn man diese Stelle dann mit einer Familienarbeitskraft abdecken kann, ist es umso besser.

Meine Eltern sind noch aktiv, Papa ist jetzt 70 und Mama ist 63. Papa ist schon noch im Betrieb, aber er macht hauptsächlich das, wozu er noch Lust hat und nicht mehr das Tagesgeschäft. Und meine Mama, die hilft noch im Büro. Generell ist es so, wenn man von Mitte Mai bis Anfang Oktober arbeitet, ist es schon ein straffes Programm."

„Ab einer gewissen Größe ist es sinnvoll, im landwirtschaftlichen Betrieb eine Vollzeitstelle im Büro zu haben. Wenn man diese Stelle dann mit einer Familienarbeitskraft abdecken kann, ist es umso besser."

Christian ist seit ungefähr einem Jahr verheiratet. **„Inwieweit ist deine Frau miteingebunden?"**

Christian:

„Meine Partnerin, Katharina, arbeitet Vollzeit mit bei uns im Betrieb. Sie macht das Büro und den Verkauf, alles, was dazu gehört. Sie ist zu uns auf den Betrieb gezogen.

Und natürlich verbringt man auch irgendwie mehr Zeit miteinander, das ist ein großer Faktor. Im Sommer stehe ich um 4:30 auf und sie ist um 6:30 aufgestanden, um sieben zur Arbeit. Sie war dann meistens um 16 oder 17 Uhr zu Hause und ich war dann um 18 Uhr mit allem fertig. Da war dann nicht mehr wirklich viel möglich. Seitdem wir das zusammen machen, nehmen wir uns auch mal zwischendurch eine halbe Stunde Zeit. Das fällt dann einfacher, wo man sonst in einer kurzen Ruhephase doch wieder Arbeit gesucht hat, weil man alleine war."

„Hat sich dein Arbeitsablauf im Gegensatz zu den von deinen Eltern früher geändert?"

Christian:

„Die Veränderungen sind eher auf technische Entwicklungen zurückzuführen. Früher fand die Lagerung im Keller oder an einem anderen Ort statt. In den 60er- und 70er-Jahren wurde die Ware in kalten, dunklen Hallen gelagert. So, wie man es heute vielleicht zu Hause macht. Mit jeder technischen Entwicklung hat sich das verändert.

Es ist jetzt nicht so, dass ich es anders mache als meine Eltern, weil ich es anders machen will, sondern weil früher die Technik einfach nicht da war. Die Möglichkeiten, alles so intensiv zu machen, wie es heute möglich ist, gab es damals nicht.

Es ist keine eigene Entscheidung, sondern am Ende ist es der Markt. Wie gesagt, es ist nicht möglich, alles direkt nach der Ernte zu verkaufen. Der Markt zwingt uns daher, die Äpfel möglichst lange in bestmöglicher Qualität bereitzustellen. Und das bedeutet sehr viel Technik und Kühlung unter kontrollierter Atmosphäre."

„Es ist keine eigene Entscheidung, sondern am Ende ist es der Markt."

Erst beobachten, dann handeln

Wir folgen Christian durch die Apfelplantage. Die Bäume stehen in klaren Reihen nebeneinander. Hier hilft die Natur dabei, dass die Bäume wachsen, Blüten bilden und von Insekten bestäubt werden. Christian:

> *„Aktuell ist eigentlich so gut wie nichts zu tun. Wir kümmern uns nur um den Pflanzenschutz. Wir schützen den Baum vor pilzlichen Schaderregern, indem wir immer wieder ein Fungizid auftragen. Da muss man ehrlich sein, das machen wir im Schnitt 20- bis 25-mal in der Kultur. Das dient einfach dazu, dass der Apfel im Lebensmitteleinzelhandel keine Makel hat.*
>
> *Die Äpfel werden optisch mit Sortiermaschinen in die Klasse I sortiert. Das heißt, wenn wir hier ein Loch im Blatt sehen und sagen, das sieht aber trotzdem grün aus, wäre eine solche kleine Verunreinigung auf dem Apfel ein Auswurfkriterium. Auch wenn es den Geschmack oder die Qualität des Apfels gar nicht beeinträchtigt, wird jeder kleine Punkt auf dem Apfel aussortiert. Maschinell, fotooptisch mit 3000 Bildern pro Sekunde. Es gibt also keine Möglichkeit, etwas zu verbergen.*
>
> *Die einzige Möglichkeit ist, den Anteil zu reduzieren, indem man Pflanzenschutz betreibt. Da wir integriert sind, nutzen wir synthetische Pflanzenschutzmittel. Biologisch produzierende Betriebe nutzen Schwermetalle. Kupfer, Schwefelkalk und andere Stoffe.“*

Ein Mittelweg zwischen der konventionellen und ökologischen Landwirtschaft ist der integrierte Anbau. Hierbei wird versucht, die Vorteile beider Systeme zu kombinieren. Es wird auf eine möglichst umweltschonende und nachhaltige Landwirtschaft gesetzt, allerdings ist im Gegensatz zum Bio-Anbau ein gezielter Einsatz von Pflanzenschutzmitteln erlaubt, wenn dies notwendig ist. Entscheidender Grundsatz ist dabei das Prinzip: „So viel wie nötig, so wenig wie möglich.“

Der integrierte Anbau nutzt gezielt biologische Methoden, moderne Technik und agronomisches Wissen, um Ertrag und Umweltverantwortung in Einklang zu bringen.

„Welchen Unterschied haben deine Pflanzenschutzmittel im Gegensatz zu den biologischen Mitteln?“ Christian erklärt es uns:

> *„Unsere Pflanzenschutzmittel haften länger, weil sie Additive enthalten, die gegen Regen ein bisschen resistent sind. Ich sage mal, in dem biologischen Anbau spritzt man vor dem Regen auf und nach dem Regen direkt wieder. Wenn wir im integrierten Anbau also von 20 bis 25 Pflanzenschutzgängen reden, sind es im biologischen Anbau eher 30 bis 45. Einfach, weil die Regenbeständigkeit nicht gegeben ist.*
>
> *Ein Pflanzenschutzmittel hat eine empfohlene Aufwandmenge pro Hektar. Das heißt, die Menge ist vorgegeben. Wann wir losfahren, entscheiden wir nicht selbst, sondern wir sind im Obstbauversuchsring organisiert. Das ist hier eine Einrichtung der Land-*

wirtschaftskammer. Sie messen den Sporenflug und ermitteln, wann es sinnvoll ist, Pflanzenschutzmaßnahmen durchzuführen. Das kann der Einzelbetriebler sicher auch in irgendeiner Form darstellen, aber im normalen täglichen Ablauf misst niemand, wie viel Regen genau gefallen ist. Man guckt bis zu welchem Zeitpunkt das Bauminnere abgetrocknet ist, um zu entscheiden, wann man Pflanzenschutzmaßnahmen ergreift."

Christian zeigt auf die Blätter nah am Baumstamm:

„Hier ist es zum Beispiel noch der Fall, dass es länger nass ist. Je länger es nass ist, desto eher kommt es zur Sporenreife und zum Pilzbefall. Dann gibt es vom Obstbauversuchsring eine Beratung und eine Empfehlung, wann loszufahren ist. Das ist speziell für diese Region, hier ist halt alles komprimiert. Das heißt, alles ist sehr konzentriert vor Ort. Auch die pilzlichen Schaderreger."

Die Himbeere am Ende des Tunnels

Wir verlassen die Apfelplantage und erreichen das anliegende halbrunde Zelt. Es besteht aus einer Reihe gebogener Metall- oder Kunststoffbögen, die wie ein Tunnel hintereinander aufgereiht sind. Darüber ist milchig-weiße Kunststofffolie gespannt. Von außen erinnert der Folientunnel an eine weiße, durchscheinende Welle, die sich durch die Landschaft zieht. Hier werden in verschiedenen Tunneln Himbeeren und Brombeeren angebaut. Christian erklärt:

„Wir kümmern uns um die Produktion und die eigene Pflanzenvermehrung."

Er zeigt auf die Pflanzen, die vor dem Folientunnel stehen.

„Das sind unsere eigenen Pflanzen. Das sind Himbeer-Jungpflanzen, die später in den Tunnel gebracht werden. Wir bekommen kleine Stecklinge und ziehen sie im ersten Jahr auf diese Höhe heran. Jetzt pflanzen wir sie aus, um später davon zu ernten. Hier sind auch schon die ersten abgeblüht."

„Hummeln sind wie Dienstleister. Man kauft sie in Boxen und setzt sie aus."

Im Tunnel schlägt uns feuchtwarme Luft entgegen. Christian beschreibt den Aufbau und die Funktion:

„Hier haben wir nur eine Seitenlüftung. Was wir hier im Sommer machen, ist, dass wir die Tunnel von oben kalken, um zu schattieren. Am Ende ist das wie ein Sonnenschirm."

Wir sehen viele dicke Hummeln, die ganz gemütlich von Blüte zu Blüte fliegen. Habt ihr die extra hier ausgesetzt? Christian antwortet:

„Ja, Hummeln sind wie Dienstleister. Man kauft sie in Boxen und setzt sie aus. Normalerweise haben sie eine Königin. Diese hier sind ohne Königin, das heißt, sie arbeiten ganz normal in ihrem Zyklus und sterben, wenn ihre Arbeit verrichtet ist. Das ist aber der natürliche Zyklus."

„Gibt es bei den Beeren ähnlich viele Sorten wie bei den Äpfeln, und wie erreicht ihr den passenden Geschmack?“

Christian:

„Bei den Beeren gibt es nicht so viele Sorten. Die Himbeere ist in Holland schon weiter. Da wird nach Sorten unterschieden. Die Erdbeere ist in Deutschland einfach die Erdbeere. Im Sommer gibt es ein paar Sorten, bei denen die Kunden sagen: Die hätte ich gerne. Aber eigentlich ist Erdbeere, Erdbeere. Himbeere, Himbeere, bei Brombeere ist es das Gleiche. Es gibt Unterschiede, aber die sind hauptsächlich für den Produzenten interessant.

Geschmacklich gibt es schon Unterschiede, aber das ist immer relativ. Man kann auch eine schwach schmeckende Sorte sehr gut hinbekommen. Das ist Photosynthese. Tagsüber viel Sonne, wodurch Zucker eingelagert wird, und kalte Nächte ergeben einen sehr guten Geschmack, weil der Zucker nicht veratmet wird. Man kann auch im Hochsommer gut schmeckende Sorten haben, die in sehr warmen Nächten aber einfach schlecht schmecken. Das Klima hat einfach einen Einfluss. Vor allem, da wir im Frühjahr produzieren. Wir haben jetzt keine super schmackhaften Sorten, sondern sehr einfach zu produzierende Sorten. Durch die Produktion in einer Zeit mit kalten Nächten bekommen wir eine gut schmeckende Himbeere hin.

Beim Anbau im Glashaus ist es für den Erzeuger schon wichtiger, einen höheren Ertrag je Quadratmeter zu erzielen, als den Geschmack der Kunden hundertprozentig zu treffen.“

„Müsst ihr euch zwischen gutem Geschmack und gutem Ertrag entscheiden?“

Christian:

„Das kann man so pauschal nicht sagen, weil das auch mit der Vermarktung zusammenhängt. Man kann keine Erdbeeren oder überhaupt keine Beeren vollreif pflücken. Äpfel pflückt man auch nicht vollreif. Wir pflücken vor der Vollreife, weil sie im Lager teilweise noch nachreifen.

Das wäre sicherlich anders möglich, wenn man weiß, dass sie am nächsten Tag beim Verbraucher sind. Aber es ist schwierig, wenn man eine Handelsspanne oder etwas anderes dazwischen hat.

Dementsprechend liegt der Fokus sowohl bei Äpfeln als auch bei Beeren eher auf Ertrag und vor allem auf der Haltbarkeit im Handel. Bei Gemüse ist es wahrscheinlich ähnlich. Die Verluste sind einfach zu groß.

Ein Beispiel: Man schickt 20 Tonnen Erdbeeren auf die Reise und sie kommen zurück, weil sie zu spät geerntet wurden. Man hat das Maximum an Geschmack herausgeholt, aber nichts verdient. Das ist für einen Direktvermarkter möglich, der sicher ist, dass die Ware am nächsten Tag beim Verbraucher ist. Aber ich denke in 90 % der Fälle wird indirekt vermarktet. Vielleicht sind es auch weniger, ich weiß es nicht.

Es geht nicht darum, den besten Geschmack herauszuholen.“

„Wann herrscht bei euch Hochkonjunktur?"

Christian:

„Die Monate November, Dezember, Januar und Februar sind eher ruhig. Im Dezember und Januar sind teilweise gar keine Mitarbeiter vor Ort. Ab März pflanzen wir verschiedene Beerenobstkulturen. Dann wird es schon intensiver und ab April beginnen wir mit der Ernte.

Ernte heißt immer, man muss einfach da sein, man muss schauen, ob die Qualitäten passen. Oder es gibt Aufgaben, wo es irgendwo hakt. Aber das ist Landwirtschaft. Bei uns verlagern sich die Arbeitsstunden in die Sommermonate. Je nachdem, was man produziert, hat man im Gartenbau bzw. Obstbau Arbeitsspitzen, die man einfach nur mit Stunden abfangen kann und nicht unbedingt mit Technik, weil wir Handarbeitsbetriebe sind.

Wir arbeiten mit Saisonarbeitskräften. In der Region kommen mittlerweile vermehrt rumänische Arbeitskräfte, weniger aus Polen. Die Gruppe, aus der wir unsere Arbeitskräfte beziehen, ist zum Teil schon seit 25 Jahren hier. Sie sind ca. 2000 aus Polen hierhergekommen, weil es in Polen keine Industrie gab. Diese Leute haben ihren Lebensstil so ausgerichtet, dass sie weiterhin hierherkommen.

Wir haben weniger Probleme, Arbeitskräfte zu bekommen, weil wir durch die unterschiedlichen Produktionsformen von Anfang Februar bis Anfang Dezember Arbeit bieten können. Was die Apfelernte betrifft, geht die reine Saisonarbeit nur vom 1. September bis zum 20. Oktober. Auf einem durchschnittlichen 30 Hektar großen reinen Apfelbetrieb werden in der Saison mehr Arbeitskräfte gebraucht.

Für das ganze Jahr hat man wahrscheinlich einen festen Teil auf dem Betrieb mitlaufen, also sich selbst und vielleicht einen oder maximal zwei Angestellte. Dann gibt es sechs intensive Wochen, in denen man für 30 Hektar auf 20 bis 25 Arbeitskräfte angewiesen ist. Ein Angebot von nur sechs Wochen Arbeit macht es manchmal schwierig.

Mein Betrieb ist jetzt so groß, dass ich gerade noch überall selber was machen kann und noch nicht ausschließlich reine Managementaufgaben übernehme. Das Gute ist, dass wir nicht nur Saisonarbeitskräfte, sondern auch fünf Festangestellte haben. Das heißt, seit vier Jahren haben wir drei Festangestellte und im Winter kommen zwei weitere, ein junges Pärchen, dazu. So ist es jetzt möglich, auch mal einen Tag am Wochenende frei zu haben."

„Die Kunden, die unsere Äpfel essen, sehen wir nicht."

„Wie vermarktet ihr euer Obst?"

Christian:

„Bei Äpfeln sind wir über eine Erzeugerorganisation organisiert. Wir ernten, lagern und liefern. Ab diesem Zeitpunkt trägt die Vermarktung das Risiko. Sie sortieren die Ware und nach der Sortierung werden wir abgerechnet. Was dann weiter mit unseren

Äpfeln passiert, das ist dann Sache des Vermarkters. Bei Äpfeln ist es nahezu unmöglich, den Kontakt zu Endkunden zu haben. Wir produzieren 1000 Tonnen. Die Kunden, die unsere Äpfel essen, sehen wir nicht.

Bei Beerenobst läuft es so, dass wir an regionale Wiederverkäufer und Lebensmittelläden liefern. Nur bei Brombeeren liefern wir etwa 50 % über die Erzeugerorganisation, die die Logistik übernimmt.

Bei Beerenobst steht unser Name auf den Schalen. Wir haben ein einheitliches Design. Kunden, die sich damit auseinandersetzen, woher die Produkte kommen, können in Erfahrung bringen, dass wir sie produzieren. Seit wir diese einheitlichen Schalen haben, ist der Absatz kontinuierlich gestiegen. Die Wiedererkennbarkeit unserer Ware hat einiges gebracht.

Aber Direktvermarktung ist nichts für mich. Früher bin ich mit einem Kumpel zum Wochenmarkt gefahren und wir haben dort Zuckermais verkauft. Ich produziere und verkaufe gerne, aber nicht an Endkunden. Ich sag mal so, ich kann mit meinen zwei Händen mehr schaffen als auf dem Wochenmarkt, wo 20 schwierige Kunden nach Dingen fragen, die ich gar nicht beantworten möchte.“

„Wird das alles als Obst vermarktet oder geht ein Teil davon in die Marmeladenproduktion?“

Christian:

„Beim Beerenobst liefern wir Klasse I. Da wird keine Marmelade oder Ähnliches hergestellt. Bei den Äpfeln liefern wir an unsere Erzeugerorganisation. Alles, was wir anliefern, wird vor Ort sortiert, sodass Mostobst oder Schälobst anfällt. Das wird dann laufend an Firmen geliefert, die Saft, Saftkonzentrat, Apfelmus oder Ähnliches herstellen. Wir wissen aber nicht, welcher Teil unseres Mostes wohin geht, das liegt nicht mehr in unserer Kompetenz.

Witzig ist, dass unser Betrieb zwar Kernobst produziert, ich aber meine eigenen Äpfel eigentlich nur während der Ernte essen kann, weil wir sonst theoretisch nie Äpfel haben. Das heißt, wir ernten, wir lagern ein und bewahren die Äpfel unter CO_2-Atmosphäre auf.

Das ist eine kontrollierte Atmosphäre, die eingestellt wird, um die Äpfel möglichst lange haltbar zu machen. Bei der Sorte Elstar beispielsweise wird die Atmosphäre auf 1,2 % Sauerstoff und zwei Prozent CO_2 eingestellt. Im Laufe der Lagerung wird dieser Wert auf 0,8 % Sauerstoff reduziert.

So kann man Elstar relativ gut bis in den Mai hinein lagern. Die Qualität, die man im Oktober hat, ist im Juni, Juli und August nicht mehr gegeben. In der Regel sollte es aber möglich sein, mit den Äpfeln, die man noch lange gelagert hat, etwas mehr Geld zu erzielen, wenn man die Möglichkeit hat, zu verkaufen.

Die gesamte Ware wird mit einem Lkw oder einem großen Schlepperanhänger zu einer Sortierstation gebracht und verlässt uns dann wieder. Nur während der Ernte oder in diesem kurzen Zeitraum des Hin- und Hertransports haben wir Zugriff auf unsere eigenen Äpfel. Ansonsten ist diese Kette vom Baum bis zum Endverbraucher eigentlich sehr geschlossen und ohne Zugriff.“

Wir gehen in einen weiteren Folientunnel. Hier werden Himbeeren produziert. Die Luft ist noch wärmer und feuchter, weshalb wir eine Schicht Kleidung ausziehen müssen. Christian hört plötzlich auf zu erzählen und geht zielstrebig zu den Himbeersträuchern. Wir erkennen viele Blüten, aber auch bereits rote Himbeeren, die an den Ästen hängen.

Christian dreht sich nervös um und gibt der Mitarbeiterin, die im Folientunnel beschäftigt ist, eine Anweisung auf Polnisch. Sofort wird die Folie rechts und links ca. einen Meter hochgezogen. Es ist zu heiß für die Himbeerkultur. Mit kritischem Blick betrachtet Christian ein Blatt des Himbeerstrauchs. Er zeigt uns das Blatt:

> *„Das sind Spinnmilben. Wir haben es dieses Frühjahr biologisch versucht, aber es hat nicht funktioniert. Wir ernten zwar schon, aber es besteht die Gefahr, dass wir die Früchte in den oberen Bereichen der Pflanzen nicht mehr ernten können, weil sie komplett eingesponnen sind. Die können wir in einer Woche nicht mehr ernten. Das sieht optisch nicht mehr gut aus und man kann sie nicht mehr verkaufen.*
>
> *Bei solchen Temperaturen arbeiten die Spinnmilben schneller als die Raubmilben* (Nützling gegen die Spinnmilbe). *Man sieht nur Spinnmilben, keine Raubmilben. Raubmilben zeigen sich als kleine rote Punkte.*
>
> *Wir haben hier seit vier Wochen wöchentlich kleine, gelbe Tütchen reingehängt. Wenn sie sich aber nicht vermehren, ist es schlecht. Die Raubmilben sind vielleicht nicht geschlüpft, man weiß es nicht. Das war jetzt ein normaler Mai mit kalten Nächten. Warme Nächte hätten uns eher geholfen, denn die kalten Nächte waren sicherlich das Problem. Hier hängen auf jeden Fall Sachen für 1500 Euro drin. Das ist ärgerlich."*

Wir merken, wie frustriert Christian ist. Er telefoniert und erklärt uns betrübt:

> *„Jetzt ist die Frage, ob wir es so lassen. Es gibt kein zugelassenes Mittel mehr gegen Spinnmilben. Aktuell gibt es noch zwei Mittel für den geschützten Anbau. Seit letztem Jahr ist das letzte gute Mittel raus. In anderen Ländern darf es noch benutzt werden, aber Deutschland hat entschieden, dass es hier nicht mehr benutzt wird. Meistens funktioniert es auch mit den Nützlingen, aber es gibt halt keine Gewähr. Wenn es schiefläuft, gibt es nicht viele Alternativen, um sowas zu retten."*

Mit enttäuschter Stimme fügt Christian hinzu:

> *„Bisher hat die Kultur hier 30 000 Euro gekostet und jetzt müssen wir Geld verdienen. Die Himbeere ist auch die teuerste Kultur im Betrieb. Von den drei Beeren sind Erdbeeren vom Kilo her die günstigsten. Äpfel sind am günstigsten zu produzieren, aber es bleibt am wenigsten davon übrig. Erdbeeren sind das Zweitgünstigste, dann kommen Brombeeren, und Himbeeren sind am teuersten.*
>
> *Wir brauchen mittlerweile um die 10 Euro pro Kilo bei Himbeeren, weil die Pflückleistung und der Ertrag pro Hektar nicht so hoch sind. Alles, was hier zu sehen ist, wird von Hand gemacht."*

„Meistens funktioniert es auch mit den Nützlingen, aber es gibt halt keine Gewähr. Wenn es schiefläuft, gibt es nicht viele Alternativen, um sowas zu retten.“

Die Entscheidung fällt schnell, aber nicht leicht:

> *„Wir pflücken hier noch so lange, bis sie alle eingesponnen sind, dann beenden wir das.“*

Mit „Beenden“ meint Christian, dass die Ernte gestoppt wird und die Pflanzen komplett vernichtet werden. Wir blicken uns um und können uns gar nicht vorstellen, wie es sich anfühlen muss, diesen kompletten Himbeerbestand wegen eines winzig kleinen Tieres zu vernichten.

Bei genauerem Hinsehen entdecken wir an verschiedenen Stellen Fäden, die sich um die Beeren gesponnen haben. Das sieht tatsächlich nicht appetitlich aus. Unglaublich, dass im Laufe eines Tages ein großer Teil überzogen sein kann.

Die Stimmung ist kurz sehr angespannt. Christian lenkt sich ab, indem er uns zu den Erdbeeren führt. Auf dem Weg dorthin kommen wir an einem Wasserauffangteich vorbei. Ein künstlich angelegtes Wasserloch.

Christian:

> *„Wir können unser Grundwasser hier nicht nutzen, weil es für die Bewässerung zu salzhaltig ist. Deshalb filtern wir es und speichern vor allem auch Regenwasser. Sowohl hier im Becken als auch in zwei Tanks, um über den Sommer genug Wasser zu haben. Regenwasser hat die beste Qualität.*
>
> *Vor Ostern hatten wir 60 Millimeter Niederschlag. Davon haben wir lange gezehrt. Jetzt sind es über 20 Millimeter. Wir haben tatsächlich eine sehr gute Wasserqualität. Im Moment haben wir eine neue Maschine im Einsatz. Die tötet über Ultraschall Algen und Ähnliches ab.“*

Christian zeigt auf das Gewächshaus ein paar Meter weiter und betont:

„Das hier ist Glas, das andere war Folie.“

Wir sind im Gewächshaus für Erdbeeren angekommen. **„Gibt es Unterschiede zwischen den Obstsorten in Bezug auf Pflanzenschutz?“**

Christian:

„Da wir im geschützten Anbau produzieren, ist der Einsatz von Pflanzenschutzmitteln mittlerweile stark reduziert. Es wird also wenig behandelt. Es geht hauptsächlich darum, mit Fungiziden pilzliche Schaderreger zu unterdrücken. Die sind immer latent da und wir versuchen diese vor der Ernte zu unterdrücken.

In der Regel spritzen wir nicht in die Ernte hinein, sondern immer nur vor der Ernte, um es bis zur Ernte möglichst sauber zu halten. Nach den sechs bis acht Wochen nach der Ernte ist es dann ja auch egal, dann wird teilweise die Kultur gewechselt.

Durch die wärmere Witterung wird allerdings der Einsatz gegen Insekten oder allgemein gegen Schädlinge schwieriger. Und das geht einher mit immer weniger zugelassenen Insektiziden (Wirkstoffe gegen schädliche Insekten). *Das heißt, die verbleibenden Insektizide werden vor der Ernte intensiver eingesetzt.*

Inzwischen kombinieren wir aber mit sehr guten biologischen Nützlingen. Es gibt die Kirschessigfliege, das ist das KO-Kriterium beim Anbau von Beerenobst. Sie ist invasiv, also nicht heimisch, kommt aus Asien und hat eine hohe Vermehrungsrate. Eine Fliege macht 100 Nachkommen und die 100 machen innerhalb von einer Woche wieder 100 Nachkommen. Also zwei Populationen pro Woche. Sie gehen in die Beeren, fressen sich durch und hinterlassen einen schleimigen, weißlichen Saft, der ein bisschen nach Essig schmeckt. Das sind KO-Kriterien. Und es gibt keine zugelassenen Nützlinge gegen diese Fliege. Das heißt, wenn wir nicht mit Pflanzenschutzmitteln arbeiten würden, wäre die Ernte innerhalb von zwei Wochen beendet.

Wir haben diese Fliege jetzt seit 2010 hier und sie ist ein kritischer Faktor. Dieses Problem kann man mit Pflanzenschutzmitteln in der Ernte, in den Griff bekommen. Die Schadschwellen werden meistens ab Mitte Ende Juni überschritten. Wir sind jetzt erst mit einem Drittel oder 40 % der Beerenobsternte durch. Das heißt, 60 % des Umsatzes muss vor der Kirschessigfliege geschützt werden. Beim Beerenobst ist der biologische Anbau schwierig, aber möglich.“

„Wir sind jetzt an einem Punkt, an dem nicht mehr *mehr* ist, sondern die *Effizienz* ist ausschlaggebend.“

„Was sind derzeit deine größten Herausforderungen?“ Christian schaut etwas besorgt und gibt zu bedenken:

„Die Produktionskosten sind stark gestiegen. Bis 2018 galt die Devise: Je mehr du produzierst, desto mehr verdienst du. Das sieht man auch an den durchschnittlichen Betriebsgrößen. Die sind immer gewachsen, weil bei jedem Kilo mehr Produktion noch etwas hängen blieb.

*Seit 2019, mit Corona und vor allem jetzt mit der Ukrainekrise, sind die Vorprodukte jedoch sehr teuer geworden. Zum Beispiel entstehen Kosten für Pflanzenschutzmittel und die Energie für die Lagerung. Das Kühllager ist zum Beispiel ein Stromfresser. Wir brauchen für unseren Betrieb etwa 250 000 kW Strom und produzieren 1000 Tonnen. Das sind also etwa 250 kW pro Tonne. Das ist schon sehr energieintensiv. Wir sind jetzt an einem Punkt, an dem nicht mehr **mehr** ist, sondern die **Effizienz** ist ausschlaggebend.*

Im eigenen Betrieb lief letztes Jahr alles gut. Es ist nicht jedes Jahr wie das andere. Man versucht, das Gleiche zu machen, aber die Natur ist nicht dieselbe wie das Jahr davor. Letztes Jahr war das Wetter zum Beispiel im März und April nass und bedeckt, aber mit warmen Nachttemperaturen. Die Etablierung der Nützlinge hat super geklappt und dementsprechend hatten wir den ganzen Sommer über eigentlich nie ein Problem gehabt. Dieses Jahr war es nachts immer relativ kalt und wir hatten seit Anfang März Sonne. Das ist das ideale Wetter für Spinnmilben, um sich zu entwickeln.

Für die Äpfel war es bisher gut, aber wir hatten gestern Hagel. Das wird sicher einiges kaputt gemacht haben, aber ich habe noch nicht geguckt. So sieht es aus. Im Juni fahren wir für fünf Tage in den Urlaub, das brauche ich auch. Wir fahren nicht weit weg, damit ich zur Not wieder herkommen kann.“

„Wie schätzt du deine Zukunft ein? Wird das Risiko bleiben?“

Christian:

„Ja, es ist noch viel riskanter geworden, weil die Produktionskosten so stark angestiegen sind. Früher war der Input nicht so hoch, dass man mit einem kleinen Verlust oder mit ein bisschen Risiko leben konnte. Aber mittlerweile ist das, was man pro Jahr investieren muss, um überhaupt ernten zu können, so hoch, dass es stark existenzgefährdend ist, wenn es nicht läuft. Das ist für viele ein Grund, nicht weiterzumachen. Vor zehn Jahren waren wir 650 Betriebe in der Region, jetzt sind es noch 490. Die Jüngeren sagen entweder: Ich habe keine Lust, so viel zu arbeiten. Oder deren Eltern fragen ihre Kinder: Bist du dir sicher?

„Im Juni fahren wir für fünf Tage in den Urlaub, das brauche ich auch. Wir fahren nicht weit weg, damit ich zur Not wieder herkommen kann.“

Das ist derzeit vor allem bei Äpfeln der Fall. In den letzten fünf, sechs Jahren war das sicher nicht so. Ich würde sagen, dass wir im Schnitt 25 Cent pro Kilo Äpfel bekommen haben (Saison 22/23). Damit war die letzte Saison die schlechteste, die ich bisher erlebt habe. Das ist allerdings die rein deutsche Sicht auf Äpfel.

In den letzten 15 bis 20 Jahren wurden in Deutschland immer etwa 1 Million Tonnen Äpfel produziert. Erschwerend kam 2014 die Annexion der Krim hinzu, wodurch Vertriebswege nach Russland blockiert wurden. Da sind sehr viele deutsche Äpfel hingegangen.

Holländische Äpfel und holländische Birnen suchten einen neuen Markt. Polen hatte 2007 eine Ernte von etwa 1,7 Millionen Tonnen und ist mittlerweile bei 4,5 Millionen Tonnen angelangt. Das ist eigentlich der entscheidende Faktor in Europa. Wenn Polen eine normale Ernte einfährt, dann wird es schwierig, Exportmärkte in Europa zu erschließen, weil Polen dann überall drückt. In diesem Jahr hat Polen zum Beispiel 3,2 Millionen Tonnen produziert, also eine deutlich unterdurchschnittliche Ernte in der Saison 24/25. Davon profitieren alle Erzeuger bzw. alle Regionen Europas, die Äpfel produzieren.

In Polen wurde einfach zu viel für einen fiktiven Markt gepflanzt. Aber das passiert aufgrund der europäischen Agrarpolitik. Wir in Deutschland fördern mittlerweile relativ wenig. In den Ostländern sind es aber zum Teil immer noch zwischen 30 bis 70 % der Nettoinvestitionssumme für Projekte. Das macht eine Entscheidung zu investieren relativ einfach."

„Hat sich der Druck über die Jahre geändert?"

Christian:

„Eigentlich hat sich nichts geändert. Was sich geändert hat, ist, dass man gelernt hat, damit zu leben. Am Anfang war unklar, wie man mit der Kirschessigfliege umgehen sollte. Die Erfahrung hat jedoch gezeigt, dass sich mit Pflanzenschutz viel regeln lässt.

Teilweise muss man für den Einsatz von Pflanzenschutzmitteln Anträge stellen. In der Regel wird das aber über berufsständische Einrichtungen organisiert, sodass dies relativ zeitnah nach Sichtbarwerden des Befalls flächendeckend geschieht.

Es ist richtig, dass wir weniger Pflanzenschutzmittel nutzen, aber in den meisten Fällen ist die Ideologie in Pflanzenschutzfragen größer als die Pragmatik. Pragmatisch möchte man den größtmöglichen Erfolg mit Pflanzenschutzmitteln erzielen, weil dadurch Resistenzen vermieden werden. Ideologisch ist es wichtig, möglichst wenige Pflanzenschutzmittel zuzulassen, weil das der Ideologie entspricht, was aber für die Obsterzeugung schwierig ist.

Bei Schädlingen werden die Strategien einfach laufend angepasst. Im besten Fall gibt es für jedes wegfallende Pflanzenschutzmittel ein neues. Im schlechtesten Fall muss man mit mehr Handarbeit das gleiche Ergebnis erzielen. Zum Beispiel werden im biologischen Anbau Herbizide (chemische Substanzen zur Bekämpfung unerwünschter Pflanzen) *mechanisch ersetzt. Das heißt, wir verwenden Glyphosat auf dem Baumstreifen, also dort, wo der Baum steht, um Unkraut zu unterdrücken.*

Das ist im Moment ein großes Thema, weil es jetzt an der EU liegt, Glyphosat wieder zuzulassen. Bis 2033, nachdem mehrere Behörden gesagt haben, dass nachgewiesen ist, dass es keine gravierenden oder eigentlich keine nachweisbaren Folgen durch das Glyphosat gibt.

Hier prallen wieder Ideologie und Pragmatismus aufeinander. Es gibt keine Alternativen dazu. Am Ende ist alles möglich. Wir können Äpfel fast biologisch produzieren. Der konventionelle Obst- und Gemüsebau nähert sich durch Verbote und neue Aufla-

gen dem biologischen Anbau so schnell und so rasant an, dass der biologische Anbau gar nicht mehr so schnell biologischer wird. Der Unterschied ist gar nicht mehr so groß. Aber der Unterschied der Auszahlung, des Preises, ist groß. Daher ist die Entscheidung, mechanisch irgendetwas zu machen statt Pflanzenschutzmittel schwierig, weil sie mit Einkommenseinbußen verbunden ist."

„Vor zehn Jahren waren wir 650 Betriebe in der Region, jetzt sind es noch 490."

„Wie siehst du den heutigen Markt für biologische Produkte?"

Christian:

„Ja, wir haben in unserer Gesellschaft einen Markt für biologische Produkte. Den gab es in den Neunzigern sicher noch nicht so, wie er jetzt da ist. Er ist in den letzten zehn Jahren gestiegen. Mit diesem Markt waren Leute oder Konsumenten bereit, mehr Geld für Bio-Produkte auszugeben. Dieser Markt ist mittlerweile allerdings gesättigt.

Im Alten Land, würde ich behaupten, machen wir 25 % biologischen Anbau. Die Leute, die dieses Obst vermarkten, sagen den Erzeugern: Bitte nicht mehr. Es müssen einfach genug Konsumenten da sein, die bereit sind, mehr Geld für biologische Produkte auszugeben, damit das passt.

Der Konsument entscheidet die Richtung, sowohl im biologischen als auch im konventionellen Anbau."

„Wenn du jetzt einen Wunsch für deine Arbeit frei hättest, was wäre das?"

Christian:

„Ein Wunsch für meine Arbeit? Im Moment wäre das ein Betriebsleiter. Es ist schon so, dass ich jedes Jahr ein bisschen zu viel gearbeitet habe. Aber man sucht und sucht, und es kommt keiner. Es gibt einfach immer weniger Betriebsleiter.

Wir haben den Betrieb auf 20 Hektar verschlankt, das war gut. Wir haben die Kulturen so umgestellt, dass wir über einen langen Zeitraum gleichmäßig Arbeit haben und weniger diese Arbeitsspitzen, von denen ich beim Apfel gesprochen habe.

Insgesamt ist es schon so, dass ich gerne einen Kompagnon hätte, der mit mir gemeinsame Interessen verfolgt und mit dem ich das zusammen machen könnte. Das ist schon alles sehr fordernd. Nicht nur der Betrieb an sich, sondern auch das Büro, das Technische und die Personalverantwortung. Der Wunsch wäre, das hier mit jemandem zusammen zu machen. Wir bilden auch aus, aber es ist schwierig, jemanden zu finden."

Das haben wir jetzt schon öfter gehört: Es fehlt der Nachwuchs. **„Was meinst du, woran das liegt?"**

Christian:

„Viel Arbeit, viel Risiko. Ich habe eine Abigruppe, wir sind zehn Jungs. Die haben alle einen guten Job. Keiner arbeitet mehr als 40 Stunden. Sie können sich ein schönes Einfamilienhaus leisten und haben am Wochenende Zeit für ihre Kinder.

Klar gibt es Jahre, in denen ich mehr verdiene. Aber das Risiko und die Probleme sind genauso groß oder gefühlt sogar deutlich größer als bei denen. Es ist dann schwierig, in der Runde auf Augenhöhe über die Probleme zu reden, weil alle anderen Angestellte sind und man selbstständig ist und das Risiko selbst trägt.

Das ist auch der Grund, warum viele sagen: ‚Warum tue ich mir das an?' Es gibt immer weniger Betriebsleiter. Das heißt, die Nachkommen haben weniger Freunde im gleichen Alter, die einen Betrieb weiterführen wollen. Sie reden eher mit Leuten, die nicht mehr selbstständig sind, sondern einer Arbeit nachgehen. Wenn man ständig hört, wie gut es ist und wie wenig man arbeiten muss, um so viel Geld zu verdienen, dann macht das den Beruf des Landwirts oder Gärtners sicher nicht so attraktiv.

Es gibt kaum Quereinsteiger. Das liegt am Kapital. Man kann nicht einfach so in einen Obstbaubetrieb einsteigen. Das sind gewachsene Strukturen, die einen Wert haben. Entweder man hat das Geld, um das zu realisieren, oder man geht ohne Expertise und Erfahrung ein sehr, sehr großes Risiko ein. Man kann alles machen, aber es ist riskant. Es ist als Quereinsteiger risikobehafteter, als einen Betrieb von den Eltern zu übernehmen oder weiterzuführen.

Mit Gartenbau kann man Geld verdienen, wenn man es gut oder halbwegs gut macht und davon überzeugt ist. Das ist nicht die Frage. Dafür muss man stark und selbstbewusst sein. Vielleicht ist das ein bisschen übertrieben, aber man muss schon bei sich bleiben, sonst, glaube ich, kann man das nicht machen.

Man kann Handwerker mit einem Bus werden, aber kein Bauer ohne Halle, Schlepper, Bäume, Hektar und so. Ein Hektar für den Kernobstbau kostet 40 000 Euro und es dauert fünf Jahre, bis die Bäume Äpfel produzieren. So lange muss man warten. Das ist nichts, was man sich von heute auf morgen zulegt."

„Man kann nicht einfach so in einen Obstbaubetrieb einsteigen. Das sind gewachsene Strukturen, die einen Wert haben."

„Wie siehst du denn die Zukunft des Hofes?"

Christian:

„Durch die Vielfalt sind wir schon relativ weit. Die Situation beim Kernobst habe ich ja bereits beschrieben. Wir haben vier Kulturen, also vier Standbeine. Wir haben auch eine Solaranlage auf dem Dach, die 2010 im Rahmen einer Förderung gebaut wurde. Dadurch sind wir in unserem Einkommen schon sehr diversifiziert. Über das Blockheizkraftwerk, das jetzt dazugekommen ist, produzieren wir Strom für uns selbst. Die Wärme und der überschüssige Strom werden ins Netz eingespeist. Das ist eine weitere Einnahmequelle.

Von der Basis her kann man sagen, dass es uns sehr gut geht. Für die Zukunft, die nächsten zehn Jahre wird es gehen. Sicherlich muss man hier und da etwas anpassen, vor allem im Bereich der Vermarktung. Der Weg geht eher in Richtung Lebensmit-

teleinzelhandel, weg von der Regionalvermarktung an Wiederverkäufer, weil immer weniger Leute auf Wochenmärkte fahren. Was wahrscheinlich in den nächsten zehn Jahren so sein wird, dass wir mit unseren Produkten, darauf reagieren müssen, wie die sich vermarkten lassen. Ob wir weiterhin so verkaufen wie jetzt oder eher mehr Richtung Lebensmitteleinzelhandel verkaufen.

Ansonsten ist der Betrieb solide aufgestellt. Es sind wenige junge Leute, die weitermachen und viele ältere, die zwischen 55 und 60 Jahre alt sind. Es ist absehbar, dass bei uns diese Kundschaft in fünf bis zehn Jahren wegbrechen wird und wir dann Ersatz suchen müssen. Da gibt es zwei Optionen: Entweder wir verkaufen an den Lebensmitteleinzelhändler und die Ware wird mit dem Lkw dort hingebracht oder wir fahren die Läden selber an, wie wir es heute schon machen. Dann müssten wir aber mehr Läden anfahren und unsere Produkte zu den Einzelhändlern bringen.

Der Vorteil mit einem Lkw ist, dass man alles einmal hinbringt. Bei zehn verschiedenen Läden fährt man schon mehrere Tage in der Woche oder bei Beerenobst teilweise jeden Tag in der Woche Ware hin. Beides hat Vor- und Nachteile."

In der Obstbranche ist es für Christian unerlässlich, seine Entscheidungen kontinuierlich zu überdenken und gegebenenfalls anzupassen. Wir schätzen die Offenheit, mit der er uns Einblicke gewährt hat. Christian holt einen dicken Ordner aus seinem Büro, da er heute die Löhne für zwei Saisonarbeitende abrechnen muss, die heute abreisen. In seinem Arbeitsalltag gibt es stets etwas zu tun. Wir bemerken, dass er es eilig hat, und verabschieden uns.

Wissensblock Obst

Der Obstbau reicht bis in die Anfänge der menschlichen Zivilisation zurück. Bereits in der Jungsteinzeit begannen Menschen, wildwachsende Früchte zu sammeln und gezielt anzubauen (1). Mit der Sesshaftwerdung und der Entwicklung der Landwirtschaft wurde auch die Kultivierung von Obstbäumen und -sträuchern systematisch betrieben.

Der Apfel stammt ursprünglich aus Zentralasien, insbesondere aus dem Gebiet rund um das heutige Kasachstan. Über Handelsrouten wie die Seidenstraße gelangte der Apfel zunächst in den Nahen Osten und später in den Mittelmeerraum. Bereits im antiken Griechenland und Rom war der Apfel bekannt und geschätzt. Die Römer trugen maßgeblich zur Verbreitung und Veredelung von Apfelsorten in Mitteleuropa bei. Heute sind Äpfel und Birnen in Europa die wichtigsten Kernobstarten und nehmen eine zentrale Rolle im Obstbau ein.

Viele Beerenarten sind ursprünglich heimische Wildpflanzen, die schon in vorgeschichtlicher Zeit gesammelt wurden. Besonders Johannisbeeren, Himbeeren und Brombeeren wuchsen in Wäldern und an Waldrändern und waren wertvolle Vitaminlieferanten für die frühzeitlichen Kulturen.

In Deutschland liegt im Jahr 2023/24 der durchschnittliche Pro-Kopf-Verbrauch von Obst bei etwa 67 kg (2). Dabei sind die beliebtesten Obstsorten Äpfel und Bananen.

Im gleichen Jahr lag der Selbstversorgungsgrad von Obst in Deutschland bei etwa 19,6 % (3). Deshalb muss Deutschland Obst aus anderen Ländern kaufen. Im gleichen Zeitraum war insbesondere der Selbstversorgungsgrad mit Äpfeln sowie Pflaumen, Zwetschgen, Mirabellen und Renekloden mit jeweils über 50 % am höchsten. Der Selbstversorgungsgrad Deutschlands liegt bei einigen Obstsorten, wie zum Beispiel Holunderbeeren, Sanddorn und anderem Beerenobst, im Jahr 2023/2024 bei lediglich 1,2 %. Dieser Selbstversorgungsgrad kann jedoch durch variierende Erntemengen von Jahr zu Jahr schwanken.

(1) – Antolin und Jacomet (2015): Wild fruit use among early farmers in the Neolithic (5400 – 2300 cal BC) in the north-east of the Iberian Peninsula: an intensive practice? Vegetation History and Archaeobotany, 24, S. 19 – 33

(2) – BMEL (2025): Selbstversorgungsgrad von Obst leicht gesunken. *https://www.bmel-statistik.de/ernaehrung/versorgungsbilanzen/obst-gemuese-zitrusfruechte-schalen-und-trockenobst*, letzter Zugriff am 10. 06. 2025

(3) – Statista (2025): Selbstversorgungsgrad von Obst nach Arten in Deutschland bis 2023/24 *https://de.statista.com/statistik/daten/studie/1124461/umfrage/selbstversorgungsgrad-obst-nach-arten-in-deutschland*, letzter Zugriff am 10. 06. 2025

Scannen Sie den QR-Code mit Ihrer Smartphone-Kamera oder einer QR-App und Sie gelangen direkt zum Filmclip über diesen Betrieb.

11 Wachsen als einzige Chance

Tomatenbetrieb in Nordrhein-Westfalen

Wir fahren erneut über Land und lassen die Landschaft an uns vorbeiziehen. Die Straßen sind gesäumt von Feldern und Wäldern, und das Licht der Mittagssonne taucht alles in ein warmes, goldenes Licht. Plötzlich, wie aus dem Nichts, erblicken wir ein riesiges Gewächshaus. Eine Gewächshausfassade reiht sich an die andere. Wir sind von der Größe beeindruckt, denn sie ist wirklich imposant. Es ist nicht nur ein Bauwerk, sondern ein Symbol für die moderne Landwirtschaft und ihre Fähigkeit, die Landschaft nachhaltig zu verändern. Solche Betriebe verändern das Bild der Region und prägen somit auch stark ihren Charakter.

Wir schauen fasziniert auf die Glasfassade und verpassen dabei beinahe die Einfahrt zum gepflegten Parkplatz mit Kundeneingang. Hier scheint alles neu und gut beschildert zu sein. Es handelt sich um einen von zwei Betriebsstandorten von Carsten, der das Familienunternehmen weiterführt. Der Standort, den wir heute besuchen, ist relativ jung. Der Eingang wirkt modern und einladend. Wir hören Stimmen und folgen diesen instinktiv. Kaum haben wir die Betriebsküche betreten, werden wir sofort als Suchende identifiziert. Die Mitarbeitenden führen uns prompt zu Carsten, dem Geschäftsführer.

Das Büro ist sehr geräumig. In einem Besprechungsraum legen wir das weitere Vorgehen fest und klären, welche Bereiche wir uns ansehen möchten. Justus, der Sohn von Carsten, kommt hinzu. Nach einer kurzen Absprache geht es weiter zur Hygieneschleuse. Hier müssen wir über rotierende Schuhbürsten mit Desinfektionsmittel laufen und unsere Hände waschen und desinfizieren. Diese Hygienestraße ist für alle, die den Betrieb betreten, unerlässlich.

Carsten grinst, während wir etwas unbeholfen und lachend über Bürsten rollen und die Technik der Händedesinfektion bewundern. Denn es gibt Sensoren in der Vorrichtung für die Händedesinfektion. Diese öffnen die Schranke erst nach erfolgter Händereinigung und -desinfektion.

Wir hören Carsten zu und bleiben vor einem Drehkreuz stehen. Pia kommt durch, aber Kim kommt nicht weiter, das Drehkreuz bewegt sich nicht. Carsten lacht: *„Ja, du hast zu lange gewartet. Jetzt musst du noch einmal hinten durch den Sensor. Und du musst die Hände noch einmal hineinhalten, ansonsten dreht es sich nicht.“* Kim wäscht sich ein zweites Mal die Hände und desinfiziert sie. Dann klappt es, und das Drehkreuz öffnet sich. Uns wird klar, dass nach jeder Pause alle Mitarbeitenden erneut die Hände waschen müssen. Eine clevere Maßnahme, um sicherzustellen, dass dies niemand vergisst.

„Warum betreibt ihr bei den Hygienemaßnahmen einen solchen Aufwand?“ Carsten erklärt es uns:

> *„Wie bei Menschen, gibt es auch bei Pflanzen Viren und Bakterien. Diese können theoretisch von Menschen eingeschleppt werden. Zum Beispiel, wenn du hier arbeiten würdest und zu Hause eine spanische Tomate gegessen hättest.“*

Mit sauberen Händen gelangen wir in eine geräumige Halle. Dort liegt Schutzkleidung für Besuchende bereit, die wir anziehen müssen. Sogar Haarnetze gehören dazu, denn es dürfen keine krankmachenden Erreger in die empfindliche Pflanzenwelt gelangen. Carsten und Justus hingegen ziehen sich keine Anzüge über, da sie für jeden Standort separate Schuhe und Kleidung haben und wissen, wie sie sich vorbereiten müssen. Auch die Mitarbeitenden müssen keinen solchen Anzug tragen, da sie in die Anweisungen eingeführt wurden. Wir hingegen haben einen Besucherstatus und es ist nur sehr schwer zu kontrollieren, was wir potenziell einschleppen könnten.

Carsten nickt:

> *„Alles passiert ja im Kopf. Wir sind wie Kinder, auch als Erwachsene. Das hier sorgt für mehr Verständnis beim Mitarbeiter. Das gilt selbst für den einfachsten Mitarbeiter, der überhaupt nicht versteht, warum er das macht, aber der weiß, wie diese Abläufe funktionieren. Und das sorgt auch dafür, dass hier immer alles sauber ist.*
>
> *Ich selbst habe tatsächlich drei Paar Schuhe im Auto. Ich fahre jedoch niemals an einem Tag zu zwei Standorten. Sonst müsste ich mich jedes Mal umziehen. Wir sind natürlich hier ein absoluter Hightech-Betrieb. Da der Standort neu ist, haben wir alles automatisiert.“*

Das wollen wir uns genauer ansehen. Endlich geht es los! Ein Rolltor öffnet sich und wir treten in eine andere Welt. Sofort umhüllt uns eine drückende Wärme, es ist unglaublich heiß. Wir denken, so fühlt es sich mit Sicherheit in den Tropen an. Hummeln summen um uns herum, und vor uns erstrecken sich lange Gänge. Einige Fahrräder lehnen an der Wand.

Die Vielfalt der Tomaten

Carsten wohnt in Nordrhein-Westfalen und bewirtschaftet mit seinem Sohn Justus und 120 Mitarbeitenden zwei Standorte von insgesamt 15 Hektar. Hier werden hauptsächlich Tomaten produziert, aber auch ein wenig Paprika, Mini-Gurken und Auberginen. Beide Standorte werden bereits CO_2-neutral mit Strom und Wärme versorgt.

Vater und Sohn führen uns durch die Reihen des riesigen Gewächshauses. Beim Betreten fällt sofort die klare Struktur auf. Wir sehen weiße dünne Rohre, die sich entlang der erhöhten Tische ziehen. Darauf befinden sich die Pflanzen. Zwischen den langen Tomatenreihen verlaufen schmale Wege, die den Zugang zu den einzelnen Pflanzenreihen erleichtern und eine einfache Pflege ermöglichen. Die Pflanzen selbst sind mit üppigem, dunkelgrünem Laub versehen, das dicht aneinanderwächst.

Zwischendurch entdecken wir immer wieder rote und grüne Tomaten, die in langen Trauben herabhängen. Um die Pflanzen herum sind vertikale Rankhilfen in Form dünner Schnüre befestigt, die von der Decke des Gewächshauses nach unten laufen. Die Pflanzen stehen erhöht auf kleinen weißen Säcken mit wasserdurchlässigem Substrat. Insgesamt wirkt das Innere des Gewächshauses äußerst sauber, organisiert und technologisch fortschrittlich gestaltet.

„Vielleicht kannst du uns einmal erzählen, was genau du produzierst und wie das aussieht.“ Carsten fängt sofort an zu erzählen:

> *„Wir produzieren hauptsächlich Cherrytomaten, also Tomaten mit kleinen Rispen. Das sind die kleinen, feinen, leckeren im oberen Preisbereich. Wir haben auch noch*

Rispentomaten und Eiertomaten. Das sind eierförmige Romatomaten. Das war eigentlich früher eine Kochtomate, aus der man Pasta-Soßen gemacht hat. Sie schmeckt nicht besonders gut, aber sie enthält weniger Wasser und hat einen sehr hohen Fruchtfleischanteil, weshalb sie sich super für Pasta eignet. Die Deutschen können das nicht und essen sie so. Wir sind halt keine Italiener.

Wir pflanzen am 5. Januar und ernten vom 1. April bis zum 20. November. Dann gehen die Pflanzen raus. Du musst dir das so vorstellen, dass eine Tomatenpflanze jede Woche eine Rispe dazubekommt. Im Sommer sind es 1,1 bis 1,2 Rispen, im Frühjahr und Herbst 0,7 bis 0,8. Deswegen produzieren wir im Sommer auch mehr, aber dann werden auch mehr Tomaten gegessen.

Wir versuchen, in bestimmten Segmenten zu produzieren, weil wir den hohen Preis brauchen. Ein Segment sind zum Beispiel klassische Cocktailtomaten. Unser Ziel ist es, einen höheren Kilopreis zu erzielen. Wenn du in Deutschland produzierst, musst du die oberen zehn Prozent der Kunden gewinnen. Denn nur die sind bereit, für ein regional produziertes Produkt zu zahlen. Die wissen, dass alle Sozialstandards eingehalten werden, der Mindestlohn gezahlt wird und so weiter. Die Mehrheit redet nur davon, die Mehrheit möchte auch den Lohn höher haben, ist aber nicht bereit, das Produkt zu bezahlen. Das ist ein bisschen unser Dilemma in der gesamten Landwirtschaft."

„Die Mehrheit möchte (...) den Lohn höher haben, ist aber nicht bereit, das Produkt zu bezahlen."

Nach einer Weile im Gewächshaus wird uns klar, dass wir mit unseren Kunststoffanzügen bei diesem Rundgang garantiert nicht trocken bleiben werden. Es ist heiß und unsere Körper versuchen, sich durch Schwitzen abzukühlen, aber die Kleidung ist nicht wirklich atmungsaktiv. Wir beginnen zu verstehen, warum der Mitarbeiter, den wir auf einem der Hochwagen erblicken, mit nacktem Oberkörper arbeitet – einige Meter höher muss es noch heißer sein!

Carsten folgt unserem Blick und erklärt weiter:

„Für die Tätigkeiten da oben haben wir einen Vorarbeiter, der darauf achtet, dass alle gute qualitative Arbeit leisten. Der ist natürlich auch nur fünf Minuten da oben.

Insgesamt haben wir sieben Haupttätigkeiten. Es gibt Drehen, Sacken lassen, Einkürzen, Triebe brechen, Entblättern und Ernten. Und dann gibt es das Kratzen der dicken Tomaten. Zudem gibt es Nebentätigkeiten, die ab und zu mal gemacht werden müssen. Zum Beispiel müssen die Wurzeln manchmal von unten weggezogen werden.

Drehen, Sacken lassen und Einkürzen werden immer von denselben Leuten in ihrem eigenen Bereich gemacht. Das heißt, jemand fängt montags in Reihe 1 an und ist bis Reihe 50 zuständig. Am nächsten Montag fängt er dann wieder in Reihe 1 an. So müssen sie, wenn sie in der Woche A schlecht eingekürzt haben, ihre eigene schlechte Arbeit wieder ausklamüsern."

Beim Drehen werden die Pflanzen spiralförmig um eine Schnur gewickelt, damit sie stabil nach oben wachsen können. Sacken lassen bedeutet, die Pflanzen ein Stück abzusenken, um ihnen weiteres Längenwachstum zu ermöglichen, ohne sie zu beschädigen. Beim Einkürzen wird die Spitze der Pflanze gestutzt, damit die Energie in die Fruchtbildung statt ins Höhenwachstum geht. Triebe brechen meint das Entfernen der Seitentriebe, um ein kräftiges Wachstum der Hauptpflanze zu fördern. Beim Entblättern werden einzelne Blätter entfernt, damit mehr Licht und Luft an die Früchte gelangen. Es werden auch regelmäßig reife Tomaten geerntet. Beim Kratzen wird der Stielansatz der Pflanze leicht angeritzt. Dies soll die Bildung von zusätzlichem Stützgewebe anregen und für mehr Stabilität sorgen, vor allem bei schweren Früchten wie den Romatomaten. Alternativ kann ein Plastikclip verwendet werden. Allerdings geht das Kratzen schneller und es muss kein Clip gekauft und entsorgt werden.

„Wo bekommt ihr eure Pflanzen her?“ Carsten blickt sich um:

> *„Wir beziehen die Pflanzen von einem holländischen Jungpflanzengärtner. Er ist für alles zuständig, was wir bestellen. Es könnte auch ein deutscher sein, aber bei der Menge Pflanzen gibt es in Deutschland keinen, der auf einmal liefern kann. Und er macht uns die Pflanzen genau so, wie wir sie haben wollen, auch in den passenden Töpfen.“*

Wir hören und entdecken viele Hummeln. Wir fragen uns, wie viele Hummeln für diese Gewächshausfläche benötigt werden. Carsten überlegt:

> *„Im Sommer stehen auf dem Hektar ungefähr 10 bis 15 Kartons. In einem Karton ist eine Hummelfamilie. Hier stehen maximal 150 Kartons. Jede Woche kommen etwa 50 Kartons, die dann ausgetauscht werden. Hummeln leben acht Wochen. Du kannst sagen, die ersten zwei Wochen sind sie noch jung und tun wenig, danach geben sie Vollgas.“*

Alle Pflanzen stehen auf weißen Säcken und wir wollen wissen, was sich darin befindet. Carsten erklärt es uns:

> *„Das ist Perlite, das ist ein bisschen generativer als Steinwolle. Steinwolle ist eher für eine vegetative Kultur geeignet. Es hat viel Volumen mit wenig Wasser, aber viel Luft. Deswegen wachsen die Pflanzen darin gut. Es ist ein Rohgestein, dass bei 1000 Grad erhitzt wird. Dadurch ploppt es wie Popcorn auf und wird durch die hohen Temperaturen desinfiziert.*
>
> *Wenn wir nach dem Jahr fertig sind, wird es in den Recyclingprozess in die Baustoffindustrie gegeben. Daraus werden dann Pflasterplatten, Gehwegplatten oder Gartenterrassenplatten hergestellt.“*

Die Tomate kann sich sowohl generativ als auch vegetativ vermehren. Generativ geschieht das über Blüte, Bestäubung und Samen. Dabei entstehen genetisch unterschiedliche Nachkommen. Vegetativ lässt sich die Tomate zum Beispiel über Stecklinge vermehren, wodurch eine identische Kopie der Mutterpflanze entsteht.

„Wie werden die Tomaten eigentlich geerntet?“ Carsten pflückt eine Tomate und steckt sie sich in den Mund. Er bietet uns auch welche an.

„Diese hier werden lose geerntet. Jede Tomate wird händisch einzeln von der Rispe abgetrennt und in die Kiste gelegt. Und zwar ohne das grüne Krönchen. Das darf da nicht rein, weil das irgendwann schimmeln würde.

Die Sorte ist so speziell gezüchtet, dass sie einen schwachen Samensitz hat, wodurch sie sich leicht lösen lässt. Wenn wir gleich zu der anderen Sorte gehen, muss man schon mehr Kraft aufwenden, damit sie sich von ihrer Verbindungsstelle löst. Es kann sogar sein, dass sie dabei minimal einreißt. Wenn du sie sofort isst, ist es egal. Aber wenn sie noch zwei Tage im Eimer liegen müssen, werden sie schlecht. Vielleicht willst du die Tomaten ja noch zu Hause eine Woche stehen lassen.

Wir ernten von März bis Ende November jede Woche, fünf Tage lang.

In einem normalen Jahr haben wir im Januar an unseren Standorten 25 Erntehelfer und 25 Festangestellte. Im Sommer haben wir 100 Erntehelfer bis, ich sag mal, Mitte Oktober, und dann werden es sukzessive weniger. Wir haben auch viele Mitarbeiter, die seit mehreren Jahren kontinuierlich bei uns arbeiten."

Die Tomate schmeckt lecker süß und macht Lust auf mehr. Wir stellen gekaufte Tomaten meist in den Kühlschrank, aber hier haben wir die Chance, jemanden vom Fach zu fragen.

„Wie sollte eine Tomate am besten gelagert werden?" Carsten weiß es:

„Tomaten sollten nicht im Kühlschrank gelagert werden. Idealerweise kalt bei 10 bis 12 Grad ohne Sonneneinstrahlung aufbewahren. Im Prinzip wie bei Kartoffeln."

Im Gang stehen zahlreiche grüne Kisten, die sich nach und nach mit Tomaten füllen. **„Wo gehen die Tomaten nach der Ernte hin?"** Carsten:

„Wir ernten direkt in die Kisten, stapeln sie auf eine Palette und bringen diese dann zur Packstation. Wir haben für alles, was wir hier am Niederrhein produzieren, einen zentralen Standort. Dort erfolgt auch die Verladung zum Kunden, der die komplette Dienstleistung rund um die Verpackung übernimmt. Also in 200-Gramm-Schalen, in 300-Gramm-Schalen, in 500-Gramm-Schalen, mit Schmucketikett. Banderoliert oder was auch immer gewünscht wird, machen wir an einer zentralen Stelle.

Wir fahren nur Rohware von hier dorthin, damit wir nicht an jedem Standort einen zwei- oder dreischichtigen Betrieb vorhalten müssen. Wenn jetzt beispielsweise eine Ladenkette Werbung mit Cocktailtomaten macht, dann brauchen die in der normalen Woche vier- bis fünfmal mehr Ware."

„Tomaten sollten nicht im Kühlschrank gelagert werden."

„Und was passiert mit den Pflanzen, wenn alles abgeerntet wurde?" Carsten zeigt auf ein Tuch am Boden:

„Die Blätter holen wir im Sommer nicht heraus, weil die Blattmasse, zum Beispiel bei Rispentomaten, über die ganze Saison hinweg zu schwer ist, um sie auf einmal herausziehen. Das schafft die Maschine nicht. Also holen wir einmal im Oktober die Blätter heraus. Dann ziehen wir das Tuch, was hier auf der roten Rolle ist, raus, um im Winter die Pflanzen dort abzulegen und in einen Häcksler auf dem Laufgang zu geben. Das

Gehäckselte wird gegen Geld kompostiert. Daraus wird Blumenerde gemacht oder es geht in eine Biogasanlage. Damit haben wir dann nichts mehr zu tun.

Es gibt eine Vorgabe im Zertifizierungssystem. Es darf halt nicht in der Müllverbrennung landen. Alles andere ist egal. Wir haben aber auch kein Interesse daran, weil dann kostet die Entsorgung pro Tonne direkt 250 Euro. So zahlen wir vielleicht 20 oder 40 Euro.“

Frühe Weitergabe und ungewollte Freiheiten

Wir sind schon ein ganzes Stück gegangen, die Wege sind lang. Als uns eine Frau auf dem Fahrrad entgegenkommt, denken wir, wie praktisch es ist, hier mit dem Fahrrad unterwegs zu sein. Wir erinnern uns an die Fahrräder am Anfang.

Wir möchten auch diesmal wissen, wie Carsten zu seinem Beruf gekommen ist. Stolz, aber auch nachdenklich, erzählt er seine persönliche Geschichte:

„Ich bin jetzt die vierte Generation. Mein Sohn wird dann die fünfte Generation sein. Aber mein Vater ist sehr früh gestorben. Ich war damals erst 18 Jahre alt, also noch sehr jung. Damals bin ich dann ganz plötzlich in den Betrieb gekommen. Ich war noch in der Ausbildung und durfte dann das letzte Lehrjahr zu Hause machen.

So war ich, ohne fertige Ausbildung, ohne Meisterausbildung, auf einmal selbstständig. Am Anfang habe ich viele Fehler gemacht. Aber wenn man aus Fehlern lernt, ist das eigentlich das Beste. Denn aus Fehlern zu lernen, ist besser, als hundert Jahre zur Schule zu gehen. Meiner Meinung nach lernt man am besten aus Fehlern.

Ja, und dann sind wir sukzessive größer und größer geworden, weil mich natürlich auch niemand gebremst hat. Wenn mein Vater noch gelebt hätte, dann hätte er mich sicherlich am Nacken gepackt und gesagt: Moment, mach mal langsam. Das war bei mir damals natürlich nicht der Fall.“

„Mit 18 den Vater zu verlieren, das ist schon ein großer Schicksalsschlag. Aber würdest du rückwirkend sagen, dass war gut, dass du so durchgestartet bist, da du in dem Alter vielleicht mutiger an Dinge herangegangen bist als andere?“

Carsten wirkt nachdenklich und scheint keine klare Antwort darauf zu haben:

„Ich hatte nicht ständig Erwachsene, die mir sagen, wie ich es nicht machen soll. Ja, für unsere betriebliche Entwicklung war das super. Aber natürlich ist es mein Vater, so ist es letztendlich traurig, todtraurig. Aber wenn deine Eltern dir ständig sagen, was du machen sollst, dann machst du es mit Absicht anders. Und dann geht 80 % gut und 20 % nicht. Ja, letztendlich bin ich so durch meine Freiheiten sehr schnell größer geworden.“

„Hast du damals schon so weit gedacht? Oder hattest du ein bisschen Glück, dass du in deinem jugendlichen Leichtsinn gedacht hast: Och, wir machen das jetzt mal größer, oder hast du das auch so ein bisschen kommen sehen?“

Carsten:

„Mir war schon 2000 klar, dass wir größer werden müssen. Da fing es mit der Energiekrise an. In den Jahren 2002 und 2003 wurde dann das Erdgas extrem teuer. So ein normaler Betrieb, der verbraucht ungefähr ein halben bis einen Liter Öl oder Kubikmeter Gas pro Kilo Produkt. Da habe ich mir gesagt, dass kann nicht so weitergehen.

Darauf haben wir bei unseren eigenen Standorten einiges anders gemacht. Im Norden sitzen wir zum Beispiel an der Raffinerie. Dort können wir von der Raffinerie die Wärme nutzen, die sonst in die Luft geblasen wird. Also auch für uns super. Die machen dort für den Hamburger Flughafen Kerosin.

Auch verbrennen wir an unseren zwei Standorten Altholz, was nicht mehr zur stofflichen Nutzung geeignet ist. Also wenn man keine Spanplatte mehr daraus machen kann, weil es sowieso in die Müllverbrennung gehen würde. Da haben wir auch keine Verbrennungsanlage, sondern eine Entsorgungsanlage genehmigt. Das ist also trotzdem CO_2-neutral, weil es ansonsten in der Müllverbrennung landen würde. Also haben wir da eine technische aufwendige Anlage, weil alles gefiltert werden muss, aber dafür ist der Brennstoff vorhanden. Der ist nicht günstig, aber ich würde sagen, mit Erdgas zum Beispiel kann man heute keine Produktion mehr aufrechterhalten.

In Holland schon, bei uns leider nein. Denn in Holland gibt es keine CO_2-Steuer. Ja, vielleicht 2028, aber mal sehen, wer alles noch an die Regierung kommt.

Wir haben versucht, uns so aufzustellen, dass wir uns möglichst günstig mit Energie versorgen können, die zudem nachhaltiger ist. Das kommt auch bei den Kunden gut an.

„Mir war schon 2000 klar, dass wir größer werden müssen. Da fing es mit der Energiekrise an. “

Für mich war klar, wenn ich zwei Hektar hätte, dann müsste ich den ganzen Tag mit ernten. Das ist ja auch Arbeit. Fakt ist, du musst Mut haben, du musst immer bereit sein, zu investieren, du musst bereit sein zu wachsen, du musst den Betrieb schlank halten, du musst effizient sein. Wenn dann das alles stimmt und der Vertrieb super funktioniert, ist es natürlich viel besser.

Der Strukturwandel sorgt dafür, dass kleinere Betriebe aufgeben. Nicht, weil ich das möchte, im Gegenteil, das möchte ich nicht, aber die Auflagen werden halt immer höher und immer höher. Für alle Standorte haben wir sechs bis sieben Mitarbeiter im Büro. Ob da jetzt ein Halber mehr kommt oder nicht, ist nicht so relevant. Justus macht zum Beispiel für alle Standorte nebenbei die ISO-Zertifizierung. Wenn die Zertifizierung einmal aufgesetzt ist, geht das ratzfatz, der erste Aufbau ist die meiste Arbeit. Aber wenn du das als Einzelunternehmer nach Feierabend allein machen musst, ist das etwas anderes. So kommt da der Hebel über die Größe.“

„War das von Anfang an klar, dass du den Betrieb übernimmst? Oder waren da auch Zweifel?“

Carsten antwortet schnell und bestimmt:

> *„Nee, eigentlich war mir das klar. Sonst wäre ich Handwerker geworden, also Schreiner oder so. Definitiv hätte ich etwas mit den Händen gemacht, weil mich nervt, wenn ich nur noch am Schreibtisch sitze. Das war für mich immer klar. Aber mein Papa hat auch darauf hingearbeitet, schon, als ich zehn Jahre alt war. Nach dem Motto: Junge, was möchtest du mal werden? Ja, Gärtner. So kriegst du das liebevoll eingetrichtert. Aber es war nie Zwang dabei. Heute bei meinen Kindern auch nicht.“*

„Macht dir dein Beruf Spaß?“

Carsten:

> *„Ich gehe jeden Morgen gerne zur Arbeit. Ich mache das total gerne, ich könnte mir keinen anderen Job aussuchen. Klar, manchmal gibt es Tage, die hat jeder, aber im Großen und Ganzen, muss ich sagen, macht es mir total Spaß. Und mir macht es auch Spaß, wenn meine Kinder mitmachen. Am meisten macht mir Spaß, dass die Kinder bei unserer Gesellschaft mitmachen. Das ist natürlich auch ein Zeichen, dass man den Betrieb richtig entwickelt hat.“*

„Fakt ist, du musst Mut haben, du musst immer bereit sein, zu investieren, du musst bereit sein, zu wachsen, du musst den Betrieb schlank halten, du musst effizient sein.“

Führung ist nicht nur eine eigene Entscheidung

Auch Carstens Sohn Justus ist bereits in jungen Jahren in den elterlichen Betrieb hineingewachsen. Er hat Agrarmanagement und Marketing studiert und ist seit zwei Jahren im Unternehmen eingestiegen. **„Wie war es für dich?“** Justus:

> *„Ich bin ja im Gewächshaus aufgewachsen. Als kleines Kind saß ich mit auf den Karren. Im Winter habe ich die Haken aufgehängt und die Pflanzen abgeschnitten. Ich habe als kleiner Junge geerntet und gedreht. Ich wäre mit Sicherheit heute nicht mehr so schnell oder auch so qualitativ gut wie ein guter Mitarbeiter von uns, aber ich kann eine gute Arbeit schon bewerten. Ich weiß also auch, was es heißt, im Sommer da oben bei 35 Grad sechs Tage in der Woche zu drehen.*
>
> *Das weiß ich, aber ich habe nach dem Studium nicht angefangen, hier jede Handarbeit noch einmal zu machen. Durch mein Aufwachsen im Betrieb habe ich quasi ein kostenloses Traineeship bekommen. Es ist ein Unterschied, ob du in so einem Betrieb geboren bist oder ob du neu in den Job einsteigst.*
>
> *Während des Studiums habe ich extra alle Praktika, die ich gemacht habe, nicht im Unterglasbetrieb gemacht. Mein erstes Praktikum habe ich zum Beispiel im Blumenbetrieb gemacht. Nach zwei Wochen wusste ich, dass das nichts für mich ist, niemals.*

Ich war auch bei einem Feldgemüsegärtner, der alle möglichen Arten von Kohl und Salaten anbaut und gleichzeitig einen Milchkuhstall hat. Da war ich insgesamt fünf Monate und habe alles gemacht, was zur Landwirtschaft dazugehört, von Salat ernten bis Trecker fahren, Mais ernten, Säen, Flügen, Lkw fahren, ausliefern und zum Viehhändler fahren.

Ich glaube, dass ich ein breites Feld der praktischen Landwirtschaft gesehen habe, bevor ich hier angefangen habe, zu arbeiten. Es war von Anfang an klar, dass ich in der Landwirtschaft landen will.

Ich glaube, über die Zeit hat sich das, ich will nicht sagen ergeben, sondern es war für mich irgendwie schon ein Ziel und auch ein Wunsch zu Hause zu arbeiten. Ich meine, manche kennen mich noch, bevor ich sie kannte. Das ist dann schon schön zu sehen, wenn sie einen akzeptieren, man in den Betrieb hineingewachsen ist und mitmachen darf.

Wenn man zu Hause nicht in den Betrieb einsteigt, bekommt man in den jungen Jahren natürlich auch nicht die Chancen, die ich jetzt habe. Welchem 24-Jährigen gibt man eine Baustelle in die Hand und sagt: Mach mal alles alleine hier. Wenn ich jetzt irgendwo hingegangen wäre, wäre das niemals möglich gewesen."

Carsten ergänzt:

„Aber er muss sich genauso beweisen, wie alle anderen. Er hat keine Vorteile dadurch, dass er mein Kind ist. Er verdient nicht mehr, er muss genauso malochen, vielleicht sogar noch ein Stück mehr."

„Wie ist es, plötzlich die Menschen, die man schon als Kind kannte, anzuleiten?" Justus schaut nachdenklich. Carsten antwortet:

„Man muss dazu sagen, dass er die Baustellenleitung hier nicht bekommen hat, weil ich das entschieden habe, sondern weil die Führungskräfte dafür waren, dass er sich einmischt und seinen Input gibt.

Die Kommunikation ist ein Riesenthema bei so einer Großbaustelle. Wenn du sowieso die ganze Produktion leisten musst, brauchst du auch jemanden, der sehr kommunikativ ist und vor allem auch hinterhergeht. Wenn Probleme oder Themen da sind, muss er die idealerweise proaktiv erkennen.

So war schnell klar, dass Justus auf jeden Fall die Baustelle zusammen mit Jörg, der viel Erfahrung hat, hier managen wird. Und da muss man natürlich sagen, Es war eine Baustelle, die ging hier über anderthalb bis zwei Jahre. Der Betrieb ist komplett auf links gedreht worden. Von, wir haben keinen Pausenraum bis zu, wir haben keine Strom- und Energieversorgung. Wir haben in den zwei Jahren alles durchlebt, extreme Höhen und extreme Tiefen."

„Es ist ein Unterschied, ob du in so einem Betrieb geboren bist oder ob du neu in den Job einsteigst."

„Wie sieht die Zusammenarbeit zwischen Vater und Sohn aus?" Justus antwortet:

> *„Ich würde sagen, im Alltag gibt es keine enge Zusammenarbeit. Ich konzentriere mich auf unsere zwei Standorte und Papa ist eher mit strategischen Themen unterwegs.*
>
> *Aber wenn es um Themen wie künstliche Intelligenz, andere Formen von Technologie oder auch darum geht, wie wir Wissen in der Zukunft einsetzen wollen, dann arbeiten wir natürlich wieder zusammen und treffen Entscheidungen.*
>
> *Zum Beispiel, wie wir uns ausrichten wollen oder welche Sorten im kommenden Jahr angebaut werden sollen oder was der Markt jetzt braucht. Solche Fragen treiben uns beide ständig um, aber im Tagesgeschäft trennen sich unsere Jobs mittlerweile ein wenig."*

„Dein Sohn hat quasi das frischeste Wissen aus dem Studium mitgebracht. Mit welchen Themen kommt er denn vielleicht zu dir, bei denen auch du etwas lernen kannst?"

Carsten:

> *„Mein Sohn kommt ständig mit Vorschlägen zu mir. Aber er ist kein gelernter Gärtner, sondern hat Agrarmanagement und Marketing studiert. Er hat im Studium zum Beispiel auch eine Kuh geschlachtet. Das macht dort jeder. Die Mädels im Studiengang, die sind der Reihe nach umgekippt. Am Anfang war ich skeptisch, aber am Ende waren wir heilfroh, dass er das so gemacht hat.*
>
> *Wir reden über die Zukunft des Betriebs und haben da eine ähnliche Meinung. Wir haben eigentlich nie ein Thema, bei dem wir sagen, da kommen wir nicht zusammen. Bisher hat das gut geklappt."*

„Alle reden über den Fachkräftemangel und die Schwierigkeit, Personal zu finden. Merkt ihr das auch im Gartenbau?"

Carsten:

> *„Einen Fachkräftemangel gibt es definitiv. Aber es wird auch fast nicht mehr ausgebildet. Wo sollen die Fachkräfte dann herkommen? Aber manche sind auch selber schuld. Wenn man jeden Tag am Mittagstisch sitzt und meckert, und der Sohn sitzt daneben. Der sieht ja beim Kumpel, dass der Vater am Freitag um 12 Uhr zu Hause ist. Dann überlegt er sich dreimal, ob er eine Ausbildung macht und den Betrieb übernimmt.*
>
> *Personal ist bei uns ein Riesenthema. Wir wissen selbst, dass der Mindestlohn nicht ausreicht, um in Deutschland davon zu leben. Aber unsere Mitarbeiter, die leben hier drei bis fünf Monate und geben hier nichts aus. Dann fliegen oder fahren sie nach Rumänien und leben das ganze Jahr von dem, was sie hier in den vier Monaten verdient haben. Weil die Lebenshaltungskosten dort einfach günstiger sind.*
>
> *Theoretisch müsste man den Mindestlohn auf 15 Euro anheben. Das ist wichtig, um davon hier leben zu können. Aber leider kostet die Arbeitsstunde in Senegal nur 50 Cent. Das heißt, wir können unsere Produktion hier eigentlich einstampfen oder einen Zoll darauf erheben.*

Die Schweiz macht das vor und erhebt Zoll auf den Import. Auch auf Produkte aus Deutschland, Österreich oder Spanien. So schützen sie ihre eigene Produktion und ihren eigenen Markt. Aber da wir ja immer noch viele Autos verkaufen wollen, geht das nicht.

Es sind ja nicht nur die Arbeitsplätze, die direkt an der Landwirtschaft hängen. Viele hängen an der Landwirtschaft. Selbst der Elektriker, der für die Landwirtschaft irgendetwas macht. Ein Bauer, ein Kartoffellager, Schweineställe. Und ein Politiker würde sich da niemals hinstellen und das sagen. Das ist das Problem, weil sie alle wiedergewählt werden wollen. Das würde ich auch nicht machen."

„Mittlerweile kommen Tomaten von Marokko, Tunesien, Senegal oder Türkei nach Deutschland."

Carsten investiert mit modernster Technik in die Zukunft

„Wie wirkt sich der Markt also die Kundschaft auf deinen Betrieb aus?" Carsten:

„Unsere Kunden kaufen bei uns nicht nur, weil es deutsche Ware ist, sondern auch weil der Geschmack besser ist. Klar, wenn im Fernsehen dicke Tomaten und Cherrytomaten verköstigt werden, geht das natürlich nicht. Das kannst du nicht vergleichen. In den Cherrytomaten ist dreimal mehr Zucker drin.

Wir haben es über die Jahre geschafft, dass wir treue Kunden haben, die immer wieder zu regionaler Ware greifen. Mittlerweile kommen Tomaten von Marokko, Tunesien, Senegal oder Türkei nach Deutschland. Das ist schon krass. Am Ende beliefern wir fast alle LEHs (LEH = Lebensmitteleinzelhandel) *und Discounter. Wir haben mit 30 Gärtnern vor zwei oder drei Jahren die GmbH als Vermarktungseinrichtung gegründet. Die zwei Unternehmen vermarkten die Ware für 31 Betriebe. Fruchtgemüse macht in der Gruppe ca. 60 % vom Umsatz aus.*

Früher waren wir bei einer riesigen Genossenschaft, die 2 Milliarden Umsatz macht. Aber die haben die Marge immer weiter hochgeschraubt, weil die mehr Geld verdienen wollten. Für uns Produzenten blieb immer weniger über. So haben wir gesagt, dass wir unser eigenes machen.

Wir haben eine Aktiengesellschaft gegründet, weil du dann direkt die Finger heben kannst und sprechen kannst. In der großen Genossenschaft gibt es für die Vertreterversammlung einen Vertreter, den hundert Gärtner gewählt haben. Dieser geht zur Aufsichtsratssitzung und einmal im Jahr zur Jahresvollversammlung. Das war für uns nicht mehr tragbar. Deswegen haben wir es selbst gemacht. Die Aktiengesellschaft besteht aus Gärtnern, also die Investoren sind Gärtner."

Ein Geräusch an der Decke lässt uns nach oben blicken. Carsten erklärt, dass die KI die Temperatur und Sonneneinstrahlung ständig überwacht und die Fenster entsprechend ausrichtet, um ein optimales Klima für die Tomatenpflanzen zu schaffen und gleichzeitig so viel Energie wie möglich zu sparen.

Hier wird deutlich: Die Zukunft der Landwirtschaft liegt in innovativen Ansätzen und der Nutzung moderner Technologien. Dazu gehört auch die Digitalisierung.

Wir finden den beschriebenen Wandel sehr spannend und fragen nach: **„Wie hast du eigentlich angefangen und welche Entwicklung hast du mitbekommen?“** Carsten:

> *„Ich habe angefangen, alles auf Papier zu notieren. Also an allen fünf Reihen hing Papier und dann haben die Leute eingetragen, was sie geerntet haben. Irgendwann ist dann die Digitalisierung gekommen. Heute geht es so weit, dass wir das mit RFID-Chips machen. Jede Reihe, jede Tätigkeit, jede Karre Ernte.*
>
> *Dann kommt die Ware automatisch in die Halle gefahren, also mit autonomen Fahrzeugen. In der Halle wird das über eine Antenne an der Karre ausgelesen. Dann weiß die Abpackanlage, der und der Artikel ist da drauf, der und der Mitarbeiter hat das geerntet, das sind so und so viele Kilo. Seit Sonntag haben wir das letzte neue System. Der druckt sogar Paletten-Etiketten selbst. Der macht die Bänder automatisch in die Palette.*
>
> *Es ist nicht mehr ein rund um die Uhr Job. Du musst zwar auch mal Alarmbereitschaft haben, sodass du nachts bei einer Störung raus musst. Dafür musst du Mitarbeiter finden, deswegen werden die auch gut bezahlt.“*

„Würdest du sagen, dass dein Job sich zu früher komplett geändert hat?“ Carsten:

> *„Ja! Ich bin mehr oder weniger mit 60 % aus dem Tagesgeschäft raus. Das macht mein Sohn Justus. Dafür mache ich fast nur noch Struktur und solche Themen.*
>
> *Man bekommt ja gar nicht alles selber gemacht. Da steht ja ein ganzes Team dahinter. Ich bin nix ohne Mitarbeiter. Wir sind ein internationales Team. Wir haben darauf geachtet, dass im Führungsteam verschiedene Nationalitäten sind. Weil selbst wenn die nicht mit Maschinen arbeiten, haben die in ihrem Land von der Pflanze, von der Umgangsweise etwas mitbekommen. Und wir in Deutschland oder in Holland sind dadurch top aufgestellt.*
>
> *Eigentlich sind wir super positioniert. Per Hand wird geerntet und Pflegearbeiten an der Pflanze finden manuell statt. Aber wir sind jetzt mit dem ersten Ernteroboter dran, womit wir starten wollen, aber das müssen wir uns noch zutrauen.*
>
> *Wir beschäftigen uns auch ständig mit neuen Sorten, neuen oder auch alten Sorten. Das Problem ist, die alten Sorten sind früher unbeheizt, in Folientunneln gepflanzt worden, und nach zehn Rispen war Ende. Bei uns müssen die Cherrytomaten aber 38 Rispen machen. So viel Power hat die Wurzel gar nicht. Also die Pflanze ist gar nicht in der Lage, das Jahr durchzuhalten. Deswegen gehen wir schon hin und veredeln die auf eine wilde Tomatenpflanze. Wir pfropfen sie.*
>
> *Aber trotzdem leiden Sorten, die sind viel zu anfällig für Krankheiten. Da brauchst du mehr Pflanzenschutzmittel. Und genau das ist der Punkt. Das möchten wir nicht mehr. Wir sollen den Einsatz der Pflanzenschutzmittel ab 2027 noch mal um rund 70 oder 60 % reduzieren. Und dann geht es ans Eingemachte.*

Ein Geschäftsführer eines großen Lebensmitteleinzelhandels hat nicht umsonst vorige Woche gesagt: Wir haben jetzt schon Probleme, die Supermarktregale voll zu kriegen. So einfach ist das alles nicht. Im Moment ist bei der Hochsaison alles kein Problem, aber in der Nebensaison.

Schau mal, während meiner Ausbildung gab es immer Blumenkohl. Blumenkohl gab es immer im Supermarkt. Heute gibt es in Deutschland keinen mehr, der den produziert. Vielleicht noch zwei Betriebe, früher gab es 1000. Der ist so billig geworden, für das Geld kann man den noch niemals ernten. Man muss ja bedenken, für so eine Kiste, wo der Blumenkohl oder Salat drin ist, zahlen wir 75 Cent, für die einmalige Nutzung. Dann liegen da sechs Blumenkohle drin. Da sind schon 12, 13 oder 14 Cent für die Kiste weg. Da kriegst du 40 Cent, also haben wir aufgehört, Blumenkohl zu produzieren."

Beim Pfropfen von Tomaten werden zwei Pflanzen miteinander verbunden. Meistens wird eine besonders widerstandsfähige Wurzelpflanze mit einer ertragreichen oder schmackhaften Tomatensorte kombiniert. Der obere Teil der gewünschten Tomatensorte wird dabei auf die kräftige Unterlage gesetzt, sodass die beiden Pflanzenteile miteinander verwachsen. Das Ziel besteht darin, die Vorteile beider Pflanzen zu kombinieren, beispielsweise einen höheren Ertrag, eine bessere Krankheitsresistenz und ein stabileres Wachstum. Diese Methode ist vor allem im professionellen Anbau üblich, um gesunde und leistungsfähige Pflanzen zu erhalten.

„Ihr seid heute nicht mehr auf dem offenen Feld und seid somit unabhängig vom Wetter. Wenn es regnet, sind die Tomaten geschützt und ihr habt alles im Blick. Wie viele Nährstoffe brauchen die Pflanzen, wie viel Wasser wird benötigt. Das ist schon sehr effizient, oder? Gibt es da noch Luft nach oben?" Carsten:

„Ja, wir können immer arbeiten, es sei denn, es ist so viel Sturm, dass man Angst hat, ein Glas kommt runter. Luft nach oben gibt es immer. Im Moment sind wir reaktive Landwirte. Man hat eine Situation und reagiert darauf. Man muss dahin kommen, die Situation zu schaffen, die man haben möchte.

Wir machen jede Woche eine Analyse und untersuchen die Nährstoffe im Regenüberschusswasser. Wir haben Rinnen, in denen wir das Überschusswasser auffangen. Das Wasser durchläuft eine Desinfektionsanlage und gelangt so wieder in den Prozess zurück. Bei uns geht also kein Wasser verloren.

Wir sind jetzt immer eine Woche zu spät. Wir holen eine Wasserprobe und erhalten erst drei Tage später das Ergebnis. Da sind schon drei Tage verloren. Und dann stelle ich für die Woche darauf den Düngerverbrauch dieser Woche ein, für das Wetter der nächsten Woche, also für ganz andere Umstände. Und das ist ja eigentlich bescheuert.

„Im Moment sind wir reaktive Landwirte. Man hat eine Situation und reagiert darauf. Man muss dahin kommen, die Situation zu schaffen, die man haben möchte."

Derzeit wird erforscht, welche Nährstoffe zu welchem Zeitpunkt gegeben werden müssen, um die Assimilate, die in der Pflanze hergestellt werden, zu beeinflussen. Gleichzeitig sollen Proben entnommen werden, um zu ermitteln, wann die Pflanze welche Assimilate verbraucht.

Assimilaten sind eigentlich nichts anderes als aneinandergekettete Zucker. Es gibt verschiedene Arten davon, die durch den Photosyntheseprozess beeinflusst werden. Mittlerweile geht man auch in die Pflanzenphysiologie, den klassischen Anbau hinein und versucht, die unterschiedlichen Arten der Photosynthese anzusteuern. Es gibt unterschiedliche Formen von Assimilaten. Es geht nicht mehr nur darum, der Pflanze einfach nur Dünger zu geben, sondern gezielt zum richtigen Zeitpunkt zu düngen, um das Maximum herauszuholen.

Aber wir sind mit den Wasserproben auch absolute Vorreiter, das muss man auch sagen. Der Durchschnitt macht so etwas natürlich nicht. Es kann nur mit Manpower und dem Umsatz heraus funktionieren. Wenn du die Mittel dafür nicht hast, geht das nicht. Das ist ja auch ein Aufwand.“

„Die Technik nimmt auch immer mehr zu, richtig?“ Carsten nickt:

„Wir steuern das Gewächshaus hier komplett über künstliche Intelligenz. Unser Gärtner stellt also grundsätzlich keine Klima- oder Heizungseinstellungen mehr ein. Das macht alles der Computer von selbst. Manchmal überspitzt die KI das allerdings so extrem, dass es unsere Mitarbeiter oben nicht mehr aushalten.

Das Gleiche machen wir für unsere Ernteprognosen. Wir nutzen dafür Videokameras und KI. Das heißt, die KI wertet die Fotos aus. Die KI bekommt Daten von uns, wie viele neue Pflanzen gekommen sind, und sie wertet die fertigen Früchte aus. Damit erstellen wir eine Vorplanung, wie viel wir ernten, von Woche A auf B und von C auf D.

Das können wir zwar auch, aber für uns ist das halt aufwendig. Die KI macht es für uns natürlich sehr einfach. Es ist ein Lernprozess, aber wir denken, dass das am Ende des Jahres auf 100 % läuft. Dann wird die KI eine Genauigkeit von 95 % erreichen.

Wir haben hier ein Bussystem im Büro. Wir können also jede einzelne Lampe steuern. Die Rollos gehen automatisch runter, wenn die Sonne scheint. Wir haben ein Zugfahrzeug, das autonom fährt. Da hängen sechs Anhänger, die Erntekarren, hinter dran und werden vom autonomen Fahrzeug gezogen.

Wir haben zum Beispiel viel Wasser, das die Pflanze verdampft. Das muss raus. Dafür ist der weiße Schaft da, der die trockene Luft von oben ansaugt und nach unten ins Gewächshaus bläst. Die Ventilatoren sind frequenzgesteuert. Das heißt, wir können auf eine bestimmte Luftfeuchtigkeit hinarbeiten und diese genau steuern.

So holen wir die letzten fünf Prozent Effizienz raus und das ist am Ende entscheidend. Wir haben ja nun mal die höchsten Energiepreise in Europa und müssen dementsprechend effizienter und genauer werden.

Ein Bussystem ist ein System zur Datenübertagung, das verschiedene Komponenten vernetzt und den Austausch von Informationen ermöglicht.

„Wir steuern das Gewächshaus hier komplett über künstliche Intelligenz."

Die Lüftungen fahren auf Sollwerte. Dem System werden gewisse Ziele vorgegeben, die es erreichen soll. Durch die künstliche Intelligenz errechnen sich die Zielwerte, die die Pflanze braucht. Die Lüftungen werden selbstständig gesteuert. Wenn es zu feucht ist oder zu warm ist, öffnen sie sich. Wenn die Sollwerte wieder erreicht sind, schließen sie sich, um die Wärme im Gewächshaus zu behalten und keine Energie zu verschwenden.

Man muss sich das so vorstellen: Die KI hat die Klimadaten der letzten drei oder vier Jahre und den Wetterbericht. Alle Viertelstunde erhält sie ein neues Update vom Wetterdienst. Daher weiß sie natürlich, welches Wetter morgen oder übermorgen kommt.

Und deswegen rechnet sie schon mit der Zukunft. Das haben wir als Gärtner bisher zwar auch gemacht, aber nicht so krass. Da sie die Daten der letzten Jahre hat, weiß sie genau, was passiert, wenn mehr Sonne gemeldet wird, und kann viel genauer, viel schneller und viel aggressiver eingreifen, als wir das vielleicht als Gärtner machen würden.

Ich würde sagen, die gesamte Steuerung ist schnelllebiger, als das manuell im Vorfeld gemacht wurde. Allerdings muss ich dazu sagen, dass wir Menschen nicht einfach die Lüftung auf oder zu machen. Das hat immer schon der Klimacomputer gemacht. Wir haben den Computer im Prinzip mit unseren Vorgaben, die wir gerne hätten, gefüttert. Der hat dann anhand der Sonne und so weiter immer nur die Ist-Situation berücksichtigt. Wir wollen aber auch die Zukunft mit einfließen lassen. Dann haben wir eine deutlich höhere Produktion, das heißt fünf bis zehn Prozent mehr, bei gleichzeitig niedrigerem Energieeinsatz."

Wir sind von der Nutzung modernster Technik in diesem landwirtschaftlichen Betrieb fasziniert. Das romantische Bild aus der Kindheit, in dem Landwirte nur mit den Händen in der Erde arbeiten, sieht ganz anders aus. Hier gibt es keine Pflanzen in der Erde, sondern Substrate und viele lange Reihen Tomaten auf Augenhöhe. In den Gängen zwischen den Reihen sehen wir grüne Eimer, in denen sich Wasser befindet.

Carsten beschreibt, was wir sehen:

„In jeder Abteilung stehen die Eimer. Das ist ganz einfach zur Kontrolle. Wenn wir sehen, dass Wasser tatsächlich zurückkommt, haben wir genug Wasser gegeben. Das Wasser wird dann jeden Morgen aus dem Eimer in die Rinne gekippt, damit es zurücklaufen kann. Über die Rinne fließt das Wasser dann mithilfe eines Pumpsystems wieder zurück in den Wasserraum. Das ist das Wasser, das die Pflanze nicht verbraucht hat. Es wird gefiltert, sodass alle groben Feststoffe, die sich ausgewaschen haben, entfernt werden. So müssen sie nicht durch das gesamte Leitungssystem fließen."

Das Wasser läuft im Kreislauf

„Du sagtest, dass das Wasser wieder in den Kreislauf zurückgeführt wird. Wie genau sieht das aus?“

Carsten gibt uns ein Zeichen, ihm zu folgen, und wir betreten den Wasserraum. Es ist ein großer Raum mit mehreren Wassertanks. Wasser rauscht durch Leitungen und in große Wannen. Hier wird das Wasser wieder aufbereitet, um es zurück zu den Pflanzen zu senden.

Während wir uns umblicken, erklärt Carsten uns mit Blick auf einen der Tanks:

> *„In diesem Tank wird das Wasser gespeichert, das aus dem Gewächshaus zurückfließt. Hier gehen ungefähr 500 000 Liter, also 500 Kubik, rein. Wir behandeln unser Wasser mit Ultrafiltration, also mit einer keramischen Membran. Dabei wird Wasser mit Hochdruck durch die Membran gedrückt. Sporen, Pilze, Viren und Bakterien werden dabei festgehalten und nur Wasser mit Nährstoffen geht durch. Dadurch bleibt das Wasser sauber. Alle drei Stunden wird eine kleine Menge Wasser zurückgespült und gelangt dann in den Kanal.*
>
> *Die meisten verwenden UV-Desinfektion, wobei diese bei manchen Erregern nicht wirkt. Gerade ein Tobamovirus geht davon nicht kaputt. Der lacht darüber. Deshalb haben wir gesagt: Weg damit. Mit der Ultrafiltration funktioniert das bei uns sehr gut. Trotzdem messen wir einmal in der Woche im Labor, welche Nährstoffe drin sind. Also was die Pflanze herausgefressen hat. Dann messen wir, wie bei einem Kuchen oder einem guten Rezept, was wir dazutun müssen.*
>
> *Wir sind jetzt dran, mit einem deutschen Unternehmen eine Online-Analyse von Dünger durchzuführen. Also alles an Dünger, was wir brauchen, werden im Rinnenwasser just in time bestimmt.“*

Wir folgen Carsten zu einem weiteren Tank und einer großen Wanne voller Wasser. Er erklärt weiter:

> *„Hier wird das Wasser mit Eisen vermischt, damit sich bestimmte sehr kleine Feststoffe mit diesem Eisen verbinden und als größere Klumpen über ein 25 µm dickes Papier herausgefiltert werden. Da passen nur Teilchen durch, die kleiner als 25 µm sind. Das Wasser wird dann durch die komplette Anlage gepumpt und anschließend noch einmal ultrafiltriert. Es wird also mit sehr hohem Druck durch noch kleinere Keramikscheiben gedrückt.*
>
> *Damit sind dann alle Bakterien und Viren aus dem Wasser raus. Aber auch Schimmelpilze und Sporen, alles ist raus. Das ist dann sauberes Wasser, was wir in Verbindung mit unserem Quellwasser nutzen.*

„Wenn die Flugzeugindustrie das in ihren Flugzeugen anwendet, dann muss das funktionieren.“

Die Anlage bis zum Band/Tuchfilter, den wir eben gezeigt haben, dient nur zur Wasseraufbereitung von Brunnenwasser. Das sieht man auch. Hier ist alles am Schwitzen, weil das Brunnenwasser eine Temperatur von 10 Grad hat. Deswegen kondensiert außen die Luftfeuchtigkeit an den Rohren und Filtern. In den weißen Tuben dort drüben befindet sich eine Umkehrosmoseanlage, mit der wir alle Salze aus dem Wasser holen.

Dann mischen wir das Quellwasser mit dem sauberen Drehwasser und neuem Dünger zu unserem optimalen Rezept, das wir dann im vierten Tank als Tagesvorrat bevorraten, um es zur Pflanze zu pumpen.

Da hinten steht eine blaue Tube, das ist ein sehr starker Magnet. Wasser ist ja positiv und negativ geladen. Wir nutzen die Lorenzkraft, um die Wasserteilchen zu sortieren. Diese Methode wurde schon vor vielen Jahren erfunden und ist durch Wolkenkratzer berühmt geworden, weil man viel weniger Pumpenergie braucht, um magnetisch sortiertes Wasser nach oben zu pumpen, als bei normalem Standardwasser. Wir glauben, dass die Pflanze dadurch weniger Kraft braucht, um das Wasser durch die Pflanze zu transportieren. Es ist aber auch untypisch, dass es einen Betrieb gibt, der das nutzt. Es gibt mittlerweile viele Landwirte, die es in der Pflanzenschutzspritze anwenden, um keine Netzmittel mehr zu brauchen. Für Pflanzenschutzmittel lohnt es sich nicht bei uns, weil wir so wenig ausbringen. Dafür ist der Magnet viel zu teuer.

Ich bin da drauf gekommen, weil große Flugairlines das eingebaut haben, damit sie kleinere Leitungen verbauen können. Da habe ich mir gedacht: Wenn die Flugzeugindustrie das in ihren Flugzeugen anwendet, dann muss das funktionieren.

Jeder Betrieb hat ein ganz anderes Wassermanagement. Jeder Betrieb hat ganz andere Grundausgangswerte im Wasser. Das Wasser, das hier von unten kommt, ist ein ganz anderes als das Wasser, das in Westland in Holland aus dem Boden kommt. All das hat einen extremen Einfluss auf die Wassergaben, weshalb ein Vergleich schwierig ist.“

Für die Wasserkonstruktion sind viel Platz, detailliertes Fachwissen und besondere Technik erforderlich. **„Rentiert sich eine solche Anlage?“** Carsten schüttelt den Kopf:

„Wir sparen zwar ein bisschen Geld durch den geringeren Einsatz an Dünger, aber damit bekommst du die Anlage nicht bezahlt. Aber das ist natürlich auch ein riesiger Imagepunkt. Damit setzen wir natürlich die Messlatte hoch für unsere eigenen Wettbewerber und Kollegen hier im Land. Die Landwirtschaftskammer war schon hier und hat sich das angeguckt.

Es ist nicht unser Interesse, dass andere das auch machen müssen. Aber damit setzen wir natürlich ein Zeichen. Vor 30 Jahren hat mich das auch noch nicht so interessiert. Ich mache es aber nicht nur wegen des Umweltschutzes, sondern auch, weil wir erwarten, mit weniger Input mehr Ertrag zu erzielen. Und das geht nur, indem wir genauer werden. Wir müssen die Pflanze wie einen Marathonläufer ernähren, um das Optimale rausholen zu können.“

Justus ergänzt:

> *„In Zukunft werden Wasserproben live durchgeführt und das Wasser live eingestellt. Wir Menschen können gar nicht auswerten, was die Pflanze wirklich jeden Tag, zu jeder Minute verbraucht hat. Wir können das nicht für die Zukunft rekonstruieren, wenn ähnliche Situationen auftreten wie in der Vergangenheit. So viel kann der Mensch ja gar nicht verarbeiten."*

„Also in Südtirol, die dürfen Nützlinge [gegen die Miniermotte] einsetzen. Wir nicht."

Die Wege des ökologischen Anbaus

„Ihr könnt viel steuern, aber nicht alles. Habt ihr viel mit Schädlingen zu tun?"
Carsten schüttelt den Kopf:

> *„Toi, toi, toi, die letzten vier Jahre hier am Standort sind wir quasi sauber. Wir haben hier und da mal Schädlinge, aber das ist sehr überschaubar, weil wir auch präventiv sehr stark unterwegs sind. Ihr habt es drüben gesehen, jede achte Reihe ist eine Makrolophus-Reihe, um die Nützlinge immer im Bestand zu haben. Die werden auch gefüttert.*
>
> *Wenn nicht genug Schädlinge zur Verfügung stehen, fangen sie an, etwas anderes zu fressen. Entweder fressen die sich selbst oder sie fressen sich an der Pflanze satt. Deswegen muss man sie füttern, damit die keinen Kannibalismus betreiben."*

Carsten zeigt auf eine Reihe:

> *„Da ist eine Reihe. Hier ist das Blattniveau tiefer. Das liegt daran, dass die ersten Nützlinge länger brauchen, um zum adulten Tier zu werden. Darum lassen wir zwei Blattstadien in den Reihen länger stehen, damit sich die Makrolophus zum adulten Tier entwickeln kann, in die Köpfe fliegt und sich dort vermehrt. Das ist nur am Anfang des Jahres so, bis wir aufhören, Nützlinge auszubringen. Dann fangen sie selbst an, sich fortzupflanzen. Das bedeutet mehr Arbeit und ein bisschen Produktionsverlust, aber bei den fünf Reihen ist das zu vernachlässigen."*

Makrolophus ist eine räuberische Wanze, die gezielt im Gewächshausanbau eingesetzt wird, beispielsweise im Tomatenanbau. Sie ist grün und etwa 3 bis 4 mm groß. Makrolophus sticht die Schädlinge an und saugt sie aus, sodass sie sterben. Da es etwas Zeit zur Etablierung benötigt (drei bis fünf Wochen nach Ausbringung), wird ein frühzeitiger Einsatz empfohlen.

> *„Dann gibt es Herausforderungen mit den Miniermotten, die jetzt alle durch den Klimawandel und durch die Globalisierung reinkommen. Auch die Stinkwanzen sind ein Problem. Die haben in Deutschland keine natürlichen Feinde. Aber wir dürfen den Nützling* (gegen die Miniermotte) *in Deutschland nicht einsetzen. Die Italiener dürfen den schon einsetzen. Also in Südtirol, die dürfen Nützlinge* (gegen die Miniermotte) *einsetzen. Wir nicht."*

„Beschäftigt ihr euch auch mit dem Bio-Anbau und schmecken Bio-Produkte besser?“

Carsten nickt:

„Wir starten im nächsten Jahr mit der Bio-Produktion an einem Standort, mit einem Investment von 20 Millionen Euro. Bio schmeckt nicht immer deutlich besser, aber kann besser schmecken. Das hat mit der Nährstoffversorgung zu tun.

Bei Bio-Anbau wird Kompost genutzt, der sich langsam zersetzt und so Dünger freisetzt. Aber du weißt nicht wann genau. Du kannst das zwar in einer Analyse ungefähr schätzen, aber du weißt es nicht richtig. Manchmal bekommt die Pflanze viel zu viel Stickstoff und eine Woche später viel zu wenig. Deswegen schmeckt die, wenn die viel zu viel oder auch nicht genug Nährstoffe bekommt, unterschiedlich. Die Tomate, die Mangel hat, kann besser schmecken als eine, die top versorgt ist. So ist das.“

„Das Potenzial für Bio ist vorhanden, aber der Markt fehlt noch. Die Frage ist, wie viel er noch aufnehmen kann.“

„Wie seid ihr darauf gekommen, in Bio zu investieren?“ Carsten antwortet:

„Der LEH ist unser Hauptkunde. Wir wurden immer wieder von denen gefragt, ob wir nicht auch regional und biologisch produzieren können. Diesem Wunsch sind wir nachgekommen, weil wir es auch interessant finden, eine andere Kundengruppe zu erreichen und neue Kundenkreise zu erschließen.

Der Markt für Bio wächst stetig, und wir möchten ebenfalls in diesen Bereich investieren. Unser Ziel ist es, Bio für jeden zugänglich zu machen und nicht nur für die obersten drei Prozent der Gesellschaft. Es sollten Produkte sein, die sich der Verbraucher leisten kann, und der Betrieb muss sich natürlich auch tragen können.

Wir wollen, dass sich jeder Verbraucher ein regionales, gesundes Produkt leisten kann. Europa hat die höchsten Löhne und Produktionsbedingungen, und Deutschland ist es gewohnt, Lebensmittel günstig zu bekommen. Da liegt es auf der Hand, welche Herausforderung das ist.

Wir haben uns das genau durchgerechnet: Bei Bio gibt es in der Regel weniger Ertrag, da die Produktionsweise den Einsatz von Chemie und Pflanzenschutzmitteln einschränkt. Das bedeutet automatisch, dass mehr Energie für die gleiche Produktionsmenge aufgewendet werden muss. Für uns lohnt es sich erst, in Bio zu investieren, wenn eine gewisse Menge erreicht ist, damit die Technik und Geräte angeschafft werden können.

Wir investieren nun in beide Bereiche – in die konventionelle und die Bio-Produktion – und letztlich muss der Verbraucher entscheiden, was er bevorzugt. Das Potenzial für Bio ist vorhanden, aber der Markt fehlt noch. Die Frage ist, wie viel er noch aufnehmen kann. Man muss abwarten, denn das weiß man nicht genau.“

Es ist eine wohlüberlegte Entscheidung, den Betrieb biozertifizieren zu lassen. Der Bio-Anbau ist teurer und der Ertrag ist niedriger als in einem konventionellen Gewächshaus. Das Produkt muss also deutlich teurer sein, und diesen Preis müssen die Betriebe in Abhängigkeit der Lebensmittelketten erst einmal erzielen. Mit diesem Fakt müssen die Betriebe umgehen.

Zocken mit den fünf Großen

In Deutschland wird der LEH von fünf großen Unternehmensgruppen dominiert. Diese werden auch als „Big Five" bezeichnet. Dazu gehören Edeka, Rewe, die Schwarz-Gruppe (mit Lidl und Kaufland), Aldi (Nord und Süd) sowie Metro.

„Hat dein Vater früher auch bereits mit den wenigen LEHs zusammengearbeitet." Carsten schüttelt den Kopf:

> *„Früher gab es noch viel mehr Vielfalt bei den LEHs. Das hat sich dann erst so entwickelt. Mein Vater hat viel über Großhändler verkauft. Das waren sozusagen die Zwischenhändler für die LEHs. Heute haben alle LEHs einen eigenen zentralen Einkauf. Sie kaufen direkt bei den Erzeugerorganisationen. Bei uns ist es eine Aktiengesellschaft."*

„Welche Wünsche und Anforderungen haben die LEHs?" Carsten überlegt:

> *„Es gibt Wirkstoffausschlüsse bei den einzelnen Lebensmittelketten. Es gibt die Anforderungen, dass die Produktion bestimmte Wirkstoffe nicht einsetzt, auch wenn diese von staatlicher Seite zugelassen sind. Das ist grundsätzlich eine nachvollziehbare Vorgehensweise, aber Betriebe befinden sich am Ende der Wertschöpfungskette und haben meist den geringsten Einfluss.*
>
> *Wenn beispielsweise eine Lebensmittelkette den Wirkstoff X ablehnt, eine andere den Wirkstoff Y und eine dritte den Wirkstoff Z ablehnt. Alle drei deine potenziellen Kunden sind und es nur drei Wirkstoffe gegen Läuse gibt, bleibt dem Betrieb nur die Möglichkeit, sich anzupassen, indem er zockt."*

Das EU-Einfuhrrecht ermöglicht den freien Warenverkehr von Gemüse innerhalb der EU ohne Zölle oder Grenzkontrollen. Dabei müssen Produzenten EU-weit geltende Standards für Lebensmittelsicherheit, Hygiene und Rückverfolgbarkeit erfüllen. Diese sind durch EU-Verordnungen verbindlich geregelt.

Zusätzlich stellen deutsche Lebensmitteleinzelhändler (LEH) oft strengere Anforderungen, beispielsweise eigene Rückstandshöchstwerte, die unter den EU-Grenzen liegen, spezifische Zertifizierungen sowie detaillierte Dokumentationspflichten. Für Produzenten bedeutet das: Rechtlich genügt die EU-Norm, doch wer an deutsche Handelsketten liefern möchte, muss in der Regel höhere private Standards erfüllen.

„Wie genau findet der Verkauf an den LEH statt?" Carsten erklärt es uns:

> *„Wir legen dann direkt die Wochenpreise mit ihnen fest. Das Risiko tragen wir. Bei Obst und Gemüse bekommen die Betriebe einen Regalplatz. Das bedeutet, dass die*

Gemüseproduzenten im Vorfeld abschätzen müssen, welche der fünf Lebensmittelhandelsketten die Ware abnimmt, denn diese bestellen keine fixe Menge.

„Die nächsten fünf Jahre werden richtig hart, aber danach, glaube ich, wird es besser."

Wenn ein landwirtschaftlicher Betrieb zum Beispiel einen Regalplatz bei einer bekannten Supermarktkette bekommt, dann bedeutet das, dass er von Woche 15 bis Woche 42 Cocktailtomaten produzieren muss. Wenn diese nicht da sind, muss der Betrieb diese zukaufen, um die Zusammenarbeit mit der Lebensmittelkette nicht zu verlieren. Sie haben ja eine Zusage gegeben."

Wir wollen wissen, wie sich die ändernde politische Lage auf Carstens Betrieb auswirkt. Carsten:

„Unser Problem in Deutschland ist, dass die EU den Grundstein legt, und wir übernehmen das. Nehmen wir zum Beispiel das Energieeffizienzgesetz, das seit dem 1. Januar 2024 in Kraft ist. Bis Juni 2025 müssen die Betriebe, die über 7,5 Giga-Watt-Stunden Energie verbrauchen, ISO 50001 zertifiziert sein. Das betrifft jeden Gartenbetrieb ab einer Größe von drei Hektar. Also wir mit allen Standorten.

Das kostet pro Standort 20 000 Euro für das Ingenieurbüro und 15 000 bis 20 000 Euro für die Zertifizierung, also die Auditierung danach. Dabei wird geprüft, ob das Ingenieurbüro alles richtig gemacht hat. Am Ende steht eine Zahl.

Wir haben ja Gewächshäuser und keine isolierten Gebäude. Das heißt, im nächsten Jahr bei drei Tagen mehr Schnee haben wir einen höheren Energieverbrauch. Oder drei Tage mehr Sonne, dann ist der Energieverbrauch deutlich geringer. Und dann legen wir das auf äquivalente Produkte um.

Wenn du also große Rispentomaten mit vielen Kilos bei derselben Energie erzeugst, bist du super. Aber wenn du ein Jahr später mit Cherrytomaten nur die Hälfte der Produktion erreichst oder sogar noch weniger, dann bist du durchgefallen."

„Wie siehst du die Zukunft des Gemüseanbaus in Deutschland?"

Carsten:

„Die nächsten fünf Jahre werden richtig hart, aber danach, glaube ich, wird es besser. Ich glaube, in den nächsten fünf Jahren werden viele Kollegen aufgeben. Andere Betriebe werden dann einfach größer. Es hat meistens einen Grund, dass an einem kleinen Standort kein Geld verdient wird.

Das ist unser Dilemma, weil auf zwei oder drei Hektar wird einfach nicht genug Umsatz gemacht, um sich ein Gehalt zu zahlen. Unsere Gärtner verdienen 65 000 bis 75 000 Euro im Jahr. Wenn du einen kleinen Betrieb hast und so einen Top-Angestellten willst, ist das irgendwo schwierig. Dafür können die Leute aber auch etwas, sie sind ihr Geld auch wert."

„Und wie sieht die nahe Zukunft des Gemüses selber aus?“ Carsten neigt den Kopf:

„Ich bin der felsenfesten Überzeugung, dass wir dieses Jahr kein läusefreies Salatjahr hinbekommen. Das wird nicht funktionieren. Dafür gibt es jetzt schon zu wenige Wirkstoffe. Die Leute müssen sich darauf einstellen, dass Tierchen im Essen herumlaufen. Ja, das wollen sie doch auch. Es geht nicht anders. Sie kriegen das nicht mehr sauber.

Hier ist ein gutes Resistenzmanagement wichtig. Das heißt, wir müssen ausreichend Wirkstoffe zur Verfügung haben, damit sich die Schädlinge, wie die Laus, nicht an das Mittel gewöhnen können. Das bedeutet, dass wir nur dann wenig Pflanzenschutzmittel einsetzen, wenn wir genügend davon auf dem Markt haben. Nur so können wir sicherstellen, dass die Wirksamkeit erhalten bleibt und die Schädlinge nicht resistent werden.

Wir haben in den letzten Jahren vor allem im Gewächshausbereich viel investiert. Dort besteht ein großes Interesse daran, mehr in Nützlinge zu investieren. Wir scouten ständig, um herauszufinden, wo welche Nützlinge vorhanden sind, und bringen sie dann gezielt von einem Gewächshaus ins andere. So können wir die natürlichen Feinde der Schädlinge fördern und den Einsatz von chemischen Mitteln reduzieren.“

Resistenzmanagement im Gemüsebau umfasst Strategien und Maßnahmen, die darauf abzielen, die Entwicklung von Resistenzen bei Schädlingen (z. B. Insekten), Krankheiten (z. B. Bakterien) oder unerwünschten Pflanzen gegen die verwendeten Pflanzenschutzmittel zu verhindern oder hinauszuzögern. Das Hauptziel besteht darin, die Wirksamkeit der eingesetzten Mittel über einen längeren Zeitraum zu sichern und gleichzeitig Ernteverluste zu reduzieren.

Carsten fügt zum Schluss noch hinzu:

„Allein die Vielfalt in der Gemüseabteilung, die man sieht, die aus Deutschland kommt, ist ja schon gigantisch. Und dann hat jede einzelne Pflanze andere Ansprüche an Lage, Sonne, Wasser, Nährstoffe und Verweildauer. Hinzu kommt die Anfälligkeit gegen Schädlinge und Pilze.

Das sind so viele Aspekte, die da reinspielen. Die kannst du gar nicht in einem einfachen Stammtischgespräch übermitteln. So kannst du auch keinem erklären, welche Problematiken es in der Landwirtschaft gibt, die politisch herbeigeführt wurden. Auch vielleicht gesellschaftlich herbeigeführt wurden und die Politik nur der böse Umsetzer des Wunsches der Gesellschaft ist.

Vereinfacht ausgedrückt. Das Thema ‚Landwirtschaft‘ ist sehr komplex.“

Wissensblock Tomate

Je nachdem, ob man sie aus botanischer oder kulinarischer Sicht betrachtet, sind Tomaten sowohl Gemüse als auch Obst. Botanisch gesehen sind Tomaten Früchte, da sie aus der Blüte der Tomatenpflanze entstehen und Samen enthalten. In der Küche werden sie jedoch häufig als Gemüse verwendet, da sie in salzigen Gerichten eingesetzt werden und nicht süß sind.

Die Tomate ist eine der beliebtesten Gemüsesorten der Welt und macht fast 20 % der gesamten Gemüseproduktion aus. Die meisten werden frisch verzehrt, aber fast ein Viertel der Produktion geht in die Verarbeitung, z. B. zu Säften, Konserven, Püree, Soßen und Ketchup. Jeder Deutsche verzehrt mehr als 30 kg Tomaten pro Jahr, das sind 27 % des gesamten Gemüseverbrauchs (1).

Allerdings ist der Selbstversorgungsgrad bei Tomaten mit weniger als 4 % eher gering (2). Deutschland ist daher auf den Import von Tomaten aus dem Ausland angewiesen. Die meisten Tomaten kommen aus dem Nachbarland Niederlande.

Insgesamt gibt es 3800 anerkannte Tomatensorten, wobei Experten davon ausgehen, dass es weltweit über 10 000 verschiedene Tomatensorten gibt (3).

Das Ursprungsgebiet der Tomate ist Mittel- und Südamerika, wobei Wildformen von Nordchile bis Venezuela verbreitet und beheimatet sind (4). Schon bald nach der Eroberung Mittel- und Südamerikas gelangten die ersten Tomatenpflanzen nach Europa. Die ersten europäischen Beschreibungen der Pflanze stammen aus der ersten Hälfte des 16. Jahrhunderts, vor allem aus Italien.

(1) – BLE (2023): Gemüseverbrauch: 27 % sind Tomaten. *https://www.ble.de/SharedDocs/Pressemitteilungen/DE/2023/230614_Tomaten.html*, letzter Zugriff am 18. 07. 2025

(2) – Statista (2025): Importmenge von Tomaten in Deutschland bis 2024. *https://de.statista.com/statistik/daten/studie/1130269/umfrage/importe-von-tomatenmenge-nach-deutschland-seit-2008*, letzter Zugriff am 18. 07. 2025

(3) – Gerzberg, A., Hnatuszko-Konka, K., Kowalcyk, T., Kononowicz, A. K. (2014): Tomato (Solanum lycopersicum L.) in the service of biotechnology. Plant Cell, Tissue and Organ Culture (PCTOC), Volume 120, pp. 881 – 902

(4) – Körber-Gröhne, U. (1997): Nutzpflanzen in Deutschland. Kulturgeschichte und Biologie. Konrad Theiss Verlag, Darmstadt

---

Scannen Sie den QR-Code mit Ihrer Smartphone-Kamera oder einer QR-App und Sie gelangen direkt zum Filmclip über diesen Betrieb.

12 Als Betriebsleiter sind wir Generalisten

Gurkenbetrieb in Niedersachsen

Das Wetter ist heute durchwachsen, mal blinzelt die Sonne durch die Wolken, dann legt sich wieder ein grauer Schleier über alles. Die Luft ist feucht und ein leichter Dunst liegt über dem Gelände. Während wir über den geräumigen Parkplatz fahren, sehen wir einen großen Schuppen voller Fahrräder. Sie stehen ordentlich nebeneinander, als würden sie auf ihren nächsten Einsatz warten. Dennoch sehen wir keinen einzigen Menschen. Es wirkt fast wie verlassen. Wir schauen uns um und unser Blick fällt auf ein großes Gewächshaus. Es erstreckt sich über mehrere hundert Meter und besteht aus transparenten Fenstern und einem stabilen Metallgerüst. Eine fast schon futuristische Erscheinung.

Nach einem Moment kommt ein junger Mann zielstrebig auf uns zu und grinst uns an. Marcel wird uns heute seinen Betrieb zeigen.

Marcel arbeitet mit Klimacomputer und modernster Technik, aber die Handarbeit bleibt

Marcel lebt im nördlichen Emsland mit seiner Frau Silke und seinen zwei Kindern. Er betreibt seinen gartenbaulichen Betrieb, der Gurken in der siebten Generation produziert. Dabei kommt Marcel nicht direkt aus dem Gartenbau, sondern er ist als Schwiegersohn in den Betrieb eingestiegen. Seitdem wird der Betrieb zusammen bewirtschaftet. Salatgurken werden von der ersten Februarwoche bis Oktober, manchmal auch bis Anfang November auf dem Betrieb produziert und vermarktet.

Mit seiner Familie, bestehend aus seiner Frau Silke und seinen Schwiegereltern, ist Marcel für ein modernes Gewächshaus verantwortlich, das als Mischung aus Hightech-Raum, nachhaltigem Energieprojekt und Verarbeitungshalle für Pflanzen dient. Alles ist auf maximale Kontrolle, Effizienz und Qualität ausgerichtet. Das bedeutet, dass oft rund um die Uhr fast das ganze Jahr über alles bis ins Kleinste gemanagt werden muss.

Wir möchten wissen, wie die Arbeit im Gewächshaus aussieht. Derzeit stehen dort Gurkenpflanzen. **„Wie lange im Jahr produziert ihr Gurken?"** Marcel erklärt:

„Wir produzieren von der ersten Februarwoche bis Oktober, manchmal auch Anfang November. Das hängt immer davon ab, was die Gurkenpreise machen und wie viel wir heizen müssen. Danach machen wir in der Regel das Gewächshaus einmal komplett leer und bereiten es für das nächste Jahr vor. Bis Weihnachten machen wir das Gewächshaus also sauber.

Zwischen Weihnachten und Neujahr ist eigentlich bis zur ersten Januarwoche ohnehin Betriebsurlaub. Wir haben also auch mal die Möglichkeit, für zwei Wochen nichts zu haben. Im Januar gehts dann wieder los oder Überstunden werden abgefeiert. Meist nutzen wir diese Stillstandszeiten für Umbauten."

Auf dem Weg zum Gewächshaus zeigt Marcel auf ein großes, rundes Gefäß, das uns bereits bei unserer Ankunft aufgefallen ist:

„Das ist praktisch eine große Thermoskanne. Darin speichern wir warmes Wasser zwischen, ein Pufferspeicher. Damit können wir tagsüber Wärme produzieren, die wir

nachts verbrauchen. Das ist Heizungswasser, das im Optimalfall nur einmal gefüllt wird. Es muss eine bestimmte Wasserqualität haben, also enthärtetes Wasser mit einem bestimmten pH-Wert. Der Wärmekessel erwärmt das Wasser, das sich im Tank schichtet, da warmes Wasser nach oben steigt. Nach Bedarf ziehen wir die Wärme aus dem Tank.“

Zielstrebig gehen wir Richtung Gewächshaus. Das ist kein Vergleich mit unserem kleinen Gewächshaus für den privaten Anbau. Während wir laufen, erklärt Marcel uns die Struktur des eigenen Betriebs:

„Bei uns ist es so aufgebaut. In Holland nennt man das Kleeblattstruktur. Die Produktion, also die Gewächshäuser sind wie ein Kleeblatt angeordnet. In der Mitte befindet sich die Energieanlieferung, teilweise auch der Energieabtransport sowie die An- und Ablieferung von zum Beispiel Gurkenbedarf, alles, was wir so brauchen.

Insgesamt haben wir zwei Gewächshäuser. Eines davon gehört meinen Schwiegereltern. Das andere gehört uns. Direkte Konkurrenz, im positiven Sinne.“

Marcels Schwiegereltern bewirtschaften das alte Gewächshaus, das vor neunzehn Jahren umgesiedelt wurde. Marcel hingegen bewirtschaftet mit Silke ein neu gebautes Gewächshaus, das nun genau vor uns steht. Kurz davor biegt Marcel jedoch ab und führt uns in einen anderen Raum. Hier sehen wir nicht, wie erhofft, Gurken, sondern sehr viel Technik.

Sichtlich begeistert erklärt uns Marcel:

„Diese Halle ist noch nicht alt, die haben wir erst letztes Jahr gebaut. Beim Gärtner geht es irgendwie immer um Energie. Das ist so ein bisschen wie eine Baustelle im Krankenhaus, die ist halt nie fertig."

Stolz zeigt Marcel auf eine große, industriell wirkende Anlage, die technisch komplex, aber klar strukturiert aussieht:

„Das ist das erste Konzept von Gasmotoren in dieser Art, bei dem man einen deutlich größeren Motor hat. Wir haben einen Klimacomputer, der über eine Busschnittstelle mit dem Gassender (Blockheizkraftwerk BHKW) *kommuniziert. Die beiden sprechen also miteinander. Der eine sagt dann zum anderen: Okay, ich hätte Lust, Strom zu produzieren, weil die Strommarktdaten gerade gut sind. Der Klimacomputer erzählt ihm dann, dass er zu einem bestimmten Zeitpunkt Wärme benötigt.*

Das funktioniert mithilfe einer Software, die mit künstlicher Intelligenz arbeitet. Die guckt, wie viel Energie ich gestern gebraucht habe, und schätzt, wie viel ich morgen ungefähr brauchen werde, auch anhand der Wetterdaten.

Zusätzlich wird geprüft, wie voll der Pufferspeicher ist und wie viel Wärme noch eingespeichert werden kann. Diese Wärme brauchen wir zu 100 %. Zusätzlich generieren wir aus dem Motor auch noch Umweltwärme über die Abgaswärmetauscher. Außerdem produzieren wir unseren Strom fast zu 100 % mit Photovoltaik.

Letzten Endes haben wir nach den fossilen Jahren die Herausforderung, die Zukunft zu 100 % erneuerbar zu gestalten. Einfach auch aus der Eigenverantwortung heraus. Wir haben schließlich auch Kinder und sind vom Wetter abhängig."

„Ist das Konzept für euch auch eine zusätzliche Einnahmequelle?"

Marcel schüttelt den Kopf:

„Ne, wir haben viel hin und her überlegt, wie man das macht. Aber am Ende sind wir beim Prinzip ‚Schuster bleib bei deinen Leisten' gelandet, damit ich mich auf meine Gurken konzentrieren kann.

Bei Gewächshäusern ist das ähnlich wie bei den Nutztieren. Man muss voll fokussiert sein und auch aufpassen, dass nichts passiert. Wir müssen Indikatoren erheben, gucken, wie was läuft, Prozesse kontrollieren und so weiter. Um es platt zu sagen: Wenn die Gurken den Kopf hängen lassen, dann brauchen wir auch keine Wärme mehr.

Deswegen müssen wir zusehen, dass es den Gurken gut geht, dann funktioniert das auch. Deshalb haben wir den Betrieb mit den BHKWs ausgelagert. Eine externe Firma kümmert sich also um die Energie, die wir nicht benötigen."

„Seit ich denken kann, bin ich in oder um die Landwirtschaft tätig."

„Energie spielt anscheinend eine große Rolle in eurem Betrieb. Ist der Energieverbrauch in Deutschland eine Herausforderung?“ Marcel vergleicht:

„Früher konnten die Niederländer tatsächlich deutlich günstiger produzieren, weil Energie einer der größten Kostenfaktoren ist. In Holland gibt es viel Gartenbau und die haben politisch ein entsprechendes Standing. Sie konnten dort Dinge durchsetzen, weil sie volkswirtschaftlich bedeutend waren.

Durch die Corona-Krise und die Diskussion zur Ernährungssicherung ist unsere volkswirtschaftliche Bedeutung ein bisschen größer geworden. Ich hatte aber das Gefühl, dass dieser Effekt nur von kurzer Dauer war.

So ist es halt, dass sie in der Vergangenheit immer Steuererleichterungen beim Thema Energie bekommen haben und wir nicht. Zurzeit sind wir lohntechnisch aber eigentlich ziemlich vergleichbar.“

„Wie bist du dazu gekommen, in der Landwirtschaft zu arbeiten?“

Marcel:

„Seit ich denken kann, bin ich in oder um die Landwirtschaft tätig. Ja, die Begeisterung ist bis heute geblieben. Angefangen hat alles auf dem Betrieb meines Opas. Er hatte einen kleinen Betrieb mit Ackerbau und Schweinen. Als Kind war ich dort immer unterwegs und mit dabei. Ich fand das immer mega, auch zusammen mit meinem Onkel. Für mich war es immer das Tollste, zu arbeiten und dabei Spaß zu haben. Hätte ich das nicht kennengelernt oder wäre ich nicht so aufgewachsen, würde ich das hier nicht machen.

Ich bin damals in den Sommerferien morgens um 5 Uhr sozusagen ausgebrochen. Meine Eltern meinten, ich sollte nicht so früh losfahren. Ich bin trotzdem aufs Fahrrad gestiegen und zu meinem Opa gefahren. Ich habe Sachen vorbereitet und er ist dann gegen 7 Uhr aufgestanden. Dann hatte ich das Erste schon fertig und es ging weiter.

Wenn die Arbeit wertgeschätzt wird, dann macht man das auch gerne. Wenn man sieht, dass man etwas gut kann und damit etwas erreicht, dann ist das Selbsterfüllung.

Dementsprechend habe ich als Kind dort immer mitgeholfen und die Grundlagen der Landwirtschaft gelernt, vor allem das Zuarbeiten. Ich fand es als Kind toll, dass man auf einem Hof groß wird. Ich habe gesehen, wie erfüllend es ist, dass man etwas tun kann, was man gerne macht. Und das ist halt irgendwie schön.

Irgendwann bin ich nach einem Tag mit meinem Opa zufrieden und müde auf dem Drescher mit dem Kopf an der Scheibe eingeschlafen. Da dachte ich: Landwirt, das muss ich werden. Daran habe ich lange festgehalten. So kam es, dass ich Landwirtschaft gelernt und studiert habe und Landwirt geworden bin.“

„Ich habe den Wandel und den Fortschritt in der Landwirtschaft verfolgt und war immer begeistert dabei.“

Spannend folgen wir den Erzählungen von Marcel. **„Wie unterscheidet sich dein kindlicher Blick auf die Landwirtschaft von der heutigen Realität? Ist das, was du dir vorgestellt hast, in Erfüllung gegangen?“**

Marcel:

> *„Ich bin schon zufrieden. Also, meine Erwartungshaltung kann ich decken. Das, was ich mache, mache ich gerne.*
>
> *Schon als Kind habe ich gesehen, wie die Landwirtschaft irgendwie immer im Wandel war. Mein Opa hatte damals einen Siedlerbetrieb. Die haben mit ihrem Pferd angefangen und hatten später einen kleinen 15er Deutz. Mit der Zeit kamen irgendwann modernere Maschinen. Ich habe gesehen, wie die Maschinen immer größer wurden. Ich habe den Wandel und den Fortschritt in der Landwirtschaft verfolgt und war immer begeistert dabei.*
>
> *Als Kind fand ich das toll, vor allem weil es eine niedrige Einstiegsschwelle gab. Das, was ich immer tun wollte, war selbstständig sein, einen Betrieb haben und Sachen selber voranbringen. Ich weiß nicht, ob man als Kind schon so denkt, aber selbst Arbeitsprozesse voranbringen und einen Betrieb weiterentwickeln, das ist toll.*
>
> *Vielleicht hatte ich aber auch einen kleinen Vorteil. Mein Vater ist Berufsschullehrer und hat keinen Hof zu Hause. So war ich gezwungen bzw. habe aus eigenem Antrieb auf anderen Betrieben gearbeitet. Bei meinem Opa habe ich als Kind immer viel geholfen. Dort habe ich das Übliche gelernt.*
>
> *Später bin ich dann zu meinem Onkel gegangen. Er hatte Sauen im geschlossenen System* (Sauen, Ferkel und Schweinemast in einem Betrieb) *und baute später Hähnchenställe und eine Biogasanlage. Also, der klassische emsländische Weg.*
>
> *Dort gab es aber nicht übertrieben viel zu tun. So habe ich nebenbei noch bei einem anderen Bekannten gearbeitet, der ebenfalls Sauen hatte. Am Wochenende habe ich dann noch in einem weiteren Betrieb mit Sauen geholfen. So habe ich mir immer wieder neue Betriebe gesucht.*
>
> *Irgendwann habe ich meine landwirtschaftliche Ausbildung in den Bereichen Schweinemast im geschlossenen System, Bullenmast und Legehennen abgeschlossen. Demnach habe ich immer bei sehr vielen unterschiedlichen Betrieben gearbeitet.*
>
> *Das Gute dabei ist, dass ich so sehr viele verschiedene Charaktere kennengelernt habe. Das Besondere an der Landwirtschaft ist ja, zumindest so, wie wir sie zurzeit noch kennen, dass hinter den meisten Betrieben Familien und Menschen stehen. Jeder ist anders und so weiß man irgendwann, die Menschen in der Landwirtschaft zu nehmen, und bekommt einen gewissen Blick auf diese Welt.“*

Wir sind erstaunt, wie vielfältig die Landwirtschaft ist, und möchten gerne wissen, wie es zur Spezialisierung gekommen ist. **„Wie bist du dazu gekommen, ausschließlich Salatgurken zu produzieren?“**

Marcel überlegt nicht lange und lacht:

„An den Gartenbau bin ich durch meine Frau Silke gekommen. Ich will nicht sagen durch Zufall, Ich habe mich schon bewusst entschieden, also nicht für die Gurke, sondern für Silke. Ich bin schon lange mit Silke zusammen, also im Verhältnis zu meinem Lebensalter. Seit wir 17 sind, sind Silke und ich zusammen, also seit dreizehn Jahren.

Bevor wir die Entscheidung gefasst haben, dass wir den Betrieb weiterführen, konnten wir uns das über mehrere Jahre mit Abstand angucken. Wir hatten beide durch unser Studium die Möglichkeit, auch andere Wege einzuschlagen. Silke hat zum Beispiel in Wageningen Pflanzenwissenschaften studiert und in Göttingen Züchtung.

Vielleicht wären die beruflichen Wege auch weiter weggegangen. Vielleicht zu größeren Unternehmen oder globaler. Aber wir haben gesagt, da sehen wir uns irgendwie nicht. Und so haben wir eigentlich mit dem, was wir an Erwartung hatten, eine ganz gute Deckung gefunden. Wir konnten die Entscheidung bewusst treffen und wussten, worauf wir uns eingelassen haben. Wir wurden nicht durch familiäre Zwänge oder Konventionen in etwas reingezwängt. Es war nicht so, dass wir das weitermachen mussten. Meine Schwiegereltern haben ganz klar gesagt: ‚Ihr müsst das nicht weitermachen. Eine Alternative ist auch, den Betrieb zu verkaufen.'

Doch wir haben dafür eine Zukunft gesehen. Wir haben die Möglichkeit gesehen, ein eigenes Leben aufzubauen und ein Familienmodell zu etablieren, was wir beide für tragbar halten und worin wir beide eine Zukunft sehen.

Für den Gartenbau wird viel Spezialwissen benötigt. Das Wissen bringt mein Schwiegervater mit. Davon können wir viel lernen, vor allem, was Kulturführung, Klima und Arbeitsabläufe angeht. Aber auch das Wissen zur Vermarktung und dem Energiemanagement. Alles, was dazugehört, wie auch das Verwalten und Managen von Ressourcen. Wie und wann macht man was. Im Prinzip das grundlegende Handwerkzeug. So sind wir beide zum Gartenbau gekommen und produzieren bis heute Salatgurken."

Verstopfte Kanäle und rasante Digitalisierung

Der Betrieb wird mittlerweile in der siebten Generation geführt und wir fragen: **„Hatte der Betrieb immer schon Gurken oder wie hat sich der Betrieb entwickelt?"**

Marcel:

„Der Betrieb stammt ursprünglich aus Den Haag. Dort lebten die Vorfahren meiner Frau. Nach der Machtergreifung der NSDAP kam es jedoch zu dem Problem, dass damals der Betrieb, wie viele andere auch, komplett auf den Export von holländischem Gemüse nach Deutschland ausgelegt war. Früher wurde das Gemüse in Holland fast ausschließlich über den Handel verkauft. Das war vor allem der Tageshandel, bei dem die Ware mit kleinen Kränen transportiert und anschließend auf den Kanälen versteigert wurde. Doch dann schloss Hitler die Grenzen und somit den deutschen Markt, nach dem Motto „Deutsches Gemüse First", wodurch der größte Exportmarkt zusammenbrach. Dadurch waren so gut wie alle im Gartenbau in Holland arbeitslos.

Daraufhin wurde beschlossen, holländisches Gemüse in Deutschland zu produzieren. Andere sind nach England oder Kanada gegangen. So kamen sie mit Booten ins Emsland und bauten hier die Gewächshäuser wieder auf. Die haben alles mit Booten hierhergebracht. Dazu gibt es auch einen Zeitungsartikel von damals. Darin steht, dass ein holländischer Gärtner die Kanäle verstopft wegen der Anlieferung von Gewächshausmaterial. Ursprünglich hatten sie überlegt, den Betrieb in den Speckgürtel von Berlin zu holen, aber dann sind sie doch wegen der Kanalanbindung im nördlichen Emsland hängen geblieben.

Später haben sich über das Siedlungsprogramm mehrere Gartenbaugebiete etabliert. Früher hatten wir eher einen Gemischtwarenladen. Es wurden viele Sorten an Gemüse verkauft. Seit 1995/96 bauen wir eigentlich nur noch Salatgurken an.

Die Spezialisierung bringt Expertenwissen mit sich. Die Professionalität, die wir mitbringen, ist am Markt auch notwendig. Früher haben sie auf unserem Betrieb nur im Freiland angebaut. Dann kam irgendwann der Bedarf oder das Bedürfnis, Gemüse zu Zeiten zu produzieren, die eigentlich für die damaligen Verhältnisse etwas untypisch waren. Man wollte also etwas früher und noch etwas später Gemüse produzieren. So hat sich der Markt entwickelt.

Früher wuchsen Gurken auf dem Boden, ähnlich wie beim Kürbis. Dann hat man angefangen, Glasscheiben über die Beete zu stellen, um ein Mikroklima zu schaffen. Um die Möglichkeit zu haben, auch zu anderen Zeiten im Jahr zu produzieren und unabhängiger von der Umwelt zu werden. Dann hat man sich überlegt, warum stehen die eigentlich auf dem Boden? Dann muss man sich ja immer bücken. Also hat man einen Ständer darunter gestellt.

So entstanden die klassischen Gewächshäuser. Mit dem Blick darauf, wie mache ich das möglichst effizient und effektiv. So kam es eben zu dieser Methode mit dem Draht, bei der die Pflanzen nach oben wachsen und man sie im Idealfall auf Arbeitshöhe erntet.

Auch wir haben angefangen so zu arbeiten, um einfach wirtschaftlich besser dazustehen.

„Früher hatten wir eher einen Gemischtwarenladen. Es wurden viele Sorten an Gemüse verkauft."

In unseren Gewächshäusern erfassen wir genau, wie viel Wasser geht wohin, wie viel Energie brauchen wir und wie lüften wir. Auf das Lüften ist eigentlich der große Fokus im Gewächshaus. Dazu haben wir einen Klimacomputer.

Wir wissen genau, wie viel wir ernten können, wie viele Arbeitsstunden notwendig sind. Unsere größten Stellschrauben sind Temperatur und Luftfeuchtigkeit.

Das hängt immer vom Stadium der Kulturpflanze ab. Wenn das passt, haben wir ein stabiles und gleichmäßiges Gurkenwachstum. Wir achten darauf, dass die Pflanzen nachhaltig Gurken bringen, am Anfang nicht zu schnell wachsen und sich verausgaben, sondern gleichmäßig und stabil neue Ranken und Früchte bilden.

So können wir gleichmäßig Gurken produzieren. Das Umfeld der Pflanze stabil zu halten, das ist eigentlich unsere Aufgabe.“

Die Landwirtschaft nutzt bereits vielseitig die Digitalisierung. **„Wie lange gibt es bereits Klimacomputer? Als du angefangen hast und dir ein Bild deiner Aufgaben gemacht hast, gab es das sicherlich nicht, oder?“**

Marcel:

„Doch, es gab Vorläufer der heutigen Klimacomputer. Sie hießen damals anders und kamen von einer großen Firma in Holland. Den ersten Computerregler gab es eigentlich schon in den 80er-Jahren, später in den 90er-Jahren kamen dann weiterentwickelte Computer auf den Markt. Die Computer in den 90er-Jahren waren dann schon ernster zu nehmen.

Gewächshäuser sind eigentlich noch gar nicht so übertrieben alt. Ursprünglich kommen sie, glaube ich, aus England. Anfänglich wurden die Fenster von Hand geöffnet und geschlossen. Bis in die 50er, Anfang der 60er-Jahre hatte man noch dezentrale Kesselhäuser in den Betrieben. Das heißt, man hat die Schwerkraft genutzt und überall im Gewächshaus kleine Kohlekessel verteilt. Die wurden damals von Hand befeuert und eingestellt. Durch die Thermik ist dann die warme Luft durch das Gewächshaus gezogen. Heute haben wir eine zentrale Heizung. Wir haben mehrere Heizquellen, aber der Heizungsverteiler ist zentral.

Ich würde sagen, dass die Entwicklung der Klimacomputer seit den 90er-Jahren, Anfang der 2000er-Jahre, richtig Fahrt aufgenommen hat. In den letzten Jahren stagniert die Entwicklung aber stark.

Wo natürlich weltweit versucht wird, stärker zu skalieren, ist im Bereich der künstlichen Intelligenz und der Cloud. Vor der Entwicklung kann man nicht weglaufen, das ist einfach so. Aber gerade der Cloud-Entwicklung stehen wir auch etwas kritisch gegenüber. Weil letzten Endes wird versucht, mit unseren Daten, also mit den Daten von uns professionellen Bauern, Geld zu verdienen. Das ist einfach das Modell dahinter.

Ich möchte das jetzt nicht alles schlecht darstellen. Aber die Idee ist die, dass ein Anbauer in Russland oder irgendwo auf der Welt, der wenig vom Gartenbau versteht, die Möglichkeit bekommt, Gurken anzubauen. Die Idee ist, dass der Computer guckt, was hat wer wann wo unter welchen Umweltbedingungen gemacht. Daraus wird dann abgeleitet, was am besten gemacht werden kann. Das muss auch nicht immer schlecht sein.

In Wageningen gibt es zum Beispiel einmal im Jahr einen Wettbewerb, bei dem erfahrene Gärtner gegen Informatiker antreten. Diese ITler schauen sich Klimacomputerdaten und Literaturdaten an und oft gewinnen, glaube ich, sogar die ITler.

Wobei das Versuche über kurze Zeiträume sind und so in die Praxis nicht eins zu eins übertragbar ist. Unter Praxisbedingungen spielen, glaube ich, manchmal noch andere Dinge mit rein. Oft hat man in der Kultur bestimmte Stadien, und wenn man in einem dieser Stadien bestimmte Dinge macht, kann es auch schiefgehen.

Ich glaube, dass dieses Know-how und das Fingerspitzengefühl, das ein Gärtner in der Landwirtschaft mitbringt, an manchen Stellen einfach notwendig ist."

„Das hat viel mit Optimierung zu tun. Ist das für dich etwas Gutes, also Positives oder ist das auch etwas, was dich unter Druck setzt? Dass du denkst, ich muss jetzt mithalten, weil der andere schon eine bessere Technik hat?"

Marcel:

„Eine Verbesserung finde ich persönlich erst einmal positiv. Es macht mir Spaß, den Betrieb weiter zu optimieren.

Es gibt einige Gärtnerkollegen, mit denen wir uns vergleichen. Das hat auch etwas mit gegenseitigem Vertrauen zu tun. Denn wenn wir einem Betrieb bestimmte Daten geben, bedeutet das, dass der Betrieb uns auch Daten in entsprechender Qualität gibt. Wenn ich mit meinem Schwiegervater darüber spreche, wie das in der Vergangenheit war, dann hat sich der Gartenbau in der Vergangenheit sehr gut entwickelt, weil man sich eng ausgetauscht hat. Wir haben zum Beispiel eine Rundganggruppe. Da treffen wir uns mit den Betriebsleitern aus Holland aus zwei Anbaugebieten und schauen uns im monatlichen Abstand immer wieder die Betriebe an und gehen die Zahlen durch.

So reflektieren wir unser eigenes Verhalten und passen auf, dass wir nicht betriebsblind werden. Veränderungen sind einfach notwendig."

„Ich glaube, dass dieses Know-how und das Fingerspitzengefühl, das ein Gärtner in der Landwirtschaft mitbringt, an manchen Stellen einfach notwendig ist."

„Es klingt so, als wäre ein guter Austausch mit Freude der Schlüssel zur kontinuierlichen Verbesserung."

Marcel:

„Aber man muss den Austausch auch suchen. Das ist manchmal schon mühsam. Im Gurkenanbau geht das noch ein Stück weit. Aber im Tomaten- und Paprikaanbau ist es so, dass die Strukturen immer größer werden.

Wir sind zwar im Verhältnis auch ein relativ großer Betrieb. Wir sehen das vor allem in Holland, aber auch in Kanada, den USA und England, dass Investoren von außen über Fonds Geld in den Gartenbau werfen, ohne Ahnung davon zu haben. Wir sehen zurzeit bei den Zulieferern, dass Familienbetriebe, die über Jahrzehnte oder teilweise über Jahrhunderte gewachsen sind, ihre Betriebe an Investoren verkaufen. Damit geht die gesamte Unternehmenskultur, das Betriebsklima komplett verloren. Die versuchen, das weltweit zu skalieren oder möglichst kurzfristig viel Marge rauszuholen. Aber das Resi-

liente, das Agile, was man heute in Anbetracht der Rahmenbedingungen braucht, geht meiner Einschätzung nach verloren. Das halte ich persönlich für ein großes Risiko.

In Deutschland passiert das aktuell noch nicht so stark. Aber man hört immer wieder, dass Fonds daran interessiert sind, auch in Deutschland einzusteigen. Das ist für uns als Familienbetrieb erst mal etwas, womit wir uns am Ende auseinandersetzen müssen. Wir sind der Meinung, dass wir ganz gut aufgestellt sind. Aber irgendwie fragt man sich doch, wie das am Ende ausgeht."

Marcel macht ein nachdenkliches Gesicht und erzählt weiter:

„Als Familienbetrieb sind wir allein durch unsere Historie resilient. Wenn wir zum Beispiel eine Frage haben, kann ich meinen Schwiegervater oder den Opa fragen, der den ganzen Tag hier herumläuft. Meistens hat jemand einen Ratschlag. Oder wir rufen Gärtnerkollegen an und fragen, was sie denken. So können wir uns sehr gut selbst reflektieren.

Dadurch, dass wir immer die Konsequenzen unseres eigenen Handelns tragen, sind wir gezwungen, immer wieder aus Problemen zu lernen. In größeren Betriebsstrukturen verschwimmt das ein Stück weit.

Wir sehen immer wieder Zulieferfirmen, die mittlerweile von Investoren getragen werden. Am Ende trägt niemand mehr so richtig die Konsequenzen. Es ist eigentlich ganz egal, wer die Fehler macht. Es werden einfach Fehler gemacht, immer wieder. Dann frage ich mich: Wie kann das sein? Ihr habt das Ding eigentlich erfunden und vor 50 Jahren habt ihr schon erkannt, dass man das so nicht machen muss, und dann macht ihr diesen Fehler wieder. Wir sehen das in sehr vielen Bereichen.

Die Experten, die früher aus Erfahrung gelernt haben, die gehen überall in den Ruhestand und sind für den Betrieb verloren. Das ist eine Entwicklung, die meiner Meinung nach sehr schlecht ist."

„Je größer der Betrieb ist, desto schwieriger ist wahrscheinlich die Suche nach Fehlern? Wie können wir uns das vorstellen? Je größer und unüberschaubarer der Betrieb ist, desto anonymer arbeitet man wahrscheinlich, oder?"

Marcel:

„Als Betriebsleiter sind wir Generalisten. Wir müssen von allem etwas können. Trotzdem sind wir Spezialisten in bestimmten Bereichen. Gerade die Verknüpfung der einzelnen Bereiche, Personal, Klimaführung, Energie, Pflanzenschutz oder allgemeine Arbeitsabläufe und Fragen der zukünftigen Entwicklung des Betriebes, erfordern eine bestimmte Denkweise.

Was wir auch immer wieder feststellen ist, dass es schwierig ist, Personen zu finden, die das Arbeitspensum so erfüllen wie wir als Betriebsleiter. Wenn es nicht mehr der eigene Betrieb ist, dann geht das Interesse ein Stück weit verloren. Das ist auch irgendwie nachvollziehbar. Es ist schwierig, im Angestelltenverhältnis über einen längeren Zeitraum, gerade in den Sommermonaten, so ein hohes Arbeitspensum durchzuhalten, weil einfach familiäre Verpflichtungen oder andere Dinge dem entgegenstehen.

> *Bei größeren Betrieben wird die Betriebsstruktur dann einfach so vielgliedrig, dass irgendwie das letzte bisschen Effizienz verloren geht. Wir sind aber einfach immer da. Das ist der Unterschied zu den Großen."*

„Als Betriebsleiter sind wir Generalisten. Wir müssen von allem etwas können. Trotzdem sind wir Spezialisten in bestimmten Bereichen."

Die Gurke auf dem Markt

Wir betreten den Sortierraum, welcher mit einem Rolltor vom Gewächshaus getrennt ist, und sehen viele fleißige Mitarbeitende an einer Sortiermaschine. Plötzlich kommt ein kleines Fahrzeug in den Raum gefahren und hinten hängen scheinbar endlos viele Wagen dran. Auf den zahlreichen Wagen stehen Kisten mit wunderschönen, frischen Gurken. Wir beobachten, wie Gurken über eine Maschine sortiert und in kleinere Kisten verpackt werden. Mit fachmännischem Blick betrachtet Marcel das Laufband der Maschine und gibt eine kleine Anweisung, dass das Band etwas langsamer laufen muss.

„Wie viele Menschen arbeiten in dem Betrieb und wie viele Gurken kommen da am Ende raus?"

Marcel:

> *„Über die Menge der Gurken sind wir ein bisschen zurückhaltend. Im Schnitt haben wir ungefähr 45 Festangestellte, wobei wir im Sommer das Personal etwas aufstocken. Aber die Hälfte oder sogar drei Viertel der Mitarbeiter arbeiten Teilzeit. Wir beschäftigen viele Frauen hier aus dem Ort. Die haben oft Familie und möchten nur bis 13 Uhr arbeiten. Das passt von unserer Arbeitsstruktur ganz gut.*
>
> *Im Sommer ist es ein bisschen warm im Gewächshaus. So haben wir ein Arbeitsmodell gefunden, das für alle gut passt. Durch die Teilzeit haben wir auch die Möglichkeit, im Sommer mehr Stunden zu machen und im Winter diese Stunden wieder abzubauen."*

Wir gehen weiter und gelangen in das Gewächshaus. Hier ist es warm, sodass wir unsere Jacken ausziehen müssen. Nach einer kurzen Akklimatisierungsphase ist das Klima jedoch recht angenehm. Das Licht scheint von oben durch das Glas, obwohl es draußen heute sehr bedeckt ist. Die Gurkenpflanzen wirken wie ein sattgrüner Dschungel, der in die Höhe wächst. Sie stehen in langen, endlos wirkenden Reihen. Die meterhohen Pflanzen sind an senkrechten Leinen befestigt. Daran ranken sich die Gurkenpflanzen mit ihren kräftigen, dunkelgrünen Stängeln und großen, herzförmigen Blättern spiralförmig nach oben. Die Blätter wirken wie kleine Sonnensegel, wodurch ein dichtes, schattiges Blätterdach entsteht. Zwischen den Blättern leuchten gelbe, zarte Blüten hervor, aus denen sich später die Gurken entwickeln. Die Früchte selbst hängen in verschiedenen Größen an den Ranken: Einige sind noch klein, andere schon lang, glatt und tiefgrün. Sie baumeln wie schwere Tropfen im Blattwerk und sind bereit zur Ernte.

Die Gurke wächst nicht mehr am Boden und auch nicht mehr in der Erde. **„Wodrauf wachsen eure Gurken?“** Marcel blickt auf die weißen Säcke, aus denen die Gurkenpflanzen emporkommen:

> *„Wir bauen unsere Gurken auf Substrat an. Boden würde mit der Zeit bodenmüde werden. Man hat eine sehr gute Wasserverfügbarkeit und Wasserhaltefähigkeit im Substrat. Dieses hat den Vorteil, dass wir sehr gezielt steuern können und der Pflanze sehr passgenau Nährstoffe zuführen. Wir wissen sehr genau, was wir der Pflanze in Abhängigkeit vom Kulturstadium wann zur Verfügung stellen müssen.*
>
> *Wenn die Pflanze jünger ist, braucht sie im Verhältnis zur älteren Pflanze einfach eine höhere Nährstoffkonzentration, weil sie sich entwickeln muss. Sie muss Trockensubstanz und Masse aufbauen, damit sie stehen bleiben kann und sie frische Blätter hat. Aber auch, damit sie eine gute Generativität hat und anfängt, Früchte auszubilden.*
>
> *Und da muss man irgendwie immer am Ball bleiben, auch in Abhängigkeit vom Wetter. Wenn es wärmer ist, brauchen die Pflanzen zum Beispiel im Verhältnis weniger Dünger. Das liegt daran, dass sie etwas mehr Wasser aufnehmen, um es zu verdampfen und sich selbst abzukühlen. Diese Prozesse, da muss man dann irgendwie immer mitdenken.“*

„Wie vermarktet ihr heute eure Gurken?“

Marcel:

> *„Wir sind Mitglied einer Genossenschaft und haben somit Anteile daran. Die Genossenschaft vermarktet die Produkte für uns. Das liegt daran, dass der Kunde, in diesem Fall der Lebensmitteleinzelhandel oder der Discounter, gleichzeitig einen Blumenstrauß an Produkten nachfragt. Der will nicht nur Gurken, sondern auch Paprika, Tomaten, Schnittlauch, Kräuter, manchmal auch Blumen oder andere Dinge.*
>
> *Durch die Spezialisierung der Betriebe ist es schwierig, allein an die Kunden heranzutreten und vor allem eine gleichmäßige Versorgung bereitzustellen. Daher macht es Sinn, sich in einer Genossenschaft zusammenzuschließen und das mit guter Verfügbarkeit, aber auch wegen der Mengen.*
>
> *Das ist eigentlich das etablierte Vermarktungsmodell für Gemüse in Deutschland. Die Betriebe vermarkten oft ihre Produkte über Genossenschaften, die sie wiederum an den Lebensmitteleinzelhandel oder den Discounter verkaufen.*
>
> *Früher haben wir Schnittblumen direkt verkauft, zum Teil direkt an Blumenläden, zum Teil auf dem Großmarkt in Bremen. Jetzt haben wir keinen Direktverkauf mehr. Uns fehlen im Alltag einfach die Ressourcen dafür. Wenn, dann wäre es auch wichtig, dass wir das mit anderen Produkten kombinieren, was aber irgendwie nicht so wirklich in unseren betrieblichen Ablauf passt.*

Auch ein Stück weit schade, dass das ein bisschen verloren geht. Wir haben sozusagen ein reines B2B-Geschäft. Wir produzieren für den großvolumigen Absatz, was durch unsere Spezialisierung bedingt ist, um im Konkurrenzkampf überleben zu können. Wir brauchen ein bestimmtes Volumen, um damit arbeiten und bestimmte Abläufe darstellen zu können. Und das machen wir.

Wenn man stadtnah liegt, beispielsweise nahe Düsseldorf, Bremen, Hamburg oder Berlin, dann kann man gut direkt an Endkunden verkaufen. Das ist auch tendenziell eher im süddeutschen Raum, also in Bayern oder Baden-Württemberg, der Fall. Dort sieht man auch noch einen höheren Bezug zur regionalen Produktion. Das ist im Norddeutschen, nach unserem Dafürhalten, weniger gefestigt. Das liegt an der Historie. Der nord- und ostdeutsche Raum, zum Teil auch noch in den Westen hinein, kauft eher preisbewusst.“

„Warum ist die Gurke eigentlich im Supermarkt immer so schön gerade?“

Marcel:

„Das kommt immer darauf an, was für Gurken man hat. Früher hatten Gurken noch Saatbälle. Diese wurden irgendwann weggezüchtet, indem man die männlichen Blüten weitgehend herausgezüchtet hat. Deswegen brauchen wir auch keine Bestäuber. Sie können hier gerne reinfliegen, das tun sie auch. Sie fressen dann den Nektar, aber Pollen haben wir nicht. Die Gurke wächst also auch ohne Bestäubung.

Dadurch, dass die Gurke nach unten frei hängt, haben wir es hinbekommen, dass sie gerade ist. Die Schwerkraft zieht sie nach unten, weil sie immer nach unten hängt. Eine tendenziell krumme Gurke bekommt man, wenn sie irgendwo auf einer Blattachse liegen bleibt oder irgendwo hinterhakt. Das ist eine der Gründe, eine krumme Gurke zu kriegen, aber die hängende Kultur hat vor allem arbeitswirtschaftliche Gründe.

Da die Verpackungen heute nun mal eckig sind, sollte die Gurke auch ein Stück weit gerade sein. In eine Kiste gehören 15 oder 22 Gurken, was auch immer, was gerade im Warenwirtschaftssystem hinterlegt ist, in Abhängigkeit von der Kiste. Wenn man die Gurken möglichst umweltfreundlich, irgendwie effizient transportieren möchte, dann passen nun mal so viele Gurken in die Kiste, dass diese voll ist. Ansonsten transportiert man Luft im Lkw. Das sind die Gründe, die darüber entscheiden, wie die Gurke geformt sein sollte.

Wenn es aber um krumme Gurken geht, die letztlich auch die Fehlerquote und den Verwurf ausmachen, dann liegen wir in unserer Produktion unter einem Prozent. Das ist im Verhältnis wenig. Etwas krumm oder so verkaufen wir natürlich. Wir verkaufen die auch lieber, als die wegzuschmeißen. In der Regel gehen die entweder an Großküchen oder über unseren Vermarkter vor allem in Dönerläden und auch in die Gastronomie. Die haben oft Leute, die eben von Hand schneiden. Das ist dann der Absatzmarkt für krumme Gurken.“

„Wir produzieren für den großvolumigen Absatz, was durch unsere Spezialisierung bedingt ist, um im Konkurrenzkampf überleben zu können."

„Gibt es auch so etwas wie A- und B-Ware? Ich kann mir vorstellen, dass aus minderwertigen Tomaten Ketchup gemacht wird. Gibt es auch ein Produkt, das man aus Gurken machen kann, die sich nicht verkaufen lassen?"

„Nun ja, wie gesagt. Die verkaufsfähigen Gurken verkaufen wir, der Verwurf liegt bei unter einem Prozent.

Wenn die Gurken beim Stoßen an Kisten beschädigt werden, kann das passieren. Dann ist die Schale nicht mehr geschlossen. Die kann man nicht in die Kiste packen. Sie würden in ein paar Tagen anfangen zu schimmeln. Deshalb kommen sie nicht in die Kiste. Ähnlich wie bei einem Apfel könnte man die Stellen natürlich theoretisch abschneiden und daraus Einmachgurken machen. Die Scheiben, die man auf den Hamburger legt. Aber die Mengen schwanken so stark, dass es schwierig ist, einen Absatzmarkt dafür zu finden.

Außerdem ist es lebensmittelrechtlich anders, weil man es im selben Moment verarbeiten muss. Das Lebensmittel nimmt eine ganz andere Rolle ein, wenn es vom Erzeuger in die Verarbeitung kommt.

Wir denken natürlich immer wieder darüber nach. Aber wir haben weniger als ein Prozent Verwurf im Jahr. Wir sehen zu, dass wir auch die krummen Gurken irgendwie vermarkten. Das heißt nicht, dass wir sie um jeden Preis loswerden wollen, sondern wir suchen einen Weg, um sie sinnvoll in den Markt zu bringen."

„Kauft ihr Saatgut zu oder produziert ihr euer Saatgut selbst?"

Marcel:

„Es gibt eigentlich nur noch einige wenige große Betriebe. Schade dabei ist, dass die Betriebe zum Teil von größeren Agrarkonzernen gekauft wurden, die auf der anderen Seite auch Pflanzenschutzmittel produzieren. Da könnte ein Zielkonflikt entstehen. Ich will aber nicht sagen, dass das prinzipiell so ist.

Am Ende guckt man dann doch, wo das Saatgut am besten ist. Da kämpft, glaube ich, jeder Bereich für sich. Aber es existieren nur noch ganz wenige Familienbetriebe in der Saatgutproduktion. Eigentlich agieren alle global und produzieren Sorten für verschiedene Regionen der Welt. So funktioniert das."

„Was genau ist der Unterschied zwischen der konventionellen Gurke und der Bio-Gurke?"

Marcel:

„Wir haben einen konventionellen Betrieb. Grob runtergebrochen, haben wir mehr als das Doppelte an Ertrag bei weniger als 50 % Heizeinsatz. Der Heizeinsatz im Bio-Anbau ist etwas höher, weil man die Gurke etwas anders führen muss. Dann ist es der

bodengebundene Anbau, denn man muss bei Bio im Boden anbauen. Das ist verpflichtend. Und man hat einen Kulturwechsel. Also kann man nicht jedes Jahr Gurken anbauen, sondern hat zum Beispiel Tomaten, Paprika oder so in der Folge. Somit ist man betrieblich weniger spezialisiert.

Ja, natürlich gibt es im Bio-Anbau keine chemischen Pflanzenschutzmittel im eigentlichen Sinne, aber Schwermetalle. Kupfer ist eins der Mittel, die man dann einsetzen kann. Auch ist der Arbeitseinsatz im Allgemeinen höher und das Risiko von Ertragsausfällen nimmt deutlich zu.“

„Könntest du theoretisch auch biologisch anbauen?“

Marcel:

„Aus unserer Sicht gibt es beim Bio-Anbau ein viel zu hohes Betriebsrisiko. Gerade mit Blick auf die Krankheiten. Wie gesagt, da hat man einen halb so hohen Ertrag und einen höheren Heizaufwand. Wir sind der Überzeugung, dass wir gesunde Lebensmittel produzieren. Das Bundesamt für Risikobewertung hat deutlich gemacht, dass alle Stoffe dieser Welt irgendwie toxisch sind, es ist eine Frage der Dosis. Ich denke, dass wir da einen Weg suchen müssen, das eine zu tun, ohne das andere zu lassen.

Wir benutzen chemische Mittel nicht vorbeugend, sondern eigentlich nur noch zur Korrektur und setzen zum Beispiel beim insektiziden Pflanzenschutz fast ausschließlich auf Nützlinge.“

„Habt ihr da jemals darüber nachgedacht, Bio-Gurken anzubauen?“ Marcel bestätigt:

„Ja, natürlich.“

Wir fragen uns, warum sein Betrieb bewusst kein Bio-Betrieb ist. **„Lohnt es sich wirtschaftlich nicht oder steht ihr da nicht dahinter?“**

„Im Moment ist es irgendwie beides. Wenn das für uns die Zukunft vom Betrieb bedeuten würde, dann würden wir das machen. Das muss man auch so sehen. Da suchen wir auch immer nach Verbesserungen für uns als Betrieb, um uns auch in die Zukunft zu führen.

Die Frage ist dann, womit ist man am zukunftsfähigsten. Wir sehen eigentlich, dass man bei der Bio-Gurke das Risiko, das man betrieblich trägt, dass das nicht ausreichend abgedeckt ist. Man hat eine sehr schlechte Kalkulierbarkeit, das ist ein sehr riskantes Geschäft.

Auch stehen wir nun mal bei der bisher fossilen Versorgung, also Wärmeenergie, nicht dahinter. Da stehen wir überhaupt nicht dahinter. Weil der Klimafußabdruck bei der Bio-Gurke eine Katastrophe ist. Auf der anderen Seite sehe ich auch das Arbeitswirtschaftliche. Man erntet viel weniger Gurken, hat aber dieselbe Anzahl Pflanzen, also Kulturarbeit. Auch bei der Ernte, nur weil man weniger Gurken hat, ist man nicht doppelt so schnell.

Ich denke eher, dass man da mehr Zielkonflikte hat als im konventionellen Anbau. Ich denke, dass wir mit dem, was wir machen, zukunftsträchtig aufgestellt sind und trotzdem in der Lage sind, klima- und umweltgerecht zu produzieren. Zu sagen, das eine ist gut und das andere ist schlecht, das ist einfach totaler Quatsch. Alles hat irgendwie Vor- und Nachteile.“

„Die Frage ist (...), womit ist man am zukunftsfähigsten."

Die meisten Menschen aus der Stadt kaufen ihre Lebensmittel im Supermarkt um die Ecke, meist ohne zu wissen, woher sie kommen oder wie sie produziert wurden. Marcel sieht die Lösung im Vertrauen in die deutsche Lebensmittelproduktion:

„Da müssen wir vielleicht ein Stück weit Vertrauen in das deutsche Lebensmittelsystem entwickeln. Es zeigt sich immer wieder, dass eher die aus dem Ausland eingeführten Produkte zu Problemen führen. Gerade was Rückstände oder Ähnliches angeht. Das soll nicht heißen, dass alle ausländischen Produkte schlecht sind. Das wäre Quatsch. Es gibt auch sehr gute ausländische Produkte. Aber es gibt Problemgebiete.

Was auch zum Teil zu Problemen führt, sind die großen Strukturen des Lebensmitteleinzelhandels (LEHs). Es gibt nur noch einige Wenige, was für uns irgendwie eine schlechte Verhandlungsgrundlage ist. Verantwortlich für seinen Konsum ist aber am Ende der Kunde.“

Als Schwiegersohn mehr in die Pedale treten?

Wir sehen einen älteren Herrn, der interessiert in ein paar Kisten mit Gurken schaut. Er blickt auf, begrüßt uns und möchte von Marcel wissen, ob alles läuft. Marcel bestätigt ihm, dass alles top läuft, und stellt uns den Herrn als seinen Schwiegeropa vor. Dieser ist bereits in Rente, schaut sich aber immer noch gerne im Betrieb um. Nachdem er eine zufriedenstellende Antwort von seinem Schwiegerenkel erhalten hat, läuft er weiter, als hätte er ein konkretes Ziel.

Marcel ist in den Familienbetrieb seiner Frau eingestiegen. Wir wollen wissen, wie sich das für ihn anfühlt. **„Würdest du ihn als deinen eigenen Betrieb bezeichnen?“** Marcel überlegt:

„Es ist ja schon so, dass wir bewusst dieses Modell gewählt haben. Wir haben ja einen eigenen Betrieb nebenan, den wir selbst finanziert und gebaut haben und bis heute betreiben.

Mein Schwiegervater möchte noch ein Jahr arbeiten, dann will er sich zurückziehen. Dann werden wir den Betrieb von ihm kaufen. So gesehen ist es ja schon irgendwie das von uns bzw. das selbst Aufgebaute. Trotzdem ist es auf einem Hof immer eine besondere Situation. Man muss sich halt verstehen. Familie und Beruf sind eng verknüpft. Solange alle den Betrieb im Blick haben. Dann ist es so, dass man auch für sich selbst arbeitet. Das ist eigentlich schon ganz gut so.“

Geplant ist, dass Marcel und Silke den Hof von Silkes Eltern komplett übernehmen, also beide Gewächshäuser bewirtschaften. Eine solche Betriebsübergabe stellen wir uns nicht so einfach vor. Auch das Loslassen des aufgebauten Hofes wird sicher schwerfallen. Wir erinnern uns an Marcels Schwiegeropa, der auch im hohen Alter noch durch den Betrieb läuft, obwohl er sich eigentlich schon lange im Ruhestand befindet.

Marcel nickt:

> *„Bei unserem Opa habt ihr ja gesehen. Der läuft hinten immer noch umher und sein Kopf dreht sich immer nur um die Gurkenwelt. Er wurde halt so geprägt. Er kann sich auch nicht wirklich mit etwas anderem beschäftigen. Solange er das gerne tut, ist das ja auch super. Er mag es, mit einem Gärtnerkollegen zu quatschen.*
>
> *Es darf in der Familie nur nicht der Punkt kommen, an dem sich unsere Interessen zu stark auseinander entwickeln, weil das Leben im Betrieb mit bestimmten Einschnitten verbunden ist. Diese machen mir nichts aus, weil ich es ja gerne mache. Aber es ist schon so, dass wir am Wochenende immer da sein müssen, dass wir abends auch noch spät und morgens früh im Gewächshaus sind. Und ja, der Betrieb muss im Vordergrund stehen. Auf landwirtschaftlichen und auch gartenbaubetrieblichen Betrieben ist das Thema Betriebsfolge eigentlich immer ein sensibles Thema.*
>
> *Ja, und das wäre bei mir in der Position einer zukünftigen Betriebsübergabe nicht anders. Da muss man ein großes Vertrauen haben. Wir haben einen Lohnunternehmer, der macht bestimmte Arbeiten für uns. Er sagte einmal zu mir: Als Schwiegersohn musst du immer etwas härter in die Pedale treten. So hat er das formuliert. Auch wenn meine Schwiegereltern mich sehr schätzen, ist es trotzdem so. Beim eigenen Sohn wird vielleicht eher mal etwas verziehen, kann ich mir vorstellen.*
>
> *Man trägt eine hohe Verantwortung. Wenn etwas schiefgeht, weiß es hinterher jeder besser. Man möchte schließlich nicht derjenige sein, der das irgendwie vor die Wand fährt. Wir haben uns bewusst dafür entschieden. Wir wussten also, was passiert. Wir sind damit fein."*

Familie und Beruf unter einem Dach

„Du bist Vater von zwei Kindern. Wie vereinbarst du dein Familienleben mit eurem Lebensmodell? Ist das familienfreundlich, was ihr macht? Ihr arbeitet ja als Eheleute auch zusammen."

Marcel:

> *„Meine Kinder sind jetzt zwei Jahre und fast drei Jahre alt. Wenn man Kinder hat, ist immer irgendwie was zu tun. Es wird nie langweilig. Wir haben eine bestimmte Aufgabenteilung. Man könnte sagen, sie ist ziemlich traditionell, aber wir beide mögen es so. Vormittags sind die Kinder im Kindergarten und nachmittags sind sie auch mal bei Oma und Opa. Das organisiert meine Frau Silke hauptsächlich.*

Das passt für uns beide ganz gut, und Silke hat auch die Möglichkeit, ihre Interessen in den Betrieb einzubringen, wenn die Kinder im Kindergarten sind. Vormittags ist sie dann im Büro oder macht hier im Gewächshaus das Pflanzenmonitoring.

Wir sind selbstständig und können es so einteilen, wie es uns gefällt. Wir beide haben immer das Gefühl, dass wir das für uns beide machen. Wenn ich abends um 22 Uhr noch in den Betrieb muss, weil etwas kaputtgegangen ist, dann werde ich nicht böse angerufen und gefragt, warum ich nicht da bin. Oder wenn wir ein Familiengrillen haben und ich komme zwei Stunden später, dann ist das halt so, weil das Vorrang hat.

In allen Gartenbaubetrieben, die ich kenne und die gut funktionieren, arbeiten Mann und Frau im Betrieb. Aber das ist einfach so, weil es so viel Einsatz verlangt, aber auch Verständnis. Das sagen Silke und ich auch oft zueinander, weil wir so viel im Betrieb sind und so viel arbeiten, muss auch so sein, dass wir beide immer das Gefühl haben, dass wir das für uns beide machen.

Gerade auch mit Kindern. Für mich gehören Kinder zur Familie dazu. Das ist mit meinen Eltern oder mit Silkes Eltern sehr einfach. Man kann die Kinder auch mal für den Nachmittag abgeben. Die Kinder finden es klasse, bei Oma und Opa zu sein. Und Oma und Opa möchten die Kinder auch gerne sehen. Das ist eine Win-win-win-Situation. Das passt ganz gut und ist auch sehr schön.

Ich habe das bei vielen Betrieben gesehen, in denen ich gearbeitet habe. Man sieht die Kinder aufwachsen. Wenn man „normal" arbeiten geht, ist man von morgens bis abends irgendwie weg. Oft arbeitet man in einer bestimmten Position sowieso mehr und kann nicht einfach für ein paar Stunden zur Arbeit kommen. Bei uns ist das anders. Wir wohnen direkt auf dem Betrieb. Das muss auch so sein.

Die Kleinste kann noch nicht so richtig mitlaufen. Aber Frieda, die läuft schon mit. Man muss halt auch aufpassen und ein gutes Auge darauf haben. Da fahren immer mal wieder kleine Elektrotrecker mit dem Wagen durch die Gegend. Samstags kann ich sie wohl mitnehmen, aber unter der Woche bin ich mit den Gedanken woanders. Dann ist es auch einfach schwierig, sie mit in den Betrieb zu nehmen. Aber sobald ich im Haus bin, sehe ich sie. Das ist halt schön.

Die Frage ist ja, was wir selbst für Ansprüche haben. Und es ist auch einfach so, dass ich am liebsten arbeite. Das ist Teil der Wahrheit. Das hier mag ich sehr gerne tun. Und das ist mit unserem Lebensmodell auch eine wichtige Erkenntnis, denke ich.

Ich komme aus dem Nachbarort, Silke kommt hier vom Betrieb, aber unsere gesamte Familie, der Freundeskreis wohnt hier in der Ecke. Es ist ein relativ einfacher Schritt, hier zu bleiben, weil man dann seinen Lebensmittelpunkt auch hier behält. Genau das macht es für uns auch irgendwie im täglichen Ablauf sehr, sehr angenehm.

„Wir beide haben immer das Gefühl, dass wir das für uns beide machen."

Im Sommer fangen wir früh an, teilweise um vier Uhr, manchmal auch um fünf Uhr. Aber es reicht im Prinzip, wenn ich eine halbe Stunde, manchmal auch 20 Minuten vorher aufstehe. Ich bin in fünf Minuten hinten im Betrieb. Gerade der Arbeitsweg ist sehr kurz, was sehr angenehm ist.

Das heißt aber auch, dass ich mit den Kindern im Haus frühstücken kann. Ich sehe meine Kinder auch zum Mittagessen und Abendbrot und bin aber trotzdem den ganzen Tag bei der Arbeit. Abends geht es oft auch etwas länger, aber das ist gar nicht so schlimm, weil man vorher die Möglichkeit hat, zwischendurch die Kinder ins Bett zu bringen. Ich kann Zeit mit der Familie verbringen und etwas mit meinen Kindern unternehmen. Meist macht Silke es aber, weil es doch etwas später wird.

Ich sehe das im Bekanntenkreis. Wenn die Kinder noch schlafen, gehen die aus dem Haus und kommen wieder, wenn die Kinder im Prinzip schon wieder schlafen. Das haben wir so nicht. Bei uns sind die Kinder eigentlich omnipräsent, die laufen eigentlich auch immer irgendwie mit. Wobei es im Betrieb manchmal auch ein bisschen schwierig ist. Dann kann man die auch nicht immer so gut gebrauchen. Da braucht man dann schon die Eins-zu-eins-Betreuung.“

„Wenn deine Kinder den Betrieb in Zukunft übernehmen wollen, was würdest du ihnen mitgeben?“

Marcel:

„Für mich war es immer klasse, so einen Betrieb zu haben und zu führen. Das zu machen, worauf man selber Lust hat. Und das auch so zu machen, wie man es selber für richtig hält. Das sollten sie genauso machen. Sie müssen das machen, was sie für richtig halten. Wenn es das ist, den Betrieb weiterzuführen, oder etwas anderes, dann ist es eben etwas anderes.

Das Wichtigste dabei ist, dass sie einen Weitblick entwickeln und selbst gucken, wo sie sich selber wiederfinden. Dass sie am Ende das tun, was sie gerne tun. Wenn ich etwas tue, was ich gerne mache, dann wird das auch etwas. Aber das muss ich selbst entscheiden, ich muss selbst wissen, was ich machen möchte. Aber man muss denen irgendwie die Werkzeuge an die Hand geben und ihnen auch ermöglichen, sich ein eigenes Bild zu machen.“

„Esst ihr dann noch selber gerne Gurken?“

Marcel:

„Ja, wir essen jeden Tag Gurken. Die liegen immer wieder auf dem Tisch. Unsere Kleine bringt auch immer fleißig welche mit, wenn sie mit nach hinten kommt. Also haben wir immer Gurken da.

Das ist einer der Gründe, warum wir Gurken produzieren. Gurken sind irgendwie auch ein Evergreen. Die kann man nach meinem Gefühl immer essen, ohne dass man das schnell satt wird. Gerade jetzt in der aktuellen Zeit, wo die Inflation sehr stark zugreift, ist es durchaus ein Produkt, mit dem man relativ kostengünstig einen Salat machen kann, der ein gewisses Volumen hat, ähnlich wie Eisbergsalat oder Feldsalat.“

Im Rhythmus der Jahreszeiten

Wie wir erfahren haben, hat Marcels Frau Silke das Pflanzenmonitoring bereits diesen Morgen durchgeführt. Mithilfe einer Arbeitsbühne, die auf Rohrschienen läuft, schaut sie von oben auf die Pflanzen. Wir möchten auch einmal sehen, wie es von oben aussieht, und fahren einmal mit. Marcel gibt Anweisungen, damit wir gemeinsam mit der Bühne hochfahren können: *„Tür zu, dann kann keiner rausfallen. Und keine Sorge, der kann nicht umkippen."* Rasant geht es in die Höhe, und vor uns erstreckt sich ein grünes Meer aus Gurkenpflanzen.

„Seid ihr vom Sonnenlicht abhängig?" Marcel nickt und erklärt, während der Wagen hochfährt:

> *„Gurken brauchen Licht, Wasser, Nährstoffe sowie Wärme- und Strahlungsenergie. Vor allem die Sonne ist sehr, sehr wichtig. Alle diese Faktoren müssen erfüllt sein, um am Ende ein gutes Ergebnis zu bekommen. Wir bei uns im Betrieb belichten nicht. Das macht in Deutschland mit Gurken so gut wie niemand. Im Winter fehlt einfach das Licht.*
>
> *Am Ende sind wir in den Wintermonaten gegenüber der spanischen Produktion nicht konkurrenzfähig. Einfach weil die dort zu dem Zeitpunkt bessere, mildere und gemäßigtere Wetterbedingungen haben. Die Produktionszeit für Spanien beginnt ab Oktober und geht bis März oder April/Juni. Danach wird es dort einfach zu warm. Die werden zu vegetativ und verausgaben sich. Die Gurkenpflanzen stoßen Früchte ab und bilden keine neuen Früchte mehr.*

Gerade mit den zunehmenden Wetterextremen nimmt das zu. Kühlen ist bei den Mengen einfach energetisch nicht darstellbar. Wir haben hier momentan ein gemäßigtes und maritimes Klima, das passt eigentlich ganz gut. Die Wetterextreme mit Hitze und Starkregen nehmen vor allem im Süden, Spanien und Italien, zu."

Marcel schaut mit fachmännischem Blick über die Plantage und zeigt uns ein etwas größeres Blatt, das weniger grün zu sein scheint als die anderen:

„Wir pflücken jetzt diese alten Blätter, die sozusagen ausgedient haben. Die neigen irgendwann dazu, steinig zu werden und sind dann nicht mehr photosynthetisch aktiv. Die holen wir jetzt raus, damit die neue Generation mehr Licht zum Wachsen bekommt und alles wieder schön grün aussieht. Das gibt im Winter auch ein schönes Bild."

„Welche Krankheiten können bei deinen Gurkenpflanzen auftreten?"

Marcel:

„Es gibt zum Beispiel den falschen und den echten Mehltau. Gegen den echten Mehltau sind unsere Sorten resistent. In der Regel haben wir da keine Probleme. Der falsche Mehltau, der ist eigentlich vom Typus her, glaube ich, gar kein Mehltau, weshalb er falscher Mehltau heißt. Die Sporen wehen immer im Juli/August aus Spanien hierher. Dann müssen wir aufpassen, dass wir zum Beispiel bei der Klimasteuerung zusehen, dass wir die Fenster geschlossen halten, dass kein Regen ins Gewächshaus kommt. Weil wenn wir Regen haben, haben wir freie Wassertropfen. Und freie Wassertropfen führen dazu, dass diese Sporen sporulieren."

Sporulieren bedeutet, dass Pilze Sporen bilden und freisetzen, um sich zu vermehren. Die Sporen verbreiten sich z. B. durch Wind oder Tiere und können an geeigneten Orten neue Pilze entstehen lassen. Sporulieren ist demzufolge ein zentraler Teil des Lebenszyklus von Pilzen.

„Wenn das mal nicht gut funktionieren sollte, gibt es Momente, wo wir auch ein Fungizid nötig haben, um gegenzusteuern. Im Bio-Anbau würde das eigentlich das Ende der Kultur bedeuten. Aber für den Fall sind Mittel, die ein Zulassungsverfahren durchlaufen haben, vom Bundesinstitut für Risikobewertung bewertet worden. Wenn wir die Anwendungsbestimmungen einhalten, ist alles im grünen Bereich.

Dass Pflanzenschutzmittel bestimmte Auswirkungen haben können, ist eindeutig. Dass ich die lieber reduziere, das mache ich aus persönlichem Interesse. Erstens kostet das eine Menge Geld und zweitens ist die Anwendung auch noch unangenehm. Also habe ich überhaupt kein Interesse daran, diese anzuwenden. Am liebsten möchte ich die überhaupt nicht haben.

Trotzdem habe ich auf der anderen Seite große Vorteile. Wir halten unsere Kulturen gesund und wir schaffen es damit, wenn wir sie richtig anwenden, Lebensmittel sicher, mit Blick auf die Höchstrückstandswerte, in einer bestimmten Menge zu produzieren. So, dass ich sie selber essen möchte und auch meinen Kindern zum Essen gebe.

Aber trotzdem möchte ich die lieber reduzieren. Wir als Betrieb konnten im Verhältnis zur produzierten Menge unseren Einsatz über die letzten Jahrzehnte deutlich reduzieren.“

Ein Fungizid ist ein Pflanzenschutzmittel, das gezielt gegen Pilzkrankheiten eingesetzt wird. Es schützt Gurken vor Schäden durch beispielsweise Mehltau. Fungizide können vorbeugend oder im Krankheitsfall angewendet werden und tragen dazu bei, den Ertrag und die Qualität der Pflanzen zu sichern.

Marcel:

„Einer unserer größten Schädlinge ist die Rote Spinne, aber auch Thripse oder die weiße Fliege. Vor allem die Rote Spinne fühlt sich auf den Gurken sehr wohl. Die bekämpfen wir im Prinzip schon seit den 90er-Jahren. Wir haben damit angefangen, Raubmilben einzusetzen.

Wir setzen überall kleine Tüten ein und da sind verschiedene Raubmilbenarten drin. Diese befinden sich in kleine Tüten mit Kleie oder auch Sägemehl. Und aus einem kleinen Loch laufen die dann gleichmäßig raus und verteilen sich in der Kultur. Die sind halt sehr, sehr klein und fressen die rote Spinne auf. Damit haben wir die zum Beispiel dieses Jahr sehr gut im Griff.

Es geht nicht darum, zu sagen, hier darf keine rote Spinne unterwegs sein, sondern es muss ein Gleichgewicht zwischen roter Spinne und unserer Raubmilbe herrschen. Es muss immer so bleiben, dass unsere Raubmilbe die Nase vorne hat. Dann haben wir keine massenhafte Ausbreitung der roten Spinne. So lange ist alles gut. Wenn man hier sucht, wird man auch irgendwo eine kleine Stelle finden. Wenn man dort aber auch Raubmilben findet, ist alles gut. Die Raubmilben brauchen schließlich auch etwas zu fressen.

„Es geht nicht darum, zu sagen, hier darf keine rote Spinne unterwegs sein, sondern es muss ein Gleichgewicht zwischen roter Spinne und unserer Raubmilbe herrschen. Es muss immer so bleiben, dass unsere Raubmilbe die Nase vorne hat.“

Das ist manchmal auch so ein bisschen jahresabhängig. Wenn es sehr schnell sehr trocken und sehr warm wird, findet die Rote Spinne das herrlich. Aber die Raubmilben weniger gut und die verziehen sich dann nach unten und die rote Spinne geht nach oben. Weil wir oben sozusagen unsere hauptphotosynthetisch aktive Blattmasse haben, ist das dann suboptimal. Dann müssen wir zum Beispiel eine weitere Raubmilbenart beisetzen, die die dann aufrisst.

In Zukunft kommt ja auch der Punkt, dass Wetterextreme zunehmen werden. Dazu gehören auch mehr Hitzetage. Und Hitzetage gefallen der roten Spinne besser als den Raubmilben. Aber mit Insektizid haben wir in diesem Jahr noch gar keinen Pflanzenschutz betrieben.“

Ein Insektizid ist ein Pflanzenschutzmittel, das gezielt gegen schädliche Insekten wie Blattläuse, Thripse oder die Weiße Fliege eingesetzt wird. Es schützt die Pflanzen, indem es die Insekten abtötet oder ihre Entwicklung stört. Insektizide sind in chemischer und biologischer Form erhältlich.

„Herbizide brauchen wir zum Beispiel gar nicht, weil wir im Substrat anbauen. Ein großer Anteil des Verbrauchs von Pflanzenschutzmittel in der Landwirtschaft sind Herbizide. Die haben wir im unter Glas Gemüseanbau gar nicht. Die werden eher im Freiland gebraucht."

Ein Herbizid wird eingesetzt, um unerwünschte Pflanzen zu bekämpfen, die den Kulturpflanzen Wasser, Nährstoffe und Licht wegnehmen. Es sorgt dafür, dass die Nutzpflanzen besser wachsen und der Pflegeaufwand geringer ist. Der Einsatz erfolgt meist vor der Pflanzung oder früh im Bestand, nicht während der Erntephase.

Marcel:

„Neben den Raubmilben haben wir auch noch Nützlinge, die uns zufliegen. Das sind Bachstelzen, die ihre Nester im Gewächshaus bauen und somit den Schutz hier nutzen. Das sind Nischen- und Halbhöhlenbrüter. Wir hatten auch schon den NABU (Naturschutzbund) *hier. Die haben uns Nistkästen vorbeigebracht und gesagt, dass das super wäre.*

Aber was haben die Bachstelzen am Ende des Tages gemacht? Sie haben daneben genistet. Hier im Gewächshaus passen sie sich wohl an, weil es hier keine Prädatoren gibt. Sie brüten auf den Matten der Gurken, bauen dort kleine Nester und fressen Raupen, Wanzen und sowas. Das sind Zugvögel. Sie fliegen im Winter weg, aber kommen im Frühjahr zurück."

Marcel zeigt auf eine offene Dachluke:

„So wie die da hinten. Da würden sie jetzt durchkommen. Sie fliegen einfach über das Gewächshaus und gucken, wo sie wieder reinkommen können. Zum Beispiel war die Sonne heute Morgen erst etwas stärker. Dann gehen die Fenster weiter auf und die Vögel warten auf diesen Drähten, bis sie rausfliegen können. Wir füttern die Bachstelzen auch, wenn es kühle Tage gibt, an denen sie nicht nach draußen fliegen können, weil die Fenster geschlossen bleiben. Dann können sie sich von dem Futter ernähren. Sie brauchen ja irgendwie Insektennahrung für ihre Küken."

Menschen, die über uns entscheiden

„Ihr produziert ja etwas, was die Menschen ernährt. Das ist also ein sehr wichtiger Beruf. Spürt ihr das auch? Ist das wichtig, dass das auch eine sinnhafte Arbeit für dich ist?"

Marcel:

„Für mich ist das wichtig. Und macht mich ein Stück weit stolz, dass wir ein Produkt produzieren, was jemand gut gebrauchen kann und womit er sich ernährt.

Wenn Leute hierherkommen, das muss man sagen, die gucken sich das hier an und sind eigentlich immer alle begeistert. Die finden das immer alle toll. Die haben sich das zwar anders vorgestellt, aber finden es trotzdem klasse. Leider können wir solche Betriebsführungen aus Zeitgründen nicht mehr so oft machen. Weil das einfach bei uns in den Betriebsablauf nicht reinpasst. Früher haben wir das intensiver gemacht, samstags nachmittags oder sonntags nachmittags."

Marcel fällt eine Anekdote ein:

„In der Ausbildung hat mein Chef eine bekannte Zeitschrift abonniert. Und in der Pause habe ich die durchgelesen und da stand etwas über Schweinehaltung, das war einfach kompletter Schwachsinn. Das war einfach von vorne bis hinten nicht wahr. Das war alles falsch, was da drinstand. Wenn man so was liest, fängt man an, das Ganze mit einem etwas anderen Blick zu sehen. Wenn man so einen Artikel als Laie überfliegt, glaubt man das am Ende.

Aber glauben ist Mangel an Wissen. Ich kann den Konsumenten auch nicht böse sein. Wenn man in den Supermarkt geht, gibt es tierisch viele Produkte. Der ganze Supermarkt ist voll mit allem und alles ist irgendwie verfügbar, weil der Markt den Zugang von Produkten regelt. Und der Konsument fragt das nach. Es ist irgendwie alles da und austauschbar. Was soll ich dazu sagen? Am Ende bin ich auch Konsument und in anderen Branchen fehlt mir auch das Wissen.

„Manchmal wünscht man sich auch ein bisschen größeres Verständnis, vor allem vonseiten der Politik."

In der Landwirtschaft ist es oft so, dass sie meiner Einschätzung nach zu Unrecht im Fokus steht. Wir sehen das immer so ein bisschen losgelöst: Gartenbau ist nicht Landwirtschaft. Über die Landwirtschaft wird ja oft gesagt, dass sie viele Flächenprämien bekommt. Von den Agrarsubventionen profitieren wir zum Beispiel gar nicht. Wir bekommen keine Flächenprämie oder so was. Wir haben unser Gewächshaus ohne Subventionen gebaut und wir bekommen auch keine Flächensubventionen.

Dann steht die Landwirtschaft jedoch im Fokus und es werden manchmal Maßnahmen etabliert, die eigentlich nicht sinnvoll sind. Ich bin kein Befürworter großer Subventionen. Das führt oft auch zu Fehlentwicklungen. Der Markt muss irgendwie selbst funktionieren.

Manchmal wünscht man sich auch ein bisschen größeres Verständnis, vor allem vonseiten der Politik. Manche Aussagen finde ich schwierig. Zum einen brauchen wir bezahlbare Produkte für die Konsumenten. Zum anderen haben wir nun einmal in Deutschland sehr hohe Produktionsstandards. Das ist sehr schade, dass das oft mit der Frage endet: Wollen wir Autos verkaufen oder Agrarprodukte? Mit Gurken haben wir keinen Selbstversorgungsgrad, längst nicht. Spanien hat zum Beispiel einfach bessere Umweltbedingungen. Die können einfach viel günstiger produzieren. Aber auch die Sozialstandards sind niedriger oder die Qualität der Kontrollen ist zu hinterfragen.

Wenn den Leuten immer wieder vermittelt wird, dass alles schlecht und böse ist und noch viel schlechter wird, dann sind die Ziele nicht im Ansatz attraktiv. Dann macht das ja auch keiner. Man muss schon einen gewissen Antrieb haben, um sein Verhalten zu ändern und andere zu leiten.

Was mich nachdenklich stimmt, ist die Tatsache, dass die Firmen, mit denen wir zu tun haben, immer größer werden. Das ist in der Landwirtschaft so und auch im Gartenbau. Das klingt jetzt negativ, aber wir sind dann das letzte Rädchen, also der Erzeuger, der das Produkt produziert. Unsere Kunden, an die wir unsere Produkte verkaufen, sind Konzerne. Und die, von denen wir zum Beispiel unsere Saat kaufen, sind ebenfalls Konzerne und das finde ich zunehmend schwierig. Zu der Wahrheit gehört aber auch, dass auch wir für Außenstehende nicht als ‚klein' angesehen werden."

„Was ist denn das, was du dir politisch wünscht?"

Marcel macht eine kurze Pause und spricht dann weiter:

„Ich finde, dass wir den Fokus zu wenig darauf richten, wie wir Familienbetriebe erhalten, die auch zukunftsfähig sind. Das soll nicht heißen, dass wir jeden Familienbetrieb erhalten, aber der Fokus auf Familienbetriebe, der ist sehr gesund, finde ich. Wir können am Ende auch nichts produzieren, was der Markt nicht verlangt.

Ich kann dem Landwirtschaftsminister überhaupt nicht böse sein, das muss ich dazu sagen. Ich bin ein Stück weit enttäuscht über unser eigenes Verschulden. In dieser großen, großen Landschaft von Landwirtschaft sind wir als unter Glas Gemüseanbau, und dann auch noch Gurken, eine sehr, sehr kleine Branche. Wir sind sehr klein."

„Was sind denn eure Interessen?"

Marcel:

„Wir wollen eine lebenswerte Umwelt erhalten und damit zugleich auch die Zukunftssicherheit für unseren Betrieb. Wir sehen, dass wir Betroffene vom Klimawandel sind. Das ist einfach so. Wir brauchen Lebensumstände, mit denen wir produzieren können, auch Umweltbedingungen, unter denen wir produzieren können. Wobei wir uns davon auch zum Teil unabhängig machen durch den unter Glas Gemüseanbau.

Aber andererseits haben wir auch eine familiäre Denkweise. Da komme ich dann in diesem Zielsystem mit den Investorenstrukturen in einen Konflikt. Mit dem, was wir als Betrieb, aber auch gleichzeitig als Familie wollen. Letzten Endes ist der Betrieb die Familie.

Wir möchten auch eine lebenswerte Umwelt in Zukunft erhalten und nicht nur fürs Marketing im Prospekt. Wenn man nach draußen guckt und naturverbunden ist, und das ist man als Gärtner oft, hat man eine gewisse Faszination für das und wie das alles so funktioniert.

Die Gefahr ist da, dass das verloren geht, auch für unsere Kinder. Wir denken in Generationen. Wir brauchen Rahmenbedingungen, die auch zukunftsgerichtet sind. Wenn es um das Thema Energie geht, aber auch um Anpassung, finde ich oft, dass die Politik viel zu langsam reagiert. Die neueren Gesetze sind dann oft für gestern.

„Letzten Endes ist der Betrieb die Familie."

Vor allem bei den Haushaltsverhandlungen geht die Landwirtschaft selbst schon unter. Ein gutes Beispiel hierfür ist der geplante Umbau der Tierhaltung. Wir als Gartenbau stehen dann aber noch weiter hinten an.

Vor Ort haben wir jedoch eine gute und engagierte Abgeordnete im Bundestag. Ich hoffe, dass sich in der nun aktuellen Legislaturperiode mehr Pragmatismus und weniger Idealismus durchsetzen. Oft kann man sich zu bestimmten Themen wahnsinnig reinknien und sich dann politisch hinter irgendwelchen EU-Vorgaben verstecken. Sinnvolle Punkte müssen einfach durchgesetzt werden, statt Ausreden zu suchen. Es braucht Politiker mit Rückgrat, die wie wir in dem Wissen entscheiden, auch mal Fehler zu machen, aber das Bestmögliche abgewägt zu haben. Aus Angst vor den Konsequenzen Entscheidungen zu lassen und sich hinter Symbolpolitik wie dem Nutri-Score zu verstecken, kann nicht die Lösung sein.

Die Reaktionszeit wird immer kürzer, deshalb müssen wir sie effektiv nutzen. Unsere neu gemachten Erfahrungen sind unser Marktvorteil von morgen. Um diese nutzen zu können, braucht es auch einen schlanken handlungsfähigen Apparat. In dem Bewusstsein, wie man neue Vorgaben schafft, müssen alte gegebenenfalls wegfallen."

„Welche Auswirkungen haben zum Beispiel die Änderungen in der Energiebranche für dich?"

Marcel:

„Im Jahr 2021 gab es eine Szenariorechnung von der Bundesnetzagentur, dass die ‚Gasmangelware' ein mögliches Szenario ist. Dann würden auch wir als Betrieb, obwohl wir Lebensmittel produzieren, abgestellt. Dann ist bei uns alles tot. Dann haben unsere Leute keine Arbeit mehr und die brauchen auch Planungssicherheit. Das ist auch unsere Verantwortung als Betrieb. Denen noch eine kalkulierbare Grundlage zu bieten. Wenn die pünktlich zur Arbeit kommen, dann muss ich denen auch gewährleisten, dass wir einen Arbeitsplatz halten. Auf der anderen Seite ist es so, dass wir da betrieblich auch handlungsfähig bleiben müssen.

So haben wir uns letztes Jahr entschieden, entgegen dem eigenen Ziel, klima- und umweltbewusster zu werden, noch einen Ölkessel zu bauen. Aus dem Grund: Heizöl ist kein Erdgas, sondern Heizöl. Es ist mit dem Lkw transportabel und wir können das in einem Tank speichern. Und wenn Erdgas abgestellt wird, können wir weiter heizen. Und so haben wir binnen weniger Monate einen Heizkessel gebaut. Zusätzlich haben wir ein größeres Notstromaggregat gekauft, mit dem können wir komplett unabhängig vom Stromnetz sein.

Wir geben uns Mühe, mit solchen Entwicklungen umzugehen, und kommen auch schnell zu einer Entscheidung. Wenn wir uns in einer solchen Situation abends überlegen, was machen wir, dann wird es am nächsten Tag gemacht."

„Veränderung ist ganz normal und das sieht man über die vielen Jahre, wo der Betrieb jetzt existiert. Es hat sich immer etwas verändert und oft auch zum Besseren."

Wir bemerken, dass die Lebensmittel teurer geworden sind. Die Arbeitsbedingungen sind herausfordernder geworden. **„Würdest du sagen, dass die Situation nun stabil bleibt?"**

Marcel:

„Wir sehen uns betrieblich gut aufgestellt, was zum einen Betriebsstruktur angeht, aber auch unsere Arbeitsweise, wie wir Prozesse aufstellen. Wir vergleichen uns mit Betrieben, um ein Gefühl dafür zu bekommen, wo wir uns betrieblich bewegen. Ich würde sagen, zukunftssicher sind wir damit. Wir müssen am Ball bleiben. Leichter Druck ist das schon, aber irgendwie angenehm, das muss auch ein bisschen kitzeln.

Es ist auch gut so, dass sich Betriebe immer verändern. Im Kleinen fängt das an und man pflanzt um den Betrieb Sträucher, um die Biodiversität zu erhöhen. Oder man hängt Vogelhäuser auf. Das bringt persönlich auch Erfüllung.

Wenn alles so bleibt, wie es ist, kommt das Sprichwort zum Tragen. Stillstand ist Rückgang. Veränderung ist ganz normal und das sieht man über die vielen Jahre, wo der Betrieb jetzt existiert. Es hat sich immer etwas verändert und oft auch zum Besseren."

Wir verlassen das Gewächshaus durch den Seiteneingang. Hier gibt es zwei Türen, damit keine kalte Luft von draußen in das Gewächshaus kommt. Nach dem Abschied verschwindet Marcel direkt ins naheliegende Wohnhaus und wir treten die Rückreise an.

Wissensblock Gurken

Die Gurke stammt ursprünglich aus Indien, wo sie bereits vor über 3000 Jahren kultiviert wurde (1). Von dort verbreitete sie sich über Persien und den Mittelmeerraum nach Europa. Im Mittelalter gelangte sie durch den Anbau in Klostergärten auch nach Mitteleuropa.

Die Gurke gehört zur Familie der Kürbisgewächse, ist botanisch gesehen eine Frucht und wird aber meist als Gemüse verwendet.

Sie besteht zu etwa 95 % aus Wasser, enthält nur sehr wenige Kalorien, dafür aber wichtige Mineralstoffe wie Kalium, Magnesium und etwas Vitamin K.

Man unterscheidet hauptsächlich zwischen Salatgurken (auch Schlangengurken genannt) und Einlegegurken.

Gurken wachsen am besten in warmem Klima und benötigen viel Licht. In Gewächshäusern werden sie daher häufig schon früh im Jahr angebaut.

In der Küche ist die Gurke vielseitig einsetzbar: roh im Salat, als Saft, in Smoothies oder als Gewürzgurke.

Der Selbstversorgungsgrad von Gurken lag in Deutschland im Jahr 2023/24 bei etwa 29 % (2). Das bedeutet, dass der größte Teil des Gurkenbedarfs in Deutschland durch Importe gedeckt wird. Die wichtigsten Lieferanten sind Spanien und die Niederlande. Der Pro-Kopf-Verbrauch von Gurken lag im gleichen Zeitraum bei 8,2 kg pro Jahr (3). Dazu gehören sowohl Salatgurken als auch Einlegegurken.

(1) – Bundesinformationszentrum Landwirtschaft (2024): Gurken selbst im Garten anbauen. *https://www.landwirtschaft.de/garten/selbst-anbauen/gemuesesteckbriefe/gurken-selbst-im-garten-anbauen#:~:text=Die%20Gurke%20stammt%20urspr%C3%BCnglich%20aus,Jahrhundert*, letzter Zugriff am 18. 07. 2025

(2) – Ortler (2020): Die Gurke. Teil I: Geschichte, Herkunft und Botanik. *https://www.regionales-bayern.de/regio-news/die-gurke-teil-i-geschichte-herkunft-und-botanik/#:~:text=Dabei%20liegt%20der%20Selbstversorgungsgrad%20(also,die%20Gurke%20also%20gro%C3%9Fer%20Beliebtheit*, letzter Zugriff am 18. 07. 2025

(3) – Statista (2025): Pro-Kopf-Konsum von Gurken in Deutschland in den Jahren 2005/06 bis 2023/24. *https://de.statista.com/statistik/daten/studie/290804/umfrage/pro-kopf-konsum-von-gurken-in-deutschland*, letzter Zugriff am 18. 07. 2025

Scannen Sie den QR-Code mit Ihrer Smartphone-Kamera oder einer QR-App und Sie gelangen direkt zum Filmclip über diesen Betrieb.

Zusammenfassung und Fazit

Die Vielfalt der Küche durch zwölf Betriebe

Wenn man von „der Landwirtschaft" spricht, klingt es oft wie ein einheitliches Bild. Doch die Landwirtschaft in Deutschland ist so vielfältig wie die Landschaften selbst. Zwischen Nordseeküste und Alpenrand, zwischen Eifel und Oderbruch leben und arbeiten Bäuerinnen und Bauern unter ganz unterschiedlichen Bedingungen – geprägt vom Klima, vom Boden, von der Tradition, ihren eigenen Werten und zunehmend auch vom Markt.

Nach den intensiven Begegnungen auf zwölf sehr unterschiedlichen landwirtschaftlichen Betrieben wird uns eines deutlich:

> Landwirtschaft kann nicht über einen Kamm geschoren werden und bildet kein einheitliches System.

Es ist kein statisches Modell, das sich mit einem Blick erfassen oder mit einer Meinung bewerten lässt. Wer Landwirtschaft verstehen will, muss hinschauen und mit den Menschen auf den Höfen sprechen. Es braucht einen genaueren Blick, jenseits von Klischees oder vereinfachten Stadt-Land-Gegensätzen.

Gerade weil in unserer Gesellschaft oft die urbane Perspektive überwiegt – ein Phänomen, das in der Forschung als Metronormativität bezeichnet wird –, möchten wir mit diesem Buch eine andere Sichtweise eröffnen. Eine Sichtweise, die die ländlichen Räume ernst nimmt und die Vielfalt ihrer Lebensrealitäten sichtbar macht. Mit all den Herausforderungen, Wünschen und Ängsten, die ein so bedeutender Berufsstand der Lebensmittelproduktion mit sich bringt.

Zum Strukturwandel der modernen Gesellschaft gehört, dass immer weniger Menschen immer mehr Menschen mit Lebensmitteln versorgen. Dadurch sind andere Berufsfelder entstanden und es ist möglich geworden, sich auf andere Themen zu fokussieren. Dennoch bleibt die Verbindung über die Produkte bestehen, auf die wir alle als Lebewesen angewiesen sind. Wir sind voneinander abhängig und durch materielle Grundbedürfnisse miteinander verbunden. Dies ist eine Tatsache, die überall gilt, sei es in Städten, Dörfern oder über Staatsgrenzen hinweg. Es gibt demnach eine Stadt-Land-Dynamik. Ein Interviewpartner spricht sogar davon, dass die Arbeit der Landwirte und Landwirtinnen den Menschen die Möglichkeit gibt, so frei zu leben. Ein anderer erwähnt, dass sich die Betriebe erst mit der Infrastruktur entwickelt haben. Es gibt eine Wechselwirkung. Die eine Entwicklung hat somit die andere Entwicklung vorangetrieben. Historiker und Historikerinnen haben gezeigt, dass Wandlungen im Agrarsektor und in der Politik in ländlichen Regionen den globalen Übergang zur Industrialisierung und zum Kapitalismus maßgeblich beeinflusst haben (1, 2). Demnach sind unsere Stadtexistenzen erst durch die Entwicklung der produktiveren Landwirtschaft ermöglicht worden.

Wir hatten die Chance, tief in den Alltag von zwölf Höfen einzutauchen und ein Zeitzeugnis für das Jahr 2025 zu schaffen. Dabei haben wir nicht nur Arbeitsweisen und Entscheidungen kennengelernt, sondern auch persönliche Lebensgeschichten. So vielfältig wie die Menschen sind auch die Betriebe. Jede Struktur ist über Jahrzehnte oder sogar Jahrhunderte gewachsen und wurde durch regionale, wirtschaftliche und familiäre Besonderheiten geprägt. Und doch verbindet alle Höfe, die wir besucht haben, eine gemeinsame Aufgabe: Lebensmittel für uns alle zu produzieren.

Nachdem wir die Betriebe und die Menschen kennengelernt haben, sind die Produkte aus diesen zwölf Betrieben für uns mehr als nur Zutaten. Mit diesen Lebensmitteln lassen sich nicht nur gesunde, regionale Mahlzeiten zubereiten, sie verbinden uns auch direkt mit den Menschen, die sie erzeugen. Vom Frühstücksei mit Ziegenkäse und Tomaten, über Spargel mit Kartoffeln oder Forelle mit Kräutern, bis hin zum Apfelkuchen oder einem deftigen Pfannengericht mit Schweinefleisch und Ofengemüse. Irgendwie ist jeder Bissen ein Teil des größeren Ganzen.

Ihre Entwicklung spiegelt den Wandel unserer Gesellschaft wider, vom harten Überlebenskampf vergangener Jahrhunderte über die Phase der Industrialisierung bis hin zur Präzisionslandwirtschaft. Dabei spielen bewusste Entscheidungen für die Hofnachfolge und die damit verbundene Verantwortung eine Rolle.

> Heute bewegen sich Landwirtinnen und Landwirte zwischen Hightech und Handarbeit, zwischen ökonomischem Druck und wachsendem gesellschaftlichem Anspruch an Qualität, Tierwohl und Umweltschutz.

Die Betriebe zusammen betrachtet

Jeder Betrieb hat eine eigene Vergangenheit und die Menschen haben ihre persönliche Geschichte zu erzählen. Betrachtet man die Gesamtheit, lassen sich jedoch auch Gemeinsamkeiten und Unterschiede darstellen. Dies kann beispielsweise durch eine qualitative Inhaltsanalyse erfolgen. Dabei werden Interviews systematisch ausgewertet, um die gesprochenen Aussagen besser zu verstehen. Diese Methode wird vor allem dann eingesetzt, wenn tiefere Einsichten in die Einstellungen, Erfahrungen oder Motive von Menschen gewonnen werden sollen. Zentrale Aussagen werden markiert und in sinnvolle Kategorien eingeordnet. Dabei geht es nicht darum, jedes Wort zu zählen, sondern das Wesentliche hinter dem Gesagten herauszufiltern. Oft entwickelt man im Verlauf der Analyse ein Kategoriensystem, das dabei hilft, ähnliche Aussagen zu bündeln und Muster zu erkennen.

In diesem Fall haben wir nicht die Absicht, die Aussagen repräsentativ auf die gesamte Landwirtschaft zu übertragen oder statistisch auszuwerten. Unser Ziel ist es, ein Gefühl dafür zu vermitteln, welche Herausforderungen die zwölf interviewten Betriebe heute haben, welche Unterschiede es zu früher gab und welche Wünsche die einzelnen Personen haben.

Im Prinzip ist es eine Methode, die das Unsichtbare sichtbar macht, beispielsweise welche Begriffe für die interviewten Landwirte und Landwirtinnen besonders wichtig sind, welche Sprachmuster sich wiederholen oder welche tieferen Bedürfnisse hinter bestimmten Aussagen stehen. Wer die Methode sinnvoll anwendet, kann aus wenigen Gesprächen erstaunlich viel herausholen und Entscheidungen treffen, die näher am Menschen sind. Dabei ist zu betonen, dass die Ergebnisse aufgrund der Fokussierung auf wenige Betriebe (n = 12) nicht unbedingt auf die gesamte Landwirtschaft übertragbar sind. Außerdem spielt bei der Auswertung immer auch die Perspektive des Auswertenden eine Rolle, sodass sie nie komplett objektiv ist. Es geht also um Verstehen statt Verallgemeinern.

Weniger Menschen in der Landwirtschaft – ein Blick auf die Lage

Die Landwirtschaft hat sich in den letzten 100 Jahren stark verändert. Seit Mitte der 1990er-Jahre hat sich die Anzahl landwirtschaftlicher Betriebe in Deutschland sogar halbiert. Dabei ist die gesamte landwirtschaftlich genutzte Fläche konstant geblieben. Das heißt, immer weniger Betriebe bewirtschaften immer größere Flächen. Wachstumsorientierte Betriebe übernehmen in der Regel die freiwerdenden Flächen und erweitern ihre Produktionszweige. Andere Betriebe werden im Nebenerwerb fortgeführt oder verändern ihren Produktionsschwerpunkt.

Im Laufe der Zeit hat sich die Anzahl der Menschen, die ein Landwirt oder eine Landwirtin ernähren kann, deutlich erhöht. So ernährte ein Landwirt im Jahr 1949 noch etwa zehn Menschen, im Jahr 2022 waren es bereits 147 (3). Diese Entwicklung spiegelt die steigende Effizienz und Produktivität der Landwirtschaft wider, die durch den Einsatz neuer Technologien und verbesserter Anbaumethoden ermöglicht wurde. Diese Zahl schwankt aufgrund von Einflussfaktoren wie beispielsweise den Wetterverhältnissen. Dennoch ist der Wert im Vergleich zu den vergangenen Jahrzehnten enorm gestiegen, seit 1980 sogar um mehr als das Dreifache (3).

Die Technisierung und die höhere Produktivität haben auch dazu geführt, dass immer weniger Menschen in der Landwirtschaft arbeiten. Vor ungefähr 100 Jahren arbeiteten 33 % in der Landwirtschaft. Nach einer Zeitspanne von fünf Jahrzehnten war es nur noch jeder vierte Mensch. Somit hatte in den 1950er- und 1960er-Jahren fast jeder Haushalt etwas mit Landwirtschaft zu tun. Gegenwärtig beläuft sich der Anteil allerdings auf knapp 1 % (1,2 %) (4).

Zwischen März 2022 und Februar 2023 waren in Deutschland rund 876 000 Menschen in der Landwirtschaft beschäftigt (5). Das sind etwa 62 000 weniger als noch im Jahr 2020. Auch die Zahl der landwirtschaftlichen Betriebe hat abgenommen. Im Jahr 2023 gab es in Deutschland insgesamt 255 010 landwirtschaftliche Betriebe (6). Das ist deutlich weniger als im Jahr 2000, in dem es 458 400 landwirtschaftliche Betriebe gab. Allein von 2020 bis 2023 sank die Zahl der Höfe um rund 7800, was einem Rückgang von 3 % entspricht (7). Dadurch sank auch die durchschnittliche Zahl der Arbeitskräfte pro Hof – von 3,6 auf 3,4 Personen. Hendrik hat den Rückgang der Schweinehaltung in Deutschland direkt in seinem nahen Umfeld beobachtet: *„Meine Frau und ich betreiben den letzten Schweinebetrieb in unserer Straße. Früher, als ich jung war, gab es noch 13 Betriebe.“* Auch Christian berichtet: *„Vor zehn Jahren waren wir 650 Betriebe in der Region, jetzt sind es noch 490.“*

Der Motor der Landwirtschaft

Was bringt Menschen dazu, bei Wind und Wetter früh aufzustehen, Tiere zu versorgen, Maschinen zu warten, Pflanzen zu pflegen und Märkte zu organisieren? Und das nicht nur gelegentlich, sondern jeden Tag, über viele Jahre hinweg. Die Antwort, die wir bei unseren Gesprächen erhalten haben, ist überraschend simpel, aber keinesfalls selbstverständlich: Es ist die Leidenschaft.

Diese Leidenschaft entsteht oft schon in der Kindheit und begleitet die Betreffenden ein Leben lang. *„Seit ich denken kann, bin ich in oder um die Landwirtschaft tätig“*, sagt Marcel. *„Die Begeisterung ist bis heute geblieben.“* Für viele ist der Beruf nicht das Ergebnis einer pragmatischen Entscheidung, sondern der Ausdruck einer inneren Überzeugung, einer tiefen Verbindung mit der Region, der Arbeit mit Tieren oder Pflanzen und der Lebensweise auf dem Land. Carsten sagt: *„Ich gehe jeden Morgen gerne zur Arbeit. Ich mache das total gerne, ich könnte mir keinen anderen Job aussuchen.“* Auch Justus war sich früh sicher: *„Es war von Anfang an klar, dass ich in der Landwirtschaft landen will.“* Lisa spricht es deutlich aus: *„Ich habe den Betrieb aus Überzeugung übernommen.“* Und Franziska bringt es auf den Punkt: *„Wenn man um fünf Uhr morgens aufsteht und Freude an der Arbeit hat, ist das ein Zeichen dafür, dass es der richtige Beruf ist.“*

Für viele ist die Familie ein Motivator, in der Landwirtschaft zu arbeiten. Für Marcel sind die Familie und der Beruf eng verknüpft. Er sagt: *„Letzten Endes ist der Betrieb die Familie.“* Auch Lisa hebt diesen Aspekt hervor und sieht das Zusammenleben und den Zusammenhalt der Familie als großen Vorteil: *„Die Familie ist da auf jeden Fall* *sehr, sehr wichtig. Ansonsten würde ich das nicht schaffen.*" Hendrik beschreibt es emotional: „*Mein größter Wunsch ist, dass meine Kinder wenigstens an dieser Hofstelle wohnen und wir wieder gemeinsam als Familie alt werden, so wie ich es gewohnt bin: mit bis zu vier Generationen. Die junge Generation hilft der alten und die alte Generation hilft der jungen. Das ist einfach lebenswert.*"

Es geht nicht nur darum, im Alltag zu helfen, sondern auch darum, gemeinsam etwas zu erledigen. Hendrik beschreibt, dass der Zusammenhalt, die Familie und die Freude an der Arbeit besonders spürbar sind, wenn man beispielsweise zusammen erntet. Das gemeinsame Essen und Zusammensein stelle für ihn einen echten Mehrwert dar.

Was viele verbindet, ist die Freude an der praktischen Arbeit, die sich jedoch in ganz unterschiedlichen Formen zeigt. Lisa zum Beispiel beschreibt ihre Faszination mit Klarheit: „*Ich finde die Arbeit mit den Fischen einfach total spannend und toll.*" Für sie ist es die Kombination aus Draußensein, Eigenverantwortung und Lebendigkeit, die den Reiz ausmacht. Sie sagt: „*Ich würde nicht mehr tauschen wollen.*" Auch die Jahreszeiten strukturieren die Arbeit auf besondere Weise und schaffen einen natürlichen Rhythmus, der motiviert. Sebastian sagt: „*Ich mag es total, wenn es wieder losgeht. Ich finde das Kartoffellegen richtig cool.*" Für ihn ist es nicht bloß Arbeit, sondern lebendige Planung, denn es ist ein Kreislauf, der gleichermaßen Verlässlichkeit und Abwechslung bietet.

Martina wiederum erinnert sich an die körperliche Arbeit im Freien: „*Es war schön, draußen an der frischen Luft zu sein und seine Ruhe zu haben.*" Ihr gefällt aber auch der direkte Kontakt mit Menschen, vor allem im Hofladen, wo sie ihre Produkte verkauft. Auch die Feldarbeit bereitet ihr Freude, wenngleich sie im Rückblick betont, dass es in der Vergangenheit zu viel gewesen sei.

In vielen Aussagen spiegelt sich ein starkes Gefühl der Selbstwirksamkeit wider. Dabei geht es nicht nur um wirtschaftliche Ziele, sondern auch um das Gefühl, etwas Sinnvolles zu schaffen, Verantwortung zu übernehmen und an einer Aufgabe zu wachsen.

Marcel bringt es auf den Punkt: „*Für mich war es immer das Tollste, zu arbeiten und dabei Spaß zu haben. Wenn man sieht, dass man etwas gut kann und damit etwas erreicht, dann ist das ja irgendwie Selbsterfüllung.*" Auch Georg spricht von dieser inneren Dimension der Arbeit: „*Momentan ist der Betrieb keine Geldmaschine, sondern auch eine Plattform für Selbstverwirklichung.*" Das bedeutet jedoch nicht, dass alles immer Spaß macht. Georg ergänzt: „*80 % meiner Arbeit machen mir Spaß. Die anderen 20 %, die ich nicht gerne mache, sind Audits, Bürokratie und so weiter.*" Die Aussagen zeigen, dass es nicht um Verklärung geht, sondern um einen realistischen Blick auf die Arbeit, bei dem der Sinn das Belastende oft überwiegt. Andere drücken sich einfach, aber deutlich aus: „*Ich bin einfach gerne im Grünen und habe schon immer gerne gegärtnert*", sagt Max. Christian beschreibt seine Idee eines gelungenen Betriebs wie folgt: „*Dass ich Spaß daran habe – und dass er läuft.*" Frank formuliert es lakonisch: „*Stallarbeit oder Käse machen ist für mich keine Arbeit. Das gehört einfach dazu.*"

Spaß an der Arbeit – das ist ein Satz, der in der Landwirtschaft nicht naiv klingt, sondern geerdet. Weil er nicht bedeutet, dass alles leicht ist, sondern dass man den Sinn darin sieht. Dass man gestalten kann. Dass man sich wiederfindet.

Ein weiteres zentrales Motiv ist die Freiheit, Dinge selbst gestalten und entscheiden zu können. Viele, die sich für die Landwirtschaft entschieden haben, betonen genau diesen Punkt. Für sie sind Unabhängigkeit, das Treffen eigener Entscheidungen und das Übernehmen von Verantwortung wichtig. Marcel macht es deutlich: *„Was ich immer wollte, war, selbstständig sein, einen Betrieb haben und Sachen selber voranbringen.“* Hendrik ergänzt: *„In einem Bereich, in dem ich mehr selbst entscheiden kann und weniger Vorgaben von anderen bekomme.“* Diese Selbstständigkeit bedeutet auch, sich im Wandel der Zeit neu auszurichten, nicht alles zu übernehmen, was früher galt, sondern sich bewusst für Wege zu entscheiden, die zur eigenen Vorstellung von Landwirtschaft passen.

Die starke Verbindung zur Arbeit geht einher mit einem klaren Bewusstsein für ihre Abhängigkeit von der Natur. Viele beschreiben die Natur als Mitspielerin, aber auch als unberechenbare Größe. Sebastian sagt: *„Es gibt so viele Dinge, die man gar nicht beeinflussen kann. 90 % machen Sonne, Natur und das Wetter aus. Wir schrauben ja nur an ganz kleinen Dingen herum.“* Hendrik bestätigt: *„Es gibt Jahre, in denen alles gut läuft, weil die Natur mitspielt. Und es gibt Jahre, in denen es Probleme mit Trockenheit oder anderen Faktoren gibt.“* Martina beschreibt es als ein Leben in Verbundenheit: *„Wir leben in Verbindung mit der Natur, müssen die Gegebenheiten, die Wetterbedingungen und die Folgen der Ernte hinnehmen und haben im Prinzip wenig Einfluss.“* Georg verweist auf konkrete Beispiele: *„Wie lange der Spargel hält, also wie lange man den Acker beernten kann, hängt wiederum von der Sorte, dem Standort und den Wetterbedingungen ab.“*

Die Bedingungen, unter denen Landwirtschaft betrieben wird, unterliegen jedoch spürbaren Veränderungen. So war das Jahr 2024 das wärmste seit Beginn der Aufzeichnungen. Zum ersten Mal lag die globale Durchschnittstemperatur 1,5 °C über dem Niveau der vorindustriellen Zeit (8). Was für viele Menschen noch abstrakt klingt, ist für Menschen, die in der Landwirtschaft arbeiten, bereits Realität: Hitzewellen, Trockenperioden, Starkregen, Schädlingsdruck und instabile Ernten.

Georg beschreibt eindrücklich, wie sich klimatische Veränderungen zunehmend bemerkbar machen. Dürren, Hitzeperioden und sogenannte Omega-Wetterlagen verstärken die Risiken, die in der Landwirtschaft ohnehin bestehen. Auch Sebastian sieht in den immer extremer werdenden Wetterereignissen eine wachsende Bedrohung, die mit steigenden Ernteausfällen und existenziellen Sorgen verbunden ist. Lisa verweist auf konkrete Folgen in ihrem Arbeitsbereich. Unter den heutigen Bedingungen sei der Einsatz von Flüssigsauerstoff kaum noch zu vermeiden. Besonders deutlich zeigt sich der Wandel zudem an den Gewässern, deren Wasserstand sinkt und an manchen Stellen bereits kritisch niedrig ist. Und sie fügt hinzu: *„Die Umwelt hat sich tatsächlich sehr geändert."*

Die Menschen, die wir getroffen haben, üben ihren Beruf nicht aus, weil es einfach ist, sondern weil er ihnen etwas bedeutet. Für sie ist die Landwirtschaft auch ein Teil ihrer Identität. Sie stehen früh auf, übernehmen Verantwortung, arbeiten draußen, oft unter schwierigen Bedingungen, weil sie darin Sinn und Erfüllung finden. Was sie eint, ist keine Romantik, sondern eine klare innere Haltung: Sie wollen gestalten und etwas aufbauen. Trotz Bürokratie, Hitzeperioden, Starkregen und Dürre. Ob Marcel, der in der Arbeit Erfüllung findet. Carsten, der sich kein anderes Leben vorstellen kann. Lisa, die nicht mehr tauschen möchte. Oder Sebastian, der sich jedes Jahr auf die Aussaat freut. Sie alle zeigen, dass Landwirtschaft weit mehr ist als ein Job. Es ist eine Lebenseinstellung und genau deshalb machen sie weiter. Nicht, weil sie müssen, sondern weil sie es wollen.

Der Weg zur Spezialisierung

Früher mussten viele Dinge mit eigener Kraft erledigt werden und vieles war reine Handarbeit. *„Die Teiche wurden damals noch mit der Hand ausgegraben"*, erzählt Lisa. Auch das Melken und das Füttern der Tiere wurde manuell erledigt. Hendrik erinnert sich: *„Wir haben die Ferkel bekommen und mit der Hand vom Hänger heruntergetragen. Teilweise haben wir sie heruntergehoben."* Körperliche Arbeit bildete die Grundlage des landwirtschaftlichen Alltags. Martinas Eltern verbrachten weitaus mehr Zeit auf dem Feld als sie selbst. Auch Hendriks Vater betont rückblickend, wie körperlich anspruchsvoll diese Arbeit war. Für Lisa steht fest, dass ihr Vater durch die Belastung gesundheitlich stark gezeichnet wurde.

> Die Landwirtschaft von früher hatte einen Preis, der sich nicht nur auf körperlicher, gesundheitlicher und manchmal auch sozialer Ebene zeigte.

Stefan erinnert sich: *„Wir mussten natürlich, wie zwei Generationen vor uns, immer nach der Schule mit anpacken. Auch in den Ferien mussten wir mitarbeiten."* Martina beschreibt ihre Kindheit so: *„Im Prinzip bin ich im Feld an der Seite von Mama und Papa groß geworden."*

„Bis dato hatten wir sehr viel Personal aus der Familie", erzählt Martina. *„Ich habe alte Bilder, auf denen meine ganzen Tanten und Onkel mit Spaten und Hacke auf den Feldern stehen."* Diese Bilder sind Geschichte, was durchaus positiv gesehen wird. *„Viele möchten einen Hof wie vor 50 Jahren sehen"*, sagt Hendrik. *„Aber so möchte keiner von uns mehr arbeiten."* Was früher viele Hände brauchte, schafft heute oft eine Person. Wir sehen, wie Sebastian allein das Feld bestellt, wie Marcel allein die Gurken kontrolliert und wie Dirk sich mit digitaler Unterstützung um die Fütterung der Tiere kümmert.

Maschinen haben vieles verändert. Denn die Maschinen wurden größer, effizienter und intelligenter. *„Ich habe miterlebt, wie die Maschinen immer größer wurden"*, erinnert sich Marcel. Durch die neuen technischen Möglichkeiten haben sich die Betriebe spezialisiert und ihre Schwerpunkte verändert. Hendrik sagt: *„Ohne Milchviehhaltung haben wir ein Stück Freiheit gewonnen."* Für ihn war das der Anfang der Spezialisierung. Christian bestätigt: *„Die Arbeit meiner Eltern ist nur schwer mit der heutigen Zeit zu vergleichen, da der Betrieb damals nicht so groß war."*

Dabei ist nicht jede Kulturpflanze maschinell bearbeitbar. *„Je nachdem, was man produziert, hat man Arbeitsspitzen, die man nur mit Stunden abfangen kann"*, erklärt Christian. Dies kann nicht nur durch den Einsatz von Technik bewältigt werden, da es sich häufig um Handarbeitsbetriebe handelt. Die Technisierung hat dennoch vieles erst ermöglicht. Sie hat Arbeitskraft ersetzt, aber auch neue Räume geschaffen. Dirk zieht daraus eine weitreichende Schlussfolgerung: *„Durch eine sehr hohe Technisierung hatten Menschen auf einmal Zeit, sich um Dinge wie Medizin, Kunst und Wissenschaft zu kümmern."* Auch in der Landwirtschaft entstanden durch die Technisierung neue Möglichkeiten: exakte Steuerung, präziser Ressourceneinsatz und besseres Monitoring. Marcel beschreibt es so: *„In unseren Gewächshäusern erfassen wir genau, wie viel Wasser wohin geht, wie viel Energie wir brauchen und wie wir lüften."* Carsten ergänzt: *„Es geht nicht mehr nur darum, der Pflanze Dünger zu geben, sondern gezielt zum richtigen Zeitpunkt zu düngen, um das Maximum herauszuholen."* Georg beschreibt, wie sich der Anbau verändert hat: *„Der Erdbeeranbau und zum Teil auch der Spargelanbau können heute mithilfe von Folientunneln sehr genau gesteuert werden, sowohl in Bezug auf die Menge als auch auf die Qualität."* Und das macht den meisten auch Freude. Marcel sagt: *„Es macht mir Spaß, den Betrieb weiter zu optimieren."*

Mit der Spezialisierung wurden die Betriebe größer, oft aus Notwendigkeit. Dirk sagt: *„Man musste sich spezialisieren, man musste größer werden." „Mir war damals bewusst, wenn ich Landwirt oder landwirtschaftlicher Unternehmer sein möchte, dass der Betrieb wachsen muss."* Auch Carsten erinnert sich: *„Mir war schon 2000 klar, dass wir größer werden müssen. Da fing es mit der Energiekrise an."* Marcel: *„Für den Gartenbau wird viel Spezialwissen benötigt."* Und: *„Die Firmen, mit denen wir zu tun haben, werden immer größer." „Als ich 2009 angefangen habe, war der Betrieb eigentlich viel zu klein, um das so weiterzumachen"*, sagt Stefan. Carsten beschreibt: *„Ich glaube, in den nächsten fünf Jahren werden viele Kollegen aufhören. Das wird so kommen. Die Betriebe werden dann einfach größer."*

Doch Spezialisierung hat nicht nur Vorteile. Marcel weist darauf hin, dass es für einzelne Betriebe schwierig ist, selbstständig Kunden zu erreichen und eine gleichmäßige Versorgung sicherzustellen. Auch Christian berichtet, dass er beim Apfelanbau fast ausschließlich über Zwischenhändler arbeitet, da der direkte Kontakt zu Endkunden kaum möglich ist. Gleichzeitig wächst das Bewusstsein für den Bedarf an Veränderungen. Barbara erinnert daran, dass lange Zeit die Spezialisierung, etwa auf Bullenmast oder Milchvieh, als einzig richtiger Weg galt, diese Phase jedoch vorbei sei.

Auch Marcel spricht es aus: *„Veränderungen sind einfach notwendig."* Christian fasst zusammen: *„Wir sind jetzt an einem Punkt, an dem nicht mehr* ***mehr*** *ist, sondern die* ***Effizienz*** *ist ausschlaggebend."*

Die moderne Landwirtschaft ist keine idyllische Vorstellung von Landleben. Sie ist eine hochkomplexe Branche mit hohem Innovationsdruck, enormen Anforderungen und einem wachsenden Maß an Bürokratie. *„Ich habe angefangen, alles auf Papier zu notieren"*, sagt Carsten. *„Irgendwann ist dann die Digitalisierung gekommen."* Heute muss vieles dokumentiert werden, bevor man überhaupt loslegen kann. Bevor die eigentliche Arbeit auf dem Hof beginnt, müsse man heute erst einmal rechnen und schreiben, erinnert Barbara. Auch Christian verweist darauf, dass ständig jemand im Büro sein müsse, um Zertifizierungen, Auflagen und Anfragen in Ruhe abarbeiten zu können. Hendrik schildert das Gefühl, den neuen Regelungen immer nur hinterherzulaufen. Kaum sei etwas abgeschlossen, werde es durch neue Vorschriften wieder infrage gestellt. Dirk hebt hervor, wie stark die Anforderungen an Dokumentation zugenommen haben und dass alle Unterlagen lückenlos stimmen müssen. Martina weist auf die besonders strengen Handelskontrollen hin, wenn Produkte in den Großhandel gehen. Und Hendrik ergänzt schließlich, dass auch die Anforderungen für verschiedene Initiativen stetig umfangreicher und kostspieliger werden.

Heute braucht es andere Fähigkeiten. Als Betriebsleiter oder Betriebsleiterin muss man immer den Überblick bewahren, sich konzentrieren und technisch kompetent sein sowie mentale Stärke zeigen. *„Man muss voll fokussiert sein und aufpassen, dass nichts passiert"*, sagt Marcel. Denn *„der Betrieb muss immer im Vordergrund stehen"*. Fehler haben einen direkten großen Einfluss auf die gesamte Familie. Lisa beschreibt ihre Situation: *„Mein Mann hat mit dem Betrieb eigentlich nichts zu tun, aber da es mein eigener Betrieb ist, ist er natürlich trotzdem immer involviert. Wenn mich etwas betrifft, betrifft es auch meinen Mann. Entscheidungen muss ich dennoch allein treffen, was nicht immer einfach ist. Oft geht es um Investitionen und da habe ich manchmal Angst, etwas falsch zu machen."* Martina spricht aus Erfahrung: *„Allein das ganze Private zu bewerkstelligen, ist sehr zeitintensiv."* *„Das ist auch eine Verantwortung, für die man selbst einsteht"*, erklärt Stefan. Lisa ergänzt: *„Ich glaube, wenn du so etwas machst, musst du mental sehr stabil sein. Das wird manchmal sehr unterschätzt."* Die Betriebsleiter und Betriebsleiterinnen müssen demnach eine gewisse Resilienz mitbringen. Georg formuliert es so: *„Das ist vielleicht überhaupt das Wichtigste. Ein dickes Fell zu haben."* Die Verantwortung ist immer da, egal was passiert, sagt Lisa. *„Wenn etwas mit meinen Eltern, meinem Mann oder meinen Kindern passiert, muss ich trotzdem weitermachen. Dann kann ich mich nicht einfach krankschreiben lassen."*

Die Arbeit hat sich verändert, aber sie ist nicht weniger geworden. Sie ist nur anders. Komplexer. Verantwortungsvoller. Sichtbarer. Martina erinnert sich an ihre Mutter, die damals einfach arbeiten konnte: *„Sie konnte sich mit mir an ihrer Seite voll auf die Feldarbeit konzentrieren – ganz ungestört und zurückgezogen, ohne Kunden, Lieferanten und all den Leuten, die nun zum Hofladen und Wochenmarkt dazugehören."* Der

Austausch mit anderen war anders, vielleicht sogar intimer, wenn das Pferd oder der Ochse in der Mittagspause fraß und trank und man sich für einen Moment hinsetzen konnte. Heute ist dafür oft kein Platz mehr. *„Weil wir einfach immer da sind"*, sagt Marcel.

Die moderne Landwirtschaft ist durchgetaktet und eingebettet in ein System aus Kontrolle, Verantwortung, Technik und Öffentlichkeit.

Die Technisierung hat die Landwirtschaft revolutioniert. Sie hat körperliche Arbeit reduziert, aber nicht ersetzt. Stattdessen hat sie diese auf mentale, organisatorische und unternehmerische Verantwortung verlagert. Die Entwicklung hin zur Spezialisierung und Betriebsvergrößerung war oft alternativlos, um den steigenden Anforderungen und wirtschaftlichem Druck gerecht zu werden. Sie bringt jedoch auch neue Herausforderungen mit sich, nämlich weniger Flexibilität, weniger Kundennähe, mehr Abhängigkeit von Großabnehmern und Kontrollinstanzen. Die enorme Verantwortung, die Landwirtinnen und Landwirte heute täglich schultern, bleibt bestehen. Oft tun sie dies mit ihrer Familie sowie dem Blick für das ganze System.

Die Frage der Hofnachfolge

Früher gab es für viele keine andere Wahl etwas anderes als auf dem Betrieb zu arbeiten und den Hof der Eltern weiterzuführen. Das ist heute anders. Die Hofnachfolge in der deutschen Landwirtschaft ist ein vielschichtiges gesellschaftliches Thema, zu dem es unterschiedliche Statistiken gibt. Generell lässt sich sagen, dass die Anzahl der Betriebe sinkt und die Hofnachfolge bei vielen ungeklärt ist. Das sorgt für Unsicherheit. *„Das Thema Betriebsfolge ist eigentlich immer ein sensibles Thema"*, sagt Marcel. Und diese Sensibilität haben wir in vielen Gesprächen wiedergefunden. Was früher fast automatisch geschah, ist heute ein bewusster und oft herausfordernder Prozess.

Alle Teilnehmenden an diesem Buch, die Kinder haben, möchten ihnen heute mehr Freiheit lassen. Sie wünschen sich, dass diese ihren eigenen Weg gehen, einen *„woran sie Spaß haben und wo sie Zukunft drin sehen"*. Die Vorstellung, dass Kinder den Hof automatisch übernehmen, gibt es nicht mehr. Martina möchte zum Beispiel, dass ihre Kinder *„einen freieren Weg einschlagen"*. Viele junge Menschen, die heute einen Betrieb übernehmen könnten, wägen ab. Denn der Beruf bedeutet heute ein enormes Maß an Belastung. Max beschreibt es offen: *„Ich habe lange nicht gedacht, dass ich irgendetwas mit dem Spargelbetrieb zu tun haben will. A, es ist mega stressig, B, es ist auch viel Verantwortung."*

Gleichzeitig gibt es unklare Perspektiven, die Zweifel aufkommen lassen. Es gibt allgemein eine gewisse Unsicherheit, wie es in Zukunft mit der Landwirtschaft in Deutschland weitergeht. Nach Hendrik *„war man früher ganz anders aufgestellt und hat gedacht, dass ein Hof über viele Generationen bestehen bleibt"*. In der heutigen Zeit gibt es jedoch keine Planungssicherheit. Viele blicken nachdenklich in die Zukunft. Barbara drückt sich so aus: *„Wir wissen ja noch gar nicht, wie das weitergeht. Eigentlich möchtest du, dass es für deine Kinder so weitergeht oder dass sie so weitermachen können. Aber momentan weißt du halt gar nicht, in welche Richtung."* Auch Christian empfindet eine gewisse Unsicherheit: *„Weder der Einzelhändler noch die Züchtungsinitiative sagen, wie es in zehn Jahren aussieht."* Dirk möchte nicht, dass seine Kinder *„in diesem Spagat leben"* und sagt: *„Ob sie in unserem modernen, gesunden Betrieb in zehn Jahren eine Zukunft finden können? Das kann ich Ihnen, Stand heute, schlicht und ergreifend nicht sagen."* Christian sieht es ähnlich: *„Für den Erzeuger ist es im Moment sehr schwierig. Aktuell ist eine Festlegung sehr riskant."* Dabei sollte die langfristige Perspektive eigentlich Teil des Berufsverständnisses sein. *„Bauern denken in Generationen"*, sagt Dirk. Doch gerade das scheint zunehmend, sowohl im Markt als auch in der politischen und gesellschaftlichen Umgebung, infrage gestellt zu werden.

Ein entscheidender Faktor für die Hofnachfolge ist der Zugang zur Landwirtschaft, insbesondere für Außenstehende. Sebastian reflektiert ehrlich: *„Wenn ich nicht hier aufgewachsen wäre und nicht in eine Landwirtschaftsfamilie hineingeboren worden wäre, dann wäre ich wahrscheinlich kein Landwirt geworden."* Auch Marcel sagt: *„Hätte ich das nicht kennengelernt oder wäre ich nicht so aufgewachsen, würde ich das nicht machen."* Fast alle bestätigen, dass es ohne Herkunftsbetrieb kaum möglich ist, neu einzusteigen. Christian sagt: *„Es gibt kaum Quereinsteiger. Das liegt am Kapital."* Carsten bringt es auf den Punkt: *„Es ist ein Unterschied, ob du in einem Betrieb geboren bist oder ob du neu in den Job einsteigst."* Wer keinen elterlichen Hof übernimmt, steht vor hohen finanziellen Hürden. Sebastian fast es drastisch zusammen: *„Wenn man bei null anfängt, sind die Bedingungen einfach sehr schwierig. Es ist sehr kapitalintensiv und Fläche ist extrem teuer."*

Doch auch wer einen Betrieb übernehmen kann, sieht sich großen Herausforderungen gegenüber. Das gilt besonders, wenn die Betriebsgröße in den letzten Jahren stark gewachsen ist. Max beschreibt die Situation wie folgt: *„Mein Vater ist da reingewachsen, sie haben das langsam aufgebaut. Wenn ich das jetzt direkt übernehmen würde, wäre es von null auf 130 Personen."* Es geht nicht nur um wirtschaftliche Fragen, sondern auch um Wissenstransfer. Martina beschreibt: *„Der Betrieb wird jetzt, was unsere Kinder angeht, in vierter Generation geführt. Wir haben das Wissen und die Erfahrung von meinen Eltern übernommen und sie (unsere Kinder) übernehmen das jetzt schon wieder von uns."*

Diese Übergabe braucht Vorbereitung und Zeit. Junge Hofnachfolger und Hofnachfolgerinnen müssen heute lernen, Verantwortung zu tragen und gleichzeitig zu delegieren, ohne dabei den Kern des Betriebs aus den Augen zu verlieren. Martina warnt: *„Die jungen Leute müssen aufpassen, dass sie früh genug anfangen, den Spagat zwischen eigenem Einsatz, Delegieren und der Authentizität des Betriebes zu schaffen."* Denn ständige Erreichbarkeit, Verantwortung und Anspruch von außen sind heute andere Anforderungen als früher. Dirk stellt sich selbstkritisch die Frage: *„Wir sind auch Gesellschaft, wir nehmen auch am Leben teil, wir sind auch Konsumenten. Man fragt sich dann, tue ich meinem Sohn oder meiner Tochter das an?"*

Einige Landwirte und Landwirtinnen ziehen daraus Konsequenzen. Hendrik hat einen Entschluss getroffen: *„Ich werde die Tierhaltung so lange aufrechterhalten, solange ich keine größeren Investitionen tätigen muss. Wenn ich einen Kredit aufnehmen muss, den ich über zehn Jahre abbezahlen muss, dann höre ich auf.“*

Und dennoch gibt es auch Anlass zur Zuversicht. Carsten beschreibt, was ihn motiviert: *„Am meisten macht mir Spaß, dass die Kinder bei unserer Gesellschaft mitmachen. Das ist natürlich auch ein Zeichen, dass man den Betrieb richtig entwickelt hat.“* Marcel sieht seine Gurkenproduktion als zukunftsfähig an: *„Wir sind in der Lage, klima- und umweltgerecht zu produzieren.“* Auch bei Timo klingt Hoffnung durch: *„Was die Ziegen betrifft, denke ich, dass es noch Betriebe geben wird, weil Ziegenkäse in Deutschland immer mehr zum Trend wird.“* Carsten ergänzt selbstbewusst: *„Wir sind top aufgestellt. Eigentlich sind wir super positioniert.“* Stefan sieht das für seine Legehennen mit Auslauf ähnlich: *„Ich glaube schon, dass es auch in den nächsten zehn Jahren gut laufen wird. Weil man das nicht in der Masse nebeneinander duplizieren kann.“*

Die Hofnachfolge ist heute keine Selbstverständlichkeit mehr, sondern eine bewusste Entscheidung. Diese ist oft geprägt von Überzeugung, aber auch von Zweifel.

Wer übernimmt, macht das meist aus innerer Motivation heraus. Damit Landwirtschaft auch morgen eine Zukunft hat, braucht es heute verlässliche Rahmenbedingungen, ehrliche Perspektiven und das Vertrauen, dass sich die eigene Lebensentscheidung lohnt. Es braucht Mut zur Veränderung. Manchmal ist auch der Mut gefragt, alte Strukturen loszulassen.

Die Wertschöpfung der Lebensmittel

Die Produktion von Lebensmitteln ist ein komplexer Prozess, der die Zusammenarbeit vieler verschiedener Akteure und Akteurinnen erfordert. Die Lebensmittelwertschöpfungskette beschreibt den gesamten Weg eines Lebensmittels – von der Erzeugung bis zum Verzehr. Sie beginnt mit den Vorleistungsbetrieben, die Materialien wie Saatgut, Futtermittel oder Maschinen bereitstellen. Darauf folgt die Produktion selbst, bei der landwirtschaftliche Betriebe Pflanzen anbauen oder Tiere halten. Nach der Ernte oder Schlachtung werden die Rohstoffe in Endprodukte umgewandelt. Dies geschieht beispielsweise in Mühlen, Molkereien oder Bäckereien. Schließlich übernehmen Groß- und Einzelhandel die Verteilung der Produkte, bis sie schließlich von den Verbraucherinnen und Verbraucher konsumiert werden.

Marktveränderungen beeinflussen diese Kette und stellen die Landwirtschaft vor neue Herausforderungen. Christian erklärt: *„Aufgrund des Marktgeschehens hat sich der Betrieb in den letzten 30 Jahren verändert.“* So sind einige Sorten nicht mehr gefragt, wie er weiter ausführt: *„Ein zweiter aktuell erheblicher Aspekt ist, dass einige*

Sorten einfach nicht mehr marktüblich sind oder nicht mehr nachgefragt werden.“ Gleichzeitig wird der Markt zunehmend professioneller, wie Marcel betont: *„Die Professionalität, die wir mitbringen, ist am Markt auch notwendig.“* Der Bedarf an Flexibilität hat zu neuen Marktmodellen geführt. *„Man wollte also etwas früher und noch etwas später Gemüse produzieren. So hat sich ein Markt entwickelt“*, erklärt Marcel. Für eine effektive Produktion ist es notwendig, bestimmte Volumen zu erreichen: *„Wir brauchen ein bestimmtes Volumen, um damit arbeiten und bestimmte Abläufe darstellen zu können.“*

Auch die Verbraucherpräferenzen spielen eine wichtige Rolle. Die Nachfrage nach bestimmten Produkten wird stark von den Preisen und der Marktstruktur beeinflusst. Carsten hebt hervor: *„Wir versuchen, in bestimmten Segmenten zu produzieren, weil wir die hohen Preise benötigen. Ein Beispiel sind klassische Cocktailtomaten.“* Gleichzeitig sind hohe Produktionskosten, etwa durch die hohen Energiepreise in Europa, ein ständiger Faktor. Carsten erklärt: *„Wir haben nun mal die höchsten Energiepreise in Europa und müssen dementsprechend effizienter und genauer werden.“*

Die Ansprüche der Verbraucher und Verbraucherinnen verändern sich ebenfalls. Marcel stellt fest, dass in Nord- und Ostdeutschland die Preisbewusstheit stark ausgeprägt ist: *„Der nord- und ostdeutsche Raum, zum Teil auch noch in den Westen hinein, kauft eher preisbewusst.“* Timo merkt an, dass auch neue Lebensmitteltrends entstehen, wie Ziegenkäse: *„Ich denke, dass erst die jüngere Generation Ziegenkäse für sich neu entdeckt hat.“* Ein weiteres Beispiel ist die Veränderung im Fleischkonsum: *„Fleisch ist teuer und Geflügel ist günstiger. Das sind alles Faktoren, die den Verbraucher aktuell eher zu Geflügel greifen lassen“*, sagt Dirk.

Trotz all dieser Veränderungen bleibt das Verbraucherverhalten eine der größten Herausforderungen.

Christian beschreibt eine kontinuierlich sinkende Nachfrage in bestimmten Bereichen: *„Immer weniger Leute backen Apfelkuchen oder verarbeiten Äpfel auf andere Weise.“* Dennoch sieht er eine positive Entwicklung im Bereich der biologischen Produkte: *„Ja, wir haben in unserer Gesellschaft einen Markt für biologische Produkte. Den gab es in den Neunzigern sicher noch nicht so wie jetzt.“* Carsten schätzt es so ein: *„Das Potenzial für Bio ist vorhanden, aber der Markt fehlt noch. Die Frage ist, wie viel kann er noch aufnehmen?“*

Für die Landwirtschaft ist es von entscheidender Bedeutung, auf diese Veränderungen im Markt und im Verbraucherverhalten zu reagieren, um wettbewerbsfähig und nachhaltig zu bleiben. Eine stetige Anpassung an die Anforderungen der Verbraucherinnen und Verbraucher sowie die sich verändernden Marktbedingungen ist notwendig, um eine effiziente und faire Lebensmittelproduktion sicherzustellen.

Ein Trend zur Diversifizierung

In vielen landwirtschaftlichen Betrieben steht eine neue Strategie im Raum. Sie entsteht nicht aus der Theorie, sondern aus der Praxis, oft aus der Not heraus, manchmal aus unternehmerischer Überzeugung. Hendrik erkennt zum Beispiel die Notwendigkeit, neue Strategien zu entwickeln: *„Für mich ist klar: Es ist notwendig innovativ zu sein. Das bedeutet, zu schauen, was man anders machen kann.“*

Viele Landwirtinnen und Landwirte suchen in einem Markt, der von Abhängigkeiten geprägt ist, mehr Handlungsspielraum. Diese Abhängigkeiten werden durch Weltmarktpreise, politische Rahmenbedingungen und Abnehmer beeinflusst. Dabei tauchen zwei Begriffe immer wieder auf.

Zum einen wird die Diversifizierung angesprochen. Unter Diversifizierung versteht man die Ausweitung eines Betriebs auf neue Bereiche. Dazu können zusätzliche Produkte, neue Vertriebswege oder Dienstleistungen gehören. Es geht darum, sich breiter aufzustellen, um das wirtschaftliche Risiko zu streuen und den Hof an veränderte Anforderungen anzupassen.

Zum anderen wird die Direktvermarktung angesprochen. Direktvermarktung beschreibt eine andere Form der Vermarktung. Anstatt die Produkte über Genossenschaften, Molkereien oder Zwischenhändler zu verkaufen, wird der direkte Weg zum Endkunden gesucht. Dabei spielen Hofläden, Wochenmärkte oder Automaten eine Rolle. Der Grundgedanke ist, die Wertschöpfung möglichst lange auf dem Hof zu halten.

Für Martina, Georg und Timo war die Direktvermarktung von Beginn an Teil ihres Betriebskonzepts. Manchmal aus Überzeugung, manchmal aus Notwendigkeit, weil die Abnahme durch den Großhandel fehlte oder der Betrieb sich neu aufstellen musste. Timo sieht Vorteile in der Direktvermarktung: *„Es macht mehr Arbeit, aber ich habe den gesamten Prozess inklusive der Vermarktung in der Hand. Ich kann auf Preissteigerungen direkt reagieren. Wenn ich meine Milch an Molkereien abliefere, kann ich das nicht.“* Dieser Wunsch nach Eigenständigkeit, nach Einfluss auf den eigenen Erlös, die Kundenbeziehung und das Tempo, zieht sich durch viele Gespräche. Georg schildert die Vorteile dieser Strategie eindrücklich: *„Zum Glück sind wir sehr diversifiziert im Verkauf und können uns deswegen im Prinzip die Abnehmer aussuchen.“*

Diese Entwicklung ist nicht nur ökonomisch relevant, sondern zeugt auch von der Anpassungsfähigkeit an neue Märkte. Denn Kundenerwartungen verändern sich. Selbst bei einem klassischen Produkt wie Spargel zeigt sich das: *„Die Nachfrage nach grünem Spargel steigt, der weiße Spargel sinkt“*, beobachtet Georg. Seine Reaktion darauf sind neue Produktformen, Convenience-Angebote und eine gezielte Angebotsgestaltung.

Doch trotz dieser Beispiele bleibt die Direktvermarktung in Deutschland bislang ein Randphänomen. Nur rund 18 % der landwirtschaftlichen Betriebe nutzen diese Vertriebsform, oft nur ergänzend (9). Dabei steckt in ihr mehr als nur wirtschaftliches

Potenzial: Wer direkt verkauft, kommt mit den Kunden ins Gespräch. Wer im Gespräch ist, schafft Nähe und Verständnis. Und wer verstanden wird, bekommt Rückhalt. Diese Verbindung zur Gesellschaft könnte in Zeiten wachsender Entfremdung von enormer Bedeutung sein. Barbara sieht in dieser Entwicklung nicht nur eine Chance, sondern fast eine Notwendigkeit: *„Wir gehen eher in Richtung Direktvermarktung, weil ich glaube, dass wir mit der Größe oder mit den großen Betrieben nicht mehr mithalten können. Oder gegenüber dem Ausland – das wird einfach ein Problem für Deutschland."*

Für viele ist Diversifizierung ein Weg, um unabhängig von Preisdruck und Betriebsgröße zu bleiben. Hendrik betont: *„Eigentlich ist es ganz gut, dass wir drei Standbeine haben. Wenn alle drei gar nicht laufen würden, wäre das schon echt komisch."* Lisa bestätigt diese Strategie: *„Das Gute ist, dass ich insgesamt mehrere Standbeine habe."*

Martina zeigt, wie sehr Diversifizierung auch mit unternehmerischer Strategie zu tun hat: *„Wir haben unser Angebot so weit wie möglich vergrößert, um den Kundinnen und Kunden einen effizienten Einkauf unter einem Dach anzubieten. Wir haben zwar einen deutlich höheren Aufwand, dafür aber auch eine viel größere Sicherheit als die großen, spezialisierten Spargelbetriebe."*

Die Aussagen zeigen, dass Vielfalt im Betrieb eine gewisse Stabilität schafft. Doch sie ist nicht für alle erreichbar. Hendrik nennt die Grenzen: *„Direktvermarktung wäre eine Möglichkeit, aber für die Schweinebranche ist das chancenlos. Wenn ich etwas an der Schweinehaltung ändern möchte, geht das nur mit einem privaten Programm in Zusammenarbeit mit einem Schlachtunternehmen oder einer Fleischerei."* Demzufolge hängt die Direktvermarktung von der Produktart, der Infrastruktur, der Lage und dem Kundenkontakt ab. Während sich Milch, Käse, Eier, Honig oder Spargel gut vermarkten lassen, ist das bei Fleisch oder Getreide mit höheren Hürden verbunden.

Dennoch deutet vieles auf einen strukturellen Wandel hin. Sebastian sagt: *„Landwirte müssen sich innerhalb des Betriebes diversifizieren."* Die Anforderungen steigen. Und zwar betriebswirtschaftlich, kommunikativ und organisatorisch. Kundennähe, Produktauswahl und Preisgestaltung werden Teil der täglichen Arbeit.

Die Zukunft im Blick

„Wir denken in Generationen", sagt Marcel. Dieser Satz betrifft nicht nur die Hofübergabe, sondern steht auch beispielhaft für das Selbstverständnis vieler Landwirtinnen und Landwirte. Landwirtschaft ist keine kurzfristige Tätigkeit, sondern ein auf Kontinuität ausgerichtetes Lebensmodell. Doch genau dieses Denken kollidiert zunehmend mit einer politischen Realität, die häufig von Unsicherheit, schnellen Richtungswechseln und fehlender Verlässlichkeit geprägt ist.

„Aber wir wissen heute nicht, was in einem halben Jahr ist", ergänzt Dirk. Wer in Tieren, Pflanzen und Bodenzyklen denkt, braucht Verhältnisse, die eine langfristige Planung ermöglichen. Nicht nur betrieblich, sondern auch gesellschaftlich. Hendrik

bringt es auf den Punkt: *„Ich bin davon total überzeugt, aber das Drumherum ist nicht einschätzbar – und das ist unangenehm.“* Die Frage, ob sich Investitionen noch lohnen, ob Regelungen Bestand haben oder Förderungen greifen, begleitet viele Entscheidungen im Alltag. *„Wir möchten jetzt nicht investieren, ohne zu wissen, ob es sich langfristig lohnt“*, sagt Hendrik. Die fehlende Planungssicherheit erschwert es, Verantwortung zu übernehmen. Und das in einem Beruf, der wie kaum ein anderer auf Verlässlichkeit angewiesen ist.

Neben dem Wunsch nach klareren politischen Rahmenbedingungen formulieren viele der Gesprächspartner und Gesprächspartnerinnen auch ein Bedürfnis nach gesellschaftlichem Verständnis. *„Manchmal wünscht man sich auch ein bisschen größeres Verständnis, vor allem vonseiten der Politik“*, meint Marcel. Timo bestätigt: *„Ein besseres Verständnis, wie die Landwirtschaft funktioniert, wäre schön.“* Oft wird der Eindruck geäußert, dass gesellschaftliche Erwartungen und politische Vorgaben nicht deckungsgleich mit der Realität auf den Höfen sind. Dirk sagt: *„Was vielen Landwirten und mir wichtig ist, ist die öffentliche Wahrnehmung.“* Es fehlt an Sichtbarkeit der tatsächlichen Arbeit, der Herausforderungen und der Leistungen, die tagtäglich erbracht werden.

Gleichzeitig wird deutlich: Vertrauen ist ein zentrales Thema. Nicht nur das Vertrauen der Gesellschaft in die Landwirtschaft, sondern auch das Vertrauen der Landwirtinnen und Landwirte in politische Prozesse. *„Es muss wieder Menschen geben, die sagen: Wir vertrauen euch“*, fordert Hendrik. Marcel ergänzt: *„Da müssen wir vielleicht ein Stück weit Vertrauen in das deutsche Lebensmittelsystem entwickeln.“* Vertrauen braucht Verlässlichkeit. Doch genau diese wird durch häufig wechselnde Vorgaben erschüttert. Hendrik beschreibt: *„Es gibt so viele Sachen, die wir berechnen und aufzeichnen sollen, aber dann doch wieder nicht – und dann wieder anders. Teilweise machen die ja Gesetze, die dann sogar noch rückwirkend gelten sollen.“*

Nicht nur bürokratische Belastung, sondern auch die Perspektive auf strukturelle Entwicklungen beschäftigt viele. Carsten beschreibt, wie kleinere Betriebe unter den wachsenden Anforderungen zunehmend aufgeben müssen: *„Wir haben eine größere Fläche, weil die kleinen Betriebe in den nächsten Jahren alle aufhören werden. Nicht, weil ich das möchte – im Gegenteil –, aber die Auflagen werden halt immer höher und immer höher.“* Mit dem Rückzug dieser Betriebe gehen nicht nur regionale Strukturen verloren, sondern auch Erfahrungswissen. Marcel merkt an: *„Die Experten, die früher aus Erfahrung gelernt haben, die gehen überall in den Ruhestand und sind für den Betrieb verloren.“* Was damit ebenfalls verloren geht, ist eine bestimmte Art von Resilienz, die Fähigkeit, flexibel auf Krisen und Veränderungen zu reagieren. *„Das Resiliente, das Agile, was man heute in Anbetracht der Rahmenbedingungen braucht, geht meiner Einschätzung nach verloren“*, sagt Marcel.

Vor diesem Hintergrund formuliert Dirk einen grundsätzlichen Wunsch: *„Was wir als Branche unbedingt brauchen, ist ein gesellschaftlicher Konsens über das, was wir wollen.“* Es geht um mehr als Einzelmaßnahmen oder kurzfristige Förderungen. Es geht um ein gemeinsames Verständnis für die Bedeutung der Landwirtschaft, für ihre Rolle in einer nachhaltigen Gesellschaft und für die Bedingungen, unter denen sie gelingen kann.

Die Aussagen der Landwirtinnen und Landwirte zeigen, dass es nicht nur um technische oder wirtschaftliche Herausforderungen geht, sondern um Vertrauen, Planungssicherheit und gesellschaftliche Anerkennung. Um auch in Zukunft tragfähig zu bleiben, braucht Landwirtschaft einen stabilen Rahmen – politisch wie gesellschaftlich. Es geht um die Möglichkeit, langfristig zu denken und zu handeln. Und es geht darum, die Arbeit derjenigen, die unsere Lebensgrundlagen sichern, nicht als gegeben hinzunehmen, sondern als Teil eines gemeinsamen gesellschaftlichen Projekts ernsthaft mitzugestalten.

Die Autorinnen nach der Reise

Die Offenheit der Menschen hat uns bei allen zwölf Betrieben beeindruckt. Wir sind den Landwirtinnen und Landwirten äußerst dankbar, dass sie bereit waren, ihre Geschichten und ihren tiefen Bezug zu ihrem eigenen Betrieb mit uns zu teilen. Während unserer Reise und beim Schreiben des Buchs haben sich immer wieder Überschneidungen in unseren Blickwinkeln gezeigt. Die langen Autofahrten boten uns viel Raum für ausführliche Diskussionen und Reflexionen über die Besuche und das Erlebte.

Lebensmittel betreffen uns alle. Wir kaufen sie, wir essen sie und müssen uns täglich davon ernähren. Es ist ein Luxus, dass wir in der Nähe Supermärkte finden, die eine große Vielfalt an Gemüse, Obst, Fleisch und anderen Zutaten anbieten. Einige Produkte kommen aus fernen Ländern, doch es gibt auch viele regionale Erzeugnisse, die schön angerichtet im Regal liegen – und doch oft anonym bleiben.

Kim schildert ihr Erlebtes so: *„Nach unserer Reise durch die verschiedenen landwirtschaftlichen Betriebe habe ich für mich persönlich viel Neues und Wichtiges entdeckt. Als Laie habe ich durch die Besuche viel Neues über die Komplexität der Lebensmittelproduktion erfahren. Mir wurde klar, wie wichtig Lebensmittelsicherheit ist und welche Rolle Marktmechanismen spielen – etwa die Profitabilität für Landwirte und Landwirtinnen oder das Aussehen und die Qualität der Produkte. Es hat mich überrascht zu sehen, wie stark saisonale Produkte mit dem Ausland konkurrieren und wie schwierig es ist, nachhaltige Entscheidungen zu treffen.*

Ich habe gelernt, dass beim Kauf von Lebensmitteln nicht nur Geschmack und Preis, sondern auch Aspekte wie Tierwohl, Umweltbelastung und Produktionsbedingungen eine Rolle spielen. Ich schätze Bio-Produkte besonders, weil sie für mich eine gewisse Orientierung bieten. Doch bisher war mir nicht in Gänze klar, was genau hinter dem Bio-Label steckt. Nun weiß ich, dass es sich um ein zertifiziertes Siegel handelt, das Lebensmittel nach bestimmten ökologischen Standards kennzeichnet. Es verbietet den Einsatz von chemisch-synthetischen Pestiziden, Düngemitteln und Gentechnik und schreibt für die Tiere Zugang zu Freiflächen vor. Produkte mit diesem Label werden *regelmäßig von unabhängigen Kontrollstellen geprüft, um die Einhaltung der Standards sicherzustellen. Allerdings werden auch konventionelle Betriebe kontrolliert und unterliegen den deutschen Auflagen, die zu den strengsten weltweit gehören – strenger als die EU-Richtlinien für die Lebensmitteleinfuhr. Darüber hinaus legen unsere Lebensmitteleinzelhändler zusätzliche Kriterien fest, die bei der Produktion berücksichtigt werden sollen. Dabei steht vor allem die Lebensmittelsicherheit im Vordergrund. Umwelt- oder Tierwohlaspekte kommen erst danach ins Spiel. Das hat für mich die Komplexität des Themas noch einmal deutlich gemacht: Beim Einkauf sollte man sich bewusst sein, welche Prioritäten man setzt und welche Standards wirklich hinter den Produkten stehen. Bio-Produkte können eine gute Orientierung bieten, sind allerdings nicht in allen Bereichen automatisch besser als konventionelle Ware. Wenn einem der CO_2-Verbrauch wichtig ist, schneiden konventionelle Betriebe oft besser ab.“*

Pia erläutert ihre Erfahrungen so: *„Die Landwirtschaft hat mich nie losgelassen und wird es wohl auch nie tun. Seit über zwanzig Jahren begleite ich die Branche und lerne doch immer wieder dazu. Es ist klar, dass die Landwirtschaft immer im Wandel sein wird, denn auch wir Menschen entwickeln uns stetig weiter. Nur ist der Wandel in den letzten Jahren sehr schnell vorangeschritten.*

Was mich am meisten fasziniert, ist die Vielfalt der Landwirtschaft. Auf unserer Reise zu den zwölf Höfen habe ich nicht nur fachlich viel mitgenommen, sondern vor allem meinen Blick für die Menschen geschärft. Nicht die Technik, die Größe oder die Spezialisierung haben mich überrascht, sondern die Gespräche über die individuellen Werdegänge der verschiedenen Betriebe und die unterschiedlichen Sichtweisen der Menschen auf den Höfen. Vor allem der Unterschied zu früher war für mich spannend. Es hat neue Perspektiven eröffnet. Dadurch ist es möglich, die Gegenwart besser zu verstehen. Außerdem lassen sich dadurch zukünftige Strategien entwickeln.

Ich habe erlebt, mit welcher Kreativität und Offenheit Landwirtinnen und Landwirte ihre Herausforderungen angehen und voneinander lernen. Damit das auch in Zukunft möglich ist, braucht die Landwirtschaft stabile und verlässliche Rahmenbedingungen.“

Wir haben gemeinsam viel Wissen erlangt, uns auseinandergesetzt und verschiedene Perspektiven kennengelernt. Für uns ist Kochen mehr als nur Nahrungsaufnahme. Kim schildert es so: *„Für mich ist es ein kreativer Prozess, bei dem verschiedene Zutaten in unterschiedlichen Kombinationen ganz unterschiedliche Ergebnisse hervorbringen können. Mir war nicht klar, dass die Landwirtschaft ein ähnlich kreativer Prozess ist wie das Kochen selbst. Unsere Landwirte und Landwirtinnen haben verschiedene Mittel zur Verfügung und unterliegen bestimmten Rahmenbedingungen und letztlich auch dem Geschmack der Kunden und Kundinnen. Sie arbeiten mit einem Rezept, das sie ständig anpassen müssen: Sie sind abhängig vom Wetter, von den lokalen Ressourcen und von ihrer Erfahrung. Mit diesen Voraussetzungen kreieren sie ihr Produkt.“*

Wir sind dankbar für die gewonnenen Einblicke und möchten künftig bewusster einkaufen sowie mehr Wertschätzung für die Arbeit in der Landwirtschaft zeigen.

Insbesondere haben wir unsere persönliche Beziehung zum Essen und zur Arbeit mit der Natur reflektiert, also unsere Freude am Kochen und unser Bewusstsein für die Herkunft der Lebensmittel. Wir haben ein tieferes Verständnis dafür entwickelt, was hinter jedem Produkt steckt.

Was kommt nach der Komplexität?

Uns stellt sich die Frage: Was machen wir nun mit all dem Wissen, das wir auf unserer Reise gesammelt haben? Vieles hat uns klüger gemacht, doch es hinterlässt uns nicht unbedingt zufriedener oder gibt uns die endgültige Orientierung.

Wir teilen allerdings eine zentrale Erkenntnis: Der Schlüssel zu einer nachhaltigen und vertrauensvollen Lebensmittelproduktion liegt im Austausch und in der Kommunikation – zwischen Landwirtinnen und Landwirten sowie zwischen Erzeugern und Verbraucherinnen. Nur durch offenen Dialog können wir das komplexe Thema Lebensmittel wirklich verstehen, Missverständnisse abbauen und gemeinsam Lösungen entwickeln.

Lebensmittel sind komplexe Produkte mit Hintergründen, die nur durch Dialog verständlich werden. Wenn Landwirte und Landwirtinnen ihre Erfahrungen teilen und Verbraucher und Verbraucherinnen Fragen stellen, entsteht ein besseres Verständnis für Herkunft, Qualität und Nachhaltigkeit. Nur im Gespräch können wir gemeinsam an Verbesserungen arbeiten – sei es bei Umweltstandards, Tierwohl oder fairen Bedingungen. Kommunikation schafft Transparenz und stärkt das Vertrauen in unsere Landwirtschaft. Letztlich sind wir alle Teil dieses Prozesses: Produzentinnen, Konsumenten und Gesellschaft. Durch Austausch können wir eine zukunftsfähige, verantwortungsvolle Lebensmittelproduktion gestalten – bodenständig, ehrlich und gemeinsam.

Sicher ist auf jeden Fall: Unsere Lust und Freude am Kochen und Essen ist geblieben. Doch wir haben zusätzlich die Bereitschaft gewonnen, einmal nach links und rechts zu schauen, bewusster hinzusehen, was hinter den Produkten steckt, und Verantwortung zu übernehmen.

Unser Appetit nach Nahrung, Energie, Technik und Kleidung hat die Oberfläche unserer Erde stark verändert. Es hört sich dramatisch an, aber dafür sind wir alle mit verantwortlich, egal ob wir auf dem Land oder in der Stadt wohnen. Über die Lebensmittel sind wir Menschen alle miteinander verbunden. Durch die beschriebene Wechselwirkung haben wir einen großen Einfluss auf die Ausrichtung der Zukunft. Schlussendlich ist es eine gesamtgesellschaftliche Aufgabe, die Transformation der Landwirtschaft zu gestalten. Wir haben somit einen direkten Einfluss auf die Zukunft. Wir alle.

Referenzen

(1) – Sue Headlee (1991): The Political Economy of the Family Farm: The Agrarian Roots of American Capitalism. Praeger Series in Political Economy

(2) – Robert Brenner (1982): Agrarian class structure and economic development in pre-industrial Europe: The Agrarian Roots of European Capitalism. Past & Present, Volume 97, Issue 1, pp. 16 – 113

(3) – BLE (2024): Wie viele Menschen ernährt eine Landwirtin oder ein Landwirt? *https://www.landwirtschaft.de/infothek/infografiken/uebersicht-aller-infografiken/wie-viele-menschen-ernaehrt-ein-landwirt*, letzter Zugriff am 17. 07. 2025

(4) – Statista (2025): Anteil der Wirtschaftsbereiche an der Gesamtbeschäftigung in der Bundesrepublik Deutschland von 1950 bis 2024. *https://de.statista.com/statistik/daten/studie/275637/umfrage/anteil-der-wirtschaftsbereiche-an-der-gesamtbeschaeftigung-in-deutschland*, letzter Zugriff am 31. 07. 2025

(5) – Destatis (2024): 7 % weniger Arbeitskräfte in der Landwirtschaft von 2020 bis 2023. Pressemitteilung Nr. 176 vom 3. Mai 2024. *https://www.destatis.de/DE/Presse/Pressemitteilungen/2024/05/PD24_176_41.html*, letzter Zugriff am 31. 07. 2025

(6) – BLE (2024): Wie viele landwirtschaftliche Betriebe gibt es in Deutschland und wie groß sind sie? *https://www.landwirtschaft.de/infothek/infografiken/uebersicht-aller-infografiken/wie-haben-sich-anzahl-und-groesse-landwirtschaftlicher-betriebe-entwickelt*, letzter Zugriff am 31. 07. 2025

(7) – Destatis (2024): Rund 7800 landwirtschaftliche Betriebe weniger seit dem Jahr 2020. Pressemitteilung Nr. 021 vom 16. Januar 2024. *https://www.destatis.de/DE/Presse/Pressemitteilungen/2024/01/PD24_021_41.html*, letzter Zugriff am 18. 07. 2025

(8) – Copernicus Climate Change Service (2024): „Global Climate Highlights 2024" des Erdbeobachtungssystems Copernicus der EU. *https://climate.copernicus.eu/global-climate-highlights-2024*, letzter Zugriff am 17. 07. 2025

(9) – Statista (2024): Landwirtschaftliche Betriebe mit Einkommenskombinationen nach ausgewählten Arten der Einkommenskombination in Deutschland im Jahr 2020. *https://de.statista.com/statistik/daten/studie/1264633/umfrage/zusaetzliche-einkommensquellen-von-landwirtschaftsbetrieben-nach-art*, letzter Zugriff am 27. 07. 2025

Danksagung

Ein herzliches Dankeschön geht an alle Protagonistinnen und Protagonisten, die uns die Türen zu ihren landwirtschaftlichen Betrieben geöffnet und uns diese gezeigt haben. Eure Offenheit, euer Vertrauen und eure Zeit haben dieses Buch erst ermöglicht.

Ein großer Dank geht auch an unseren Freundeskreis und unsere Familien – ihr habt von Anfang an an uns geglaubt, uns Mut gemacht und uns immer wieder bestärkt, weiterzumachen. Ohne euch wäre das Projekt vielleicht nicht so weit.

Wir möchten uns auch bei all den Menschen bedanken, die nicht im Buch vorkommen, mit denen wir aber inspirierende Gespräche geführt haben. Ihr habt uns zum Nachdenken gebracht, neue Perspektiven eröffnet und das Thema für uns auf eine andere Weise noch einmal lebendig gemacht. Wir danken allen, die Kontakte und Zugänge ermöglicht haben.

Für uns war dieses Buch nicht nur ein Projekt, sondern auch ein gemeinsamer Lernprozess. Wir sind sehr dankbar füreinander, auch wenn wir ganz unterschiedliche Herangehensweisen hatten. Das war nicht immer einfach und hat viel Geduld und Verständnis erfordert, aber genau das hat dem Buch seine Tiefe gegeben.

Und natürlich danken wir auch allen Leserinnen und Lesern. Danke, dass ihr euch Zeit für dieses Buch nehmt. Für die Geschichten. Für die Menschen hinter unseren Lebensmitteln. Euer Interesse macht einen Unterschied.

Danke von Herzen.

Die Autorinnen

Wie es zu diesem Buch kam

Wir, Pia und Kim, sind als Zwillinge am Rande einer kleinen Stadt auf dem Land aufgewachsen. Unsere Kindheit war geprägt von der Idylle der ländlichen Landschaft, doch unser familiärer Hintergrund war alles andere als landwirtschaftlich. Während wir als Kinder viel draußen im Freien spielten und die Natur erkundeten, arbeiteten unsere Eltern in Berufen, die wenig mit der Landwirtschaft zu tun hatten.

Auf dem Land zu leben, bedeutet nicht unbedingt, mit dem Land zu arbeiten. Wir waren weit entfernt vom Leben der Familien, die wir in diesem Buch besuchen. Sie leben von der Arbeit mit dem Land, ernähren nicht nur einen Teil der Menschen in Deutschland, sondern auch sich selbst und ihre eigenen Familien.

Wir Autorinnen sind beide sehr unterschiedliche Wege gegangen, haben uns aber immer wieder auf unterschiedliche Art und Weise mit dem Thema Ernährung und unseren Wertvorstellungen auseinandergesetzt und manchmal auch schwesterlich darüber diskutiert oder gestritten.

Pia erinnert sich an den Moment, als sie sich für das Studium der Agrarbiologie entschied. Es war eine bewusste Entscheidung, die aus dem Wunsch heraus entstand, die Zusammenhänge zwischen Landwirtschaft und Ernährung besser zu verstehen. Sie wollte nicht nur konsumieren, sondern auch aktiv an Lösungen arbeiten. Während ihres Studiums lernte sie viel über nachhaltige Praktiken und die Herausforderungen der modernen Landwirtschaft.

Kim hingegen beschäftigte sich mit Kunst und Kultur und war bereits früh fasziniert von dem Potenzial, über bewegtes Bild Wissen zu vermitteln und andere Perspektiven zu eröffnen. Für sie ist Film stets Ausdrucksmöglichkeit von Lebenswirklichkeiten. Dazu gehören auch die Wertvorstellungen bei der Auswahl von Lebensmitteln. Spannend war für sie immer der Aspekt, was Menschen dazu bewegt, so zu sein, wie sie sind, und an welchem Punkt wir als Menschen eine Wahl haben.

Im Laufe der Jahre haben wir uns unterschiedlich entwickelt. Während Pia tief in die Welt der Lebensmittelproduktion eintauchte, fand Kim ihren Platz in einem künstlerischen Umfeld als Filmemacherin, wo sie sich leidenschaftlich mit ökologischen und sozialen Themen auseinandersetzte.

Die Landwirtschaft ist ein komplexes System mit vielen Faktoren – wirtschaftlichen, sozialen und ökologischen. Unsere Diskussionen über Ethik und Politik in Zusammenhang mit der Lebensmittelbranche sind über die Jahre gewachsen. Sie waren oft emotional aufgeladen, da wir beide versuchten, unsere Standpunkte zu vertreten und gleichzeitig den anderen zu verstehen.

Trotz aller Unterschiede spürten wir eine tiefe Verbundenheit – eine gemeinsame Leidenschaft für eine bessere Zukunft. Wir erkannten schließlich: Erwachsen sein bedeutet nicht, alles zu wissen oder einer Meinung zu sein, sondern zuzuhören, voneinander zu lernen und gemeinsam nach Lösungen zu suchen – auch wenn der Weg dorthin manchmal steinig ist.

Konnten wir die Diskussionen über dieses komplexe Thema zufriedenstellend beenden? Sicher nicht, aber wir haben überlegt, andere mitzunehmen, damit auch sie sich mit dem Thema auseinandersetzen können. Wir wollten genau die Menschen fragen, die mehr Einblick in das komplexe Thema haben. Wir dachten: *„Lass uns doch gemeinsam etwas daraus machen.“*

Ein Schlüsselmoment für uns war vor einigen Jahren der Food Slammer in der Wuppertaler Utopiastadt, den wir gemeinsam organisierten. Wir wollten die Inhalte unserer Diskussionen gerne nicht nur ausbauen, sondern auch an andere Interessierte weitergeben. Die Idee, Wissen und Unterhaltung zu verbinden, führte zur Entstehung des Food Slammer, wobei wir uns vom Poetry Slam inspirieren ließen. Schon damals profitierten wir von Kims Organisationsfähigkeiten und Pias guter Vernetzung innerhalb der Landwirtschaft. So wurden wir plötzlich zu Umsetzerinnen einer Veranstaltung.

Die Ankündigung, bestimmte konventionelle Betriebe zum Gespräch einzuladen, sorgte bei aktivistischen Gruppen für eine große Welle der Empörung und löste eine Diskussion in den sozialen Medien aus. Wenn auch mit gemischten Gefühlen, war genau dies unser Ziel: eine echte Auseinandersetzung mit dem Thema zu fördern. Wir hofften, dass diese engagierten Empörten aus dem Netz auch zur Veranstaltung kommen und sich direkt mit den Menschen aus der Branche auseinandersetzen würden. Wir wollten nicht nur Meinungen hören und äußern, sondern auch verstehen, wie es hinter den Kulissen aussieht und verschiedene Perspektiven zusammenbringen.

Wie wird heute die Lebensmittelsicherheit gewährleistet? Thomas Blaha, emeritierter Professor an der Tierärztlichen Hochschule Hannover, erklärte dies humorvoll auf unserem damaligen Food Slammer. Im Zentrum seiner Ausführungen standen Zahlen und Abschätzungen von Risiken. Mit kompetenter Gelassenheit erläuterte er den Unterschied zwischen ethisch verwerflichem Verhalten – wie Gammelfleisch oder Pferdefleischskandalen – und echten gesundheitlichen Risiken wie Salmonellen oder BSE. *„Unsere Lebensmittel waren noch nie so sicher wie heute“*, betonte Herr Blaha eindringlich. Es gibt einen entscheidenden Unterschied zwischen Nachweis und echter Gefahr; die heutigen Diagnostikmethoden sind so verbessert worden, dass selbst kleinste Mengen nachgewiesen werden können.

Als die Frage aufkam, ob es im Bereich der Tiergesundheit Unterschiede zwischen konventioneller und biologischer Schweinehaltung gibt, wurde dargelegt, dass beide Haltungsweisen vergleichbare tiergesundheitliche Probleme aufweisen – lediglich die Art der Erkrankungserscheinungen unterscheidet sich: Atemwegserkrankungen treten eher bei der einen auf, Parasiten bei der anderen. Letztendlich wurde darauf hingewiesen: *„Eine gute Landwirtschaft ist eine gute Landwirtschaft“*, unabhängig davon, ob es sich um kleine oder große Betriebe handelt oder ob sie konventionell oder biologisch wirtschaften.

Diese Veranstaltung hat uns gezeigt: Miteinander reden und den anderen eventuell verstehen, ist wichtig, um Lösungen und Ansätze zu finden, vielleicht auch die Konfrontation mit unangenehmen, emotionalen und komplexen Themen sowie das Auseinandersetzen mit anderen „Welten“ bzw. Berufsfeldern.

Erst durch das Wissen um Hintergründe sowie persönliche Bedürfnisse und Herausforderungen können wir andere Perspektiven nachvollziehen, effektiv diskutieren und gemeinsamen unsere Zukunft gestalten.

Einige Empörte aus dem Netz sind nicht gekommen und haben es vorgezogen, ihre Meinung ausschließlich online zu äußern. Insgesamt war es jedoch eine sehr gut besuchte Veranstaltung, die viel Zuspruch fand. Im Anschluss wurde bei einem Getränk weiter zusammen diskutiert. Nicht alle gingen mit derselben Meinung nach Hause wie sie gekommen waren. Es wurden auf erwachsener Ebene verschiedene Perspektiven ausgetauscht. Für uns war es ein Erfolg.

Daher hat uns der Gedanke nicht losgelassen, daraus mehr zu machen. Wir haben damals aus den Hintergrundinformationen der Vortragenden gelernt und realisiert, wie polarisierend dieses Thema ist. Zusammenfassend können wir berichten: Es gibt viele Meinungen, aber sehr wenig Wissen. Eine gefährliche Mischung. Anknüpfend an diese Veranstaltung, sprachen wir immer wieder darüber, welche Projekte wir noch umsetzen könnten, um dem Thema mehr Raum zu geben. Daraus entstand die Idee, gemeinsam dieses Buch zu schreiben.

Die Autorinnen

Pia Münster

© Kim Münster

Pia Münster ist Agrarbiologin und Umweltwissenschaftlerin. Seit 2012 ist sie in der landwirtschaftlichen Branche tätig und arbeitet derzeit als Forschungsreferentin an der Universität Vechta sowie als freie Beraterin in Düsseldorf.

Als Autorin von Fachbüchern und wissenschaftlichen Artikeln gibt sie ihre Expertise in zahlreichen praxisorientierten Vorträgen zu Themen wie Lebensmittelsicherheit, Tiergesundheitsmanagement und Nachhaltigkeit weiter.

Im Jahr 2024 erhielt sie den 3. trafo:nachwuchspreis für Arbeiten, die einen Beitrag zur nachhaltigkeitsorientierten Transformation der Agrar- und Ernährungswirtschaft leisten.

Kim Münster

© Caroline Schreer

Kim Münster, Kameraabsolventin, ist heute Produzentin und Regisseurin im Dokumentarfilmbereich mit ihrer eigenen Filmproduktion Treibsand Film in NRW. Ihre Schwerpunkte liegen auf zwischenmenschlichen, psychologischen und politischen Themen.

Ihr Kurzspielfilm „Federding“ wurde auf zahlreichen Festivals ausgezeichnet, darunter der Award of Pioneering beim FIRST Filmfestival in China und der Publikumspreis beim Nowness Festival in Shanghai.

Ihr Langdokumentarfilm „Coming and Going“ erhielt 2015 eine Nominierung für den First Steps Award und gewann sieben internationale Preise, darunter „Best Documentary Director“ beim Olympia Film Festival for Children&Young People sowie beste Kamera beim Oaxaca FilmFest in Mexiko. Ihr aktueller Kinofilm „Spielen oder nicht spielen“ ist derzeit auf Sooner und Prime verfügbar.

Zudem engagiert sie sich filmpolitisch im Filmbüro NW, der AG DokWest und dem Förderverein Deutscher Kinderfilm.